TRABALHO

Uma história de como
utilizamos o nosso tempo,
da Idade da Pedra
à era dos robôs

JAMES SUZMAN, PhD

TRABALHO

Uma história de como
utilizamos o nosso tempo,
da Idade da Pedra
à era dos robôs

TRADUÇÃO
Rodrigo Seabra

VESTÍGIO

Copyright © 2020 James Suzman
Ilustrações © 2020 Michelle Fava

Título original: *Work: A History of How We Spend Our Time*

Todos os direitos reservados pela Editora Vestígio. Nenhuma parte desta publicação poderá ser reproduzida, seja por meios mecânicos, eletrônicos, seja via cópia xerográfica, sem a autorização prévia da Editora.

DIREÇÃO EDITORIAL
Arnaud Vin

REVISÃO
Alex Gruba

EDITOR RESPONSÁVEL
Eduardo Soares

CAPA
Studio Flammarion

EDITOR ASSISTENTE
Alex Gruba

ADAPTAÇÃO DE CAPA ORIGINAL
Diogo Droschi

PREPARAÇÃO DE TEXTO
Eduardo Soares

DIAGRAMAÇÃO
Waldênia Alvarenga

**Dados Internacionais de Catalogação na Publicação (CIP)
Câmara Brasileira do Livro, SP, Brasil**

Suzman, James
 Trabalho : uma história de como gastamos nosso tempo / James Suzman ; tradução Rodrigo Seabra. -- São Paulo, SP : Vestígio, 2022.

 Título original: Work : a history of how we spend our time.
 ISBN 978-65-86551-60-0

 1. Economia 2. Economia - História 3. Equilíbrio 4. Estrutura social 5. Inteligência artificial 6. Trabalho - História 7. Evolução humana. 8. Evolução (Biologia) I. Seabra, Rodrigo. II. Título.

21-85808   CDD-306.3609

Índices para catálogo sistemático:

1. Relações de trabalho : Aspectos sociais :
Sociologia 306.3609

Eliete Marques da Silva - Bibliotecária - CRB-8/9380

A **VESTÍGIO** É UMA EDITORA DO **GRUPO AUTÊNTICA** ⓖ

São Paulo
Av. Paulista, 2.073 . Conjunto Nacional
Horsa I . Sala 309 . Cerqueira César
01311-940 São Paulo . SP
Tel.: (55 11) 3034 4468

Belo Horizonte
Rua Carlos Turner, 420
Silveira . 31140-520
Belo Horizonte . MG
Tel.: (55 31) 3465 4500

www.editoravestigio.com.br
SAC: atendimentoleitor@grupoautentica.com.br

Por que eu deveria deixar o sapo do *trabalho*
Se acocorar sobre minha vida?
Será que não posso usar minha razão como uma forquilha
E tocar essa besta para longe?

Philip Larkin, no poema *Sapos*.

INTRODUÇÃO: O PROBLEMA ECONÔMICO 9

PARTE UM – **NO COMEÇO**

1 Viver é trabalhar 23

2 Mãos desocupadas e bicos em ação 41

3 Ferramentas e habilidades 61

4 Os outros presentes trazidos pelo fogo 91

PARTE DOIS – **O AMBIENTE QUE TUDO PROVÊ**

5 "A sociedade afluente original" 115

6 Fantasmas na floresta 131

PARTE TRÊS – **LABUTANDO NA LAVOURA**

7 Pulando da beirada 157

8 Banquetes e fomes 180

9 Tempo é dinheiro 201

10 As primeiras máquinas 221

PARTE QUATRO – **CRIATURAS DA CIDADE**

11 As luzes tão brilhantes 243

12 O mal das infinitas aspirações 259

13 Os melhores talentos 283

14 A morte de um assalariado 310

15 A nova doença 333

CONCLUSÃO 349

NOTAS 352

AGRADECIMENTOS 365

INTRODUÇÃO

O PROBLEMA ECONÔMICO

A PRIMEIRA REVOLUÇÃO INDUSTRIAL foi cuspida das chaminés enegrecidas de fuligem com a força dos motores a vapor movidos a carvão; a segunda saltou das tomadas elétricas nas paredes; e a terceira tomou a forma do microprocessador eletrônico. Agora, estamos no meio de uma quarta revolução industrial, nascida da combinação de uma série de novas tecnologias digitais, biológicas e físicas, e somos sempre informados de que ela será exponencialmente mais transformadora do que suas antecessoras. Mesmo que seja o caso, ninguém ainda tem certeza de como isso vai se desenrolar, a não ser o fato de que cada vez mais tarefas nas nossas fábricas, empresas e lares serão realizadas por sistemas ciberfísicos automatizados, trazidos à vida por algoritmos de máquinas que são capazes de aprender.

Para algumas pessoas, a perspectiva de um futuro automatizado anuncia uma era de conveniência robótica. Para outras, será mais um fatídico passo em nossa jornada rumo a uma distopia cibernética. Mas, para muitos, a perspectiva de um futuro automatizado vem apenas ensejar uma pergunta mais imediata: o que vai acontecer se um robô roubar meu emprego?

Para aqueles em profissões que, até o momento, se viram imunes à redundância tecnológica, a ascensão dos robôs devoradores de empregos se manifesta no que há de mais mundano: na cantilena de saudações e reprimendas robóticas que emana das fileiras de caixas automáticos nos supermercados, ou nos algoritmos desajeitados que, ao mesmo tempo, guiam e frustram nossas aventuras no universo digital.

Para as centenas de milhões de pessoas desempregadas que raspam o fundo do tacho em busca de algum modo de vida nas margens enferrujadas dos países em desenvolvimento, onde o crescimento econômico é cada vez mais impulsionado pela união da tecnologia de ponta com o capital, o que acaba por gerar poucos novos empregos, a automação é, em todas as suas formas, uma preocupação muito mais imediata. É também uma preocupação imediata para os estratos de trabalhadores apenas medianamente qualificados nas economias industrializadas, para quem a única opção é entrar em greve a fim de salvar seus empregos das garras de autômatos cuja principal virtude é justamente nunca entrar em greve. E, mesmo que ainda não pareça, o aviso também já está dado para muitos dos que hoje estão em profissões altamente especializadas. Com a inteligência artificial já projetando outras inteligências artificiais de uma maneira ainda melhor do que os seres humanos poderiam fazer, fica parecendo que fomos enganados pela nossa própria engenhosidade em transformar nossas fábricas, nossos escritórios e demais locais de trabalho em oficinas do diabo, que deixarão nossas mãos ociosas e roubarão o propósito de nossas vidas.

Se esse for realmente o caso, então estamos certos em nos preocupar. Afinal de contas, trabalhamos para viver e vivemos para trabalhar, e somos capazes de encontrar sentido, satisfação e orgulho em quase qualquer área de trabalho: da monotonia rítmica de passar pano no chão até a arte de manipular brechas fiscais. O trabalho que executamos também determina quem somos; determina nossas perspectivas de futuro; dita onde e com quem passamos a maior parte do nosso tempo; é um mediador da nossa noção de autoestima; molda muitos dos nossos valores; e orienta até nosso alinhamento político. Tanto é assim que louvamos os batalhadores, condenamos a preguiça dos vagabundos, e a meta de "emprego para todos" continua a ser um mantra para políticos de todas as espécies.

Por baixo de tudo isso está uma convicção de que nós somos geneticamente programados para trabalhar e que o destino da nossa espécie vem sendo moldado por uma convergência muito singular que une propósito, inteligência e diligência, o que nos permitiu construir sociedades que são muito maiores do que a soma de suas partes.

Nossas ansiedades com relação a um futuro automatizado contrastam com o otimismo de muitos pensadores e idealizadores que, desde os primeiros movimentos da Revolução Industrial, acreditavam que a automação seria a chave para desvendar uma utopia econômica. É o caso de pessoas como Adam Smith, o fundador da economia, que, em 1776, cantou louvores às "belas máquinas" que, conforme ele acreditava, com o tempo, "facilitariam e aliviariam o trabalho";[1] ou Oscar Wilde, que, um século depois, fantasiou sobre um futuro "no qual as máquinas farão todo o trabalho necessário e desagradável".[2] Mas nenhum deles abordou essa questão de maneira tão abrangente quanto John Maynard Keynes, o economista mais influente do século XX. Ele previu, em 1930, que, no início do século XXI, o crescimento do capital, a melhoria da produtividade e os avanços tecnológicos deveriam conduzir a espécie humana aos pés de algum tipo de "terra prometida" econômica, na qual as necessidades básicas de todas as pessoas seriam facilmente satisfeitas, e onde, como resultado disso, ninguém trabalharia mais do que quinze horas por semana.

Pois, já há algumas décadas, ultrapassamos aqueles limites de produtividade e crescimento de capital que Keynes calculou que precisariam ser atingidos para chegar naquele tal ponto. E a maioria de nós ainda trabalha tanto quanto nossos avós e bisavós, e nossos governos continuam tão fixados no crescimento econômico e na criação de empregos quanto em qualquer outro momento de nossa história recente. Mais além: com os planos de aposentadoria privados e estatais gemendo sob o peso de ter de cumprir suas obrigações com populações cada vez mais idosas, estima-se que muitos de nós devem ter de trabalhar quase uma década a mais do que era necessário cinquenta anos atrás; e, apesar dos avanços sem precedentes em tecnologia e produtividade em algumas das economias mais avançadas do mundo, como no Japão e na Coreia do Sul, centenas de mortes evitáveis todos os anos são hoje oficialmente creditadas a pessoas que estavam acumulando níveis alarmantes de horas extras.

Parece que a humanidade ainda não está pronta para reivindicar sua aposentadoria coletiva. Para compreender o porquê disso, é necessário reconhecer que nossa relação com o trabalho é bem mais interessante e envolvente do que a maioria dos economistas tradicionais nos levaria a acreditar.

★ ★ ★

Keynes acreditava que alcançar essa "terra prometida econômica" seria a mais singular conquista de nossa espécie, pois teríamos conseguido resolver nada menos que o que ele descreveu como "o problema mais urgente da raça humana [...] desde o início da vida em sua forma mais primitiva".

O "problema urgente" que preocupava Keynes era o que os economistas clássicos chamam de "o problema econômico", às vezes também conhecido como "problema da escassez". A questão é a seguinte: somos criaturas racionais amaldiçoadas com apetites insaciáveis; pelo fato de simplesmente não haver recursos suficientes para satisfazer todos os desejos de todas as pessoas, tudo então é escasso. A noção de que temos desejos infinitos enquanto todos os recursos são limitados pode ser encontrada no próprio coração pulsante da definição de economia como sendo o estudo de como as pessoas alocam recursos escassos a fim de satisfazer suas necessidades e desejos. A mesma noção também serve como âncora para nossos mercados e os sistemas financeiro, trabalhista e monetário. Ou seja, para os economistas, a escassez é o que nos leva a trabalhar, pois é somente trabalhando – fazendo, produzindo e comercializando recursos escassos – que podemos, em algum momento, começar a preencher essa lacuna que existe entre nossos desejos, aparentemente infinitos, e nossos meios limitados.

No entanto, esse problema da escassez nos dá uma avaliação sombria da nossa espécie. Ele leva a crer que a evolução nos moldou para sermos criaturas egoístas, para sempre amaldiçoadas a carregar o fardo de que temos desejos que nunca poderemos satisfazer. Por mais que essa suposição sobre a natureza humana possa parecer óbvia e um tanto evidente para muita gente no mundo industrializado, para muitos outros, como o povo bosquímano ju/'hoansi, do Kalahari, no sul da África, que ainda vivia como caçador-coletor até o fim do século XX, essa parece não ser a verdade.

Venho documentando o encontro, muitas vezes traumático, entre esse povo e uma economia global em implacável expansão desde o início dos anos 1990. Trata-se de uma história muitas vezes brutal, situada na fronteira entre dois modos de vida profundamente diferentes, cada um fundamentado em filosofias sociais e econômicas muito diferentes, baseados em suposições muito diferentes sobre a natureza da escassez. Para os ju/'hoansi, a economia de mercado e as suposições sobre a natureza humana que a sustentam são tão desconcertantes quanto frustrantes – e eles não são os únicos a pensar assim. Outras sociedades que continuaram a caçar e coletar ao longo do século XX, como os hadzabe no leste da África e os inuit, no Ártico, também têm tido dificuldade para enxergar algum sentido nas normas de um sistema econômico baseado na eterna escassez e para se adaptar a elas.

Quando Keynes descreveu pela primeira vez sua utopia econômica, o estudo das sociedades de povos caçadores-coletores era pouco mais extenso do que uma nota de rodapé naquela então emergente nova disciplina chamada antropologia social. Mesmo que ele tivesse desejado conhecer um pouco mais sobre povos caçadores-coletores, não teria encontrado muito material que pudesse colocar em xeque a visão predominante, naquela época, de que a vida nas sociedades primitivas era apenas uma constante batalha contra a fome. Tampouco teria encontrado algo que o convencesse de que, à parte algum revés ocasional, a jornada humana era, acima de tudo, uma história de progresso, e que o motor desse progresso é a nossa urgência em trabalhar, produzir, construir e fazer trocas, levada adiante por nosso impulso inato de resolver o problema econômico.

Entretanto, hoje sabemos que caçadores-coletores como os ju/'hoansi não viviam constantemente à beira da fome. Ao contrário, eles eram geralmente bem nutridos, viviam mais do que as pessoas na maioria das sociedades agrícolas, raramente trabalhavam mais do que quinze horas por semana e passavam a maior parte de seu tempo descansando e se dedicando ao lazer. Sabemos também que eles eram assim porque não tinham uma rotina de armazenar alimentos, se preocupavam pouco com a acumulação de riqueza ou com *status* e trabalhavam quase exclusivamente para atender apenas suas necessidades materiais de curto prazo. Ao passo que o problema econômico insiste que estamos todos amaldiçoados a viver em um purgatório entre nossos desejos infinitos e meios limitados, os caçadores-coletores tinham poucos desejos materiais, e estes poderiam ser saciados com poucas horas de esforço. Sua vida econômica era organizada em torno de uma presunção de abundância, e não de uma preocupação com a escassez. Sendo assim, pelo fato de nossos ancestrais terem caçado e coletado por mais de 95% da história de 300 mil anos do *Homo sapiens*, há boas razões para acreditar que as suposições que fazemos sobre a natureza humana dentro desse problema da escassez e de nossas atitudes em relação ao trabalho têm suas raízes na agricultura.

★ ★ ★

Reconhecer que, durante a maior parte da história humana, nossos ancestrais não estavam tão preocupados com a escassez como somos agora nos lembra que há muito mais a se enxergar no conceito de trabalho do que apenas nosso esforço em resolver o problema econômico. Isso é algo que todos nós sabemos reconhecer; afinal, temos o hábito de descrever rotineiramente todos os tipos de atividades úteis como trabalho, e não só nossos empregos. Podemos trabalhar para melhorar, por exemplo, nossas relações, nosso corpo e até mesmo nosso lazer.

Quando os economistas definem o trabalho como sendo o tempo e o esforço que gastamos para atender nossas necessidades e desejos, eles se esquivam de dois problemas óbvios. O primeiro é que, muitas vezes, a única coisa que diferencia o trabalho do lazer é o contexto, e se estamos sendo pagos ou pagando para fazer aquilo. Para um caçador à moda antiga, caçar um alce é um trabalho, enquanto para muitos caçadores de países do Primeiro Mundo é uma atividade de lazer estimulante e muitas vezes cara. Para um artista comercial, o desenho é um trabalho, mas, para milhões de artistas amadores, é um prazer relaxante. Já para um lobista, cultivar relacionamentos com influenciadores e formadores de opinião é um trabalho, enquanto, para a maioria de nós, fazer amigos é uma alegria. O segundo problema é que, para além da energia que gastamos a fim de suprir nossas necessidades mais básicas – alimentação, água, ar, aquecimento, companhia e segurança –, pode-se dizer que, de resto, o que constituiria uma necessidade está longe de ser uma noção universal. Mais: a necessidade muitas vezes se funde tão imperceptivelmente ao desejo que pode ser impossível separá-los. Por isso, algumas pessoas podem teimar que um café da manhã constituído de um croissant com um bom café é uma necessidade, enquanto para outras isso seria um luxo.

O mais próximo de uma definição universal de "trabalho" – uma definição com a qual poderiam concordar caçadores-coletores, negociantes de derivativos em ternos chiques, agricultores de subsistência calejados ou qualquer outra pessoa – é aquela que diz que o trabalho envolve gastar propositadamente energia ou esforço em uma tarefa para atingir um objetivo ou fim. Desde o momento em que os antigos humanos começaram a dividir o mundo ao seu redor e organizar suas experiências em termos de conceitos, palavras e ideias, eles quase certamente tiveram algum conceito de trabalho. Assim como o amor, a paternidade, a música e o luto, o trabalho é um daqueles poucos conceitos aos quais antropólogos e viajantes podem se ater quando são lançados à deriva em terras desconhecidas. Isso porque, nos momentos em que a linguagem falada ou os costumes desconcertantes se tornam obstáculos, o simples ato de ajudar alguém a realizar um trabalho muitas vezes derrubará barreiras muito mais rapidamente do que quaisquer tentativas desajeitadas de comunicação. É um ato que expressa boa vontade e, como se fosse uma dança ou uma canção, cria uma comunhão de propósitos e uma harmonia de experiências.

Abandonar essa noção de que o problema econômico é a condição eterna da raça humana faz mais do que apenas estender a definição de trabalho como sendo aquilo que nós fazemos para ganhar a vida. É uma posição que funciona como uma nova lente através da qual podemos ver nossa profunda relação histórica com o trabalho desde o início da vida até nosso conturbado presente. É também uma posição que permite levantar uma série de novas perguntas. Por que é que, hoje, damos uma importância tão maior ao trabalho do que nossos antepassados caçadores e coletores davam? E por que, em uma era como a nossa, de abundância sem precedentes, continuamos tão preocupados com a escassez?

Para responder essas perguntas, precisamos nos aventurar muito além dos limites da economia tradicional e entrar no mundo da física, da biologia evolutiva e da zoologia. Mas talvez o mais importante seja trazer uma perspectiva socioantropológica na qual baseá-las. É somente por meio de estudos socioantropológicos de sociedades que continuaram a caçar e coletar mesmo em pleno século XX que somos capazes de conferir vida às pedras lascadas, à arte rupestre e aos ossos quebrados que são hoje as únicas pistas materiais abundantes de como viviam e trabalhavam nossos antepassados coletores. Também é apenas por meio de uma abordagem socioantropológica que podemos começar a entender como nossas experiências do mundo são moldadas pelos diferentes tipos de trabalho que realizamos. Adotar essa abordagem mais ampla nos oferece alguns *insights* surpreendentes sobre as raízes tão antigas de desafios que poderiam muitas vezes ser considerados exclusivos do mundo moderno. É uma abordagem que revela, por exemplo, como nossas relações com máquinas de trabalho ecoam, hoje, as relações entre os primeiros fazendeiros e os cavalos de carroça, bois e outros animais que os ajudavam em seu trabalho, além de como e por que nossa ansiedade relacionada à automação lembra, notavelmente, as preocupações que levavam as pessoas em sociedades escravagistas a passar a noite em claro.

★ ★ ★

Quando se trata de traçar a história de nosso relacionamento com o trabalho, há dois caminhos que se cruzam e que são os mais óbvios a se seguir.

O primeiro mapeia a história de nossa relação com a energia. Em seu aspecto mais fundamental, o trabalho é sempre uma transação de energia, e a capacidade de fazer certos tipos de trabalho é o que distingue os organismos vivos da matéria morta e inanimada. Isso porque somente os seres vivos ativamente buscam e armazenam energia especificamente para viver, crescer e se reproduzir. A viagem por esse caminho revela que não somos a única espécie que costuma se afligir com a energia, ou a única que se torna indiferente, deprimida e desmoralizada quando é despojada de um propósito e não vê nenhum trabalho a ser feito. E isso, por sua vez, traz à tona toda uma série de outras perguntas sobre a natureza do trabalho e nossa relação com ele. Será que, por exemplo, organismos como bactérias, plantas e cavalos de carga trabalham? Em caso afirmativo, de que maneira o trabalho que eles executam difere do trabalho que nós, humanos, e as máquinas que nós construímos executamos? E o que isso nos diz sobre a forma como trabalhamos?

Esse caminho começa no momento em que uma fonte de energia, pela primeira vez, uniu, sabe-se lá como, um caos de diferentes moléculas para formar organismos vivos. É também um caminho que vai se alargando de forma constante e cada vez mais rápida à medida que a vida se expande progressivamente na superfície terrestre e evolui com vistas a capturar novas fontes de energia com as quais possa executar trabalho, entre elas a luz solar, o oxigênio, a carne, o fogo e, por fim, os combustíveis fósseis.

O segundo caminho segue a jornada evolutiva e cultural humana. Seus primeiros marcos físicos tomam a forma de ferramentas de pedra bruta, lareiras antigas e contas quebradas. Marcos posteriores tomam a forma de motores potentes, cidades gigantes, bolsas de valores, fazendas em escala industrial, estados nacionais e vastas redes de máquinas famintas de energia. Mas esse caminho também está repleto de muitos outros marcos que são invisíveis e assumem a forma de ideias, conceitos, ambições, esperanças, hábitos, rituais, práticas, instituições e histórias – os tijolos que constroem a cultura e a história. A viagem por esse caminho revela como, à medida que nossos ancestrais desenvolveram a capacidade de dominar muitas novas habilidades diferentes, nosso notável senso de propósito foi se aperfeiçoando ao ponto de hoje sermos capazes de encontrar sentido, alegria e profunda satisfação em atividades como construir pirâmides, cavar buracos e rabiscar. Ela mostra também como o trabalho que os antigos executaram e as habilidades que adquiriram vieram progressivamente moldando sua experiência do mundo ao seu redor e suas interações com ele.

Porém, são os pontos de convergência desses dois caminhos que são mais importantes em termos de conferir sentido à nossa relação contemporânea com o trabalho. O primeiro desses pontos de convergência acontece quando os humanos dominaram o fogo, possivelmente há tempos tão longínquos quanto um milhão de anos. Ao aprender como terceirizar parte de suas necessidades energéticas para as chamas, ganharam de presente mais tempo livre da busca por comida, um meio para se manterem aquecidos no tempo frio e a capacidade de ampliar em muito as suas dietas, dessa forma possibilitando o crescimento de cérebros cada vez mais famintos por energia e mais capazes de executar trabalho.

O segundo ponto crucial de convergência aconteceu muito mais recentemente e foi indiscutivelmente muito mais transformador. Começou cerca de 12 mil anos atrás, quando alguns de nossos ancestrais iniciaram uma rotina de armazenar alimentos e experimentar o cultivo, transformando suas relações com seus ambientes, com as outras pessoas, com a escassez e com o trabalho. Explorar mais a fundo esse ponto de convergência também revela o quanto da arquitetura econômica formal em torno da qual organizamos nossa vida profissional de hoje teve sua origem na agricultura, e como nossas ideias sobre igualdade e *status* estão intimamente ligadas a nossas atitudes com relação ao trabalho.

Um terceiro ponto de convergência ocorre quando as pessoas começam a se reunir nas cidades e vilas. Isso aconteceu há cerca de 8 mil anos, quando algumas sociedades agrícolas começaram a gerar excedentes alimentares suficientemente grandes para sustentar grandes populações urbanas. E isso também representa um novo capítulo muito importante na história do trabalho – não pela necessidade de captar energia trabalhando no campo, mas sim pelas novas demandas criadas para se gastar essa energia. O nascimento das primeiras cidades semeou a gênese de toda uma nova gama de habilidades, profissões, empregos e ofícios que eram inimagináveis na época da agricultura de subsistência ou das sociedades caçadoras-coletoras.

O surgimento de vilas, depois cidades pequenas e finalmente centros urbanos também desempenhou um papel vital na remodelação da dinâmica do problema econômico e da escassez. Uma vez que a maior parte das necessidades materiais das pessoas nas cidades vinha sendo atendida por agricultores que produziam alimentos no campo, esses cidadãos urbanos passaram a concentrar as suas energias e sua inquietude na busca por *status*, riqueza, prazer, lazer e poder. As cidades rapidamente se tornaram arcabouços de desigualdade, um processo que foi acelerado pelo fato de que, dentro das cidades, as pessoas não se viam unidas por parentesco ou por laços sociais íntimos, algo que era característico das pequenas comunidades rurais. Como resultado disso, cada vez mais as pessoas das cidades começaram a conectar muito fortemente sua identidade social ao trabalho que executavam, e a encontrar um sentido de comunidade junto a outros que tinham a mesma linha de trabalho.

O quarto ponto de convergência é marcado pelo aparecimento de fábricas e moinhos que arrotavam fumaça de grandes chaminés à medida que as populações da Europa Ocidental aprendiam a destravar antigos estoques de energia, que vinham na forma de combustíveis fósseis, e a transformá-los em uma prosperidade material até então inimaginável. Naquele momento, que começa no início do século XVIII, os dois caminhos principais se expandem abruptamente. Ambos se tornam mais lotados, acomodando o rápido crescimento no número e no tamanho das cidades e um pico de aumento da população tanto de seres humanos quanto das espécies animais e vegetais que nossos ancestrais domesticaram. Os dois caminhos também se tornam muito mais movimentados como resultado de um aumento como que turbilhonado de nossa preocupação coletiva com a escassez e com o trabalho – e isso, paradoxalmente, como resultado da existência de mais abundância do que nunca antes. E, muito embora ainda seja cedo demais para afirmar, é difícil evitar a suspeita de que futuros historiadores não irão fazer distinção entre a primeira, segunda, terceira e quarta revoluções industriais, mas, em vez disso, vão considerar este momento prolongado da nossa história como mais crítico do qualquer outro na relação de nossa espécie com o trabalho.

PARTE UM

NO COMEÇO

1

Viver é trabalhar

NAQUELA TARDE EM particular, durante a primavera de 1994, fazia tanto calor que até mesmo as crianças, com seus pés com o couro já engrossado, se encolhiam quando se atreviam a atravessar a areia entre um trecho de sombra e outro. Não havia brisa, e as nuvens de poeira levantadas pelo Toyota Land Cruiser do missionário, à medida que ia subindo como um trovão pela pista de areia bruta em direção ao Campo de Repovoamento Skoonheid, no deserto do Kalahari, na Namíbia, permaneciam no ar mesmo depois de muito tempo que o veículo já havia parado.

Para os quase duzentos bosquímanos ju/'hoansi que ali se abrigavam do sol, as visitas ocasionais dos missionários eram uma bem-vinda pausa na monotonia que era a espera pela distribuição de alimentos do governo. Eram também muito mais divertidas do que vagar pelo deserto entre uma vasta fazenda de gado e outra, na esperança de persuadir algum agricultor branco a lhes dar algum trabalho. Ao longo do meio século anterior, quando viveram sob o jugo dos fazendeiros que haviam tomado deles suas terras, mesmo os mais céticos entre aquela comunidade − os remanescentes da mais longeva sociedade de caçadores-coletores da Terra − tinham passado a acreditar que o normal era dar atenção aos emissários ordenados daquele Deus em que os agricultores acreditavam. Alguns até encontravam conforto naquelas palavras.

Quando o sol se pôs no horizonte a oeste, o missionário pulou de seu Land Cruiser, montou um púlpito improvisado aos pés da caçamba e convocou a congregação. O calor ainda estava de derreter, e todos se reuniram preguiçosamente sob as manchas de sombra da árvore.

A única desvantagem daquele arranjo que ali inventaram era que, enquanto o sol ia descendo, a congregação tinha de ir se reorganizando periodicamente para permanecer na sombra, um processo que envolvia muito senta-levanta, cotoveladas e desvios uns dos outros. À medida que o serviço religioso avançava e a sombra da árvore ia se esticando, a maior parte da congregação se deslocava progressivamente para cada vez mais longe do púlpito, forçando o missionário a pronunciar grande parte de seu sermão à base de berros bem sustentados.

O cenário acrescentava uma certa seriedade bíblica à cerimônia. O sol deu ao missionário uma aura que exigia de sua audiência os olhos bem espremidos. Junto dele, também a lua, que logo nasceria a leste, e a árvore embaixo da qual a congregação se sentava tinham um papel de destaque na história que o homem contava: o Gênesis e a Queda do Homem.

O missionário começou lembrando sua congregação de que a razão pela qual as pessoas se reuniam para a adoração todos os domingos era que Deus havia trabalhado incansavelmente por seis dias para fazer os céus, a terra, os oceanos, o sol, a lua, os pássaros, os animais e os peixes e tudo mais, e só descansou no sétimo dia, quando seu trabalho estava terminado. Ele os lembrava de que os humanos tinham sido criados à imagem Dele, então eles também deveriam labutar por seis dias e usar o sétimo para descansar e oferecer gratidão pelas inúmeras bênçãos que o Senhor lhes havia concedido.

A declaração com que o missionário abriu seu sermão gerou alguns acenos de cabeça em concordância, assim como um ou outro "amém" dos membros mais entusiasmados da congregação. Mas a maioria ali considerava difícil identificar exatamente por quais bênçãos eles deveriam ser assim tão gratos. Sabiam o que significava trabalhar duro e compreendiam a importância de ter tempo para descansar, mesmo que não entendessem a sensação de compartilhar as recompensas materiais de seu labor. Durante o meio século anterior, foram as mãos daqueles que ali estavam que trabalharam pesado para transformar o semiárido em fazendas de gado bastante lucrativas. E, durante aquele período, os fazendeiros, que nas demais situações nunca se furtavam de usar o chicote para "curar" os trabalhadores ju/'hoan de sua ociosidade, sempre lhes davam folga aos domingos.

O missionário então contou a seu público como, depois de o Senhor instruir Adão e Eva a cuidar do Jardim do Éden, eles foram seduzidos pela serpente a cometer o pecado mortal, o que levou o Todo-Poderoso a "amaldiçoar a terra" e condenar os filhos e filhas de Adão e Eva a uma vida de labuta nos campos.

Essa história bíblica em particular fazia mais sentido para os ju/'hoansi do que muitas outras que os missionários lhes haviam contado – e não apenas porque todos sabiam o que significava ficar tentado a dormir com alguém que não deveriam. É que, nela, eles enxergavam uma parábola de sua própria história recente. Todos os antigos ju/'hoansi em Skoonheid se lembravam de quando aquela terra era unicamente de seu domínio, e de quando eles viviam exclusivamente da caça de animais selvagens e da coleta de frutas, tubérculos e vegetais silvestres. Se lembravam de que, naquela época, como no Éden, seu ambiente desértico era seu eterno provedor (ainda que ocasionalmente temperamental) e quase sempre lhes dava o suficiente para comer mesmo em algumas poucas horas de esforço, muitas vezes espontâneas. Alguns agora especulavam que poderia ter sido o resultado de algum pecado mortal semelhante de sua parte o fato de que, começando na década de 1920, primeiro de gota em gota e depois em forma de enxurrada, os fazendeiros brancos e a polícia colonial chegaram ao Kalahari com seus cavalos e armas e bombas d'água, seu arame farpado e gado e leis estranhas, e reivindicaram toda aquela terra para si mesmos.

Os agricultores brancos, por sua vez, entenderam rapidamente que cultivar em um ambiente tão hostil à agroindústria de grande escala quanto o Kalahari exigiria muito trabalho. Formaram, então, bandos para capturar os "selvagens" bosquímanos e forçá-los a trabalhar, ao passo que fizeram as crianças deles reféns para garantir a obediência dos pais e impuseram uma rotina de chicotadas regulares para ensinar-lhes as "virtudes do trabalho duro". Privados de suas terras, os ju/'hoansi aprenderam que, para sobreviver, como Adão e Eva, eles deveriam trabalhar em fazendas.

Durante trinta anos, aquele povo se acostumou àquela vida. Só que, em 1990, quando a Namíbia conquistou sua independência da África do Sul, os avanços tecnológicos da época levaram as fazendas a ser tanto mais produtivas quanto menos dependentes da mão de obra de antes. E, como o novo governo exigia que os donos de terras tratassem seus trabalhadores ju/'hoan como empregados formais e dessem a eles salários e moradias adequados, muitos dos fazendeiros simplesmente os expulsaram de suas terras. Chegaram à conclusão de que era muito mais econômico e bem menos trabalhoso investir no maquinário certo, e passaram a administrar suas fazendas com o menor número possível de funcionários. Como resultado, muitos dos ju/'hoansi ficaram sem outra opção que não fosse montar acampamento à beira da estrada, invadir os entornos das aldeias herero ao norte ou se mudar para uma das duas pequenas áreas de reassentamento onde pouco havia a se fazer além de sentar e esperar pela ajuda alimentar das autoridades.

É nesse ponto que a história da Queda do Homem deixava de fazer sentido para os ju/'hoansi. Se, como Adão e Eva, eles tinham sido condenados por Deus a uma vida de labuta nos campos, por que agora tinham sido banidos dos campos pelos fazendeiros que diziam não ter mais nenhuma utilidade para eles?

★ ★ ★

Sigmund Freud estava convencido de que todas as mitologias do mundo – incluindo a história bíblica de Adão e Eva – guardavam dentro delas os segredos para desvendar os mistérios de nosso "desenvolvimento psicossexual". Contrastando com isso, seu colega e rival Carl Gustav Jung considerava os mitos nada menos que a essência destilada do "inconsciente coletivo" da humanidade. E, para Claude Lévi-Strauss, que foi o grande mentor intelectual da socioantropologia do século XX, todas as mitologias mundiais combinadas formavam um imenso e intrincado quebra-cabeça que, se devidamente decodificado, poderia revelar as "estruturas profundas" da mente humana.

As mitologias do mundo, tão diversas, podem ou não nos oferecer uma janela para nosso "inconsciente coletivo", explicar nossos problemas sexuais ou nos permitir espreitar o interior das estruturas profundas de nossas mentes. Mas não há dúvida de que elas revelam coisas que são universais à experiência humana. Uma delas é a ideia de que o nosso mundo – não importando o quão perfeito fosse no momento da criação – está sujeito a forças caóticas, e os humanos devem trabalhar para mantê-las sob controle.

Em meio à congregação daquele missionário em Skoonheid naquela tarde quente, havia um punhado de "pessoas de antigamente". Eram os últimos ju/'hoansi que tinham passado a maior parte de suas vidas como caçadores-coletores. Carregavam o trauma de terem sido violentamente arrancados de suas antigas vidas com o estoicismo típico que caracterizava a vida tradicional de caça e coleta e, enquanto esperavam a morte chegar, encontraram conforto em recontar uns aos outros as "histórias do início" – os mitos da criação do mundo – que eles haviam aprendido quando crianças.

Antes que os missionários cristãos aparecessem com sua própria versão daquele conto, os ju/'hoansi acreditavam que a criação do mundo tinha acontecido em duas fases distintas. Na primeira, seu Deus criou a si mesmo, suas esposas, um deus inferior trapaceiro chamado G//aua, o mundo, a chuva, os relâmpagos, os buracos no solo que coletavam água da chuva, as plantas, os animais e, por fim, as pessoas. No entanto, antes de concluir o trabalho, ele foi despender seu tempo em outra coisa, o que deixou aquele inacabado mundo em um estado de ambiguidade caótica. Não havia regras sociais, nem costumes, e tanto pessoas quanto animais conseguiam se transmutar de uma forma corpórea para outra, se casando uns com os outros e se alimentando uns dos outros de forma variada, além de se envolverem em todo tipo de comportamento estranho. Felizmente, o criador não havia abandonado sua criação para sempre e acabou retornando para terminar o trabalho. Ele o fez impondo regras e ordem ao mundo, primeiro separando e nomeando as diferentes espécies e depois dotando cada uma de seus próprios costumes, regras e características.

As "histórias do início" que encantavam os velhos de Skoonheid eram todas ambientadas no período em que o criador, deixando sua obra incompleta, tirou seu prolongado ano sabático cósmico – talvez, como sugeriu um dos homens, porque precisasse descansar, como fez o Deus cristão. A maioria daquelas histórias conta como, na ausência do criador, o tal deus trapaceiro prosperou, levando desordem e caos a onde quer que ele fosse. Em uma história, por exemplo, G//aua corta, cozinha e serve seu próprio ânus para sua família, e ri histericamente do brilhantismo de sua própria piada quando eles elogiam o sabor do prato. Em outros contos, ele cozinha e come sua esposa, estupra sua mãe, rouba os filhos de seus pais e comete assassinatos insensíveis.

Mas G//aua não descansou quando o criador retornou para finalizar sua obra, e continuou desde então, maliciosa e implacavelmente, forçando os limites bem ordenados do mundo. Ou seja, ao passo que os ju/'hoansi associaram seu Deus criador à ordem, à previsibilidade, às regras, aos modos e à continuidade, G//aua foi associado à aleatoriedade, ao caos, à ambiguidade, à discórdia e à desordem. E os ju/'hoansi conseguiam detectar o toque demoníaco de G//aua em todo tipo de coisas. Notavam sua interferência, por exemplo, quando os leões se comportavam de forma pouco característica; quando alguém adoecia misteriosamente; quando uma corda de arco se esgarçava ou uma lança se quebrava; ou quando alguém se via persuadido por uma misteriosa voz interior a dormir com o cônjuge de outra pessoa mesmo estando muito bem ciente da discórdia que isso causaria.

As pessoas de antigamente não tinham qualquer dúvida de que a serpente que tentara Adão e Eva na história do missionário tinha sido ninguém menos que seu pequeno deus trapaceiro G//aua em um de seus muitos disfarces. Espalhar mentiras, persuadir as pessoas a dar vazão a desejos proibidos e então, alegremente, testemunhar as consequências devastadoras de tudo isso nas vidas alheias era exatamente o tipo de coisa que G//aua gostava de fazer.

Os ju/'hoansi são apenas um dos muitos povos que conseguiram enxergar seus próprios desordeiros cósmicos sob a pele da serpente labiosa do Éden. Trapaceiros, arruaceiros e destruidores – tais como Loki, o filho rebelde de Odin, ou o coiote e o corvo em muitas culturas indígenas norte-americanas, ou Anansi, a aranha mutante de pavio curto que povoa muitas mitologias da África Ocidental e do Caribe – têm dado trabalho para as pessoas executarem desde o início dos tempos.

Não é coincidência que essa tensão entre caos e ordem seja uma característica comum das mitologias do mundo. Afinal de contas, a ciência também insiste que há uma relação universal entre a desordem e o trabalho, a qual foi revelada pela primeira vez durante os tempos difíceis do Iluminismo na Europa Ocidental.

★ ★ ★

Gaspard-Gustave Coriolis adorava o jogo de bilhar, um *hobby* ao qual ele dedicou muitas e felizes horas de "pesquisa". Publicou seus resultados em *Théorie mathématique des effets du jeu de billiard*, um livro cujo nome ainda é invocado com solenidade bíblica por aficionados dos jogos que daquele descenderam, como a sinuca. Coriolis nasceu no revolucionário verão de 1792, mesmo ano em que a Assembleia Nacional da França aboliu a monarquia e arrastou o Rei Luís XVI e Maria Antonieta do Palácio de Versalhes para agendar seu encontro com a guilhotina. Mas Coriolis foi um revolucionário de uma espécie bem diferente. Era parte de uma vanguarda de homens e mulheres que tinham virado as costas ao dogma teológico e abraçado a razão, o poder de explicação da matemática e o rigor do método científico para dar sentido ao mundo, o que depois viria resultar na era industrial com a descoberta de como libertar a energia transformadora dos combustíveis fósseis.

Coriolis é hoje mais lembrado por enunciar o chamado efeito Coriolis, sem o qual os meteorologistas não teriam nenhum jeito razoável de criar modelos usando as estruturas giratórias dos sistemas meteorológicos e os caprichos das correntes oceânicas. Mas o mais importante para nós, no momento, é que ele também é lembrado por introduzir o termo "trabalho" no léxico da ciência moderna.

O interesse de Coriolis pelo bilhar se estendeu para além da satisfação em ouvir o previsível "clique" entre as bolas de marfim quando colidiam umas com as outras, ou mesmo a emoção experimentada quando uma delas, empurrada pelo taco, rolava para dentro de uma caçapa. Para ele, o bilhar revelava o infinito poder de explicação da matemática, e aquela mesa era um espaço onde pessoas como ele podiam observar, mexer e brincar com algumas das leis fundamentais que governam o universo físico. Não só aquelas bolas evocavam os corpos celestiais cujos movimentos foram descritos por Galileu, mas também, toda vez que ele apoiava seu taco sobre a mão, enxergava representações dos princípios elementares da geometria conforme delineados por Euclides, Pitágoras e Arquimedes. Além disso, a cada vez que sua bola tacadeira, geralmente a bola branca, energizada pelo movimento de seu braço, golpeava outras bolas, todas seguiam diligentemente as leis da física envolvendo massa, movimento e força, identificadas por Sir Isaac Newton quase um século antes. Elas também ensejavam uma gama de outras questões sobre atrito, elasticidade dos choques e transferência de energia.

Não é de surpreender que as contribuições mais importantes de Coriolis para a ciência e a matemática focavam os efeitos do movimento em esferas rotativas: a energia cinética que um objeto, tal como uma bola de bilhar, possui devido a seu movimento, e o processo pelo qual a energia é transferida por um braço, por meio de um taco, para empurrar bolas de bilhar por toda a mesa.

Foi em 1828, enquanto descrevia uma versão desse último fenômeno, que Coriolis introduziu o termo "trabalho" para descrever a força que precisava ser aplicada a fim de se mover um objeto por uma determinada distância.[1]

Quando Coriolis se referiu ao processo de bater em uma bola de bilhar como "realizar trabalho", ele não estava, claro, focado unicamente no bilhar. Os primeiros motores a vapor economicamente viáveis haviam sido inventados alguns anos antes, demonstrando que o fogo era capaz de muito mais do que chamuscar carne e derreter ferro em uma forja. No entanto, não havia nenhuma maneira satisfatória de mensurar as capacidades das máquinas a vapor que estavam impulsionando a Revolução Industrial da Europa. Coriolis queria descrever, medir e comparar com precisão as capacidades de coisas como rodas d'água, cavalos de carga, motores a vapor e seres humanos.

Até aquele momento, muitos outros matemáticos e engenheiros já tinham descrito conceitos largamente equivalentes ao que Coriolis chamava de "trabalho". Mas nenhum tinha encontrado a palavra certa para descrevê-lo. Alguns o chamavam de "efeito dinâmico", outros de "força de labor" e outros ainda "força motriz".

As equações de Coriolis foram logo consideradas corretas por seus pares científicos, mas foi sua terminologia o que mais os impressionou. Era como se ele tivesse encontrado a palavra perfeita para descrever um conceito que os vinha provocando por anos. Não apenas o termo "trabalho" descrevia exatamente o que os motores a vapor foram projetados para fazer, como também a palavra francesa para "trabalho", que é *travail*, tem uma qualidade poética que é ausente em muitas outras línguas. Ela conota não apenas esforço, mas também sofrimento, e assim então evocava as recentes tribulações do Terceiro Estado francês – as classes mais baixas – que havia trabalhado por tanto tempo sob o jugo de aristocratas e monarcas perversos com mania de grandeza. Ao criar essa conexão entre o potencial das máquinas e a libertação do campesinato de uma vida de labuta, ele conseguiu invocar uma versão embrionária daquele sonho, mais tarde apropriado por John Maynard Keynes, da tecnologia nos levando a uma terra prometida.

"Trabalho", hoje, é uma palavra usada para descrever todas as transferências de energia, desde aquelas que ocorrem em escala celestial, quando galáxias e estrelas se formam, até aquelas que ocorrem em nível subatômico. A ciência também reconhece nos dias de hoje que a criação do nosso universo envolveu quantidades colossais de trabalho – e aquilo que torna a vida tão extraordinária e que diferencia as coisas vivas das inanimadas é justamente os tipos de trabalho muito incomuns que os seres vivos são capazes de executar.

★ ★ ★

As coisas vivas têm uma série de características distintas que as coisas não vivas não têm. A mais óbvia e importante delas é que os seres vivos ativamente captam e usam energia para organizar seus átomos e moléculas em células, as células em órgãos e seus órgãos em corpos; também para crescer e se reproduzir. Quando deixam de fazer isso, eles morrem e, sem energia para manter suas partes coladas umas às outras, se decompõem. Colocando de outra forma: viver é trabalhar.

O universo abriga um conjunto desconcertante de sistemas complexos e dinâmicos – de galáxias a planetas – que às vezes também descrevemos como sendo "vivos". Mas, fora os organismos formados por células, nenhum desses sistemas capta propositadamente energia de outras fontes e depois a usa para realizar trabalho a fim de se manter vivo e se reproduzir. Uma estrela "viva", por exemplo, não tem o propósito de reabastecer sua energia a partir de seu ambiente. Tampouco procura produzir descendentes que, com o passar do tempo, crescerão e serão como ela. Em vez disso, ela alimenta o trabalho que realiza por meio da destruição de sua própria massa, e então "morre" quando essa massa se esgota.

A vida trabalha ativamente com vistas a sobreviver, crescer e se reproduzir, talvez a despeito do que alguns físicos consideram ser a "lei suprema" do universo, que é a segunda lei da termodinâmica, também conhecida como lei da entropia. A segunda lei da termodinâmica descreve a tendência que toda energia tem de se distribuir uniformemente por todo o universo. Personificada nos muitos trapaceiros que cometeram travessuras nas mitologias do mundo, a entropia incansavelmente desfaz qualquer ordem que o universo crie. Com o passar do tempo, a segunda lei da termodinâmica afirma que a entropia, assim como o deus malévolo Loki da mitologia nórdica, provocará o armagedom – não porque ela destruirá o universo, mas porque, quando alcançar seu objetivo de distribuir toda a energia uniformemente pelo universo, nenhuma energia estará disponível, o que significa que nenhum trabalho, no sentido físico da palavra, poderá ser realizado.

Se temos hoje uma compreensão intuitiva de alguns aspectos da entropia, isso se deve ao fato de que esse deus trapaceiro dá uma piscadela para nós de todas as sombras onde se esconde. Nós a vemos na decadência de nossas construções e de nossos corpos, no colapso dos impérios, na forma como o leite se mistura ao nosso café e no constante esforço que é necessário para manter qualquer tipo de ordem em nossas vidas, em nossas sociedades e em nosso mundo.

★ ★ ★

Para os pioneiros da Revolução Industrial, a entropia se revelava quando frustrava seus esforços no sentido de construir máquinas a vapor perfeitamente eficientes.

Em todos os seus experimentos, eles observaram que a energia térmica tendia inevitavelmente a se distribuir uniformemente dentro das caldeiras e depois através das "peles" metálicas das caldeiras para o mundo exterior. Eles também notaram que a energia térmica sempre fluía dos corpos mais quentes para os mais frios, e que, uma vez que o calor era distribuído uniformemente, era impossível reverter o processo sem acrescentar mais energia. É por isso que, quando uma xícara de chá atinge a temperatura ambiente, não há qualquer possibilidade de ela retirar energia do ambiente para se aquecer novamente. Eles observaram também que, para reverter o impacto da entropia, mais trabalho precisa ser feito usando energia de fora desse sistema. Levar seu chá de volta a uma temperatura aceitável requer o uso de energia adicional.

Durante algum tempo, a lei da entropia foi considerada como um fato desconcertante da existência. Então, entre 1872 e 1875, um físico austríaco chamado Ludwig Boltzmann fez as contas de como isso acontecia. Demonstrou que a maneira como o calor se comportava poderia ser bem descrita por meio da aritmética de probabilidades.[2] Conforme ele argumentou, existem infinitamente mais maneiras de o calor se espalhar entre os trilhões de moléculas em uma colher de água do que de esse calor permanecer armazenado em apenas algumas dessas partículas. Isso significa que, à medida que as partículas se movimentam e interagem umas com as outras, as probabilidades são tão incrivelmente maiores de que a energia vá ser distribuída uniformemente que esse deve ser considerado um fato inevitável. Por extensão, seu modelo matemático sugeria que toda a energia no maior contêiner de todos, o universo, tende a fazer o mesmo.

Ao oferecer um modelo matemático para descrever a entropia, Boltzmann ao mesmo tempo conseguiu escapar dos confinamentos relativamente estreitos da engenharia e nos mostrou por que, intuitivamente, enxergamos a entropia em construções em ruínas, montanhas em erosão, estrelas explodindo, leite derramado, morte, xícaras de chá frias e até mesmo na democracia.

Estados de baixa entropia são "altamente ordenados", como um quarto de criança no qual o ocupante foi forçado a arrumar e guardar seus brinquedos, dispositivos eletrônicos, roupas, livros e potes de massinha em gavetas e armários. Os estados de alta entropia, ao contrário, são semelhantes ao mesmo quarto algumas horas mais tarde, depois que a criança pegou e largou tudo o que possui aparentemente ao acaso. De acordo com os cálculos de Boltzmann, todo arranjo possível das coisas de uma criança em seu quarto tem a mesma probabilidade no sentido físico, uma vez que as crianças, como parece ser o caso, são nada mais do que redistribuidores de coisas aleatórias. É claro que existe uma minúscula chance de que, como elas são redistribuidores aleatórios, também possam acidentalmente colocar todas as suas coisas de volta onde elas deveriam estar, de tal modo que o quarto possa ser considerado como arrumado. O problema é que há muito mais maneiras de o quarto estar bagunçado do que de estar arrumado, de modo que as probabilidades estão muito mais a favor da bagunça, pelo menos até que um responsável exija que eles executem trabalho – e assim gastem a energia necessária – para restaurar o quarto a um estado aceitavelmente baixo de entropia.

Mesmo que seja, em muitas ordens de magnitude, mais simples do que o quarto de uma criança, o hoje venerável cubo de Rubik, o popular cubo mágico, nos apresenta uma noção das escalas matemáticas envolvidas. Esse quebra-cabeça – com suas seis faces de cores diferentes compostas de nove quadrados cada e organizadas em um eixo fixo central que permite girar qualquer uma das faces independentemente das outras e assim misturar os quadrados coloridos – tem 43.252.003.274.489.856.000 possíveis combinações não resolvidas e apenas 1 combinação resolvida.[3]

★ ★ ★

Em 1886, quatro anos após Charles Darwin ser enterrado na Abadia de Westminster, Boltzmann foi convidado a proferir uma prestigiosa palestra pública na Academia Imperial de Ciências, em Viena.

"Se alguém me perguntar como, na minha mais profunda convicção, será chamado o nosso século, se será o século do ferro ou o século do vapor ou da eletricidade", Boltzmann anunciou ao seu público, "respondo sem hesitação: será chamado de o século da visão mecânica da natureza, o século de Darwin".[4]

Mesmo que Ludwig Boltzmann fosse uma geração mais jovem que Darwin, seu trabalho não foi menos desafiador à autoridade de Deus do que a proposta de Darwin de apresentar a evolução, e não Deus, como melhor resposta à diversidade da vida. Em um universo governado pelas leis da termodinâmica, não havia lugar para os mandamentos de Deus, e o destino final de tudo já estava predeterminado.

A admiração de Boltzmann por Darwin não se baseava somente em sua experiência comum de passar com um rolo compressor sobre o dogma religioso. Se devia também ao fato de que ele viu a mão da entropia trabalhando fervorosamente na evolução – uma noção que só seria plenamente desenvolvida uma geração mais tarde, com

Erwin Schrödinger, físico quântico ganhador do Prêmio Nobel, mais conhecido por colocar gatos imaginários em caixas imaginárias.

Schrödinger estava convicto de que a relação entre a vida e a entropia era fundamental. Outros antes dele, incluindo Boltzmann, haviam chegado à conclusão de que os organismos vivos eram todos motores termodinâmicos: como as máquinas a vapor, eles também precisavam de combustível na forma de alimentos, ar e água para funcionar, e, ao realizar trabalho, eles também convertiam parte desse combustível em calor, que era posteriormente perdido para o universo. Mas ninguém levou essa ideia adiante, e até sua inevitável conclusão, até que Schrödinger fez uma série de palestras para o público do Trinity College em Dublin, em 1943.

O pai de Schrödinger era um entusiasta amador da jardinagem. Ficava especialmente fascinado pela forma como ele podia dar uma mãozinha para a evolução, selecionando cuidadosamente sementes de plantas com características específicas que ele considerava desejáveis. Inspirado pelos experimentos horticultores do pai, Schrödinger manteve um interesse pela hereditariedade e pela evolução que perdurou por muito tempo, mesmo depois de a física teórica se tornar o foco principal de seu trabalho.

Antes de Schrödinger dar suas palestras em Dublin, que foram publicadas um ano depois na forma de um livro curto chamado *What is Life?*, a biologia era uma órfã entre as ciências naturais.[5] Até então, a maioria dos cientistas se contentava em aceitar que a vida funcionava de acordo com suas próprias regras estranhas e distintas. Schrödinger, no entanto, era da opinião de que a biologia deveria ser adotada como um membro de pleno direito da família científica. Naquela noite, ele se propôs a convencer sua plateia de que a ciência da vida – a biologia – era apenas mais um ramo da física e da química, ainda que reconhecidamente mais complexo. Explicou ao seu público que, só porque os físicos e os químicos ainda não tinham sido capazes de explicar a vida, isso não significava que "houvesse alguma razão para duvidar" que poderiam.

A descrição de Schrödinger daquilo que ele imaginou ser a extraordinária capacidade de codificação de informação e listagem de instruções dos átomos e moléculas em nossas células – o DNA e o RNA – inspirou uma geração de cientistas a dedicar suas carreiras a desvendar as bases químicas e físicas da biologia. Entre esse grupo pioneiro de biólogos moleculares estava Francis Crick, de Cambridge, que, juntamente com seu parceiro James Watson, revelaria ao mundo a distinta forma de dupla hélice do DNA uma década depois.

O assombro de Schrödinger com a capacidade daquele "grupo incrivelmente pequeno de átomos"[6] que compõem um genoma de organizar trilhões de outros átomos em cabelos, fígados, dedos, globos oculares e tudo mais se deveu ao fato de que esses átomos o faziam em aparente desafio à segunda lei da termodinâmica. Ao contrário de quase tudo no universo, que parecia tender a um aumento na desordem, a vida, de forma insolente, juntava a matéria e então a organizava com muita precisão em estruturas surpreendentemente complexas que reuniam energia livre e se reproduziam.

Porém, ainda que os organismos vivos parecessem ser, apenas superficialmente, bem-sucedidos e contumazes violadores da lei da entropia, Schrödinger reconheceu que a vida simplesmente não poderia existir se violasse a segunda lei da termodinâmica. Isso significava que a vida precisava contribuir para a entropia maior do universo, e ele concluiu que ela o fazia ao procurar e capturar energia livre, usando-a para realizar trabalho, o que gerava calor, e assim a vida adicionava algo à entropia total do universo. Ele também observou que, quanto maior e mais complexo um organismo, mais trabalho ele precisava realizar para se manter vivo, crescer e se reproduzir; como resultado disso, estruturas complexas, como organismos vivos, eram muitas vezes contribuintes muito mais energéticos para a entropia total do universo do que objetos como rochas.

★ ★ ★

Se a vida pode ser definida pelos tipos de trabalho que os seres vivos realizam, então o processo de transformar matéria inorgânica terrestre em matéria orgânica e viva deve ter envolvido algum tipo de trabalho – alguma forma repleta de energia de fazer a vida "pegar no tranco" e pôr em funcionamento o motor da vida primordial. Precisar exatamente de onde veio essa energia é jogar com a incerteza. Pode ter vindo do dedo de Deus, mas, muito mais provavelmente, se originou das reações geoquímicas que faziam a terra primitiva ebulir e efervescer, ou pelo decaimento de materiais radioativos na terra antiga, lentamente sucumbindo à entropia.

O fato de que a abiogênese – o processo pelo qual a vida surgiu pela primeira vez – envolveu realização de trabalho é talvez a parte menos misteriosa dele. Até a virada do terceiro milênio, o balanço dos dados científicos sugeria que o surgimento da vida era tão improvável que estávamos quase certamente sozinhos no universo. Hoje, pelo menos para alguns cientistas, o pêndulo balançou para o outro lado. Eles estão mais inclinados a pensar que a vida pode ter sido inevitável e que a entropia, o deus trapaceiro, não foi apenas um destruidor, mas pode muito bem ter sido também o criador da vida. Essa perspectiva é baseada na ideia de que os sistemas biológicos podem emergir de repente porque dissipam a energia térmica de forma mais eficiente do que muitas formas inorgânicas, aumentando assim a entropia total do universo.[7]

Uma das coisas que convenceram alguns desses cientistas foram as simulações digitais que indicaram que onde átomos e moléculas estiverem sujeitos a uma fonte de energia altamente direcionada (como o sol) e também rodeados por um banho de energia (como um mar), as partículas vão se arranjar espontaneamente em todo tipo de diferentes formações, como se estivessem experimentando para encontrar o arranjo que dissipa a energia térmica de forma mais eficaz.[8] Se esse for o caso, sugere o tal modelo, então há uma boa chance de que um dos incontáveis arranjos possíveis em que os átomos e moléculas se embaralham possa ser aquele que transforma matéria inorgânica morta em um organismo vivo.

★ ★ ★

A longa história da vida na Terra já foi descrita em termos da capacidade que a vida tem de captar energia de novas fontes – primeiro a energia geotérmica, depois a luz solar, depois o oxigênio e depois a carne de outros organismos vivos – assim como a evolução de formas de vida cada vez mais complexas, mais sedentas de energia e, no sentido físico, que realizam trabalho mais arduamente.[9]

Os primeiros seres vivos no planeta Terra foram quase certamente simples organismos unicelulares que, como as bactérias, não tinham núcleos nem mitocôndrias. Eles provavelmente colhiam energia de reações geoquímicas entre a água e as rochas, antes de transformá-la, por transdução, em uma molécula altamente especializada que armazenava a energia em suas ligações químicas e a liberava quando essas ligações eram quebradas, permitindo assim que o organismo realizasse trabalho. Essa molécula, o trifosfato de adenosina ou ATP, é a fonte imediata de energia utilizada por todas as células para realizar trabalho – das bactérias unicelulares aos antropólogos multicelulares –, para manter seu equilíbrio interno, para crescer e para se reproduzir.

A vida tem estado ocupada colhendo energia livre, armazenando-a em moléculas de ATP e depois colocando-a para realizar trabalho em nosso planeta por muito tempo. Há vasta comprovação por fósseis que atestam a presença de vida bacteriana na Terra há cerca de 3,5 bilhões de anos. Há também provas fósseis de vida, ainda contestadas, que datam de 4,2 bilhões de anos atrás – apenas 300 mil anos após a formação da Terra.

Os organismos parecidos com bactérias que foram pioneiros da vida na Terra tiveram de lidar com condições que, do ponto de vista da maioria das formas de vida atuais, eram espantosamente hostis. Não apenas há o fato de que aquela Terra primordial fervia com atividade vulcânica e era atingida por uma onda quase contínua de meteoritos, como também a atmosfera tinha pouco oxigênio e nenhuma camada de ozônio para proteger organismos delicados de serem fritos pela radiação solar. Como resultado disso, as primeiras formas de vida da Terra trabalhavam longe do brilho do sol.

Mas, com o tempo, graças a outra característica única da vida, que é sua capacidade de evoluir, surgiram novas espécies capazes de extrair energia de outras fontes e sobreviver e reproduzir-se em diferentes condições. Em algum momento, provavelmente há cerca de 2,7 bilhões de anos, a vida saiu das sombras quando uma série de mutações genéticas fortuitas permitiu que algumas criaturas acolhessem aquela velha inimiga da vida, a luz solar, e tirassem energia dela por meio da fotossíntese. Esses organismos, as cianobactérias, ainda hoje prosperam. Podemos vê-las nos florescimentos bacterianos que às vezes borbulham em lagos e lagoas.

Com a expansão das cianobactérias, elas começaram a trabalhar para transformar a Terra em um macro-habitat capaz de suportar formas de vida muito mais complexas com demandas de energia muito maiores. Fizeram isso primeiramente convertendo o nitrogênio atmosférico em compostos orgânicos como nitratos e amônia, dos quais as plantas precisam para crescer. Também trabalharam para converter dióxido de carbono em oxigênio, e assim desempenharam papel fundamental na indução do chamado "grande evento de oxigenação" que começou há cerca de 2,45 bilhões de anos e resultou na criação gradual da atmosfera rica em oxigênio que nos sustenta hoje.

O grande evento de oxigenação não só forneceu uma fonte de energia totalmente nova para a vida explorar como também expandiu massivamente a quantidade de energia disponível com a qual a vida poderia trabalhar. Reações químicas envolvendo oxigênio liberam muito mais energia do que aquelas envolvendo a maioria dos outros elementos, o que significa que os organismos individuais aeróbicos (respiradores de oxigênio) têm o potencial de crescer mais, ser mais rápidos e executar muito mais trabalho físico do que os anaeróbicos.

Novos e mais elaborados organismos vivos chamados eucariontes evoluíram para explorar esse ambiente rico em energia. Muito mais sofisticados e famintos de energia do que seus ancestrais procariontes, os eucariontes tinham núcleos, reproduziam-se sexualmente e conseguiam também gerar todo tipo de proteínas complexas. Com o tempo, acredita-se que alguns eucariontes desenvolveram mutações que lhes permitiam capturar outras formas de vida que passassem por perto e pilhar sua energia, engolindo-as pelo uso de membranas celulares externas permeáveis. As células sequestradas não tinham alternativa senão compartilhar com seus carcereiros qualquer energia que tivessem capturado – um dos processos que, com o passar do tempo, acredita-se ter contribuído para o surgimento da vida multicelular. As algas primitivas, que evoluíram para as primeiras plantas que acabaram por tornar verdes as massas de terra estéreis do início da Terra, eram provavelmente a progênie de eucariontes comedores de cianobactérias.

Acredita-se que as primeiras criaturas com tecidos e sistemas nervosos propriamente ditos tenham evoluído nos oceanos há cerca de 700 milhões de anos. Mas somente há cerca de 540 milhões de anos, durante a explosão do Cambriano, é que a vida animal começou realmente a florescer. O registro fóssil desse período mostra evidências de criaturas representantes de todos os principais filos contemporâneos – os ramos na árvore da vida – que povoam nosso mundo hoje.

A energia adicional do aumento do oxigênio atmosférico e marinho certamente desempenhou um papel no pontapé inicial da explosão cambriana. Mas o que provavelmente desempenhou um papel mais importante foi que a evolução começou a favorecer algumas formas de vida que colhiam sua energia de uma fonte de energia livre nova e muito mais rica do que o oxigênio: elas consumiam outros seres vivos que já tinham tido o trabalho de coletar e concentrar energia e nutrientes vitais em sua carne, órgãos, conchas e ossos.

Há cerca de 650 milhões de anos, o oxigênio atmosférico já havia se acumulado na estratosfera o bastante para formar uma camada de ozônio suficientemente espessa que filtrasse a perigosa radiação ultravioleta, a fim de permitir que algumas formas de vida vivessem nas margens dos oceanos sem serem fritas. Dentro de mais cerca de 200 milhões de anos, a biosfera reclamou grande parte da massa terrestre e lentamente formou uma série de ecossistemas marinhos e terrestres interligados e muito complexos, repletos de todos os tipos de organismos que capturam diligentemente energia livre e a usam para se manter vivos, para garantir mais energia e para se reproduzir.

Muitas dessas novas formas de vida colocam essa energia em uso de maneiras que se parecem muito mais claramente com os tipos de comportamentos que nós humanos associamos ao trabalho. Embora as bactérias ainda formassem uma porção substancial da biosfera, a presença de animais terrestres maiores transformou a natureza do trabalho que os seres vivos realizavam. Animais maiores requerem muito alimento, mas podem realizar muito mais trabalho físico do que micro-organismos relativamente imóveis. Os animais se diversificam: se entocam, caçam, fogem, quebram, escavam, voam, comem, lutam, defecam, movem coisas e, em alguns casos, constroem.

O fato de que, sob o ponto de vista de um físico, todos os organismos vivos executam trabalho e de que a biosfera de nosso planeta foi construída ao longo de milhões de gerações como resultado do trabalho executado por seus vários antepassados evolutivos levanta uma questão óbvia: como o trabalho realizado, por exemplo, por uma árvore, um baiacu ou uma zebra difere daquele que trouxe nossa espécie à iminência da criação da inteligência artificial?

2

Mãos desocupadas e bicos em ação

MESMO SENDO UMA celebridade californiana, Koko estranhamente não se preocupava muito com sua aparência. Em 2016, quando ela faleceu, quase dois anos depois de fazer um discurso especial na Conferência das Nações Unidas sobre Mudanças Climáticas, alertando sobre como a loucura humana poderia nos levar ao desaparecimento, muitos californianos proeminentes expressaram seu orgulho pelas conquistas de uma das amadas filhas de seu estado.

Koko era uma gorila das planícies que conheceu apenas o cativeiro. Se tornou uma celebridade graças à sua habilidade incomum de comunicação. Ela era uma usuária fluente e criativa da "linguagem de sinais gorila", uma linguagem gestual especialmente concebida, vagamente baseada na linguagem de sinais americana. Também dava sinais de que conseguia compreender em torno de 2 mil palavras distintas em inglês, o que corresponde a cerca de 10% do vocabulário ativo que a maioria dos humanos usa. Mas Koko era péssima em gramática. As tentativas de ensinar a ela rudimentos de sintaxe a confundiam e a frustravam. Como resultado disso, com frequência ela lutava para se comunicar com o grau de clareza e criatividade que seus treinadores acreditavam ser sua real intenção. Mas, fora essas deficiências sintáticas, os treinadores humanos de Koko não tinham qualquer dúvida de que ela era um indivíduo emocionalmente e socialmente sofisticado.

"Ela ri de suas próprias piadas e das dos outros", explicaram Penny Patterson e Wendy Gordon, duas de suas treinadoras de longa data e suas amigas mais queridas. "Ela chora quando magoada ou deixada sozinha e grita quando assustada ou zangada. Fala de seus sentimentos usando palavras como feliz, triste, temerosa, gostei, ansiosa, frustrada, raiva, vergonha e, muito comumente, amor. Ela se enlutece por aqueles que perdeu – um gato favorito que morreu, um amigo que foi embora. Sabe falar sobre o que acontece quando alguém morre, mas fica nervosa e desconfortável quando lhe pedem para discutir sua própria morte ou a de seus companheiros. Ela demonstra uma gentileza maravilhosa com gatinhos e outros animais pequenos. Já até expressou empatia por outros animais que viu apenas em fotos".[1]

Muitos outros eram mais céticos com relação à gorila. Seus treinadores insistiam que seu grande vocabulário funcional era prova de sua capacidade de ver o mundo em termos de sinais e símbolos, mas os céticos insistiam que ela – assim como a maioria dos outros macacos famosos, chimpanzés e bonobos que foram aclamados como habilidosos usuários de sistemas de comunicação baseados em símbolos gráficos – não era nada além de uma mímica competente, e que suas únicas habilidades sociais de verdade eram usadas para ocasionalmente persuadir seus treinadores a lhe fazerem cócegas ou darem guloseimas.

Ninguém, no entanto, contestou que ela gostava mesmo de passar o tempo relaxando com seus gatinhos, que se divertia em passeios por lugares bonitos com seus treinadores e que, às vezes, ficava arisca quando tinha de realizar tarefas mais árduas. Mas seus detratores não estavam convencidos de que ela pensava em trabalho e lazer da mesma forma que pessoas pensam. O trabalho humano tem um propósito deliberado (*purposeful*), afirmavam eles, enquanto o trabalho feito por animais é feito sem maiores intenções (*purposive*).

Trata-se de uma distinção muito importante.

Um construtor que trabalha com o claro propósito de erguer um muro para uma extensão de garagem tem uma noção bem clara de como será o muro acabado, e já ensaiou mentalmente todos os passos necessários para construir de acordo com os planos do arquiteto. Mas ele não está misturando cimento e enfileirando tijolos em pleno calor do verão somente para aquele fim. Afinal, aquela não é sua parede, e nem o projeto é seu. Ele realiza aquele trabalho porque é motivado por toda uma série de ambições de segunda e terceira ordens. Se eu o entrevistasse, poderia descobrir, por exemplo, que ele está trabalhando com tanto afinco porque tem ambições de se tornar um empreiteiro, ou que ele é construtor apenas porque gosta de trabalhar ao ar livre, ou talvez apenas porque quer economizar dinheiro suficiente para financiar o sonho de infância de sua esposa. A lista de possibilidades é quase infinita.

Já o comportamento não deliberado (*purposive*) é aquele ao qual um observador externo pode ser capaz de atribuir um propósito, mas o agente que realiza tal comportamento não o entende e nem o poderia descrever. Quando uma árvore cresce para maximizar a exposição de suas folhas ao sol, de forma que ela possa colher mais energia solar e converter dióxido de carbono e água em glicose, ela está se comportando de maneira não deliberada. Quando, durante a estação chuvosa, milhares de mariposas voam para a morte nas chamas de uma fogueira em um acampamento no Kalahari, trata-se também desse tipo de comportamento. Porém, como bem compreenderam os treinadores de Koko, fazer distinções absolutas entre comportamento deliberado e não deliberado nem sempre é tão simples em se tratando de outros tipos de organismos.

Quando uma matilha de leões persegue um gnu, sua motivação básica é assegurar a energia necessária para sobreviver. Mas, ao responder a seu instinto, eles agem muito mais propositadamente do que, por exemplo, bactérias intestinais em busca de uma molécula de carboidrato. Eles usam um sistema de cobertura para perseguir suas presas, trabalham em equipe, empregam uma espécie de estratégia e tomam decisões durante todo o processo da caça com base no resultado que eles imaginam que vai melhor satisfazer seu desejo não deliberado de comer a carne e os órgãos de outra criatura.

Muitos pesquisadores interessados em compreender nossa evolução cognitiva concentraram seus esforços em investigar se nossos parentes primatas mais próximos e outras criaturas obviamente dotadas de inteligência, como baleias e golfinhos, seriam capazes de ter um comportamento deliberado da mesma forma que os humanos. Ter esse comportamento requer uma compreensão intuitiva do que é causalidade, a agilidade para imaginar um resultado advindo de uma ação, e isso também implica haver uma "teoria da mente". O debate sobre como os diferentes animais agem de maneira deliberada em relação aos humanos permanece muito disputado.

No entanto, diversas outras espécies animais nos convidam a pensar de forma diferente a respeito de alguns aspectos menos óbvios relativos à forma como executamos trabalho. Entre eles estão criaturas como cupins, abelhas e formigas, em cuja incessante aptidão para o trabalho e sofisticação social podemos ver ecos das extraordinárias mudanças na maneira como os humanos passaram a trabalhar depois que se tornaram produtores cooperativos de alimentos e, mais tarde, quando se mudaram para as cidades. Há também muitas outras espécies que, como nós, parecem gastar energia demais realizando trabalhos que parecem não servir a nenhum propósito óbvio, ou então que desenvolveram características físicas e comportamentais difíceis de explicar por parecerem tão ostensivamente ineficientes – traços como a cauda de um pavão macho.

★ ★ ★

Em 1859, quando Charles Darwin publicou *A origem das espécies*, os pavões eram um ornamento obrigatório nos jardins formais de toda a Grã-Bretanha. As aves também percorriam, com ar de superioridade, os gramados dos grandes parques públicos londrinos, ocasionalmente esparramando o leque de sua plumagem para o deleite dos transeuntes.

Darwin gostava muito de pássaros. Afinal, foram as pequenas, porém distintas diferenças que ele observou entre as populações de tentilhões em cada uma das ilhas Galápagos que consolidaram sua compreensão da seleção natural. Mas ele não era fã de pavões.

"A visão de uma pena da cauda de um pavão, sempre que eu tenho de olhar para aquilo, me deixa doente!!", escreveu ele a um amigo em 1860.[2] Para ele, os "olhos" arregalados que adornavam aquelas penas da cauda desnecessariamente compridas ridicularizavam a eficiente lógica da evolução. Ele se perguntava como era possível que a seleção natural permitisse a qualquer criatura evoluir com caudas tão desajeitadas, pouco práticas e tão consumidoras de energia, e que ainda por cima, conforme ele acreditava, tornavam os machos presas fáceis para os predadores.

Por fim, Darwin encontrou uma resposta para o problema da cauda do pavão na plumagem igualmente espalhafatosa de crinolina das cidadãs da era vitoriana que passeavam entre os pavões nos parques, e também na moda dândi dos cavalheiros de calças apertadas que as cortejavam.

Em 1871, ele publicou *A origem do homem e a seleção sexual*, no qual explicou como a escolha do parceiro – ou seja, a seleção sexual – fomentou o desenvolvimento de todo tipo de traços secundários bizarros, desde as caudas dos pavões até os chifres superdimensionados de outros animais, tudo puramente destinado a tornar os indivíduos de alguma espécie irresistíveis ao sexo oposto.

Darwin argumentou que, se a seleção natural era a "luta pela existência", então a seleção sexual era a "luta pelos parceiros sexuais", o que explicava a evolução de uma série de "características sexuais secundárias" que poderiam ser desvantajosas para as chances de sobrevivência de um organismo individual, mas aumentavam em muito suas chances de reprodução. Em outras palavras, a evolução direcionava os organismos no sentido de adquirir e gastar energia tanto para se manterem vivos quanto para se tornarem atraentes; a primeira opção exigia eficiência e controle; a segunda parecia encorajar o desperdício e a extravagância.

Hoje, está claro que as caudas dos pavões não são todo aquele fardo que Darwin imaginava. Pesquisas que testaram a velocidade com que os pavões conseguem levantar voo para escapar dos predadores revelaram que as caudas grandes não fazem nenhuma diferença significativa em sua capacidade de sair voando quando estão com pressa. Mas se descobriu também que as caudas provavelmente não desempenham qualquer papel particularmente importante na seleção de parceiros.[3]

Mariko Takahashi e Toshikazu Hasegawa, da Universidade de Tóquio, no Japão, estavam determinados a entender melhor quais características das caudas dos pavões machos os tornavam mais irresistíveis para as fêmeas. Por isso, passaram sete anos estudando mais detidamente os bandos de pavões no parque de cactus Izu, em Shizuoka. Eles avaliaram cuidadosamente as diferentes penas da cauda dos machos reprodutores, fazendo observações sobre o tamanho da exibição e do número de "olhos" que a cauda de cada macho apresentava. Havia diferenças claras entre eles, sendo que alguns machos tinham caudas obviamente muito mais magníficas do que outros.

Ao final do projeto, a equipe de Takahashi havia observado 268 acasalamentos bem-sucedidos. Para seu espanto, não encontraram nenhuma correspondência entre o sucesso do acasalamento e qualquer característica particular da cauda. As fêmeas acasalaram de maneira tão entusiasmada e frequente com machos que traziam caudas decepcionantes quanto com aqueles que possuíam as caudas mais extravagantes.[4]

Pode ser que a equipe de Takahashi tenha deixado passar despercebidas algumas características dos rabos e a forma como os indivíduos se exibiam. As caudas dos pavões têm outras características além dos tais "olhos" e do tamanho, e nós, humanos, temos, na melhor das hipóteses, apenas uma leve noção de como pavões percebem o mundo ao seu redor por meio de seus sentidos. Takahashi e seus colegas, no entanto, acreditam que isso seria muito improvável, o que traz à tona a animadora possibilidade de que alguns traços evolutivos muito consumidores de energia, como as caudas de pavão, possam ter menos relação com a luta pela sobrevivência e pela reprodução do que parecia a princípio. O comportamento de algumas outras espécies, como o da ave chamada tecelão-mascarado do sul da África, que é um construtor e destruidor em série de ninhos, sugere que a necessidade de gastar energia pode ter desempenhado um papel tão importante na formação de alguns traços quanto a necessidade de capturar essa energia.

★ ★ ★

Desenrolar o ninho de um tecelão de máscara negra, uma das muitas espécies de aves tecelãs da África austral e central, pode ser um desafio. Elaborados na forma de uma cabaça e não muito maiores que um ovo de avestruz, esses ninhos são uma das muitas maravilhas da engenharia do mundo aviário. Além da suave simetria entrelaçada de suas paredes ovaladas feitas de grama e junco, os ninhos de tecelões-mascarados são leves o suficiente para ficarem pendurados em um pequeno graveto, mas robustos o suficiente para vencer com facilidade os ventos frenéticos e as gotas de chuva que os põem à prova durante as tempestades de verão. Para humanos, pelo menos, a forma mais fácil de desembaraçar um ninho de tecelão é pisando nele com uma bota. Nossos dedos são muito grandes e desajeitados para a tarefa. No entanto, para os pequenos pássaros tecelões-mascarados-do-sul, a força bruta não é uma opção.

Os humanos raramente vão ver algum motivo para desfazer ninhos de tecelões, mas, por alguma razão, os tecelões-mascarados machos acham que devem fazer isso. Durante os verões, tecelões machos constroem fileiras de novos ninhos, estruturalmente quase idênticos, um após o outro, que eles depois destroem com a mesma diligência de quando os construíram. Fazem isso usando seus pequenos bicos cônicos como uma pinça para primeiro desatar o ninho da árvore e então, depois que ele despenca no chão, para desfazê-lo metodicamente, uma folha de grama de cada vez, até que nada reste.

Um tecelão-mascarado macho nos estágios finais de construção de um ninho.

Os tecelões machos que estão em época de reprodução são um verdadeiro festival de tons amarelos vívidos e dourados. Essa espécie deve seu nome à distinta mancha de plumagem preta que se estende desde logo acima de seus olhos vermelhos até a base de suas gargantas e que se assemelha a uma máscara de bandido. As tecelãs-mascaradas, por sua vez, não constroem ninhos nem têm máscaras pretas. Elas apresentam uma camuflagem do bico até as garras, formada por uma plumagem cáqui e olivácea, que se mistura em uma barriga amarelada.

Um tecelão macho muito trabalhador construirá cerca de vinte e cinco ninhos em uma única estação, na esperança de atrair um pequeno harém de fêmeas que ocuparão alguns deles e mais tarde darão de presente a ele um bocado de ovos. A vida de um tecelão em particular, em um jardim em Harare, capital do Zimbábue, foi diligentemente documentada durante vários anos na década de 1970. Por mais azarado que tenha sido no amor, ele destruiu 158 dos 160 ninhos que construiu, um terço deles poucos dias após acrescentar a última folha de grama.[5]

Os ninhos de tecelões são construções complexas que demandam uso intensivo de energia. Pode levar até uma semana para se construir um ninho, embora alguns construtores talentosos consigam fazer isso em um dia, se houver material bom e suficiente para a construção nas proximidades. Pesquisadores que tentavam computar os custos de energia para a construção do ninho de uma espécie intimamente relacionada, o tecelão-malhado do Congo, estimaram que cada macho voa em média trinta quilômetros para amealhar os mais de quinhentos pedaços individuais de grama e graveto necessários para construir um ninho.[6]

Durante os anos 1970, um longo projeto de pesquisa sobre tecelões-mascarados do sul foi o primeiro a sugerir que talvez houvesse algo mais no fato de os tecelões construírem ninhos do que algum comando automático embutido no código genético daquelas aves.[7] Esse estudo revelou que, da mesma forma que uma criança humana desenvolve habilidades motoras ao manipular e brincar com objetos, filhotes machos de tecelões vão brincar e fazer experiências com materiais de construção logo depois de saírem de seus ovos. Por meio de um processo de tentativa e erro, dominarão progressivamente as habilidades de trançar, amarrar e fazer nós necessárias à construção de ninhos. Mais tarde, quando os pesquisadores puderam montar uma série de câmeras de filmagem, e assim foram capazes de analisar melhor os esforços dos tecelões durante meses, um quadro ainda mais complicado se revelou. Ele mostrava que as aves tecelãs iam se tornando cada vez mais rápidas e melhores – em outras palavras, mais habilidosas – na construção de seus ninhos, e que cada tecelão individual desenvolvia técnicas idiossincráticas de construção de ninhos e, portanto, eles não estavam trabalhando de maneira automática.[8]

Os tecelões não escondem seus ninhos de potenciais predadores. Na verdade, até chamam atenção para si mesmos ao construir em galhos bem expostos, a fim de atrair as fêmeas. Sempre que uma tecelã fêmea se aproxima de um ninho, um macho irá parar seu trabalho para se alisar e se exibir, tentando persuadi-la a dar uma olhada em seu ninho. Se ela realmente o fizer, e então decidir que algum ninho é do seu agrado, o macho então acrescentará um curto túnel de entrada na base de sua construção para que a fêmea possa entrar e ajeitar o interior, já se preparando para a postura de uma ninhada de ovos.

O folclore local em grande parte do sul da África sustenta que os tecelões machos só destroem um ninho quando uma fêmea exigente demais o inspecionou e o considerou de alguma forma insatisfatório. Uma observação mais cuidadosa sugere que essa não é bem a verdade. Não apenas os machos destroem muitos de seus ninhos por hábito mesmo, sem qualquer avaliação feminina de sua meticulosidade, como também parece que as fêmeas tomam suas decisões mais baseadas na localização de um ninho do que na mão de obra envolvida. Um ninho mal fabricado, feito por um macho displicente e desajeitado, mas que esteja no lugar certo, tem muito mais probabilidade de atrair uma fêmea do que um ninho bem construído feito por um tecelão forte, hábil e enérgico no lugar errado.

Não há dúvida de que essas robustas construções melhoram as chances de sobrevivência dos ovos e dos descendentes dos tecelões-mascarados. Por mais fáceis que elas sejam de detectar, cobras, falcões, macacos e corvos têm de lutar para alcançá-las. Suspenso em galhos esguios, leves e sem folhas, do tipo que se dobra demais sob qualquer peso adicional, um ninho é difícil de ser alcançado por qualquer predador, e é ainda mais complicado acessar sua recuada câmara central, cujo acesso só é feito pela cavidade na parte inferior, sem que o animal predador caia lá de cima.

Só que esse *design* vantajoso não nos dá nenhum *insight* sobre a determinação do tecelão em produzir ninhos quase idênticos um depois do outro, como se fosse um ceramista produzindo obsessivamente o mesmo vaso outra e outra vez. Tampouco nos permite entender a determinação do bicho em destruir sequências de ninhos perfeitamente bons logo após completá-los – mais uma vez, como se fosse uma artesã obcecada que destrói seus vasos por causa de imperfeições que só ela pode ver. Se a busca por energia fosse primordial nesse processo, será que então os tecelões não teriam evoluído para construir um ninho ou dois de alta qualidade no lugar certo, em vez de gastar enormes quantidades de energia construindo e depois destruindo inutilmente dezenas deles? E, se sua proeza em construir muitos ninhos fosse um indicador de sua grande capacidade individual, então por que eles os destruiriam com tanta diligência?

O velho Jan, um homem ju/'hoan que passou muitas horas de sua vida ociosamente observando tecelões no Kalahari, especulou que a razão pela qual eles destroem seus ninhos com tanta determinação é a de que eles têm memória muito ruim – tão ruim, na verdade, que, uma vez que um indivíduo se concentra na construção de seu próximo ninho e vislumbra um de seus esforços anteriores com o canto do olho, ele imediatamente conclui que aquilo foi construído por um rival que tenta se impor em seu território, e então o destrói a fim de expulsar o impostor fantasma.

Jan pode até ter razão, mas outro ju/'hoan observador de tecelões, Springaan, forneceu um ponto de vista muito mais intrigante. Ele especula que os tecelões eram "como minha esposa": ela simplesmente não aguentava perder tempo sem fazer nada da forma como seu marido fazia. O resultado é que, sempre que ela tinha algum tempo livre de suas tarefas habituais, se punha a fazer bijuterias com contas, uma após a outra, todas baseadas em um mesmo desenho semelhante entrecruzado e trabalhadas usando o mesmo conjunto de truques e técnicas bem trabalhadas. Sempre que ela ficava sem contas, já que eles raramente tinham dinheiro para comprar mais, desfazia direitinho algumas peças completas mais antigas – muitas vezes muito bonitas – conta por conta, e depois as transformava em joias novas. Ele era da opinião de que aquela era uma grande virtude, e que ele tinha sorte de ter convencido uma mulher daquelas a se casar com ele – uma mulher que, como uma ave tecelã, encontrava orgulho, alegria e paz na habilidade, no ofício e na arte de fazer objetos bonitos. Ela, por outro lado, não estava assim tão certa de ter tido sorte em se casar com ele.

As aves tecelãs que constroem e destroem ninhos podem parecer excepcionalmente perdulárias com relação à energia. Mas elas não são, de forma alguma, a única espécie, além de nós, inclinadas a gastar energia em trabalhos aparentemente inúteis. Mesmo se tomarmos como exemplo apenas o reino das aves, veremos que ele é abençoado com milhares de exemplos similares de custosa elaboração, desde a grandiosa plumagem de aves do paraíso até os ultraelaborados ninhos dos pássaros-jardineiros.

Os biólogos evolucionistas geralmente abordam esses comportamentos de um ponto de vista estritamente utilitário. Para eles, a história da vida é basicamente um conto de sexo e morte, e todo o resto é decoração. Insistem que todos os traços que sobreviveram ao moinho da seleção natural devem ser contabilizados, em última análise, em termos de como ajudam ou atrapalham as chances de sobrevivência ou de reprodução de um organismo, oferecendo algum tipo de vantagem competitiva na busca por energia ou por um parceiro sexual. Podem, então, argumentar que a razão pela qual os tecelões constroem e destroem seus ninhos é para sinalizar sua boa forma a alguma futura companheira, ou para se manterem nas melhores condições para evitar potenciais predadores.

Estranhamente, porém, somos relutantes em recorrer a explicações semelhantes para exibições igualmente perdulárias de energia por humanos. Afinal, muitas das coisas em que os humanos gastam energia – de construir arranha-céus cada vez mais grandiosos e ostentosos até correr ultramaratonas – são difíceis de conciliar com a reprodutividade ou a sobrevivência. De fato, muitas das coisas que fazemos para gastar energia na verdade chegam mais perto de reduzir nosso tempo de vida em vez de prolongá-lo. É bem possível que a explicação final para o porquê de os tecelões construírem com tal dispêndio seja que, como nós, quando eles têm energia sobrando, a gastam realizando um trabalho em conformidade com a lei da entropia.

★ ★ ★

É preciso muita energia para organizar moléculas em células, células em órgãos, órgãos em organismos e organismos em florações, florestas, bandos, cardumes, rebanhos, matilhas, colônias, comunidades e cidades. Organismos que são perdulários com a sua energia, que realizam trabalho de forma descuidada ou ineficiente, muitas vezes saem perdendo em situações nas quais os recursos energéticos são escassos ou quando as condições externas mudam repentinamente como resultado do clima ou da geologia, ou mesmo quando há uma adaptação vantajosa por parte de outra espécie que recalibra a dinâmica de um ecossistema.

Há muitos exemplos, na história da evolução, de espécies que rapidamente descartaram traços redundantes e de alto consumo de energia devido a uma mudança nas circunstâncias. Se você, por exemplo, tomar uma população do peixe *Gasterosteus aculeatus*, conhecido por esgana-gato – um pequeno peixe que desenvolveu uma armadura corporal para ajudá-lo a se proteger dos predadores – e introduzi-la em um lago sem predadores, então dentro de poucas gerações essa população deixará de ser blindada, já que a construção de armaduras desnecessárias é um negócio caro em termos de energia.[9]

Mas também há muitos exemplos de criaturas que possuem traços vestigiais ou características que há muito deixaram de ser mais obviamente úteis e que, ainda assim, continuam existindo e têm um custo de energia considerável. Avestruzes, emas e outras aves que não voam retêm asas vestigiais; baleias têm pernas traseiras vestigiais; jiboias retêm pélvis vestigiais; e humanos mantêm uma série de características vestigiais, entre elas músculos inúteis nos ouvidos, partes de nosso sistema digestivo que não desempenham mais nenhuma função útil e um cóccix otimizado para caudas.

É possível que o hábito dos tecelões de construir e destruir seu ninho seja um traço vestigial e que, em algum momento, ele tenha servido a algum propósito facilmente identificável e importante. Várias outras espécies de tecelões da África, todas parentes próximas entre si, são igualmente obsessivas construtoras de ninhos, e todas elas devem ter herdado essa característica de um ancestral comum. Uma possível explicação muito mais intrigante é a de que eles constroem e destroem repetidamente seus ninhos por nenhuma outra razão além do fato de que têm energia para queimar.

Os tecelões-mascarados-do-sul são onívoros. Ficam tão satisfeitos consumindo um grande número de sementes e grãos diferentes quanto lanchando insetos ricos em proteína. E, durante a prolongada estação de construção, eles quase não gastam tempo com o foco específico de procurar comida. Na verdade, passam tão pouco tempo nessa atividade que o grupo de pesquisa que rastreou os tecelões durante os oito meses de uma estação de construção não observou nenhum comportamento específico de busca por alimento pelos machos, apesar de seu foco incessante na construção de ninhos. O grupo concluiu que, durante aquela estação, a comida era tão abundante que os tecelões apenas forrageavam casualmente enquanto catavam materiais para seus ninhos,[10] pegando insetos ricos em energia em pleno ar e quaisquer grãos que encontrassem enquanto procuravam por material de construção.

Durante os meses muito secos do fim do inverno, os insetos praticamente desaparecem, e os tecelões têm muito mais trabalho para conseguir comida do que na época de construção. A forma como cada indivíduo lida com aquela época do ano vai determinar quem vai sobreviver para testemunhar a estação seguinte e quem não vai. Em outras palavras, o principal e mais brutal condutor da seleção natural é o quão bem ou mal os organismos lidam com as épocas mais difíceis do ano. O problema é que as próprias características que podem beneficiar os organismos na época mais dura do ano, como poder comer cada tipo de alimento que se encontra, podem se tornar um problema durante as épocas do ano em que os alimentos são abundantes.

Curiosos sobre como as várias aves passeriformes que se alimentam regularmente de comedouros de jardim permanecem magras, os pesquisadores sugeriram que, apesar de muitas vezes comerem em excesso, essas aves desenvolveram mecanismos para controlar seu peso, ainda que limitar a quantidade de alimento que comem não seja uma delas. Eles notaram que, quando o alimento é abundante, as aves passeriformes "se exercitam" aumentando a intensidade com que cantam, voam e executam outros comportamentos rotineiros, da mesma forma que os seres humanos gastam energia praticando esportes ou correndo.[11]

Um dos alimentos sazonais preferidos dos tecelões também oferece uma visão mais detida sobre outro conjunto de comportamentos que muitas vezes imaginamos ser exclusivamente humanos e que são emblemáticos de duas das grandes convergências na história de nossa relação com o trabalho: a capacidade de cultivar alimentos e a de trabalhar cooperativamente em grandes cidades em expansão.

★ ★ ★

O deserto do Kalahari, no sul da África, é o lar da população mais longeva de caçadores-coletores no mundo todo. Mas é também o lar de uma das mais antigas linhagens agrícolas contínuas do mundo, que vem cultivando seus próprios alimentos e vivendo em cidades por mais de 30 milhões de anos antes de nossa espécie.

Os sinais indicadores dessas antigas comunidades agrícolas assumem a forma de milhões de edifícios altos, cada um contendo espaços sociais climatizados, fazendas urbanas, viveiros e aposentos reais, todos ligados uns aos outros por redes de estradas cuidadosamente mantidas. Essas cidades – algumas das quais têm séculos de idade – são construídas a partir de um cimento feito com as areias douradas, brancas e vermelhas do Kalahari. As mais altas têm dois metros de altura e se projetam em direção ao céu de maneira irregular com a mesma graça dos pináculos da Sagrada Família, a famosa basílica de Gaudí em Barcelona.

Também à semelhança de cidades como Barcelona, elas são o lar de milhões de cidadãos insones, cada um com seu trabalho a fazer. Além do fato de os moradores dessas cidades serem muito menores do que nós, eles são também guiados por uma ética de trabalho que nem mesmo os *Homo sapiens* mais diligentes e ambiciosos poderiam sonhar em copiar. Esses cupins evitam dormir para continuar trabalhando, e trabalham sem descanso até o momento em que morrem.

A maioria dos cupins são trabalhadores braçais. Cegos e sem asas, eles mantêm e constroem espaços sociais centrais, garantem que os sistemas de controle climático de toda a cidade estejam operando de forma otimizada e alimentam, abastecem de água e preparam aqueles cupins que têm outras profissões – os soldados e os reprodutores. Também são encarregados de administrar as fazendas de fungos do interior da cidade, das quais suas colônias dependem. Localizadas logo abaixo dos aposentos da rainha, as fazendas de fungos são onde os cupins produzem o alimento que sustenta uma colônia. Todas as noites, os trabalhadores deixam o cupinzeiro em expedições em busca de comida, retornando apenas quando suas vísceras estão cheias de grama e lascas de madeira. Quando voltam ao monte, se dirigem às câmaras agrícolas. Ali, elas defecam a madeira e a grama parcialmente digeridas e começam a moldá-las em estruturas semelhantes a um labirinto, semeadas com esporos fúngicos que só prosperam na escuridão das entranhas do morro com regulagem de temperatura. Com o tempo, esses fungos dissolvem a dura celulose na madeira e na grama, transformando-a em um alimento rico em energia que os cupins podem digerir facilmente.

Os cupins-soldados são igualmente focados em fazer um bom trabalho. No instante em que soa um alarme de intruso – na forma de sinais feromônicos que passam de um cupim para o outro, criando assim caminhos que os soldados podem seguir – eles correm para a frente e sacrificam suas vidas sem hesitar. E essas cidades-estado dos cupins têm muitos inimigos. Por exemplo, as formigas são invasores frequentes e persistentes. Também não se preocupam com vidas particulares, e sua única estratégia para superar os muito maiores cupins-soldados está em atacar em grande número. Outras feras, muito maiores que as formigas, também testam a coragem dos soldados. Entre eles estão os pangolins, ornados com armaduras da cabeça às garras, os aardvarks, uma espécie de porco-do-mato com língua longa e um focinho bizarramente musculoso, além de garras capazes de rasgar as paredes duras feito pedra dos cupinzeiros como se fosse papel machê, e as raposas-orelha-de-morcego, que fazem uso de sua superaudição para ouvir os trabalhadores que deixam o morro à noite em busca de material.

E há também os reprodutores, que são os reis e rainhas, tão escravos de seus papéis especializados quanto todos os outros cupins. Ambos são várias ordens de grandeza maiores do que os soldados, e sua única função é se reproduzir. Mantidos em câmaras bem no fundo do cupinzeiro, os cupins reprodutores têm uma vida de escravidão sexual, com os reis sempre fertilizando os milhões de ovos produzidos por uma rainha. Além da mecânica da reprodução, os biólogos acreditam ser provável que a rainha tenha pelo menos um outro papel um pouco mais régio a desempenhar. É ela quem atribui empregos a novos cidadãos, secretando feromônios que inibem ou catalisam determinados genes a se expressarem de diferentes maneiras para trabalhadores, soldados e a futura realeza.[12]

As espécies de cupins que constroem cupinzeiros – que também são comuns na América do Sul e na Austrália – são bem-sucedidas porque elas readéquam seus ambientes de modo que eles passam a servi-las. É difícil ter certeza de quando os antepassados evolutivos dos cupins traçaram o caminho da sociedade comunal sofisticada. Mas é certo que eles não vivem desse jeito em consequência de uma única mutação genética que os transformou em construtores de mentalidade cívica, em obediência a um casal real e protegidas por soldados que se sacrificam pelo bem do cupinzeiro. Foi um processo gradual. Enquanto cada modificação significativa do *design* de seus montes modificava também as pressões seletivas que vieram moldando a evolução dos cupins, as novas características que eles desenvolveram evolutivamente resultaram em modificações adicionais nos cupinzeiros, criando assim um *loop* de retroalimentação que conectou, cada vez mais, a história evolutiva dos cupins com o trabalho que eles realizam na modificação de seu ambiente para atender às suas necessidades.

Espécies que formam comunidades sociais complexas e intergeracionais, nas quais os indivíduos trabalham em conjunto para assegurar suas necessidades energéticas e reprodutivas, que muitas vezes fazem trabalhos diferentes e que ocasionalmente até se sacrificam pelo bem da equipe, são descritas como espécies eusociais, e não meramente sociais. O prefixo "eu-" vem do grego εὖ, que significa "bom", o que enfatiza o aparente altruísmo associado a essas espécies.

A eusocialidade é rara no mundo natural, mesmo entre outros insetos. Todas as espécies de cupins e a maioria das espécies de formigas são eusociais em graus variados, mas menos de 10% das espécies de abelhas e apenas uma proporção muito pequena dos muitos milhares de espécies de vespas são verdadeiramente eusociais. Fora do mundo dos insetos, a eusocialidade é ainda mais rara. Há evidências de apenas uma espécie de animal marinho verdadeiramente eusocial: o camarão alfeídeo conhecido como camarão-pistola, que é mais famoso pelo soco que consegue dar com sua pinça, rápida como um raio, do que por sua complicada vida social. E, enquanto alguns mamíferos altamente sociais flertam com a eusocialidade, como os cães selvagens do

Kalahari, que caçam de maneira colaborativa em favor de uma fêmea alfa reprodutora, existem – além dos humanos – apenas duas espécies de vertebrados verdadeiramente eusociais: o rato-toupeira-pelado do leste da África e os ratos-toupeiras-de-damaraland do Kalahari ocidental. Essas duas criaturas subterrâneas evoluíram para viver em ambientes que elas mesmas modificaram substancialmente. E, como os cupins, as colônias de ratos-toupeiras têm apenas um único par de reprodutores e são hierárquicas. A maioria dos ratos-toupeiras eusociais estão fadados a ser "trabalhadores" e a passar suas vidas procurando alimento para si mesmas e para o casal reprodutor "real", construindo e mantendo a infraestrutura da sociedade e expulsando (ou sendo comidas por) predadores.

Os seres humanos sempre encontraram analogias para seu comportamento no mundo natural. Quando se trata de trabalho virtuoso, os insetos eusociais têm se mostrado uma rica fonte de metáforas. Assim, o Novo Testamento instrui os cristãos "preguiçosos" a "ir ter com as formigas" e "considerar os caminhos delas",[13] e hoje se tornou comum invocar a industriosidade dos cupins ou a capacidade que as abelhas têm de se manter ocupadas. Mas é somente a partir do Iluminismo europeu e, mais tarde, depois que Darwin publicou *A origem das espécies*, em 1859, que as pessoas começaram a invocar rotineiramente o que consideravam ser as leis científicas primordiais que governavam a seleção natural para explicar ou justificar seu comportamento. Ao fazer isso, elas elevaram a eloquente, porém infeliz, descrição de Herbert Spencer da seleção natural como sendo a "sobrevivência do mais apto" a uma espécie de mantra para o mercado de trabalho.

Em 1879, Herbert Spencer lamentou "ser tão comum que palavras mal utilizadas gerem pensamentos enganosos".[14] Ele estava se referindo à aparente hipocrisia de "homens civilizados" que, com frequência, agem de maneira desumana com outras pessoas, mas são levianos a ponto de acusar os outros de barbárie. No entanto, Spencer poderia muito bem estar falando a respeito de sua própria citação mais famosa, que mesmo então já havia se tornado uma aproximação popular para a evolução darwiniana.

Poucas frases foram tão mal utilizadas e geraram pensamentos tão enganosos quanto essa história de "sobrevivência do mais apto", uma noção que tem sido invocada repetidamente para justificar aquisições de empresas, genocídios, guerras coloniais e discussões em *playgrounds*, entre tantas outras coisas. Mesmo que Spencer acreditasse que a humanidade ocupa uma posição de destaque no reino animal, o que ele pretendia quando cunhou aquela frase não era dizer que os mais fortes, os mais inteligentes e os mais trabalhadores estivessem destinados a ter sucesso, mas sim que aqueles organismos que estão mais bem adaptados às engrenagens lentas da evolução, de forma a se "encaixar" em qualquer nicho ambiental em particular, prosperarão às custas daqueles que estão menos bem adaptados. Assim, para Spencer, tanto o leão quanto o gnu, tanto a pulga que pegou carona na orelha do leão quanto a grama que o gnu consumiu logo antes que o leão, sem qualquer cerimônia, estraçalhasse sua garganta, todos estavam igualmente aptos à sua própria maneira.

Mesmo que Spencer tenha, ainda que inadvertidamente, pintado a evolução como algo parecido com uma luta brutal até a morte, ele estava, sim, convencido de que os organismos competiam entre si pela energia da mesma forma como lojas em uma rua de grande movimento competiam entre si por clientes e dinheiro. Diferentemente de Darwin, ele acreditava também que as características adquiridas por um organismo durante sua vida poderiam ser transmitidas aos seus descendentes e, portanto, que a evolução era um motor de progresso que resultava em uma complexidade e sofisticação cada vez maiores, pois significava uma eliminação progressiva dos "inaptos" pelos "mais aptos". Isso significava que ele era um feroz defensor do Estado mínimo e do livre mercado, enquanto também era um crítico feroz do socialismo e do bem-estar social em geral, que ele acreditava ter sufocado o florescimento humano e, pior ainda, tinha dado um suporte artificial à "sobrevivência dos inaptos".[15]

Darwin também acreditava que a competição pela energia estava no centro do que ele chamou de "a luta pela existência". Só que ele não enxergava isso como o único motor da evolução. Não apenas ele sustentou que a seleção sexual significava que muitas espécies desenvolveram características ostensivamente ineficientes do ponto de vista energético puramente para se adaptar ao "seu padrão de beleza",[16] como ainda insistiu que a seleção natural também era moldada pela coadaptação. Ele observou, por exemplo, como a maioria das espécies vegetais dependia de aves, abelhas e outras criaturas para a polinização e distribuição de suas sementes, e como os parasitas dependiam da saúde de seus hospedeiros, e como os necrófagos dependiam dos predadores.

"Observamos essas belas coadaptações mais claramente no pica-pau e no visco", explicou ele em *A origem das espécies*, "e apenas um pouco menos claramente no mais humilde parasita que se agarra aos pelos de um quadrúpede ou às penas de uma ave".[17]

Nestes 150 anos desde que Darwin publicou *A origem das espécies*, nossa compreensão da dança evolutiva que molda os destinos dos diferentes organismos em vários ecossistemas aumentou consideravelmente. Quando Darwin ainda estava escrevendo, por exemplo, ninguém entendia nada sobre o mecanismo molecular da herança genética; ou sobre as inúmeras interações que ocorrem o tempo todo entre os micro-organismos quase invisíveis (como as bactérias), que hoje entendemos constituir uma proporção de toda a biomassa viva na Terra ainda muito maior do que todos os animais vivos combinados; ou até que ponto as espécies que parecem ter pouco a ver umas com as outras podem se interdepender indiretamente para sobreviver ou prosperar.

Assim, além de estabelecer que espécies como os cupins cooperam entre si em uma colônia, as descrições que os biólogos fazem dos ecossistemas sempre revelam vastas redes dinâmicas de interações e interdependência entre espécies. Essas relações geralmente tomam a forma do mutualismo (relações simbióticas nas quais duas ou mais espécies se beneficiam), do comensalismo (relações simbióticas nas quais uma espécie se beneficia, mas sem custo para a outra) e do parasitismo (no qual uma espécie se beneficia em detrimento de seu hospedeiro). Alguns pesquisadores foram mais longe e sugeriram que evitar ativamente qualquer forma de competição pode ser um motor tão importante para a especiação na evolução quanto a própria competição.[18]

Enquanto, talvez, possa ficar provado que evitar a competição pode ser um condutor tão importante da seleção natural quanto a competição, também não há dúvida de que as opiniões de Spencer e Darwin foram moldadas pelo fato de ambos serem homens ricos e bem-sucedidos, vivendo no coração do maior império que o mundo já vira até então, em uma época em que poucas pessoas duvidavam de que o mundo humano era animado por toda uma sequência de competições simultâneas entre indivíduos, cidades, empresas, raças, culturas, estados, reinos, impérios e até mesmo teorias científicas.

O que talvez seja mais estranho em se considerar a competição como o principal motor de nossas economias é que, por trás de toda a bravata tipicamente masculina de não se ter piedade, a maioria das empresas e dos homens de negócios operam de uma maneira muito mais semelhante aos ecossistemas reais. É por isso que todas as grandes organizações, por exemplo, têm ambições de funcionar com a eficiência cooperativa de cupinzeiros; também explica por que a maioria dos líderes empresariais trabalham para estabelecer relações de ganho mútuo com seus fornecedores, prestadores de serviços e clientes; e ainda por que, mesmo nos países que mais entusiasticamente abraçam a teologia do livre mercado, existe toda uma leva de leis antitruste a fim de se evitar a cooperação excessiva sob a forma de conluio entre empresas, a criação de cartéis e outros "comportamentos anticompetitivos".

Já está bem claro, entretanto, que a versão do darwinismo como sendo aquela caricatura criada por economistas, políticos e outros que apoiam o livre mercado não tem muito em comum com a forma como os biólogos hoje tendem a pensar as relações entre os organismos no mundo natural. Também é claro, como nos lembram os aplicados tecelões, que, ao passo que o sucesso ou o fracasso na busca por energia sempre moldará a trajetória evolutiva de qualquer espécie, muitas características e comportamentos animais difíceis de explicar podem muito bem ter sido moldados pela superabundância sazonal de energia, em vez de uma batalha por recursos escassos, e que nisso pode residir uma pista do porquê de nós, os mais perdulários de energia entre todas as espécies, trabalharmos tão arduamente.

3

Ferramentas e habilidades

NEM OS PÁSSAROS tecelões nem os cupins são criaturas especialmente dotadas de propósito deliberado, ao menos pelo que pudemos compreender deles até hoje. É improvável que essas espécies se dediquem à construção de seus ninhos ou de monumentais cupinzeiros com ar-condicionado com visões claras do que desejam alcançar. Mas é muito mais difícil separar o propósito deliberado do propósito não deliberado quando consideramos as muitas criaturas que, intencionalmente, dão novas funções a objetos ao seu redor e os transformam em ferramentas, e depois usam essas ferramentas para realizar diversos trabalhos.

O uso de ferramentas já foi documentado em quinze espécies de invertebrados, vinte e quatro espécies de aves e quatro espécies de mamíferos não primatas, entre eles elefantes e orcas.[1] As vinte e duas espécies de macacos e cinco espécies de grandes símios que usam ferramentas rotineiramente para uma variedade de tarefas diferentes são as que mais geraram pesquisas, porque enxergamos neles algo de nós mesmos.

O *Homo sapiens* é, de longe, a espécie fabricante e usuária de ferramentas mais prolífica, especializada e versátil na história do mundo. Quase tudo o que fazemos envolve uma ferramenta de algum tipo e ocorre em um espaço que modificamos de uma forma ou de outra. A maior parte da energia que os humanos conseguem capturar nos dias de hoje, além daquela que usamos para sustentar nossos corpos e nos reproduzirmos, é gasta no uso de ferramentas para modificar e transformar o mundo ao nosso redor.

Todas as diferentes coisas que nossos vários ancestrais evolutivos construíram foram marcos importantes na história do trabalho quando analisadas com mais profundidade. Mas não precisamos nos basear somente naqueles objetos para entender que tipos de trabalho nossos antepassados realizavam e como esse trabalho, por sua vez, influenciou a evolução humana. A história da capacidade do *Homo sapiens* de dominar desde a microcirurgia à alvenaria está escrita em nossas mãos, nossos braços, olhos, bocas, corpos e cérebros. Ela nos diz não apenas que somos física e neurologicamente o produto do trabalho realizado por nossos antepassados evolutivos, mas também que, como indivíduos, temos evoluído para sermos progressivamente remodelados ao longo de nossas vidas pelos tipos de trabalho que realizamos. Isso significa que os ossos fossilizados de nossos ancestrais também são marcos importantes nessa história.

As evidências genômicas e arqueológicas sugerem que os seres humanos reconhecidamente modernos vêm habitando a África há pelo menos 300 mil anos. Mas muitas vezes é difícil dizer se algum conjunto individual de ossos de hominídeos antigos pertenceu a um de nossos antepassados diretos ou se veio de espécies relacionadas cujas linhagens desapareceram tempos depois, em algum beco sem saída evolutivo. No entanto, os paleoantropólogos estão bastante confiantes em dizer que nossa espécie, o *Homo sapiens*, assim como os neandertais e os denisovanos, descendem de membros da família *Homo heidelbergensis*, ou talvez de outra linhagem hipotética e mais antiga chamada *Homo antecessor*, situada entre 300 mil e 500 mil anos atrás. Estima-se que o *Homo heidelbergensis* descendeu da família do *Homo erectus* entre 600 mil e 800 mil anos atrás, que, por sua vez, descendeu de um ramo da família *Homo habilis* há 1,9 milhão de anos, que, por sua vez, descendeu dos australopitecíneos provavelmente há cerca de 2,5 milhões de anos. O *Australopithecus* parecia um cruzamento entre um chimpanzé e um *Homo sapiens* adolescente desmazelado. Mas se alguém vestisse um *Homo heidelbergensis* jovem adulto com um jeans, uma camiseta e sapatos de grife, e tivesse o cuidado de cobrir suas sobrancelhas pronunciadas com um boné grande o suficiente, ele só atrairia algum olhar ocasional e levemente inquisidor se desse um passeio por um campus universitário.

É necessário um pouco de imaginação para inferirmos como viveram e se comportaram nossos antepassados evolutivos a partir das ferramentas de pedra e outras quinquilharias em pedaços que eles deixaram para trás. Inferir as muitas habilidades cognitivas e físicas que eles devem ter adquirido – tais como dançar, cantar, encontrar caminhos ou rastrear, ou seja, atividades que deixaram poucos vestígios materiais óbvios no registro arqueológico – também requer alguma imaginação. E nenhum outro artefato antigo movimentou mais a imaginação dos arqueólogos do que a ferramenta de pedra mais usada na história da humanidade: o biface acheuliano.

★ ★ ★

Os trabalhadores que escavavam cascalho na pedreira localizada no vale do baixo Somme, não muito longe da cidadezinha de Abbeville, no norte da França, tinham aprendido a ouvir atentamente o tilintar das moedas que sinalizava a visita do diretor do departamento de alfândega de Abbeville, Jacques Boucher de Crèvecœur de Perthes. Entediado com seu trabalho, Boucher via alguma alegria e um senso de propósito em esquadrinhar os depósitos de cascalho do vale em busca do que ele chamava de "antiguidades interessantes", objetos que ele esperava que pudessem revelar os segredos do mundo antigo.

As visitas rotineiras de Boucher às pedreiras começaram em 1830, depois que ele mostrou a um grupo de pedreiros um pedaço de sílex que ele havia encontrado durante suas próprias escavações. Tinha o dobro do tamanho de uma mão humana, com duas faces simétricas, ligeiramente côncavas, trabalhadas para dar à pedra uma forma de lágrima e cercadas por bordas cortantes e afiadas. Eles reconheceram aquilo instantaneamente: era uma das *langues de chat*, ou "línguas de gato" em francês, que eles ocasionalmente encontravam enterradas no cascalho, muitas vezes ao lado de ossos velhos, e que normalmente descartavam sem pensar duas vezes. Concordaram em guardar qualquer coisa daquele tipo para ele no futuro, desde que ele estivesse preparado para mostrar sua gratidão na forma de alguns francos. Não demorou muito até que alguns deles se tornassem bastante proficientes em produzir, eles mesmos, reproduções razoáveis das tais línguas de gato para arrancar alguns francos extras do diretor em suas visitas.[2]

Durante os dez anos seguintes, Boucher gradualmente formou uma coleção considerável daquelas curiosas pedras de sílex – muitas das quais não eram falsificadas – e se convenceu de que elas haviam sido esculpidas daquele jeito quase simétrico por humanos antigos que viviam ao lado dos animais extintos cujos ossos também se acumulavam entre o cascalho.

Boucher não foi a primeira pessoa a se perguntar sobre a origem dos estranhos objetos. Os antigos gregos, por exemplo, também reconheceram sua natureza fabricada, mas, incapazes de determinar razões óbvias para sua existência, concluíram que elas eram "pedras do trovão" – pontas de lança dos relâmpagos enviados à Terra por seu deus acima de todos os deuses, Zeus.

Em 1847, Boucher propôs sua teoria de que as línguas de gato tinham sido fabricadas por povos antigos há muito extintos, em um tratado de três volumes chamado *Les antiquités celtiques et antédiluviennes*. Para grande decepção de seu autor, a obra foi desprezada como sendo um apanhado amadorístico de descrições desajeitadas e teorias fora da realidade. Charles Darwin, por exemplo, achou aquilo "um lixo",[3] opinião que foi compartilhada por muitas das grandes figuras da Academia Francesa de Ciências em Paris. Mas o livro de Boucher ainda assim convenceu alguns membros da Academia, em particular um jovem médico chamado Marcel-Jérôme Rigollot, a investigar por si mesmos aquelas "línguas de gato". Nos anos seguintes, Rigollot adotou a mesma estratégia de Boucher, de pedir aos pedreiros por todo o vale do baixo Somme que o alertassem assim que descobrissem algum daqueles objetos. Mas, ao contrário de Boucher, ele mesmo queria desenterrar a maioria deles.

Em 1855, Rigollot tinha diligentemente documentado a obtenção de centenas de línguas de gato, muitas vindas de uma única pedreira nos arredores de Saint Acheul, perto de Amiens. Muitas foram recuperadas *in situ* de estratos ainda não escavados que também continham antigos ossos de elefantes e rinocerontes, o que levou Rigollot a não ter qualquer dúvida de que aquelas peças tinham origens antigas.

Se Jacques Boucher de Crèvecœur de Perthes estivesse vivo hoje, provavelmente ficaria chateado em saber que é graças às descobertas cuidadosamente documentadas de Rigollot em Saint Acheul que as tais línguas de gato são hoje universalmente conhecidas como bifaces acheulianos, "machadinhas de mão" ou pelo nome bem menos inspirador de grandes ferramentas de corte. Exatamente como as que Boucher tinha mostrado aos pedreiros, essas ferramentas de pedra, definidoras de toda uma era, têm tipicamente o formato de uma pera ou algo ovalado e bordas afiadas que separam duas faces bem trabalhadas, mais ou menos simétricas e convexas. Algumas são semelhantes, em tamanho e forma, ao espaço que se forma entre as mãos de uma pessoa, parcialmente encapsuladas e com os dedos estendidos, juntas como se fizessem uma oração não muito verdadeira. Mas muitas são duas vezes maiores do que isso, mais grossas do que o punho fechado de um pedreiro, e muito pesadas.

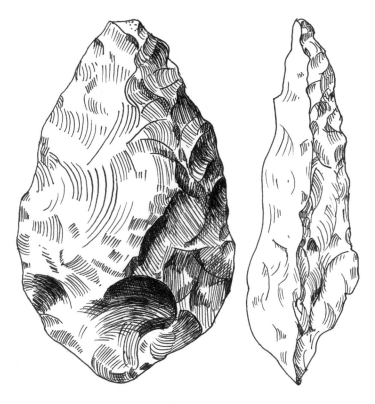

Um biface acheuliano.

Esses objetos vêm confundindo e frustrando antiquários, antropólogos e arqueólogos desde então.

★ ★ ★

A razão pela qual os bifaces vêm gerando essa confusão é que, apesar de seu apelido, "machadinhas de mão", eles quase certamente nunca foram usados como machados. Por mais que esses objetos pareçam robustos e apropriados ao trabalho pesado, segurar um na mão traz à tona imediatamente um problema prático: não há nenhuma maneira óbvia de aplicar força significativa ao longo de qualquer uma de suas bordas afiadas ou pela ponta sem que outras bordas cortem seus dedos ou a palma de sua mão. Isto significa que, se você o usar para tentar abrir um tronco ou fraturar um osso espesso e cheio de medula, provavelmente não será capaz de segurar mais nada por algum tempo depois.

Como os pedreiros de Abbeville logo descobriram por tentativa e erro, não é particularmente difícil fazer uma reprodução decente de um biface acheuliano. Arqueólogos replicam regularmente o método de fazê-los e têm prazer em observar gerações de estudantes de arqueologia e antropologia sangrando os dedos para tentar reproduzir essa ferramenta como parte de seu curso universitário. Mas ninguém descobriu ainda como eles eram usados. Se esses bifaces fossem raros, então poderíamos nos contentar em nem resolver tal mistério, mas foram encontrados tantos objetos que é difícil concluir qualquer outra coisa a não ser que eles eram a ferramenta preferida do *Homo erectus*.

Para aumentar o mistério por detrás dos bifaces, há o fato de que o *Homo erectus* e seus descendentes os usaram para martelar consistentemente por um período de 1,5 milhão de anos, o que os torna indiscutivelmente a ferramenta com o *design* mais duradouro da história humana. Os mais antigos bifaces são africanos. Foram fabricados há mais de 1,6 milhão de anos. Os mais recentes têm apenas 130 mil anos de idade. Foram provavelmente confeccionados por populações remanescentes de *Homo erectus*, que foram ultrapassados por hominínios cognitivamente sofisticados como o *Homo sapiens* e os neandertais, que já faziam uso de lanças mais trabalhadas e com encaixes para as mãos. Ao passo que as habilidades dos fazedores de bifaces vieram melhorando gradualmente durante esse período de 1,5 milhão de anos, as técnicas e o *design* básicos necessários para fabricá-los permaneceram em grande parte inalterados.

Até mesmo os bifaces acheulianos mais rudimentares representaram um passo à frente dos primeiros esforços desajeitados que aconteceram durante a primeira era de fabricação generalizada de ferramentas de pedra – um período que os paleontólogos chamam de olduvaiense. Descobertas pela primeira vez no desfiladeiro Olduvai, na Tanzânia, as amostras mais antigas de ferramentas de pedra olduvaienses têm cerca de 2,6 milhões de anos de idade. O *Homo habilis* (o que significa "humano habilidoso") deve seu nome às ferramentas do tipo olduvaiense a ele intimamente associadas, mas fazer ferramentas acheulianas parece ter sido uma proeza específica vinda do cérebro maior do *Homo erectus*. Pensava-se que as ferramentas de pedra olduvaienses representavam os primeiríssimos esforços sistemáticos de nossos antepassados evolutivos no intuito de transformar as pedras em objetos de utilidade mais imediata, mas agora há algumas evidências, a serem investigadas, que sugerem que o *Australopithecus* também pode ter sido um fabricante amador. Em 2011, pesquisadores à procura de amostras de artefatos acheulianos próximos do Lago Turkana, na grande fenda no leste da África, encontraram por acaso uma coleção de ferramentas de pedra bruta que eles estimam ser 700 mil anos mais antiga do que qualquer outra descoberta anteriormente.

Há alguma habilidade envolvida na fabricação das ferramentas olduvaienses. Mesmo assim, a maioria delas parecem pedras que foram apenas espancadas com algum otimismo, na esperança de criar pontas úteis ou bordas cortantes. Não se assemelham a produtos de mentes bem organizadas que trabalhavam para tornar real alguma visão que se tinha em mente. No entanto, produzir um biface acheuliano é o contrário disso: trata-se de um processo complexo, de múltiplas etapas. Requer, primeiro, achar uma pedra apropriada – não serviria uma rocha qualquer – e então martelar um eixo funcional e grosseiramente ovulado a partir dele com uma pesada pedra servindo como martelo, antes de alisar e moldar progressivamente suas faces e bordas usando outras pedras de martelo menores em combinação com martelos mais macios, feitos de osso ou chifre. Como testemunhas silenciosas da habilidade necessária para fabricar uma ferramenta assim, em quase todos os lugares que os bifaces foram encontrados em números significativos existem também os restos de centenas de outros bifaces que foram fatalmente fraturados, cada um deles uma vítima de um golpe de martelo impreciso ou forte demais.

Alguns antropólogos especulam que os bifaces não eram usados propriamente como ferramentas por si mesmas, mas sim como caixas de ferramentas em estado sólido, das quais pequenas lascas afiadas de pedra podiam ser convenientemente retiradas sempre que fosse necessária uma beirada cortante, e que, com o tempo, a remoção dessas lascas de uma única rocha produzia a forma simétrica esteticamente agradável dos bifaces. Mas o desgaste nas bordas dessas ferramentas mostra que, por mais que elas fossem difíceis de manejar, o *Homo erectus* quase certamente fazia mais com elas do que apenas tirar pequenas lascas afiadas. Como resultado disso, a maioria dos arqueólogos concluíram, sem muita convicção, que, mesmo sendo bem pouco práticos, os bifaces eram provavelmente usados para muitos trabalhos diferentes, e assim constituíam um verdadeiro canivete suíço da era acheuliana.

★ ★ ★

Na ausência de algum *Homo erectus* verdadeiro com um biface nas mãos para nos mostrar exatamente que trabalhos eles faziam, esses objetos estão destinados a permanecer como órfãos arqueológicos. Entretanto, uma perspectiva diferente do enigma dos bifaces pode ser encontrada na arqueologia invisível de nosso passado evolutivo: nas ferramentas e outros itens que nossos antepassados fizeram de materiais orgânicos, como a madeira, que desde então se decompuseram e não deixaram vestígios.

Povos caçadores-coletores precisam ser capazes de se movimentar, e essa mobilidade exige não ter muita coisa pesada para carregar de um acampamento para o outro. Essa é uma das muitas razões pelas quais os caçadores-coletores tinham uma cultura de acúmulo material muito frugal. A maioria das ferramentas que eles fabricavam era feita de materiais leves, orgânicos, de fácil molde, como a madeira, o couro, tendão, peles, fibra vegetal, chifre e osso. Antes de o ferro começar a ganhar o Kalahari por meio das comunidades agrícolas que se estabeleceram nas margens do deserto há cerca de 800 anos, povos como os ju/'hoansi usavam lascas de pedra fixadas com goma ou ossos afiados como pontas de flechas, e lascas e lâminas de pedra para cortar. A pedra, em outras palavras, era um elemento crítico para eles, mas mesmo assim formava apenas uma pequena parte de suas reservas. Mesmo que nossos antepassados evolucionários, do *Australopithecus* ao *Homo heidelbergensis*, tenham criado muito menos ferramentas do que os caçadores-coletores do século XX, a probabilidade é de que a maioria delas foram feitas de madeira, capim e outros materiais orgânicos.

Uma ferramenta em particular era onipresente entre os forrageadores do século XX: o bastão de escavação. A versão ju/'hoan dessa ferramenta é feita de um ramo grosso e reto de grewia, um arbusto de madeira de lei que cresce em abundância por todo o Kalahari. Têm geralmente um pouco mais de um metro de comprimento, são afiados em uma ponta aplainada com uma inclinação de cerca de 25 graus e depois temperados em areia quente. Como o nome sugere, um bastão de escavação é uma ferramenta muito boa para escavar raízes e tubérculos, especialmente em areia fortemente compactada. Mais do que isso, no entanto, presta-se também como uma bengala, uma ferramenta para abrir caminhos através de espinhos, uma lança, um taco e um projétil.

Mesmo sem evidências arqueológicas que a embasem, há forte suspeita de que essa ferramenta rudimentar – basicamente um bastão robusto e afiado –, e não o biface, seja a mais longeva de todas as tecnologias humanas em nossa história evolucionária. Considerando que até os chimpanzés da savana no Senegal usam paus pequenos e intencionalmente afiados para espetar gálagos, é quase certo que o uso sistemático de paus afiados é anterior ao surgimento de ferramentas de pedra.

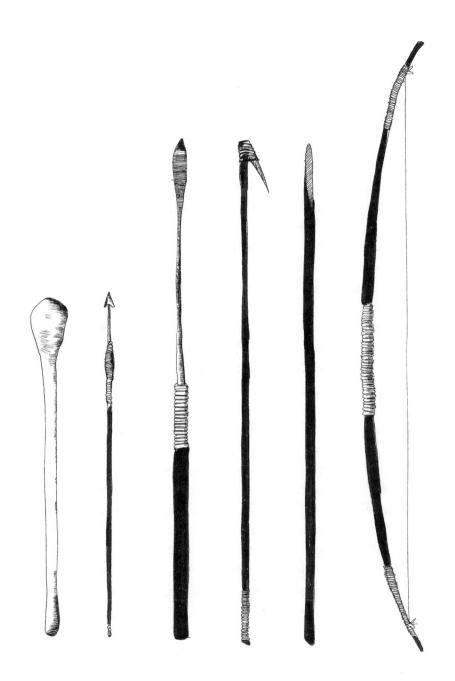

Kit do caçador ju/'hoan. Da esquerda para a direita: cajado, lança, flecha envenenada, gancho de caçar lebres-saltadoras, bastão de escavação e arco.

Quando exposta aos elementos, a matéria orgânica se decompõe aerobicamente, um processo muitas vezes acelerado pela ação de vários necrófagos, insetos, fungos e bactérias. O tecido mole de um animal morto sempre se decompõe primeiro, e até mesmo uma carcaça de elefante pode perder sua carne e ter seus ossos despedaçados por mandíbulas de hienas em questão de dias. A lignina (a substância que dá à madeira sua força) pode levar algumas centenas de anos para voltar a ser pó quando as condições são muito favoráveis e secas, e os ossos grandes, alguns milhares de anos. Em condições úmidas, porém, a madeira e os ossos se decompõem rapidamente. Quando o material orgânico morto está preso em um ambiente pobre em oxigênio, como lama pegajosa, é comum que leve mais tempo para se decompor, mas acabará sendo também decomposto por micro-organismos anaeróbicos especializados que produzem ácido, chamados acetógenos.

Em raras situações, entretanto, o acaso conspira para ajudar a matéria orgânica a sobreviver por muito, mas muito tempo mesmo.

Em 1994, arqueólogos do Serviço Estatal de Patrimônio Cultural, na Baixa Saxônia, Alemanha, receberam um chamado de geólogos em uma mina de carvão a céu aberto perto de Schöningen, que relataram ter encontrado o que parecia ser um depósito de interesse arqueológico significativo. Revelou-se que os geólogos tinham razão. Nos quatro anos seguintes, a equipe do patrimônio cultural exumou os ossos de vinte antigos cavalos selvagens, bem como de vários bisões europeus e veados-vermelhos extintos. Alguns dos ossos tinham marcas de mordidas deixadas por predadores antigos, mas o que mais aguçou o interesse da equipe foi o fato de que muitos dos ossos também apresentavam evidências óbvias de terem sido descarnados por mãos humanas. Evidências de carnificina antiga bem organizada e em grande escala são muito raras, o que já seria suficiente para tornar essa uma descoberta significativa; mas as nove lanças de madeira excepcionalmente bem conservadas que os arqueólogos recuperaram em meio aos ossos – uma das quais ainda enfiada no osso da pélvis de um cavalo – garantiram sua fama. Junto a tudo isso, também encontraram algo parecido com uma vara de escavação, uma lança e uma pequena coleção de ferramentas de pedra, muitas das quais pareciam ter sido projetadas para serem espetadas em lanças.

A presença de artefatos de madeira tão bem preservados sugeria, à primeira vista, que aqueles depósitos dificilmente teriam mais de 50 mil anos de idade. Mas a datação por radiocarbono revelou mais tarde que todo aquele material foi abandonado na lama de um antigo lago provavelmente entre 300 mil e 337 mil anos atrás, tornando-os muito mais antigos do que qualquer outro artefato de madeira encontrado até então.[4] O fato de haver um poço de calcário muito perto dali significava que a lama na qual tudo estava enterrado era alcalina demais para que as bactérias acetogênicas agissem sobre aquele material.

Apesar de os artefatos terem se danificado levemente sob o peso da lama, não há como desdenhar a habilidade e a experiência envolvidas em sua fabricação. Cada lança foi feita de uma haste de abeto única, reta e fina, cuidadosamente talhada, raspada e alisada em um projétil com pontas suavemente afuniladas em cada extremidade que se estendia a partir de um centro mais grosso. Mais do que isso, cada lança tinha um centro de gravidade localizado no terço frontal do eixo, ou seja, se assemelhava muito aos dardos usados pelos atletas modernos.

Curiosos sobre as propriedades aerodinâmicas do objeto, os arqueólogos produziram algumas réplicas das lanças de Schöningen e pediram a alguns lançadores de dardos de nível internacional que tentassem lançá-los. O arremesso mais longo foi de setenta metros, distância que seria suficiente para ganhar uma medalha de ouro em todos os Jogos Olímpicos até 1928.[5]

Após quatro anos de escavação e análise, o arqueólogo do serviço estatal que liderou a escavação em Schöningen, Hartmut Thieme, chegou à conclusão de que o que tinham encontrado ali era um local de caça e processamento de carcaças em larga escala e, por correspondência, que os fabricantes daquelas lanças – provavelmente neandertais – eram muito sofisticados socialmente.

Com pouco mais de 300 mil anos de idade, os dardos não necessariamente representaram um novo limiar de inovação na fabricação de ferramentas. Há muitos artefatos contemporâneos que sugerem que, até aquele momento, muitos humanos já tinham se graduado em tecnologia acheuliana. Mas as lanças são importantes porque contam a história de uma tradição altamente desenvolvida de trabalho em madeira. É apenas por uma única razão – a durabilidade da pedra – que definimos com uma referência às tecnologias líticas a mais longa era na história tecnológica humana – a Idade da Pedra. Mas isso, na melhor das hipóteses, só oferece um mero vislumbre de um único aspecto de nossos antepassados evolutivos.

De todos os materiais orgânicos prontamente disponíveis ao *Homo erectus* para uso como ferramentas, apenas osso, marfim e concha são suficientemente resistentes para durar por muitos milênios. As conchas de amêijoa foram usadas como ferramentas de corte pelo *Homo erectus* na Ásia Oriental, único lugar do mundo onde os povos não mostraram interesse em produzir montes infindáveis de bifaces. Além de algumas evidências sugerindo que ferramentas de osso foram usadas para forçar entrada em cupinzeiros em Swartkrans, um local na África do Sul, talvez tão antigas quanto 1,5 milhão de anos atrás, é surpreendente que haja tão poucas evidências de homínios sistematicamente reutilizando ossos como ferramentas até cerca de 300 mil anos atrás, quando as pessoas começaram a moldar ocasionalmente bifaces a partir de ossos de elefantes.[6] Isso pode muito bem se dever ao fato de que ossos se degradam muito mais facilmente do que a pedra, e também ao fato de que, ao serem colocados em uso como ferramentas, esses ossos se decomponham ainda mais rápido. Também pode ser simplesmente porque ossos eram abundantes e viessem pré-moldados em diversas formas e tamanhos, portanto não precisavam ser tão retrabalhados a fim de serem utilizados com alguma finalidade. Uma tíbia reta de diversas espécies animais pode se tornar um cajado útil, que pode se transformar em um martelo rudimentar, um pilão ou um espremedor; costelas de aves são ótimas para remover caramujos de suas conchas; o maxilar de um asno, como bem descobriu o Sansão bíblico, é útil para golpear inimigos; e por fim, como já percebeu qualquer pessoa que tenha rachado um grande osso não cozido para retirar a medula do interior, quando o osso quebra ele quase sempre produz um monte de pontas agudas e bordas letais, tudo muito afiado e forte, capaz de esfaquear ou cortar.

★ ★ ★

A não ser nos poucos dias a cada ano em que se vê encharcada por tempestades, tudo na pequena cidade de Kathu, na província do Cabo, ao norte da África do Sul, é normalmente revestido com uma fina camada de poeira, a maior parte da qual vem com o vento das enormes minas de ferro a céu aberto nos arredores da cidade. No entanto, os mineiros que ali trabalham não são as primeiras pessoas a dedicar tempo e energia cavando os solos vermelhos em busca de rochas ricas em ferro. Outras pessoas já faziam a mesma coisa centenas de milhares de anos antes que alguém imaginasse que o minério de ferro pudesse ser extraído, refinado, derretido e moldado na forma de um sem-número de objetos úteis. Recentemente, arqueólogos vêm escavando por ali também, principalmente em um local que desde então chamam de Kathu Pan.

Durante as últimas quatro décadas, Kathu Pan gerou uma sequência de descobertas arqueológicas surpreendentes. Entre as mais importantes está a mais forte evidência descoberta até hoje de que o *Homo erectus* tardio, ou possivelmente o *Homo heidelbergensis*, construía ferramentas inteligentemente compostas tanto de pedra quanto de madeira – uma tecnologia que, até recentemente, se pensava ter sido desenvolvida apenas durante os últimos 40 mil anos.[7]

Outro item, mais antigo, porém não menos significativo do que essa descoberta, foi escavado naquele lugar; ganhou o pouco imaginativo nome de biface de Kathu Pan. Encontrado junto aos dentes de uma espécie extinta de elefante, esse biface foi provavelmente feito por um parente do *Homo erectus* em algum momento entre 750 mil e 800 mil anos. Partido de um pedaço cintilante de minério de ferro com listras tigradas e na forma de uma lágrima, esse biface em particular não é nada parecido com os muitos outros bifaces bem feitos e contemporâneos seus também encontrados em Kathu Pan. Enquanto os outros bifaces são sólidos, funcionais, práticos e apropriados ao trabalho, esse é obra de um artesão virtuoso. Com aproximadamente 30 cm da base à ponta e cerca de 10 cm em seu ponto mais largo, é um trabalho de grande simetria, equilíbrio e precisão. Mas, ao passo que um biface mais básico pode ser fabricado por um lascador de pedras mais experiente com uma dúzia de golpes, esse outro é o produto de centenas de talhes precisos e habilidosos.

O biface de Kathu Pan carrega consigo um silêncio pétreo sobre os motivos pelos quais foi feito e para que foi usado. Mas, como um elogio à habilidade de seu criador, ele é deveras eloquente. Cada

74 | NO COMEÇO

recuo em sua superfície guarda não apenas a memória dos dedos de seu fabricante, pouco a pouco avaliando a simetria de suas faces curvas e convexas, mas também a lembrança de cada lasca de pedra individual e de cada golpe de martelo que as clivou do núcleo do minério rajado.

★ ★ ★

Não importa o quanto se dê a eles a oportunidade de praticar, é improvável que um gorila ou um chimpanzé consiga fabricar um biface minimamente decente, e ainda menos um tão elegante quanto o biface de Kathu Pan. Também não é nada provável que algum deles escreva um livro ou toque um solo decente no piano. Já o *Homo sapiens*, por outro lado, consegue dominar uma variedade extraordinária de habilidades diferentes, que a cada caso, uma vez dominadas, se mascaram como instintos. Um pianista bastante capaz conseguirá transformar em som uma melodia que tem em mente sem precisar traçar conscientemente uma sequência de movimentos para seus dedos seguirem, assim como um jogador de futebol habilidoso saberá encaixar uma bola no canto superior de um gol a quarenta metros de distância sem ter qualquer pensamento consciente sobre a complexa mecânica envolvida nisso.

Dominar suficientemente bem uma habilidade a ponto de poder disfarçá-la como um instinto leva tempo e energia, além de um bocado de trabalho. Primeiro, devem-se aprender os rudimentos dela, geralmente por meio de uma combinação de instrução, imitação e experimentação. Depois ela deve ser praticada, muitas vezes durante anos, até se tornar completamente natural para aquela pessoa. Adquirir habilidades também requer energia, destreza e poder de processamento cognitivo, bem como algumas qualidades menos tangíveis que os cientistas são muito mais cautelosos em discutir do que os poetas: perseverança, desejo, determinação, imaginação e ambição.

A capacidade do *Homo sapiens* de adquirir e dominar habilidades tão diferentes quanto atirar flechas com precisão letal e realizar microcirurgias está escrita em nossas mãos, braços, olhos e formas corporais. Não somos apenas o produto dos diferentes tipos de trabalho que nossos ancestrais realizaram e das habilidades que adquiriram, mas também somos moldados progressivamente ao longo de nossas vidas pelos diferentes tipos de trabalho que nós mesmos fazemos.

Com o tempo, a crescente dependência de nossos antepassados evolucionários em relação às ferramentas redirecionou sua trajetória evolutiva, progressivamente selecionando corpos mais otimizados para fabricar e utilizar ferramentas. Entre os legados mais óbvios dos esforços determinados, porém desajeitados, do *Homo habilis* em moldar rochas e outros objetos a fim de construir ferramentas úteis estão mãos capazes de costurar com agulha e linha; polegares opositores capazes de agarrar e manipular objetos; ombros e braços excepcionalmente bem projetados para atirar projéteis com precisão; olhos na frente de nossas cabeças que nos ajudam a avaliar a distância entre dois objetos; e habilidades motoras finamente ajustadas que nos permitem reunir essas qualidades.

Entretanto, o legado mais importante e de maior amplitude deixado pelo uso de ferramentas é de natureza neurológica.

As dobras de matéria branca e cinzenta que se encontram em nossos crânios são muito mais enigmáticas do que os bifaces acheulianos. Apesar do fato de que, atualmente, máquinas inteligentes podem rastrear, analisar e mapear cada pulso elétrico que dispara nossos neurônios ou faz cócegas em nossas sinapses, esses órgãos em nossas cabeças se agarram a seus segredos com muito mais tenacidade do que, por exemplo, nossos fígados, pulmões e corações. Ainda assim, eles revelam o suficiente para nos mostrar que as interações entre nossos corpos e nossos ambientes não apenas moldam e esculpem nossos cérebros à medida que envelhecemos, mas também que a aquisição de habilidades como fazer e utilizar ferramentas, ou interpretar rastros na areia, modificou as pressões seletivas que determinaram o curso da evolução de nossos ancestrais. Isso fica claro no fato de que a maior parte do excedente de energia adquirido por meio do uso de ferramentas e do cozimento – um excesso de energia que, de outra forma, poderia ter sido direcionado para fazer nossos ancestrais crescerem mais, serem mais fortes, mais rápidos ou mais atraentes – foi, em vez disso, direcionado para formar, remodelar e manter cérebros cada vez maiores, mais complexos e mais maleáveis, e para reorganizar nossos corpos de forma a acomodar esses nódulos excepcionalmente grandes de tecido neural.

Avaliar o tamanho do cérebro relativamente ao tamanho do corpo nos dá uma medida de inteligência geral que é útil, porém grosseira, assim como a organização do cérebro. Existe, por exemplo, uma ampla correspondência entre a inteligência geral de uma espécie e o tamanho, forma e dobramento do neocórtex, que é um aparato neurológico mais desenvolvido nos mamíferos. Entretanto, do ponto de vista da nossa capacidade de adquirir habilidades, o que se mostra mais interessante é a série de transformações neurológicas que ocorrem ao longo de nossa infância, depois na adolescência e pela vida afora, que permitem que nossas interações físicas com o mundo ao nosso redor reconfigurem fisicamente aspectos de nossa arquitetura neural.

★ ★ ★

Ao passo que a maioria das espécies animais desenvolveu uma série de capacidades altamente especializadas que vieram sendo aperfeiçoadas pela seleção natural ao longo de gerações, permitindo a elas tirar proveito de ambientes específicos, nossos ancestrais encurtaram esse processo ao se tornarem progressivamente mais maleáveis e mais versáteis. Em outras palavras, eles se tornaram habilidosos em adquirir habilidades.

A maioria dos mamíferos pode se mover de maneira independente logo após o nascimento. Baleias e outros cetáceos, que têm um tempo de vida comparável ao dos seres humanos (quando não são vítimas de algum arpão em busca de bifes maravilhosos ou de "pesquisa científica"), já nascem nadadores competentes; a maioria dos mamíferos com casco já sabe andar; e todos os jovens primatas − com exceção dos humanos − são capazes de se agarrar às costas ou ao pescoço de sua mãe com determinação desde o momento em que deixam o útero. Os *Homo sapiens* recém-nascidos, pelo contrário, são indefesos e têm de ser segurados pelos outros se demandarem contato físico; são caracterizados por sua quase completa dependência de cuidados por adultos durante anos. O cérebro dos chimpanzés recém-nascidos tem um tamanho próximo de 40% do tamanho de um cérebro adulto, mas cresce para quase 80% do tamanho adulto dentro de um ano. Já os cérebros dos recém-nascidos *Homo sapiens* têm cerca de um quarto do tamanho que atingirão na idade adulta, e só começam a se aproximar do tamanho adulto quando atingem os estágios iniciais da puberdade. Em parte, essa é uma adaptação que lhes permite sair do ventre de suas mães através de um canal vaginal que se tornou perigosamente estreito por conta das exigências de se andar de pé. Mas isso também se deve ao fato de que, para se desenvolver corretamente, o cérebro do *Homo sapiens* infantil depende mais de ambientes ricos em experiências e sensações do que da segurança do útero.

Por mais indefesos que sejam os recém-nascidos *Homo sapiens*, seu cérebro está completamente escancarado para fazer todo tipo de negociações. Tomada de assalto por um universo de estímulos sonoros, malcheirosos, táteis e, após algumas semanas, visualmente vibrantes, a primeira infância é o período em que o desenvolvimento cerebral está em seu momento mais frenético, pois novos neurônios começam a estabelecer sinapses de modo a filtrar algum sentido a partir daquele caos de estímulos sensoriais. Esse processo continua durante toda a infância até o início da adolescência, época em que as crianças já têm o dobro das sinapses com que nasceram e seus cérebros estão pegando fogo com todo tipo de imaginações fantasiosas, muitas vezes absurdas. Não é nenhuma surpresa que as habilidades básicas adquiridas durante aquele período da vida sejam as que mais parecem intuitivas e instintivas nos anos posteriores.

No início da puberdade, nossos corpos passam a se desfazer da massa de conexões sinápticas formadas durante toda a infância, de modo que, quando chegamos à idade adulta, a maioria de nós tem a metade do número de sinapses que tínhamos quando entramos na puberdade. Esse processo de poda sináptica é tão crítico para o desenvolvimento do cérebro adulto quanto o período inicial de crescimento. É durante esse tempo que o cérebro se aprimora para melhor atender às exigências do ambiente em que está inserido e para concentrar os recursos energéticos onde eles são mais necessários, deixando as conexões sinápticas subutilizadas para atrofiar e morrer.

O processo por meio do qual nossos cérebros são moldados pelos ambientes onde vivemos não termina aí. A reorganização e o desenvolvimento neurológico continuam no início da vida adulta e até a terceira idade, mesmo se, à medida que envelhecemos, esse processo tenda a ser impulsionado mais pelo declínio do que pelo crescimento ou pela regeneração. Ironicamente, a extraordinária plasticidade de nossa espécie quando jovem, assim como o quanto essa plasticidade declina à medida que envelhecemos, também explica por qual razão nos tornamos mais teimosamente resistentes a mudanças à medida que os anos passam; também explica por que os hábitos adquiridos na juventude são tão difíceis de perder quando ficamos velhos; e ainda é a razão por que tendemos a imaginar que nossas crenças e valores culturais são um reflexo de nossas naturezas fundamentais; e por que, quando as crenças e valores dos outros entram em choque com os nossos, os difamamos como sendo não naturais ou desumanos.

★ ★ ★

Mas e quanto aos nossos antepassados evolutivos? Será que eles eram igualmente maleáveis quando jovens e com hábitos engessados quando velhos? Será que a evolução da plasticidade poderia explicar por que nossos antepassados se mantiveram firmes com seus bifaces por tanto tempo?

O registro fóssil mostra, além de qualquer dúvida, que, na linhagem humana, a evolução consistentemente selecionou em favor de indivíduos com cérebros maiores e neocórtices maiores até cerca de 20 mil anos atrás, quando, misteriosamente, o cérebro de nossos antepassados começou a encolher. Mas o mesmo registro fóssil é muito mais parcimonioso em mostrar o quão rápida ou lentamente o cérebro de nossos diferentes antepassados se desenvolveu ao longo de suas vidas individuais. No futuro, estudos genômicos podem muito bem oferecer algumas novas ideias sobre isso. Até lá, no entanto, temos pouca opção a não ser olhar para objetos como os bifaces e nos perguntarmos por que, depois de construí-los diligentemente por um milhão de anos, nossos ancestrais os abandonaram repentinamente 300 mil anos atrás em favor de ferramentas mais versáteis, feitas com uma coleção de novas técnicas.

Uma resposta possível a isso diz que nossos antepassados estavam geneticamente presos ao *design* dos bifaces, da mesma forma que diferentes espécies de aves se encontram geneticamente presas a projetos específicos de ninhos. Se assim for, o *Homo erectus* e outras espécies fizeram bifaces com tanto afinco porque operavam em um piloto automático instintivo com apenas uma vaga noção do porquê,[8] até que, cerca de 300 mil anos atrás, subitamente cruzaram uma fronteira genética crítica que espontaneamente deu início a uma nova era de inovação.

Outra resposta possível se desvela quando abandonamos a noção de que a inteligência é um traço único e generalizado e, em vez disso, a enxergamos como um conjunto de diferentes traços cognitivos que evoluíram, pelo menos inicialmente, para realizar diferentes trabalhos em resposta a diferentes pressões adaptativas. Assim, a solução de problemas pode ser encarada como uma forma de inteligência que responde a um conjunto particular de pressões adaptativas, enquanto o raciocínio abstrato seria outra forma, o raciocínio espacial seria outra e a capacidade de adquirir e absorver informações socialmente transmitidas seria ainda outra.

Se assim for, então o *Homo erectus* pode ter se agarrado tão obstinadamente ao projeto do biface pelo fato de que a capacidade de aprender com os outros era uma adaptação muito mais benigna, em um primeiro momento, do que a resolução de problemas. Todas as criaturas cognitivamente plásticas, como a maioria dos mamíferos terrestres, cefalópodes e algumas espécies de aves, aprendem com a experiência. Mas, quando tomada isoladamente, a plasticidade tem algumas limitações óbvias. Ela exige que cada indivíduo aprenda as mesmas lições do zero e, portanto, repita os mesmos erros consumidores de energia – erros por vezes fatais – que seus antepassados cometeram.

Porém, as vantagens da plasticidade são amplificadas muitas vezes quando combinadas a características associadas ao aprendizado social, uma vez que os comportamentos aprendidos que são benéficos – como evitar cobras venenosas ou saber para que servem os bifaces – podem ser transmitidos através de gerações sem custo e com risco mínimo.

Podemos não saber o que o *Homo erectus* fazia com seus bifaces, mas eles certamente sabiam – e eles adquiriram essa percepção quando jovens, observando os outros a usá-los. É inconcebível que o *Homo erectus* não tenha também adquirido muitas outras habilidades como resultado de observar e imitar os outros. Algumas dessas habilidades teriam sido técnicas, como a de esculpir um bom bastão de escavação, ou destrinchar e descarnar uma carcaça, e possivelmente até mesmo de preparar uma fogueira. Outras teriam sido comportamentais, como aprender a rastrear um animal ou domesticar outros usando apenas a voz e o toque.

O fato de nossos idiomas serem mais do que uma coleção de palavras e serem regidos por regras de sintaxe que nos permitem transmitir propositada e deliberadamente ideias complexas pode muito bem ter surgido em paralelo com a fabricação de ferramentas. Para transmitir uma ideia de forma eficaz, as palavras precisam ser organizadas na ordem correta. Muitos gorilas e chimpanzés, como Koko, que viveram em ambientes regidos pelo homem, dominaram vocabulários funcionais com vários milhares de palavras, e macacos-vervet conseguem produzir sinais vocais distintos para alertar sobre a presença e localização de diferentes tipos de predadores. Portanto, é razoável supor que o *Australopithecus* também tivesse cérebro suficiente para fazer o mesmo. Mas convenhamos que existe um grande salto entre gritar avisos acurados e cantar canções de amor, uma vez que a linguagem exige que as palavras sejam organizadas de acordo com uma série de regras gramaticais complexas. Isso, por sua vez, requer circuitos neurais que integrem tanto a percepção sensorial e o controle motor quanto a capacidade de seguir uma hierarquia de operações. Da mesma forma que esta frase que você lê só faz sentido pelo fato de as palavras serem apresentadas em uma ordem particular, o processo de fabricação de ferramentas também requer que seja seguida uma hierarquia específica de operações. Não se pode fazer uma lança sem antes se fazer uma ponta de lança, um eixo bem preparado e ter em mãos os materiais necessários para uni-los. Há muito se pensava que o processamento da linguagem era função exclusiva de um módulo altamente especializado e anatomicamente discreto dentro do cérebro, a área de Broca, mas hoje está claro que essa área também desempenha um papel substancial em comportamentos não linguísticos, como a fabricação e uso de ferramentas,[9] o que significa que é possível que as pressões seletivas associadas à fabricação e ao uso de ferramentas possam ter sido instrumentais no desenvolvimento inicial da linguagem.

★ ★ ★

George Armitage Miller viveu em um mundo de palavras. Cada objeto que caiu em seu campo de visão e cada palavra que ele ouviu instantaneamente desencadearam uma cascata de associações, sinônimos e antônimos que brilhavam em sua mente. Psicólogo com interesse em compreender os processos cognitivos por trás da linguagem e do processamento de informações, Miller fundou em Harvard o Centro de Estudos Cognitivos. Em 1980, muito antes das redes digitais fazerem parte da vida cotidiana, ele foi a força motriz por trás do desenvolvimento do Wordnet, um banco de dados *online*, ainda hoje em funcionamento, que detalha as miríades de relações lexicais entre a maioria das palavras em inglês.

No entanto, durante algum tempo em 1983, ele se viu impossibilitado de seguir adiante em sua pesquisa porque estava à procura de uma palavra para descrever a relação entre os organismos vivos e a informação. Ainda que fosse um grande fã do livro *O que é vida*, de Erwin Schrödinger, Miller estava certo de que Schrödinger havia deixado algo importante fora de sua definição de vida. Miller afirmava que, para que os organismos vivos pudessem consumir energia livre, a fim de cumprir as exigências da entropia, eles tinham de ser capazes de encontrá-la; para encontrá-la, tinham de ter a capacidade de adquirir, interpretar e então dar respostas a informações úteis sobre o mundo ao seu redor. Em outras palavras, isso significava que uma proporção significativa da energia que eles capturavam era gasta na busca de informações por seus sentidos e depois processando-as a fim de encontrar e capturar mais energia.

"Assim como o corpo sobrevive pela ingestão de entropia negativa [energia livre]", explicou Miller, "também a mente sobrevive pela ingestão de informações".[10]

Miller não conseguia encontrar a palavra para descrever organismos que ingerem informações, e por isso cunhou uma nova, "*informívoros*". Originalmente, ele pretendia que se aplicasse apenas a organismos "superiores" como nós, com sistemas nervosos e cérebros famintos de energia, mas hoje já está claro que todos os seres vivos, desde os procariontes até as plantas, são *informívoros*. Assim, por exemplo, bactérias em uma poça d'água podem nem mesmo ter um aparato físico com o qual pensar, mas, assim como uma planta dobrando suas folhas para captar a luz solar, elas são capazes de responder a estímulos que sinalizam a proximidade de fontes de energia ao seu redor; se não houver nenhuma, são capazes de procurá-las.

Grande parte da energia capturada por organismos complexos com cérebros e sistemas nervosos é usada para filtrar, processar e responder às informações adquiridas por meio dos seus sentidos. Em todos os casos, porém, quando a informação é tida como irrelevante, ela costuma ser desconsiderada de imediato. Quando isso não acontece, ela é geralmente um gatilho para a ação. Para um guepardo, a visão de uma presa fácil o coloca em modo de caça, da mesma forma que a visão da cauda de um guepardo colocará uma gazela para correr. Muitas espécies, entretanto, têm a capacidade não apenas de responder instintivamente às informações adquiridas, mas, como cães de Pavlov, também de aprender a responder de forma quase instintiva a estímulos específicos. Algumas inclusive têm a capacidade de escolher a forma de dar essa resposta, com base em uma combinação de instinto e experiência aprendida. Assim, quando um chacal faminto encontra leões descansando perto de uma presa recente, ele calculará os riscos de roubar um osso cheio de carne da carcaça testando cautelosamente o grau de vigilância e o humor dos leões antes de tomar a decisão de chegar perto ou não.

Com nossos neocórtices superplásticos e sentidos bem organizados, os *Homo sapiens* somos os glutões do mundo da informação. Somos excepcionalmente competentes na aquisição, no processamento e na encomenda de informações, e excepcionalmente versáteis quando se trata de deixar que essas informações moldem quem somos. Quando somos privados de informações sensoriais, como um prisioneiro na solitária, às vezes invocamos mundos fantásticos ricos em informações a partir da escuridão de forma a alimentar nosso *informívoro* interior.

Não é necessário muito trabalho do cérebro para manter nossos vários órgãos, membros e outras partes do corpo funcionando como deveriam. A grande maioria dos tecidos mais consumidores de energia em nossos crânios se dedica ao processamento e à organização da informação. Com quase certeza, somos também únicos no que diz respeito à quantidade de trabalho gerador de calor que esses órgãos (imóveis em todos os outros sentidos) realizam quando geram pulsos elétricos ao se dedicarem a processar as informações muitas vezes triviais que nossos sentidos coletam. Sendo assim, quando dormimos, sonhamos; quando estamos acordados, buscamos constantemente estímulos e engajamento em diversas ações; e, quando somos privados de informações, sofremos.

Os grandes primatas já são um ponto fora da curva no mundo animal em termos da quantidade de trabalho físico bruto que seus cérebros conseguem realizar apenas processando e organizando informações. Na história evolucionária de nossa linhagem, cada salto de crescimento cerebral significou um aumento no apetite de nossos antepassados por informações e na quantidade de energia que eles gastavam para processá-las.

Devido à quantidade de interação que o *Homo sapiens* urbano tem com outros seres humanos, a maior parte das pesquisas sobre as implicações da plasticidade na história evolutiva humana se concentrou em seu papel no desenvolvimento de habilidades tais como a linguagem, que permitem a transmissão de conhecimento cultural e ajudam os indivíduos a navegar em relações sociais complexas. Dado o fato de que nossos antepassados podem muito bem ter se tornado usuários de línguas altamente sofisticadas apenas relativamente tarde em nossa história evolucionária, é surpreendente, entretanto, que muito menos atenção tenha sido dada às habilidades que eles desenvolveram para processar informações não linguísticas. Estas teriam sido adquiridas e desenvolvidas por meio da observação, escuta, toque e interação com o mundo ao redor.

Os caçadores-coletores do Kalahari nunca duvidaram da importância da informação transmitida culturalmente. Saber, por exemplo, quais plantas eram boas para comer e quando estavam maduras, ou quais raízes e melões continham líquido suficiente para sustentar um caçador, era essencial para a sobrevivência. Quando se trata de assuntos como a caça, há algum conhecimento importante que pode ser transmitido usando palavras, como onde encontrar larvas do besouro *Diamphidia* para envenenar uma ponta de flecha ou quais tendões de animais fazem as melhores cordas de arco. Mas as formas de conhecimento mais importantes sobre o assunto não têm como ser transmitidas assim. Segundo afirmam os caçadores-coletores, esse tipo de conhecimento não podia ser ensinado porque residia não apenas em suas mentes, mas também em seus corpos, e porque encontrava expressão em habilidades que nunca poderiam ser reduzidas a meras palavras.

É claro que só podemos especular sobre quais eram essas habilidades individuais de que eles falavam. É provável que encontrar rotas e saber se situar estavam entre elas, assim como a capacidade de ler o comportamento de animais e de situações potencialmente perigosos, e de calcular e gerenciar riscos. E, para os caçadores, essas habilidades quase certamente envolviam a capacidade de inferir informações detalhadas a partir de nada mais do que rastros de um animal na areia, e então usá-las para colocar carne na barriga.

★ ★ ★

Durante algumas horas após o amanhecer, trilhas de animais decoram a areia do deserto do Kalahari como se fossem letras digitadas em uma centena de fontes e tamanhos diferentes, dispostas em um caos de linhas contínuas que se entrecruzam. Para quase todas as espécies, a noite é a hora mais movimentada do dia no Kalahari, e a cada manhã as histórias de suas aventuras noturnas ficam escritas brevemente na areia para aqueles que as souberem ler.

Quando o sol fica mais alto e as sombras se encurtam, as trilhas se tornam muito mais difíceis de ver, e mais difíceis ainda de reconhecer. Para um rastreador experiente, porém, isso faz pouca diferença. Como se estivessem lendo uma frase na qual algumas letras ou palavras foram apagadas, ou ouvindo palavras familiares em um sotaque diferente, eles usam sua intuição para primeiro inferir e depois encontrar trilhas difíceis de enxergar, escritas por aqueles que vieram antes.

Para os forrageadores ju/'hoan, rastros são uma fonte infinita de diversão, e as pegadas humanas são observadas tão cuidadosamente quanto as dos animais – algo que, nas comunidades dos ju/'hoansi, torna a vida bem complicada tanto para os amantes clandestinos quanto para os ladrões.

Os adultos muitas vezes compartilham com as crianças as histórias que leem na areia, mas não fazem nenhum esforço particular para ensinar seus filhos a rastrear. Em vez disso, eles discretamente encorajam as crianças a adquirir essas habilidades observando e interagindo com o mundo ao seu redor. Armados com miniarcos e miniflechas, os meninos passam seus dias perseguindo e caçando os vários insetos, lagartos, aves e roedores que correm invisivelmente através de seus acampamentos. Os adultos explicam que é isso que ensina os meninos a "ver" e assim os prepara para a adolescência, quando eles começarão a dominar gradualmente a habilidade bem mais tênue de entrar no universo perceptivo de qualquer animal que rastreiem – ou seja, fazer a diferença entre uma caçada bem-sucedida e o fracasso.

Os caçadores ju/'hoan experimentam o deserto como uma vasta "tela" interativa, animada pelos contos de diferentes animais que inscrevem suas idas e vindas na areia. Como a poesia, as trilhas têm uma gramática, uma métrica e um vocabulário próprios. No entanto, também como a poesia, interpretá-las é muito mais complexo e cheio de nuances do que simplesmente ler sequências de letras e segui-las para onde quer que elas levem. Para desvendar as camadas de significado ocultas em qualquer conjunto particular de trilhas e estabelecer quem as deixou e quando, o que o animal estava fazendo, para onde estava indo e por quê, os caçadores devem perceber o mundo a partir da perspectiva do animal.

Entre os ju/'hoansi, a habilidade de um caçador não se mede apenas por sua perseverança ou por sua precisão com o arco. Ela é medida por sua capacidade de, primeiro, encontrar o animal – muitas vezes rastreando-o por quilômetros – e depois de se aproximar o suficiente para garantir um tiro certeiro. Afirmam que fazer isso só é possível se você entrar na mente do animal e perceber o mundo por meio dos sentidos dele, e a maneira de fazer isso é seguindo seus rastos.

Na maior parte do Kalahari, não há colinas ou pontos elevados a partir dos quais se possa avistar animais de caça pastando nas planícies abaixo, e o mato costuma ser muito espesso para se ver mais do que uns poucos metros adiante. Ali, é possível caçar grandes animais fornecedores de carne – como o elande, o órix ou a vaca-do-mato – sem nenhuma arma ou ferramenta, mas não sem ser capaz de ler as histórias escritas na areia.

★ ★ ★

Nenhum dos ju/'hoansi pratica mais esse tipo de caça persistente. Do atual pequeno grupo de caçadores ativos em Nyae-Nyae, que aos poucos diminui ainda mais, todos preferem caçar esse tipo de animal grande, fornecedor de carne, com seus arcos e suas flechas venenosas. A maioria deles está hoje em plena meia-idade, mas, por mais que estejam em forma, as caçadas de persistência são para homens mais jovens e "mais famintos". Nos anos 1950, vários ju/'hoansi em Nyae-Nyae ainda eram mestres da caça de persistência, uma arte que pode muito bem ser tão antiga quanto nossa espécie – e possivelmente ainda muito mais. É também uma arte que nos lembra o quanto do trabalho feito por nossos ancestrais, na tentativa de satisfazer suas necessidades energéticas básicas, era cerebral e envolvia coleta, filtragem, processamento, levantamento de hipóteses e embates entre as informações sensoriais do mundo ao seu redor.

A corrida evolucionária por melhores armas no Kalahari tornou rápida e ágil a maioria dos grandes animais fornecedores de carne, assim como dotou a maioria de seus predadores de garras afiadas, maior agilidade e muito maior força. No entanto, com poucas exceções, nem os predadores nem suas presas têm muita resistência. Incapazes de suar, animais como leões e gnus levam tempo para reduzir o calor corporal que geram ao tentar caçar ou escapar de uma perseguição. Quando um cudo é atacado por um leão ou uma cabra-de-leque é perseguida por um guepardo, o resultado da caçada é sempre determinado em poucos segundos de altíssimo consumo de energia. Se a fuga for bem-sucedida, tanto o predador quanto a presa precisarão de algum tempo para descansar, se resfriar e recuperar sua agilidade de raciocínio.

Seres humanos nunca são capazes de vencer em um *sprint* quando são atacados por um leão ou perseguem um antílope. Mas não temos tanto pelo e podemos suar. Como somos bípedes com passadas longas e fáceis, somos capazes de correr longas distâncias e de manter um ritmo constante e implacável por horas, se necessário.

Uma caçada de persistência é simples em teoria. Envolve encontrar um animal adequado, idealmente mais pesado por ter chifres grandes demais, e então persegui-lo incessantemente, sem dar a ele nenhuma oportunidade de descansar, se reidratar ou se resfriar, até que por fim o animal desidratado, superaquecido e delirante não consegue mais se mover, como se fosse um fantasma de seu eu habitual, e permite que o caçador se aproxime casualmente e tire sua vida.

Nos anos 1950, os ju/'hoansi só caçavam dessa forma, seguindo ao lado de um conjunto de depressões rasas no terreno, nas quais as chuvas de verão se juntam e formam um muco pegajoso de lama cinza macia que, quando seca, endurece como um cimento quebradiço. Para o elande, que é o maior antílope da África e a carne favorita dos ju/'hoansi, aquela lama é um problema. Quando eles bebem nas poças formadas pelo terreno, a lama se junta na fenda em seus cascos e, mais tarde, quando seca, se expande e separa as metades do casco, fazendo com que seja doloroso para eles correr. Para quem fica à espreita na areia seca mais distante da lama, é fácil reconhecer as marcas bem distintas das patas do elande com cascos cheios de lama.

As caçadas de persistência só se iniciavam nos dias mais quentes, quando as temperaturas chegavam perto ou acima de 40 °C, e todos os grandes animais com algum bom senso só pensavam em encontrar sombra e fazer o mínimo possível. Os caçadores então pegavam o rastro do elande e o seguiam em um suave trote rítmico. Ao contrário da caça com arco, que requer uma espreita muito cuidadosa e silenciosa, na caça de persistência os caçadores querem que o elande entre em pânico e se desloque para o mato o mais rápido possível. Então, depois de correr talvez alguns quilômetros, o animal, confiante de ter escapado de qualquer ameaça iminente, procura sombra para recuperar o fôlego e se livrar da dor em seus cascos. Só que, dali a pouco, os caçadores, que estão seguindo firmemente seus rastros, voltam à vista novamente e o perseguem em outro *sprint*. Em três ou quatro horas, e depois de uns trinta a quarenta quilômetros, o elande, torturado pelos cascos colados e doloridos, aleijado por cãibras e delirando de exaustão, se oferece mansamente aos caçadores, que então são capazes de se aproximar dele sem se esconder e sufocá-lo deitando-se em seu pescoço enquanto tapam suas narinas e boca com as mãos.

Esse método de caça não era exclusivo do sul da África. Os nativos americanos paiute e navajo costumavam caçar antilocapras dessa forma; os caçadores tarahumaras, no México, perseguiam veados até que, uma vez que os animais se vissem esgotados, eles os sufocavam com suas próprias mãos; e alguns aborígines australianos ocasionalmente faziam uso dessa técnica quando caçavam cangurus.

Como esse método de caça não deixa vestígios materiais óbvios, não há provas arqueológicas claras de que nossos antepassados evolutivos tenham caçado assim também. Mas, se o *Homo erectus* e outros, tecnologicamente limitados como eram, caçavam veados em planícies, além de se aproveitar de animais mortos, então é difícil pensar que eles tenham caçado de qualquer outra maneira. Se foram espertos o suficiente para imaginar que podiam fazer um biface a partir de um pedaço de rocha nada mais que ordinário, não há razão para acreditar que eles também não teriam sido capazes de prever um encontro com um animal que lhes fosse familiar a partir de seus rastros. Para alguns antropólogos, mais notadamente Louis Liebenberg – ele próprio um ótimo rastreador –, os rastros nos registros arqueológicos e fósseis são claros. Ele sustenta a opinião de que o *Homo erectus* deve ter caçado dessa maneira e que essa forma de caça também deve ter desempenhado um papel em nos tornar bípedes – ou seja, em moldar nossos corpos para corridas de longa distância, em desenvolver nossa capacidade de esfriar nossos corpos com suor e também em adaptar nossas mentes de tal forma a conseguirmos inferir um significado a partir daqueles rastros, a forma mais antiga de escrita.

Ele muito provavelmente tem razão. As habilidades necessárias para inferir significados mais complexos a partir de trilhas na areia não são apenas indicativas do tipo de intencionalidade que hoje associamos principalmente aos humanos, mas são também os mesmos traços cognitivos necessários para usar a gramática e a sintaxe de maneira mais sofisticada do que a gorila Koko conseguia fazer. Em outras palavras, é quase certo que a caça tenha sido uma das pressões seletivas que estimularam a capacidade de nossos ancestrais de desenvolver uma linguagem complexa. E a caça executada dessa forma deve ter sido igualmente importante em desempenhar um papel na formação de sua sociabilidade e inteligência social, assim como na construção da perseverança, paciência e pura determinação que até hoje caracterizam nossa abordagem do trabalho.

Outras habilidades que não deixam traços arqueológicos óbvios também devem ter desempenhado um papel no aumento da eficiência de nossos antepassados em sua busca por comida. Sem dúvida, a mais importante de todas essas habilidades foi aquela que não apenas ajudou a fornecer a nutrição necessária para alimentar seus grandes cérebros, mas que também desencadeou a mais importante e abrangente revolução energética da história humana: o domínio do fogo.

4

Os outros presentes trazidos pelo fogo

PARA OS JU/'HOANSI, o fogo é o grande transformador. Ele é gerado pelos deuses por meio dos raios, mas pode ser feito por qualquer pessoa com dois gravetos secos ou um sílex, se ela souber como proceder. O fogo transforma o cru no cozido, aquece os corpos frios, tempera a madeira molhada até ela ficar dura como um osso e pode até derreter o ferro. Mais que isso, transforma a escuridão em luz e convence leões, elefantes e hienas curiosos a não assediar as pessoas enquanto elas dormem. A cada estação seca, incêndios ardem pelo Kalahari, livrando a terra da grama morta e convidando as primeiras chuvas de verão, e assim inaugurando um novo ano e uma nova vida.

Os xamãs ju/'hoan também afirmam que o fogo fornece a energia que os transporta para o mundo paralelo dos espíritos durante as danças de cura, quando eles pulam e mergulham através de chamas crepitantes e se banham em brasas a fim de acender seu *n/um*, a força de cura que reside lá no fundo de suas barrigas e que, quando aquecida, assume o controle de seus corpos.

Se o fogo fosse capaz de transportar esses xamãs a um passado remoto, eles teriam em suas chamas uma visão de como, ao dominá-lo, nossos ancestrais reduziram a quantidade de tempo e esforço que tinham de dedicar à busca por alimento, e então como isso, por sua vez, ajudou a estimular o desenvolvimento da língua, da cultura, das histórias, da música e da arte, bem como levou a mudanças nos parâmetros de seleção natural e sexual, nos tornando a única espécie em que a inteligência poderia ser mais sexualmente benéfica do que a musculatura. E então os xamãs também veriam como, ao proporcionar aos nossos ancestrais o tempo de lazer, a língua e a cultura, o fogo também trouxe à existência o odioso oposto do lazer: o conceito de "trabalho".

★ ★ ★

Derrubar frutas de uma árvore com uma vara envolve menos trabalho e é menos arriscado do que subir na árvore para arrancar as frutas de seus galhos, assim como cortar a pele de um mastodonte morto concentrando mais força na borda de um pedaço de obsidiana requer menos esforço do que tentar roer a carcaça com os dentes, que são mais adequados para triturar frutas macias e legumes e transformá-los em uma polpa digerível. O uso habitual de ferramentas ampliou enormemente a gama de alimentos disponíveis para nossos ancestrais evolucionários, ajudando a estabelecê-los como versáteis generalistas alimentares em um mundo onde a maioria das outras espécies era de especialistas que haviam evoluído com vistas a explorar nichos ecológicos muitas vezes bem pequenos a fim de preencher suas necessidades energéticas básicas. Mas, quando se trata de energia, nenhuma ferramenta física é capaz de chegar perto da ferramenta mais importante em toda a história evolucionária humana: o fogo.

Há cerca de 2 milhões de anos, o *Australopithecus* só conseguia extrair do mundo a energia de segunda mão. Como muitas outras espécies, eles faziam isso comendo plantas que haviam capturado, armazenado e reembalado energia, principalmente solar, em formas comestíveis mais convenientes, como folhas, frutas e tubérculos, por meio de fotossíntese. Então, há cerca de 1,5 milhão de anos, o *Homo habilis* ampliou esse modelo de consumo indireto de energia ao desenvolver uma nova apreciação por organismos mais complexos que já tinham se dado o trabalho de concentrar os nutrientes e energia das plantas na forma de carne, órgãos, gordura e ossos. Aquela foi a primeira revolução energética da nossa linhagem, uma vez que o valor nutritivo adicional e a energia que a carne, a gordura e o osso forneciam ajudaram o *Homo habilis* a desenvolver cérebros muito maiores. Isso reduziu sua dependência de alimentos menos densos em energia, e assim reduziu também o tempo que eles precisavam dedicar à tarefa de encontrar alimentos. Mas carne e gordura e ossos crus não eram suficientes por si sós para desenvolver e manter cérebros tão grandes e famintos de energia como o do *Homo sapiens*. Para essas tarefas, eles precisavam cozinhar seus alimentos; para cozinhá-los, precisavam dominar o fogo, um processo que deu início à segunda revolução energética de nossa história, sem dúvida a maior.

É impossível saber o que primeiro convenceu nossos antepassados a dominar o fogo. Talvez eles tenham sido intoxicados pelo cheiro de carne queimada enquanto perscrutavam terras queimadas por incêndios, ou talvez tenham sido hipnotizados pela perigosa beleza das chamas. Tampouco sabemos qual de nossos antepassados pela primeira vez dominou o fogo ou quando isso aconteceu.

Uma coisa é pegar uma brasa incandescente no caminho por onde passou uma queimada com a ambição de fazer um fogo menor e controlado para cozinhar ou se manter aquecido. Mas ser capaz de conjurar o fogo à vontade e assim acessar um suprimento quase inesgotável de energia é algo bem mais especial. E o domínio do fogo só foi possível porque, em algum momento no passado distante, nossos ancestrais começaram a brincar com objetos ao seu redor, e a manipulá-los e intencionalmente redirecionar sua utilidade. A descoberta de como fazer fogo deve ter acontecido mais de uma vez, e em cada caso foi quase que certamente um feliz acidente, do tipo que teria ocorrido enquanto eles utilizavam ou faziam outras ferramentas com um objetivo totalmente diferente em mente. Algumas populações podem ter descoberto como fazer fogo ao lascar uma pedra rica em ferro, como a pirita, que produz faíscas quando é martelada. Mas o cenário mais provável é o de que nossos ancestrais descobriram o segredo de como fazer fogo enquanto fabricavam algo que envolvia atrito entre pedaços de madeira.

Conseguir fogo a partir de dois gravetos é um processo complexo. Além de exigir alguma destreza, também requer uma leveza de toque e uma compreensão muito mais sofisticada da causalidade do que aquela necessária para derrubar um fruto de uma árvore com um pau ou tirar cupins de um monturo usando um galho. São características que associamos ao *Homo sapiens* moderno, mas há boas razões para acreditar que nossos ancestrais fizeram uso do fogo muito antes do aparecimento de nossa espécie, há cerca de 300 mil anos.

★ ★ ★

A caverna Wonderwerk, que significa "caverna milagrosa" em afrikaans, está localizada no topo de uma colina de dolomita ao norte da pequena cidade de Kuruman, na semiárida província do Cabo Setentrional, na África do Sul. Ela deve seu nome a um grupo de sedentos viajantes afrikaners que cruzava o deserto e encontrou no interior da caverna uma piscina de água limpa que salvou suas vidas há cerca de dois séculos. Os geólogos preferem creditar esse milagre em particular aos processos naturais, mas isso não impede os membros das igrejas apostólicas locais de tentar saquear a "água benta" da caverna.

Enquanto a Wonderwerk inspira um discurso de "milagre" entre os religiosos, ao mesmo tempo também inspira igual maravilha entre os paleoarqueólogos, que foram os mais recentes em uma longa fila de humanos a encontrar esperança e inspiração em seu interior.

A caverna se estende por quase 140 metros dentro da colina. Suas paredes e teto se unem em um arco liso que percorre todo o comprimento da caverna, dando ao lugar uma aparência de um hangar de aeroporto feito de rocha. Mesmo nos dias mais claros, a luz natural só penetra cerca de 50 metros no interior; para além disso, a escuridão é absoluta. Na entrada, o primeiro sinal óbvio da importância histórica da caverna é a galeria de elandes, avestruzes, elefantes e padrões geométricos enigmáticos pintados com os dedos que decora as paredes até onde chega a luz natural. As pinturas foram feitas pelos antepassados dos forrageadores nativos do sul da África há 7 mil anos. Mas a caverna Wonderwerk contém pistas muito mais importantes para desvendar a história do trabalho do que as pinturas com os dedos feitas por aqueles relativamente recém-chegados.

Uma estalagmite de cinco metros de altura em forma de punho cerrado fica de guarda na boca da caverna e também marca o ponto de partida das escavações arqueológicas. As escavações se estendem até as entranhas da caverna, onde os arqueólogos cavaram vários metros abaixo do nível do chão. Cada camada de sedimentos exposta pelos arqueólogos foi revelando novos capítulos na longa história de nossa espécie de cerca de 2 milhões de anos atrás.

De longe, as descobertas mais importantes em Wonderwerk datam de cerca de 1 milhão de anos atrás. Incluem ossos torrados pelo fogo e cinzas vegetais, indicando a mais antiga boa evidência de uso sistemático do fogo por uma população humana em qualquer lugar do mundo. Muito provavelmente, os ossos e as cinzas foram deixados para trás por um *Homo erectus*, os primeiros humanos que andaram eretos e também tinham membros em proporções tidas como semelhantes às do *Homo sapiens*. Mas as cinzas de Wonderwerk não revelam como o fogo foi feito ou para que foi usado.

Se Wonderwerk fosse o único lugar do mundo com provas do uso controlado do fogo há mais de meio milhão de anos, a caverna poderia ser descartada como talvez um caso isolado, mas existem outros indícios fascinantes de uso do fogo em outros lugares, alguns deles datados de bem mais que um milhão de anos. No Parque Nacional de Sibiloi, ao lado do Lago Turkana, no Quênia, arqueólogos encontraram uma clara associação entre a presença de hominínios e o que parecem ter sido queimadas controladas datadas de aproximadamente 1,6 milhão de anos atrás. Só que, na falta de outros exemplos, é difícil dizer se esse era um acontecimento sistemático.

No entanto, há muitas provas do uso sistemático do fogo em um passado mais recente. Arqueólogos encontraram muitas evidências de uso constante do fogo pelos primeiros humanos que viveram na caverna Qesem, em Israel, há 400 mil anos. Esses dados são complementados pelos restos dentários dos hominínios que habitaram a gruta em torno daquele mesmo período. Esses registros sugerem que todos eles sofriam de uma tosse horrenda como resultado da inalação de muita fumaça.[1] Arqueólogos também encontraram evidências convincentes que sugerem o uso controlado do fogo em outro local de Israel. A escavação nas margens do paleolago de Hula, no norte do vale formado pela falha transformante do Mar Morto, revelou uma série do que os arqueólogos acreditam ser lareiras contendo cinzas de cevada selvagem, azeitonas e uvas, ao lado de fragmentos de rocha queimada. Especula-se que tenham 790 mil anos de idade.[2]

Mas encontrar provas definitivas para o uso controlado do fogo por nossos ancestrais é quase impossível. O primeiro problema é que a evidência do uso do fogo sempre se apresenta queimada, o que é de certa forma inconveniente, e as cinzas são facilmente dispersas por rajadas de vento ou tempestades. Geralmente, para que as provas de uso do fogo pudessem ser encontradas, teria sido necessário que os incêndios fossem feitos repetidamente no mesmo local, a fim de que se pudesse construir um suprimento de cinzas grande o suficiente para deixar um vestígio que o distinguisse dos rastros deixados por um incêndio selvagem.

O outro problema é que muitos dos chamados "homens das cavernas" tendiam a não viver em cavernas, os únicos lugares onde as cinzas e os ossos queimados teriam boas chances de ser preservados além de alguns meses. Como habitantes de savana, a maioria deles teria dormido sob as estrelas com pouco mais do que um simples abrigo para protegê-los dos elementos, assim como muitos caçadores-coletores ainda faziam no século XX. Como sabemos a partir do estudo de comunidades como os ju/'hoansi, um bom fogo é tudo que é necessário para manter à distância até mesmo os predadores noturnos mais famintos. Outro problema óbvio – como poderiam atestar os antigos moradores da caverna Qesem – é que as queimadas em espaços confinados correm o risco de sufocar os ocupantes, se a fumaça não os deixar loucos antes.

★ ★ ★

Além das antigas brasas de lugares como Wonderwerk, sem dúvida a melhor e mais convincente evidência de que pelo menos alguns homínios podem ter dominado o fogo há até um milhão de anos é o fato de que, naquele momento, teve início um período de crescimento sustentado e rápido do cérebro, uma ideia que é defendida pelo arqueólogo evolucionista Richard Wrangham, pesquisador de Harvard.

Até 2 milhões de anos atrás, o cérebro de nossos antepassados *Australopithecus* se situava bem dentro da faixa de tamanho dos cérebros que hoje ocupam os crânios dos chimpanzés e gorilas modernos. Tinha um volume entre 400 e 600 cm^3. O *Homo habilis*, primeiro membro oficial do nosso gênero *Homo*, surgiu há cerca de 1,9 milhão de anos. Seu cérebro, no entanto, era apenas um pouco maior que o do *Australopithecus*, com uma média de pouco mais de 600 cm^3 em volume. Mas evidências fósseis sugerem que esses cérebros eram organizados de maneira um pouco diferente dos do *Australopithecus* e tinham formas mais desenvolvidas de algumas das características que hoje associamos à neuroplasticidade humana moderna e funções cognitivas mais elevadas (como neocórtices excepcionalmente grandes).

Os crânios fósseis mais antigos do *Homo erectus* têm 1,8 milhão de anos de idade. Seus cérebros eram significativamente maiores que os do *Homo habilis*, sugerindo que algo ocorrido por volta daquela época catalisou o rápido crescimento dos cérebros do *Homo erectus*. O reinado de um milhão de anos do *Homo erectus* como o primata mais inteligente, porém, foi marcado por muito pouco desenvolvimento no que concerne ao crescimento do cérebro. Mas então, a partir de 600 mil anos atrás, houve outro surto de crescimento cerebral que levou ao surgimento do *Homo heidelbergensis*, e então, algumas centenas de milhares de anos depois, ao surgimento do *Homo sapiens* arcaico e dos neandertais, muitos dos quais com cérebros maiores do que a maioria de nós tem hoje.

Uma leva de diferentes teorias foi proposta na tentativa de explicar os dois surtos de crescimento do tamanho do cérebro, mas apenas uma delas se preocupou em considerar as exageradas demandas de energia associadas à construção e manutenção de grandes cérebros com grandes neocórtices.

Nossos cérebros constituem apenas 2% de nosso peso corporal total, mas consomem cerca de 20% de nossos recursos energéticos. Para os chimpanzés, cujos cérebros têm aproximadamente um terço do tamanho do nosso, a energia utilizada está mais próxima de 12%, e, para a maioria dos outros mamíferos, fica entre 5% e 10%.[3]

Construir e manter cérebros tão grandes com base em uma dieta forrageadora de alimentos crus e vegetarianos teria sido impossível. Mesmo que comessem o tempo inteiro, a cada minuto de vigília do dia, os gorilas e orangotangos não seriam capazes de atender aos requisitos de energia de um cérebro do mesmo tamanho do nosso com base apenas em uma dieta de frutas silvestres, folhas e tubérculos. Para se conseguir isso, é necessário comer alimentos mais densos em termos nutricionais. A transição do *Homo habilis* para o *Homo erectus* é marcada por boas evidências arqueológicas do consumo mais frequente desse tipo de alimento. Com base na escassa evidência arqueológica do uso do fogo até meio milhão de anos atrás, parece provável que o cozimento tenha estimulado o grande período seguinte de crescimento cerebral.

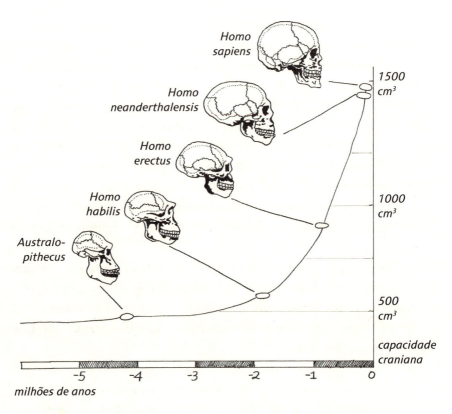

Comparação dos tamanhos relativos dos cérebros de ancestrais humanos.

Carne e órgãos animais e humanos podem conter um rico estoque de calorias, aminoácidos e outros nutrientes, mas também são viscosos, resistentes e difíceis de mastigar e digerir quando crus. Muito embora hoje muitas pessoas no mundo industrializado tenham preferência por cortes magros de carne, isso na verdade é muito mais indicativo da espantosa produtividade da indústria alimentar moderna do que do valor nutricional básico desses cortes. Os caçadores-coletores – e certamente a maioria das populações humanas de antes do século XX – evitavam esses cortes magros, como filés, em favor dos cortes mais gordurosos, mais deformados e mais cheios de miudezas, que eram muito mais nutritivos. E, como qualquer caçador-coletor pode atestar, tentar engolir um tendão longo, fibroso e gorduroso ou extrair toda a medula do osso da canela de um búfalo até o último fragmento é muito mais fácil se você o cozinhar primeiro.

Cozinhar não apenas torna a carne mais palatável como também amplia enormemente a gama de alimentos vegetais que podemos comer.[4] Muitos tubérculos, caules, folhas e frutas que são indigestos, ou até venenosos, quando crus são bem nutritivos e bem mais saborosos quando cozidos. Comer urtigas cruas, por exemplo, é certeza de dor. Mas comer urtigas cozidas é uma receita para uma sopa saudável e surpreendentemente saborosa. Assim, em ambientes como o Kalahari, onde a maioria dos herbívoros selvagens depende de comer grandes qualidades de um punhado de espécies vegetais relacionadas, os ju/'hoansi foram capazes de lançar mão do fogo para se utilizar de mais de cem espécies vegetais diferentes (além de comer a carne de praticamente qualquer coisa que se mexa) e cozinhá-las para extrair muito mais energia com muito menos esforço.

Se o fogo ajudou os hominídeos, antes majoritariamente vegetarianos, a acessar os tesouros nutricionais da carne e a cultivar grandes cérebros, então quase certamente também contribuiu para moldar outros aspectos de nossa fisiologia moderna. Primatas como chimpanzés e gorilas têm intestinos delgados muito mais grossos do que os humanos. Eles precisam dessa área intestinal adicional para conseguir arrancar toda a nutrição possível de suas dietas fibrosas e folhosas. Ao "predigerir" alimentos por meio do processo de cozimento, o fogo tornou redundante uma proporção significativa desse tubo digestivo. Cozinhar também ajudou a redesenhar nossos rostos. Comer alimentos mais macios e cozidos fez com que ter mandíbulas grandes deixasse de ser uma vantagem seletiva. Assim, à medida que o cérebro de nossos antepassados cresceu, suas mandíbulas encolheram.[5]

Talvez pelo fato de que muitos vejam o ato de cozinhar como um trabalho árduo, acabamos prestando pouca atenção a um presente que o fogo nos concedeu e que pode ser o maior de todos eles: o tempo livre. Isso porque o fogo não foi apenas a primeira grande revolução energética da história de nossa espécie, mas também a primeira grande tecnologia de economia de trabalho.

Como sua dieta não é particularmente das mais nutritivas, os gorilas precisam comer cerca de 15% do seu peso corporal em alimentos por dia para se manterem saudáveis. Isso não deixa muito tempo para brigas, sexo ou brincadeiras. É por essa razão que os pesquisadores de grandes primatas são forçados a passar horas sem fim sentados observando seus objetos de estudo metodicamente forrageando e comendo – isso se quiserem observá-los em algum momento fazendo algo mais interessante. Sabemos que a maioria dos grandes primatas passa entre oito e dez horas por dia forrageando e comendo. Isso equivale a algo entre 56 e 70 horas de trabalho semanal. Mastigar, digerir e processar as folhas, os bagaços, os talos e as raízes também consome muito tempo e energia. Eles gastam a maior parte de seu tempo restante dormindo e preguiçosamente "embelezando" uns aos outros.

A vida do nosso último ancestral mais parecido com um símio, o *Australopithecus*, provavelmente não era muito diferente disso.

Quando somos confrontados com um rodízio liberado em um restaurante, pode parecer às vezes que conseguiremos igualar nossos apetites aos de nossos primos primatas. Mas nós, seres humanos, podemos prosperar consumindo apenas 2 ou 3% de nosso peso corporal por dia (tomando por base as dietas de caçadores-coletores). E, se um grupo como o dos ju/'hoansi puder ser tomado como exemplo, então sabemos que, na maior parte do ano, um grupo de *Homo sapiens* adultos economicamente ativos vivendo em um ambiente relativamente hostil normalmente conseguirá alimentar a si mesmo e a um número igual de dependentes improdutivos se utilizando de algo como 15 a 17 horas de trabalho por semana. Isso se traduz em uma a duas horas de trabalho por dia, uma fração do tempo gasto na busca por alimentos de outros grandes primatas, e uma fração do tempo que a maioria de nós gasta no trabalho.

Se, ao dominar o fogo e o cozimento, o *Homo erectus* conseguiu garantir um maior retorno de energia por menos esforço físico, então, à medida que seus cérebros iam crescendo, aumentava também a quantidade de tempo disponível para aplicar sua inteligência e energia a outras atividades que não a de cozinhar, consumir e digerir alimentos.

O registro arqueológico não nos deixa muitas pistas indicando o que nossos ancestrais faziam com esse tempo livre conquistado pelo cozimento dos alimentos. Sabemos que, à medida que seus cérebros foram crescendo, eles se tornaram mensuravelmente melhores na fabricação de ferramentas, e provavelmente também tinham muito mais tempo para fazer sexo. Mas, quanto ao resto, só nos resta especular.

★ ★ ★

Ao mapear a evolução da inteligência do *Homo sapiens*, muitos pesquisadores conseguiram identificar com precisão como atividades como a caça cooperativa provavelmente foram fundamentais para aprimorar nossas habilidades de resolução de problemas e comunicação. É quase certo que isso aconteceu, sim, mas, se dermos uma ênfase maior a atividades como essas, isso pode ser mais uma reflexão da importância cultural que hoje atribuímos às atividades econômicas do que da realidade do dia a dia de nossos antepassados evolucionários.

A forma como o *Homo habilis* e o *Homo erectus* passavam seu tempo livre, depois que já não precisavam mais buscar tanto alimento, também deve ter tido algum papel na formação de sua jornada evolutiva. Isso levanta a possibilidade um tanto instigante de que, em termos evolutivos, podemos muito bem ser um produto tanto de nosso lazer quanto de nosso trabalho.

O tédio não é um traço exclusivamente humano, mas se manifesta de diferentes maneiras em diferentes espécies. É por isso que alguns filósofos como Martin Heidegger afirmavam que a noção de que animais pouco estimulados ficam entediados é puro antropomorfismo. Para se entediar com mais propriedade, argumentam eles, é preciso ter autoconsciência, e a maioria dos animais não tem isso.

Os donos de cachorros que veem os rabos de seus animais de estimação abanarem entusiasticamente com a perspectiva de uma caminhada discordariam disso, assim como os behavioristas do comportamento animal que trabalham duro para aliviar as agruras do cativeiro experimentadas por muitos animais de zoológico que se veem pouco estimulados. O ponto no qual obviamente diferimos de muitas outras espécies está na medida em que o nosso tédio estimula a criatividade. Nós brincamos, nos entretemos, experimentamos, conversamos (mesmo que seja sozinhos), sonhamos, imaginamos e, por fim, nos levantamos e procuramos algo para fazer.

Surpreendentemente, faz-se muito pouca pesquisa científica sobre o tédio, considerando quanto de nosso tempo passamos aborrecidos.

Historicamente, o tédio só se demonstrou interessante para aqueles que exercem profissões solitárias, como filósofos e escritores. Alguns dos maiores *insights* de Newton, Einstein, Descartes e Arquimedes foram atribuídos ao tédio. Como disse Nietzsche (que também creditou ao tédio o fôlego vital para algumas de suas ideias mais influentes), "para pensadores e espíritos sensíveis, o tédio é aquele desagradável descanso da alma em um ar parado que precede uma viagem feliz e ventos alegres".

Nietzsche muito provavelmente tinha razão. A única vantagem adaptativa óbvia do tédio é sua capacidade de inspirar a criatividade, a curiosidade e a inquietação que nos motivam a explorar, buscar novas experiências e assumir riscos. Os psicólogos também nos lembram de que o tédio é um mais fértil "pai da invenção" do que a necessidade, e que ele pode estimular pensamentos pró-sociais muito pouco nietzschianos, bem como um senso elevado de autoconsciência, uma perspectiva que é teologizada no zen-budismo.[6] Além disso, o tédio impulsiona a busca de um propósito deliberado em nossa espécie e nos possibilita encontrar satisfação, orgulho e um senso de realização na busca de *hobbies* que não servem a nenhum outro propósito imediato além de nos manter ocupados. Se não fosse pelo tédio, viveríamos em um mundo sem observadores de trens, sem cavaleiros *jedi* amadores, sem colecionadores de selos, sem entalhadores de madeira e muito possivelmente sem nenhuma das invenções que mudaram o curso da história. É muito mais provável que tenha sido o tédio, e não um pendor para a física, que ensinou ao *Australopithecus* que chocar rochas poderia produzir lascas afiadas que poderiam cortar. Foi também possivelmente o tédio que inspirou o interesse de nossos ancestrais pelo fogo e fez suas mãos inquietas descobrirem que esfregar gravetos um no outro poderia gerar calor suficiente para acender uma pequena fogueira.

A capacidade do tédio de induzir o nervosismo, a minuciosidade e a criatividade também deve ter desempenhado um papel fundamental em levar nossos antepassados à arte, uma atividade que é simultaneamente trabalho e lazer, que tem uma função emocional, intelectual e estética, mas que não tem nenhum valor prático para os forrageadores em termos de busca por alimentos.

Evidências de arte puramente representativa aparecem bastante tarde no registro arqueológico. As pinturas rupestres de alta qualidade mais antigas que sobrevivem foram datadas de aproximadamente 35 mil anos atrás, cerca de 265 mil anos após os primeiros sinais do *Homo sapiens* no registro arqueológico. As esculturas mais antigas que se podem dizer obviamente representativas – placas de argila ocre talhadas com padrões geométricos bem cuidados – foram datadas de entre 70 mil e 90 mil anos atrás. Mas definir a arte apenas em termos de simbolismo é fechar nossos olhos e nossos corações para metade do mundo. Se incluirmos nessa definição o artesanato cuidadoso, deliberado e carregado de senso estético, podemos empurrar essas datas para muito antes de o *Homo sapiens* aparecer em cena.

O biface de Kathu Pan nos mostra que não só alguns *Homo erectus* tinham um olho para a estética, mas também que eles devem ter tido a energia, o tempo e o desejo de gastá-los em atividades que não estavam diretamente relacionadas com a busca por alimentos. Em outras palavras, ele nos mostra que eles quase certamente tinham algum conceito de trabalho.

Também é provável que a sensibilidade artística de nossos ancestrais seja anterior à sua habilidade de fabricar objetos como o biface de Kathu Pan e ainda muito anterior à primeira evidência inequívoca de arte simbólica. A canção, a música e a dança não deixam traços a não ser nas lembranças daqueles que a interpretaram, ouviram ou assistiram. Assim como elas, também não deixa rastros o meio mais importante de expressão simbólica: a linguagem falada.

★ ★ ★

As entidades mais complexas com que qualquer indivíduo *Homo erectus*, *Homo habilis*, *Homo heidelbergensis* ou *Homo sapiens* arcaico teve de lidar foram os outros de sua própria espécie. Com mais tempo de lazer à sua disposição, os humanos que dominavam o fogo devem ter passado muito mais tempo na companhia uns dos outros sem ter muita ideia do que fazer com o excesso de energia que sua comida cozida lhes deu – um estado de coisas que certamente aumentou o foco na gestão das relações sociais.

Ser bom de briga é uma habilidade importante quando se quer manter a ordem em grupos sociais complexos. Muitas espécies de primatas mantêm a paz estabelecendo e então aplicando na prática hierarquias por meio de demonstrações de agressão e, quando a situação assim exige, chegando às vias de fato. Quando essas hierarquias são contestadas – e frequentemente o são –, a vida nos grupos de primatas se torna particularmente arriscada e desagradável. Mas a importância disso para os primeiros hominínios e para os que os seguiram no futuro dependia de como eles se acomodaram no espectro entre primatas hierárquicos agressivos e caçadores-coletores firmemente igualitários e hipercooperativos. À medida que nossos ancestrais ganharam mais tempo livre, fazer ou manter a paz apenas entretendo uns aos outros, tendo paciência com as diferenças, ou por meio da persuasão ou do envolvimento de outros indivíduos – em vez de espancá-los até a submissão – veio se tornando uma habilidade cada vez mais importante. Para conseguir isso, foi necessário um apelo ao emocional, à empatia e, acima de tudo, às capacidades de comunicação.

É bem provável que a habilidade de comunicação única de nossa espécie só tenha evoluído da maneira como vemos hoje por causa de nossas habilidades vocais, mas o contrário disso não teria sido impossível.

As primeiras tentativas de avaliar as capacidades linguísticas de outros grandes primatas fracassaram principalmente pelo fato de que os pesquisadores ainda não haviam percebido que aquelas criaturas simplesmente não possuíam o aparato físico necessário para produzir a mesma gama de vocalizações que os humanos. Avaliações da morfologia do crânio de vários hominínios antigos indicam uma forte ligação entre nossas capacidades vocais e nossa postura ereta, de forma tal que pode muito bem ser o caso de que as mudanças morfológicas em nossa boca, garganta e laringe, tornadas possíveis pela ingestão de alimentos cozidos, também nos tenham fornecido a aparelhagem com a qual hoje podemos conversar.

No entanto, ter cordas vocais versáteis e uma laringe otimizada para a fala não constitui, por si só, o suficiente para se produzir linguagem. Isso requer um nível de poder de processamento cognitivo que vai muito além do que outros primatas têm.

O interesse em se compreender o surgimento da linguagem atrai hoje pesquisadores de uma ampla gama de disciplinas – antropologia, neurociência, linguística, anatomia comparativa, arqueologia, primatologia, psicologia e muitas mais. Isso é importante porque nenhuma abordagem única pode explicar adequadamente o surgimento de nossas notáveis habilidades linguísticas. Mas isso não impede os especialistas em diferentes disciplinas de tentar. As hipóteses apresentadas incluem a teoria da gramaticalização, que sugere que as regras próprias das línguas crescem gradualmente a partir do uso de alguns conceitos verbais básicos durante um longo período de tempo, e a teoria *"single step"* de Noam Chomsky, que propõe que a capacidade de nossos antepassados de usar a língua surgiu instantaneamente após um único passo evolutivo ter completado os circuitos necessários para ligar o aparelho de formação gramatical cognitiva que todos nós temos em comum.

A maioria dessas teorias concorrentes são, no entanto, compatíveis, em certa medida, com a noção de que o aumento do tempo de lazer foi uma das pressões seletivas que fizeram avançar o desenvolvimento de nossas capacidades linguísticas, e nenhuma afirma isso mais claramente do que a hipótese apelidada de "cuidado e fofoca", proposta pelo primatologista Robin Dunbar. Ele propôs que a língua teve sua origem no carinhoso ato de cuidar (*"grooming"*) que vemos entre os grupos de primatas, quando eles gentilmente vasculham as peles uns dos outros em busca de parasitas, e sugere que nossas habilidades linguísticas evoluíram como uma forma de *grooming* vocal que permitiu aos hominídeos tocar e acalmar os outros à distância e cuidar de mais do que um único indivíduo de cada vez. A parte "fofoca" da hipótese vem do fato de que, como seres sociais complexos que somos, nosso passatempo favorito é fofocar com os outros sobre os outros.

A ideia da linguagem que emerge como uma extensão desse comportamento do cuidar tem seu apelo. Ela não apenas reconhece que a linguagem tem um forte componente emocional, mas também sugere que as mulheres provavelmente desempenharam um papel muito mais importante no desenvolvimento de nossas capacidades linguísticas do que os homens. Dunbar sustenta que "se as fêmeas formaram o núcleo desses primeiros grupos humanos e a linguagem evoluiu para unir esses grupos, segue-se naturalmente que as primeiras fêmeas humanas foram as primeiras a falar".[7]

★ ★ ★

Os seres humanos são singulares em sua capacidade de se engajar passivamente por palavras, imagens, sons e ações. Podemos nos perder em meio à música e nos transportar para outros mundos fazendo pouco mais do que ouvir alguém falar, mesmo que essa pessoa seja uma voz imaterial vinda do rádio ou um fac-símile de baixa resolução, gerado eletronicamente, bidimensional, apresentado em uma tela.

A necessidade de ocupar aquelas mentes cada vez mais inquietas durante o tempo livre foi uma pressão evolutiva que provavelmente selecionou em favor daqueles que poderiam libertar os outros do fardo do tédio: os socialmente capazes, os articulados, os imaginativos, os musicais e os verbalmente astutos – aqueles que poderiam usar a linguagem para contar histórias, entreter, encantar, acalmar, divertir, inspirar e seduzir. A sedução é uma parte particularmente importante dessa equação, porque a seleção natural não apenas elimina os inaptos, mas também é um processo positivo no qual as características são selecionadas pelos parceiros sexuais. Em muitos grupos sociais primatas, indivíduos do alto escalão, fisicamente dominantes, tipicamente restringem o acesso sexual daqueles em postos mais baixos.

Quando a busca por comida se tornou menos demorada, entretanto, os indivíduos menos robustos fisicamente, que aprimoravam suas habilidades como linguistas, podem muito bem ter se tornado cada vez mais bem-sucedidos na competição por parceiros sexuais, garantindo assim que seus genes chegassem à próxima geração. Em outras palavras, quando nossos ancestrais usaram o fogo para terceirizar algumas de suas necessidades energéticas, deram os primeiros passos na direção de criar um novo mundo onde os fisicamente poderosos às vezes ficavam em segundo lugar, atrás dos mais articulados e carismáticos.

O domínio do fogo também tornou mais fácil para alguns membros das primeiras comunidades humanas alimentar aqueles que eram incapazes de fazê-lo por conta própria, e talvez até mesmo aqueles que tinham algum valor em termos não materiais, como os bons contadores de histórias e xamãs. Entre outras espécies, as únicas relações não recíprocas de compartilhamento generalizadas são aquelas entre mães (e, menos frequentemente, também pais) e seus descendentes antes de serem desmamados. Há, naturalmente, as espécies eusociais, como os cupins, nas quais os trabalhadores dão suporte aos soldados e aos reprodutores. Há também espécies nas quais indivíduos mais produtivos compartilham o alimento com outros indivíduos menos produtivos, muitas vezes dominantes, dentre as quais o representante mais famoso são as leoas que "compartilham" suas matanças com os machos dominantes. Mas não há exemplos inequívocos, no reino animal, de animais que cuidam sistemática e rotineiramente dos indivíduos que estão velhos demais para se alimentar, embora casos desse tipo de cuidado tenham sido registrados ocasionalmente entre algumas espécies altamente sociais como os cães selvagens matriarcais do Kalahari. O compartilhamento sistemático bem organizado e não recíproco fora do contexto dos pais, em outras palavras, é um traço exclusivamente humano – um traço que não seria possível sem o fogo.

Não sabemos até que ponto os *Homo habilis* e os *Homo erectus* cuidavam de membros não produtivos de sua espécie – em outras palavras, não sabemos até que ponto eles estavam dispostos a trabalhar em prol dos outros. Há boas evidências de que o *Homo heidelbergensis*, um provável ancestral dos neandertais que viveu há cerca de meio milhão de anos, fazia isso.[8] Mas, se o *Homo habilis* ou o *Homo erectus* tiveram o fogo à sua disposição, isso significa que fazê-lo não estava além de suas habilidades econômicas. Cuidar dos idosos é algo que poderia sugerir empatia, simpatia e um senso de autoestima cientificamente evoluído no sentido de temer a morte. A evidência mais óbvia desse nível de consciência cognitiva e emocional são os rituais mortuários, como o de enterrar os mortos.

Há poucas evidências claras do ritual de enterro entre nossos ancestrais até 30 mil anos atrás, mas, estranhamente, elas existem no que tange a outro hominínio de cérebro pequeno, o *Homo naledi*, um contemporâneo do *Homo erectus* tardio e do *Homo sapiens* primitivo. Pesquisadores no sul da África encontraram evidências da colocação intencional, provavelmente ritualizada, de corpos de *Homo naledi* em uma câmara de difícil acesso de um vasto complexo de cavernas entre 236 mil e 335 mil anos atrás.[9] Se os *naledi* fizeram isso, então há boas razões para supor que hominídeos mais desenvolvidos cognitivamente também temiam a morte, cuidavam de seus idosos e choravam seus mortos. Isso, por sua vez, significa que eles devem ter tido o aparato conceitual para segmentar o mundo ao seu redor e suas experiências dele, e assim também teriam tido cultura e linguagem, mesmo que de forma rudimentar. Se assim foi, então eles quase certamente teriam classificado algumas atividades como "trabalho" e outras como "lazer". Isso é importante porque o trabalho não é apenas algo que fazemos, mas também uma ideia representada em nossas línguas e culturas, e é algo ao qual atribuímos todo tipo de diferentes significados e valores.

★ ★ ★

Quando os esgotos funcionavam e o lixo tinha sido recolhido, os cheiros que emanavam das bancas dos mercados, dos cafés e das cozinhas dos restaurantes que fizeram de Paris a capital gastronômica do mundo pós-Segunda Guerra Mundial garantiam que, quando a maioria dos parisienses não estava comendo, estava pensando ou falando sobre comida. Assim como aconteceu com muitos outros intelectuais que assombravam a margem esquerda do Sena naqueles anos, o fogo, a comida e a culinária figuravam frequentemente no trabalho de Claude Lévi-Strauss, que, durante grande parte da segunda metade do século XX, foi o intelectual mais admirado da França. Lévi-Strauss explicava que "cozinhar é uma linguagem por meio da qual a sociedade revela, inconscientemente, sua estrutura".

Lévi-Strauss era um antropólogo que não gostava de se esbarrar com "nativos" de terras estranhas, e assim sintetizou o trabalho de campo de outros antropólogos no intento de produzir uma forma inteiramente nova de interpretar a cultura, que ele chamou de "estruturalismo".

O método estruturalista de Lévi-Strauss foi descrito em uma coleção de tomos pesados, nenhum deles mais importante do que sua obra-prima *Mythologiques* (*Mitológicas*, em português), em quatro volumes. Refletindo a importância do fogo e da comida em seu pensamento, três dos quatro volumes de *Mythologiques* faziam referência explícita ao ato de cozinhar e ao fogo em seus títulos. O primeiro, *O cru e o cozido*, foi publicado em 1964; o segundo, *Do mel às cinzas*, em 1966; e o terceiro, *A origem dos modos à mesa*, em 1968. Para Lévi-Strauss, cozinhar era a própria essência do que significava ser humano.

Considerando que ele era parisiense, pode-se dizer que a escrita de Lévi-Strauss sobre cozinhar é surpreendentemente desprovida de alegria. E, como acontece com grande parte do resto de seu trabalho, foi fácil para seus críticos argumentar que as ideias propostas em *Mythologiques* ofereciam uma visão muito mais voltada ao mundo dentro da cabeça de Lévi-Strauss – cuidadosamente ordenado, altamente técnico, sisudo, mas muito inteligente – do que do mundo que estava além dele.

Por mais complexa que tenha sido a escrita de Lévi-Strauss, sua grande teoria "estruturalista" da cultura foi baseada em uma premissa muito simples: a de que as crenças, normas e práticas individuais que compõem uma cultura são, por si sós, sem sentido, mas são significativas quando vistas como parte de um conjunto de relacionamentos.

Ele pegou essa pista ao observar o trabalho dos linguistas, que já haviam estabelecido que não havia nenhuma relação orgânica entre aquilo a que uma palavra em uma determinada língua se referia e a própria palavra. As letras "c-a-c-h-o-r-r-o" não têm nenhuma relação orgânica com as criaturas com as quais muitos de nós compartilhamos nossas casas, e é por isso que essas mesmas criaturas são representadas por sons diferentes – em última análise, arbitrários – em outras línguas, como "*dog*" em inglês, "*chien*" em francês ou "*gǂhuin*" na linguagem de cliques dos ju/'hoansi. Os linguistas já haviam explicado que, para entender o significado do som de "cachorro", era necessário colocar essa palavra no contexto da língua como um todo. Assim, os sons feitos pelas letras d-o-g em inglês fazem sentido dentro do conjunto mais amplo de palavras que compõem o inglês, no qual outros termos fonemicamente semelhantes, como h-o-g ou j-o-g, têm significados radicalmente diferentes.

A exploração feita por Lévi-Strauss do registro etnográfico, sempre em expansão, o convenceu de que, assim como os sons físicos são arbitrários, também o são nossas normas, símbolos e práticas culturais. É por isso que gestos que podem ser considerados educados em uma cultura – como saudar um estranho com um beijo – podem ser considerados grosseiramente ofensivos em outra e completamente sem sentido em uma terceira. Portanto, argumentou ele, as práticas culturais individuais só poderiam fazer sentido se observássemos sua relação com outras práticas na mesma cultura. Dessa forma, um *bisou* na bochecha na França poderia ser entendido como equivalente a um aperto de mão na Grã-Bretanha, ou a um esfregar de narizes entre os inuits do Ártico.

Lévi-Strauss também foi da opinião de que nossas culturas são um reflexo da maneira como nossas mentes trabalham. E, pelo que ele podia compreender, os seres humanos foram projetados de forma a pensar em termos de opostos. Por exemplo, "bom" só faz sentido quando em contraste ao seu oposto, "mau". Da esquerda para a direita, da escuridão para a luz, do cru ao cozido, de trabalhar para descansar, e assim por diante. Isso o levou a pensar no fato de que, para os antropólogos entenderem qualquer cultura em particular, eles tinham de identificar essas oposições próprias de cada uma e rastrear a teia de interseções das relações entre elas.

As oposições entre o cru e o cozido apareciam repetidamente nos mitos e nas práticas culturais de diferentes povos em todo o mundo. "Todas as culturas precisam administrar essa luta entre natureza e cultura", escreveu ele. "A natureza (o "cru") está associada ao instinto e ao corpo, enquanto a cultura (o "cozido") está associada à razão e à mente, entre outras coisas".

O que também chamou sua atenção a respeito dessa particular oposição era que ela implicava uma transição: enquanto a esquerda nunca pode se tornar direita, algo que é cru pode se tornar cozido.

"O cozimento não apenas marca a transição da natureza para a cultura", sustentou Lévi-Strauss, "mas ainda, por meio dele e com o seu uso, o estado humano pode ser definido com todos os seus atributos".

No início de sua carreira, Lévi-Strauss ficou intrigado com a ideia de identificar o ponto de transição do pré-humano para o humano, o ponto em que passamos de animal para humano, de natureza para cultura. Mas, quando chegou a época em que ele desenvolveu o estruturalismo, não era isso que o preocupava.

Tentar entender a humanidade era como "estudar um molusco", explicou ele, porque ela é "uma geleia amorfa e glutinosa que secreta uma casca cuja forma matemática é perfeita, assim como o caos da humanidade produziu artefatos culturais estruturalmente perfeitos". Ele acreditava que o trabalho do etnógrafo era estudar a forma externa estruturalmente perfeita, enquanto outros profissionais sondavam e cutucavam seu interior escorregadio.

Mesmo que ele tenha tido a intenção de dizer tudo isso como uma grande metáfora, e não como a afirmação de um fato histórico, a culinária simbolizou, talvez com mais eloquência do que qualquer outra coisa, o surgimento de uma cultura complexa em nossa história evolutiva, porque uma característica definidora da cultura é a capacidade de transformar, propositalmente e de maneira imaginativa, objetos de um estado natural "cru" para um estado cozido e cultural.

E esse, é claro, é um traço definidor do trabalho. Assim como os alimentos crus são "trabalhados" por uma combinação de agência humana e fogo, de modo a se tornar uma refeição, também um carpinteiro transforma árvores em móveis; um fabricante de talheres de plástico trabalha para moldar compostos químicos em facas de plástico; um professor trabalha para transformar os alunos de um estado de ignorância em um estado de esclarecimento; e um executivo de *marketing* trabalha para transformar o estoque acumulado em vendas lucrativas.

Poucos antropólogos seguem hoje o método estrutural de Lévi-Strauss, se é que algum ainda o faz. Os avanços nas ciências cognitivas mostraram que nossas mentes – e nossas culturas – são muito mais do que uma concha de molusco feita de oposições e associações. Também sabemos que nem todas as culturas fazem essa distinção entre natureza e cultura da forma como Lévi-Strauss presumiu, e que nossas culturas são muito mais o produto do que fazemos com nossos corpos do que qualquer coisa que Lévi-Strauss tenha imaginado. Mas a ideia de entender as culturas como sistemas ainda molda muita investigação antropológica moderna, assim como a noção de que entender qualquer ação cultural, crença ou norma individuais também requer a compreensão do que elas não são.

E é nesse ponto que o modelo estruturalista de Lévi-Strauss acrescenta outra dimensão crítica à história do trabalho, pois sugere que, ao conferir mais tempo de lazer aos nossos antepassados, o fogo simultaneamente deu vida ao oposto conceitual do lazer, o trabalho, e colocou nossa espécie em uma jornada que nos levaria do forrageamento nas florestas até o chão de fábrica.

PARTE DOIS

O AMBIENTE QUE TUDO PROVÊ

5

"A sociedade afluente original"

BEM NO INÍCIO do terceiro milênio, muito embora houvesse boas evidências arqueológicas demonstrando que o *Homo sapiens* anatomicamente moderno pode ter surgido há pelo menos 150 mil anos, a maioria dos antropólogos acreditava que nossos antepassados só se tornaram "comportamentalmente modernos" muito mais recentemente. Estavam convencidos de que, até cerca de 50 mil anos atrás, nossos ancestrais mais antigos se arrastavam do lado errado de um limiar cognitivo evolutivo que era crítico, e por isso não tinham a capacidade de se debruçar sobre os mistérios da vida, ou louvar os deuses e amaldiçoar os espíritos, ou contar histórias engraçadas, pintar quadros decentes, refletir sobre os acontecimentos do dia antes de se deixarem levar por um sono cheio de sonhos, cantar canções de amor ou inventar desculpas inteligentes para se livrar de uma tarefa chata. Da mesma forma, esses antropólogos estavam convencidos de que, até o momento em que o *Homo sapiens* cruzou esse limiar, nossos antepassados não eram intelectualmente ágeis o suficiente para aplicar criativamente as habilidades adquiridas em um contexto a outros contextos diferentes com a fluidez de que dispomos hoje. Em resumo, estavam convictos de que nossos ancestrais só muito recentemente se tornaram capazes de trabalhar com o propósito deliberado e a autoconsciência que nós temos hoje.

E eles acreditavam em tudo isso porque, até aquele momento, as mais antigas provas inequívocas desse tipo de acuidade mental – na forma de pinturas e gravuras rupestres habilidosas, esculturas simbólicas, tradições complexas e diversas de fabricação de ferramentas, joias elegantes e enterros ritualizados – datavam de apenas 40 mil anos de idade. Considerando que não houve mudanças físicas óbvias no *Homo sapiens* durante esse tempo, os antropólogos aventaram a hipótese de que esse "grande salto para a frente" ocorreu quando uma mudança genética invisível foi ativada talvez há cerca de 60 mil anos. Como resultado disso, as populações humanas em toda a África, bem como aquelas que haviam partido para a Europa e Ásia, simultaneamente se tornaram "comportamentalmente modernas" naquela época, e então, inspiradas por suas recém-descobertas habilidades, prontamente partiram para colonizar o resto do mundo, deixando por onde quer que fossem os sinais de sua engenhosidade, criatividade e inteligência, quando não estavam muito ocupados em arrasar a megafauna local e em arranjar brigas com humanos distantes como os neandertais.

Os crânios quebrados de neandertais e de outros seres humanos primitivos, hoje armazenados em porões de museus e arquivos universitários em todo o mundo, não se importam com o que se diz a respeito deles atualmente. Mas não há como ignorar os problemas óbvios que surgem ao julgar a sofisticação cognitiva de um povo com base principalmente nos tipos de coisas que eles construíram. Afinal, muitos povos indígenas do mundo inteiro foram até recentemente considerados subumanos por outros com base em sua cultura material simples, e nenhum deles mais do que os aborígines da Tasmânia no século XVIII: forrageadores de tal eficiência que conseguiam toda a comida de que precisavam usando um conjunto tão básico de ferramentas que faria um biface de *Homo erectus* parecer tecnologia de ponta.

Hoje, um conjunto de dados que cresce rapidamente indica que não apenas o *Homo sapiens* era tão autoconsciente e objetivo como somos agora, mas também que a espécie *Homo sapiens* já existe há muito mais tempo do que se imaginava antes. Como também mostram as novas descobertas arqueológicas no sul da África e em outros lugares, as pessoas já estavam fazendo todo tipo de coisas inteligentes dezenas de milhares de anos antes daquela suposta revolução cognitiva. Além disso, somados às pesquisas conduzidas por antropólogos entre povos geograficamente isolados que continuaram a ganhar a vida como forrageadores mesmo no século XX, esses dados sugerem que, durante 95% da história de nossa espécie, o trabalho nunca ocupou nada parecido com o lugar sagrado na vida das pessoas que ocupa hoje.

★ ★ ★

Por mais de um século depois de Darwin ter publicado *A origem das espécies*, os debates acadêmicos sobre as afinidades genéticas das populações ancestrais ainda se baseavam tanto em momentos de inspiração, imaginação, raciocínio aristotélico e habilidades retóricas aperfeiçoadas nas sociedades de debates de Oxford e Cambridge quanto em provas concretas. Simplesmente não havia uma forma absoluta de estabelecer o parentesco genético entre os indivíduos puramente com base na semelhança física.

A paleogenética – a ciência que destila a história humana profunda a partir de genomas antigos – é uma ciência ainda em sua infância. Mas se trata de uma criança e tanto. Nas últimas duas décadas, à medida que as tecnologias avançaram e os cientistas se tornaram mais hábeis em arrancar informação genética de ossos e dentes antigos a fim de compará-las com a das populações vivas, eles geraram uma torrente de novos conhecimentos e perguntas sobre a evolução, expansão e interações de nossa espécie ao longo do último meio milhão de anos, mais ou menos.

Atualmente, um genoma humano pode ser sequenciado em qualquer um de milhares de laboratórios diferentes mundo afora em uma tarde e a um preço por volta de 500 dólares. E com essa economia veio a possibilidade da larga escala. Hoje, um exército de algoritmos rasteja dia e noite por entre bancos de dados de tamanhos quase inimagináveis, cheios de informações de alto detalhamento a respeito do DNA de milhões de indivíduos, tanto vivos quanto mortos. A maioria desses algoritmos foi projetada para encontrar, comparar e questionar a respeito de padrões que possam parecer interessantes dentro de genomas individuais ou em conjuntos de genomas para pesquisa médica e epidemiológica. Mas alguns deles foram projetados especificamente para desvendar os mistérios de nossa história evolutiva, desemaranhando as afinidades entre o DNA ancestral recuperado de ossos antigos bem preservados e o DNA das populações humanas contemporâneas. Esses dados nos forçaram a reimaginar completamente grande parte da história mais profunda de nossa espécie.

Hoje, novas descobertas baseadas em provas aparecem com tanta frequência e são muitas vezes tão surpreendentes que os historiadores genéticos raramente se agarram a alguma interpretação única dos dados, uma vez que já aprenderam a esperar, a qualquer momento, algo novo que será revelado e virará todo o seu pensamento de cabeça pra baixo.

Algumas dessas descobertas – como as provas inequívocas de que a maioria de nós tem ascendência neandertal recente – levantam novas perguntas a respeito de nossa noção do que significa ser humano. Algumas também exigem que abandonemos aquela metáfora visual bem estabelecida que retrata a história evolutiva como uma árvore, com um tronco, ramos e galhos bem particularizados representando a distribuição da informação genética através de gerações e entre os diferentes reinos, clados, ordens, famílias, gêneros e espécies que compõem todos os seres vivos. Isso porque, quando ampliamos o *zoom* sobre a árvore, vemos que ela se assemelha mais a um delta de um rio que vem do interior, composto de milhares de canais que se entrecruzam e se bifurcam uns dos outros.

No entanto, entre as mais intrigantes de todas as descobertas até agora está a de que a bela história do *Homo sapiens* evoluindo de uma pequena linhagem distinta de humanos arcaicos em algum lugar da África e depois se espalhando para conquistar o mundo é quase certamente errada. Em vez disso, hoje parece provável que várias linhagens distintas de *Homo sapiens* que compartilharam um ancestral comum há cerca de meio milhão de anos evoluíram em paralelo e apareceram quase simultaneamente há cerca de 300 mil anos no norte da África, no sul da África e no vale da Grande Fenda da África Oriental, e que todas as pessoas hoje são constituídas por um mosaico de características genéticas herdadas de todos eles.[1]

★ ★ ★

Os novos dados genômicos são muito esclarecedores, mas o registro arqueológico dos primeiros 250 mil anos de história do *Homo sapiens* é muito fragmentado e incompleto demais para nos oferecer algo mais do que vislumbres de como eles viviam. Ele mostra que, também há cerca de 300 mil anos, os primeiros *Homo sapiens* (e os neandertais) de toda a África desistiram de seus bifaces ao mesmo tempo em favor da fabricação e do uso de uma variedade de outras ferramentas: lascas de pedra menores, de formato mais regular, que depois foram individualizadas com a finalidade de realizar diferentes trabalhos.

Há ocasiões nas quais as lascas de pedra revelam muito mais sobre a vida de seus fabricantes do que sobre quão tecnicamente habilidosos eles eram. Dentre as ferramentas de pedra mais reveladoras daquela época, estão algumas lascas de obsidianas e cherte de cerca de 320 mil anos recuperadas em Olorgesailie, no sul do Quênia. Essas lascas não são especialmente interessantes ou incomuns. Naquela época, muitas populações estavam fazendo ferramentas semelhantes e sabiam muito bem que lascas de obsidianas tinham bordas mais cortantes do que o bisturi de um cirurgião, e que as de cherte – uma rocha sedimentar composta de pequenos cristais de quartzito – ficavam em segundo lugar. De maior interesse nessas lascas é o fato de que a obsidiana e o cherte brutos foram provenientes de pedreiras distantes quase cem quilômetros[2] antes de serem esculpidas em uma variedade de lâminas e pontas de diferentes tamanhos e formas. Isso pode significar a existência de trocas complexas e de redes sociais espalhadas por centenas de quilômetros quadrados. Essa é a hipótese levantada pelos arqueólogos que descobriram as peças. No mínimo, isso revela que os fabricantes das lascas foram suficientemente intencionados e determinados a percorrer distâncias muito longas até locais específicos para adquirir os melhores materiais possíveis com os quais pudessem fabricar suas ferramentas de pedra.

É provável que outros locais muito antigos, tais como Olorgesailie, sejam encontrados no futuro, acrescentando outras texturas à nossa compreensão da vida humana primitiva na África. Mas este otimismo é balanceado pelo conhecimento de que as condições ambientais em grande parte do continente são muito menos adequadas para a preservação de ossos e de outros artefatos orgânicos do que as províncias geladas da Europa e da Ásia. Por enquanto, a evidência mais viva e surpreendente de como alguns dos primeiros *Homo sapiens* na África passavam seu tempo vem de uma sequência de cavernas costeiras no sul da África.

★ ★ ★

A caverna Blombos tem vista para uma baía tranquila não muito longe do local onde os oceanos Índico e Atlântico se encontram na costa sudeste da África. Da boca da gruta é fácil ver as baleias-francas-do-sul que às vezes invernam naquelas profundezas.

Hoje, cerca de trinta e cinco metros abaixo da boca da caverna, encontra-se uma série de rochas expostas, cheias de alevinos, caracóis-marinhos, mexilhões, polvos e caranguejos. Durante a maior parte dos últimos 200 mil anos, no entanto, essas piscinas rochosas estiveram secas. Naquela época, trilhões de toneladas métricas de água estavam confinados às calotas polares, o oceano ali na região só era visível como uma mancha preta gosmenta longe no horizonte, e chegar à praia partindo daquela caverna exigiria uma longa caminhada por uma extensão ondulante de dunas gramadas e uma teia eternamente em mutação de estuários fluviais e lagoas costeiras rasas.[3] Mas, durante um período de 30 mil anos, começando há cerca de 100 mil anos, o nível do mar ao longo daquela linha costeira ficou mais alto do que em qualquer outro momento do último meio milhão de anos, e, portanto, não era muito diferente do que é hoje.

Naquela época, as baleias-francas-do-sul na baía podem ter ocasionalmente notado pessoas na caverna acima as observando quando elas emergiam e abanavam as caudas, ou as assistiam colhendo moluscos e bivalves nas piscinas formadas pelas rochas junto à praia. Para as pessoas, a caverna não só lhes deu uma boa visão da baía e fácil acesso às praias mais a leste e oeste, mas também refúgio das tempestades de inverno que se juntavam naquela costa vindas do sul durante os meses de inverno. Mas talvez o maior atrativo daquela caverna tenham sido as excelentes oportunidades de jantar que oferecia, combinando carne e frutos do mar. Um dos destaques era a carne de sabor pungente e a gordura rica em energia das baleias que se chocavam contra as dunas móveis nas baías mais rasas e pereciam nas praias próximas.

Restos fósseis dentro da caverna mostram que seus ocupantes comiam muito mais do que bife de baleia. Além de petiscar lapas (*Patella vulgata*), caracóis-marinhos e mexilhões ao ar livre na praia, eles arrastavam cargas de mariscos pela colina acima para comer no conforto da caverna. A fim de acrescentar alguma variedade às suas dietas, caçavam focas, pinguins, jabutis, híraces carnudos e toupeiras de menos carne. Arqueólogos também encontraram espinhas de peixe na caverna. Essas espinhas se deterioram rapidamente, então é difícil tirar qualquer conclusão definitiva sobre o quanto de peixe os vários residentes de Blombos realmente comeram e o quanto foi deixado pelas corujas, mas as espinhas são de variedade e quantidade suficiente para sugerir que alguns dos ocupantes da caverna sabiam uma coisinha ou outra sobre como pescar com variedade.

Restos vegetais não chegam nem perto de durar tanto quanto as conchas dos moluscos. Mas a paisagem ali era bastante rica. A comida daqueles ocupantes quase certamente incluía vegetais, tubérculos, fungos e frutas colhidas no interior e nas margens da praia.

A caverna também estava repleta de pontas e fragmentos de pedra, entre eles algumas cabeças de lança com borda bem delineada e afiada, que mostram que eles faziam ferramentas compostas sofisticadas que se assemelham a algumas ainda utilizadas pelos caçadores ju/'hoansi de hoje. Mas a caverna Blombos é mais famosa pelo que seus ocupantes faziam quando não estavam forrageando.

Um pequeno conjunto de contas de caracóis-marinhos com 75 mil anos de idade, trespassadas com furos e que provavelmente estavam unidas por cordões feitos de fibras de tendão, couro ou plantas, mostra que as pessoas que ali se alojavam tinham interesse em fazer joias para se enfeitar. Nas camadas superiores da escavação na caverna, os arqueólogos também encontraram dois pedaços de argila ocre. Ambos estavam gravados com um padrão de diamantes de forma tosca, mas obviamente intencional. Também foi encontrado um fragmento de rocha alisada sobre o qual foi feito um desenho semelhante com um lápis de cor ocre. Estima-se que essas peças tenham sido feitas entre 73 e 77 mil anos atrás. E, muito embora nenhum desses itens seja particularmente impressionante de um ponto de vista artístico, e muito embora tenham sido claramente feitos por mãos muito menos habilidosas do que aquelas que fizeram o biface de Kathu Pan, eles são hoje considerados por muitos como as mais antigas peças de arte representativa já descobertas.

Os achados mais antigos foram desenterrados das camadas mais profundas da caverna. Têm cerca de 100 mil anos de idade. Eles são compostos por dois conjuntos de "ferramentas" para fabricação de tinta, com duas tigelas feitas de conchas de abalone contendo uma mistura de argila ocre em pó, carvão vegetal e outros agentes aglutinantes; mós para triturá-los em pó; e agitadores feitos de ossos para misturá-los a fim de formar uma pasta. O ocre e o carvão vegetal podem ter sido usados como cola ou, mais provavelmente, misturados com gordura para produzir uma pasta que funcionava ao mesmo tempo como decoração, protetor solar e repelente de insetos. Organizadas como se tivessem sido deixadas de lado por alguém em meio a uma mistura de pasta, essas ferramentas abandonadas insinuam vidas sofisticadas repentinamente e misteriosamente interrompidas.

Há vários outros locais do sul da África que, como Blombos, são tão ricos em artefatos similares que muitos arqueólogos se viram persuadidos a abandonar sua cautela habitual quando se trata de imaginar vidas completas e complexas apenas com base em alguns restos materiais. Tomando Blombos por referência, mais ao norte e um pouco mais para o interior, existe, por exemplo, a caverna Sibudu. Entre 77 e 70 mil anos atrás, seus antigos habitantes faziam belos ornamentos de conchas e dormiam em colchões de junco e outras ervas aromáticas. Há também evidências que sugerem que eles tinham o cuidado de trabalhar e decorar o couro usando furadores e agulhas esculpidas de ossos, e que uma das razões pelas quais podiam gastar tempo em tais atividades era a de que tinham dominado os princípios da arquearia cerca de 60 mil anos antes de qualquer população *Homo sapiens* na Europa ou na Ásia.[4]

Reconstituição de um colar de conchas de caramujos Nassarius, feito entre 70 e 75 mil anos atrás, encontrado na caverna Blombos, na África do Sul.

Há também algumas instigantes evidências indicando que esse tipo de sofisticação não se limitou ao sul da África. Em um local próximo ao Rio Semliki, no Congo, uma área pouco adequada no sentido de preservar artefatos antigos, e onde a instabilidade política tornou a exploração em longo prazo quase impossível, os arqueólogos encontraram um conjunto de cabeças de arpões feitas de ossos com 90 mil anos de idade.[5] Tinham sido cuidadosamente entalhados ao longo da borda com sequências de farpas de tamanho exato, tornando-os perfeitos para a pesca de bagres gordos e nutritivos, cujos espinhos foram encontrados bem ali, ao lado dos arpões. Mais ao norte, em vários locais do norte da África,[6] há também boas evidências de que, assim como os ocupantes de Blombos, as pessoas de lá também costumavam fazer joias a partir das conchas dos caramujos de lama do gênero *Nassarius*.

Dados genômicos indicam que, durante grande parte de sua história, as antigas populações forrageadoras africanas se caracterizavam por um nível surpreendente de estabilidade demográfica. Isso, por sua vez, implica que eles viviam de forma muito sustentável. De fato, esses dados sugerem que, se a medida do sucesso de uma civilização é sua resistência ao longo do tempo, então os ancestrais diretos dos khoisan do sul da África são a civilização de maior sucesso na história da humanidade – e por uma margem considerável. A diversidade genética na África como um todo é muito maior do que em qualquer outro lugar do mundo, e a diversidade genética da hoje minúscula população de 100 mil khoisans é maior do que a de qualquer outra população estabelecida regionalmente em qualquer parte do mundo. Parte dessa diversidade pode ser explicada por uma breve injeção de genes de migrantes aventureiros do leste da África há cerca de 2 mil anos, mas grande parte dela também pode ser explicada pela relativa infrequência de fomes e outras catástrofes que ocasionalmente dizimaram populações forrageadoras que se expandiram para a Europa e além ao longo dos últimos 60 mil anos.

Os novos achados no sul da África são convincentes, mas é difícil inferir deles muitos detalhes sobre o quanto esses forrageadores trabalharam ou mesmo o que eles pensaram sobre o trabalho. Mas eles oferecem o suficiente para mostrar que, em termos das práticas econômicas, da cultura material e da organização social daqueles povos, eles tinham muito em comum com os membros das pequenas populações forrageadoras que, em maior parte graças ao seu isolamento, continuaram a caçar e coletar em pleno século XX.

★ ★ ★

Em outubro de 1963, Richard Borshay Lee, um estudante de doutorado matriculado no programa de antropologia da Universidade da Califórnia, montou um acampamento improvisado perto de um poço natural no remoto deserto na região nordeste do Botsuana. Sua intenção lá era passar um tempo entre uma das últimas sociedades de caçadores-coletores do mundo amplamente isoladas, os ju/'hoansi do norte, ou, como ele se referiu àquela comunidade na época, os "bosquímanos !kung". Eles faziam parte da mesma ampla comunidade linguística que incluía os ju/'hoansi do sul em lugares como Skoonheid. No entanto, nos anos 1960, aqueles ju/'hoansi ainda eram livres para forragear em suas terras tradicionais em meio a leões, hienas, porcos-espinhos, porcos-da-terra e uma miríade de outros animais entre os quais seus ancestrais haviam vivido possivelmente durante 300 milênios.

Como muitos outros estudantes de antropologia na época, Lee ficou frustrado com o fato de que o registro arqueológico fragmentado não oferecia nenhuma noção real de como nossos antepassados caçadores-coletores, mesmo os mais recentes, tinham vivido de fato. Pelo que ele entendia, pontas de flechas quebradas, lareiras há muito abandonadas e os restos farelentos de ossos roídos de animais, que eram o material habitualmente disponível para os paleoantropólogos, levantavam muito mais perguntas do que as respondiam. Ele se perguntava, por exemplo, de que tamanho eram os grupos de caçadores-coletores. Como eles se organizavam? Será que eles diferiam marcadamente de um ecossistema para outro? E será que a vida era realmente tão difícil para eles como todos imaginavam?

Lee especulou que estudar o punhado de sociedades que ainda continuavam a caçar e coletar em pleno século XX poderia ajudar tanto antropólogos quanto arqueólogos a lançar luz sobre um modo de vida que, "até 10 mil anos atrás, era um universal humano".[7] Por mais que a abordagem de Lee fosse nova, o mais surpreendente era que ninguém mais havia pensado em fazer aquilo antes. Durante décadas, se acreditava que pessoas como os pigmeus baMbuti ou os bosquímanos ju/'hoansi eram fósseis vivos que, por força da geografia, das circunstâncias e do mais puro azar, tinham chegado ao mundo moderno ainda se arrastando em sua Idade da Pedra enquanto o resto da humanidade embarcou em sua jornada épica para a iluminação científica.

Acima de tudo, Lee queria entender o quão bem ou mal os caçadores-coletores lidavam com a escassez, e então assumiu uma perspectiva de que a melhor maneira de fazer isso era documentar quanto tempo eles gastavam adquirindo o que, acreditava ele, eram suas magras rações. O consenso científico na época era o de que os caçadores-coletores viviam permanentemente à beira da fome, eram atormentados pela desnutrição constante e que deveriam se considerar afortunados se sobrevivessem até depois dos 30 anos. Fora do meio acadêmico, as opiniões da maioria das pessoas sobre os caçadores-coletores eram moldadas por uma colcha de retalhos feita de histórias macabras sobre velhos "esquimós" (como os inuits eram chamados à época) que, incapazes de se sustentar, eram abandonados no gelo, e de mães em tribos remotas jogando recém-nascidos para as hienas porque sabiam que não poderiam alimentá-los.

Lee escolheu ir para o norte do Kalahari em vez da Austrália ou da América do Sul – ambas com populações bem estabelecidas de caçadores-coletores – porque acreditava que os grupos de bosquímanos ju/'hoansi provavelmente ofereceriam melhores percepções sobre a vida na Idade da Pedra do que qualquer outro povo. Ele entendeu que, enquanto os bosquímanos de outros lugares no sul da África haviam sido parcialmente "aculturados", os ju/'hoansi do norte que viviam bem fora das fazendas de gado dos homens brancos haviam permanecido na maior parte isolados das sociedades agrícolas por causa do ambiente brutalmente hostil do Kalahari – que, aliás, Lee também suspeitava que se assemelhava ao "verdadeiro ambiente de flora e fauna ocupado pelo homem primitivo".[8]

O desejo de Lee de experimentar a vida de caçador-coletor não foi moldado apenas pela curiosidade acadêmica. Como muitos outros indivíduos cujas primeiras memórias de infância haviam sido forjadas durante a Segunda Guerra Mundial, Lee pelejava para se encaixar de corpo e alma na narrativa do progresso que havia moldado as atitudes de seus pais e avós em relação à vida, ao trabalho e ao bem-estar. Ele se perguntava se uma melhor compreensão de como nossos antepassados caçadores-coletores tinham vivido poderia oferecer alguns *insights* sobre a natureza fundamental de nossa espécie "despojada das acreções e complicações trazidas pela agricultura, urbanização, tecnologia avançada e pelos conflitos nacionais e de classe".

"Ainda é uma questão em aberto", escreveu Lee, "saber se o homem será capaz de sobreviver às condições ecológicas extremamente complexas e instáveis que vem criando para si mesmo", assim como saber se "o florescimento da tecnologia" que se seguiu à revolução agrícola nos levaria à utopia ou "à extinção".[9]

★ ★ ★

Enquanto se acomodava aos ritmos da vida do Kalahari, Lee impressionou seus anfitriões com a rapidez com que dominou sua complexa linguagem de cliques. Também gostaram de sua generosidade e facilidade de convivência, mesmo quando as exigências quase constantes deles por presentes relacionados a comida e tabaco começaram a esgotar o antropólogo. E assim, além de responder educadamente às centenas de perguntas muitas vezes enfadonhas que os antropólogos gostam de fazer a seus anfitriões, os ju/'hoansi aturaram sua presença bem próxima sempre que eles executavam suas tarefas diárias e enquanto ele verificava seu relógio a todo instante e pesava cada pedaço de comida em que eles punham as mãos.

Dezoito meses depois de chegar ao Kalahari, Lee recolheu seus cadernos, juntou todo o acampamento na sacola e retornou aos Estados Unidos. Uma vez de volta para casa, apresentou os resultados de sua pesquisa na conferência "Man the Hunter" ("O homem, esse caçador", em tradução livre), que ele mesmo convocou em abril de 1966, junto a seu parceiro de pesquisa de longa data, Irven DeVore, na Universidade de Chicago. Tinham se espalhado os boatos de que alguns novos *insights* surpreendentes seriam compartilhados naquela conferência, o que levou alguns grandes nomes da antropologia, incluindo o grande Claude Lévi-Strauss, a atravessar o Atlântico para participar.

As revelações de Lee deram o tom para o que se tornaria uma das conferências mais comentadas da história da antropologia moderna.

Em uma apresentação hoje famosa, Lee explicou como os ju/'hoansi o convenceram de que, ao contrário da informação que era recebida antes, "a vida em estado de natureza não é necessariamente desagradável, brutal e curta" como se acreditava amplamente até então.[10]

Lee disse a seu público que, apesar de ter conduzido sua pesquisa durante uma seca tão severa que a maioria da população de agricultores da área rural do Botsuana sobreviveu apenas graças às cargas de ajuda alimentar de emergência do governo, os ju/'hoansi não precisaram de assistência externa e se sustentaram facilmente com alimentos selvagens e caça. Disse ainda que cada indivíduo do bando que ele seguia consumia em média 2.140 calorias por dia, um valor perto de 10% maior do que a ingestão diária recomendada para pessoas de sua estatura. O mais notável era que os ju/'hoansi eram capazes de adquirir todos os alimentos de que precisavam com base "em um modesto esforço" – tão modesto, aliás, que eles tinham muito mais "tempo livre" do que as pessoas com empregos em tempo integral no mundo industrializado. Observando que as crianças e os idosos eram apoiados por outros, ele calculou que os adultos economicamente ativos gastavam em média pouco mais de 17 horas por semana na busca por alimentos, além de cerca de 20 horas adicionais por semana em outras tarefas relacionadas, como preparar comida, recolher lenha, construir abrigos e fazer ou consertar ferramentas. Isso era menos da metade do tempo que os americanos empregados passavam no trabalho, ou indo para o trabalho ou fazendo as tarefas domésticas.

Os dados que Lee apresentou não foram surpresa para todos na conferência. Na plateia, estavam várias outras pessoas que haviam passado os últimos anos vivendo e trabalhando entre grupos de forrageadores em outros lugares da África, no Ártico, na Austrália e no sudeste asiático. Embora não tivessem realizado pesquisas nutricionais detalhadas, eles observaram que, tal como os ju/'hoansi, as pessoas nessas outras sociedades também se mostravam notavelmente relaxadas com relação à busca de alimentos, normalmente satisfaziam suas exigências nutricionais com grande facilidade e passavam a maior parte de seu tempo com o lazer.

★ ★ ★

Quando Richard Lee organizou a conferência "Man the Hunter", muitos outros antropólogos sociais estavam lutando para conciliar os comportamentos econômicos muitas vezes desconcertantes dos povos ditos "tribais" com as duas ideologias econômicas concorrentes que dominavam na época: o capitalismo de mercado abraçado no Ocidente e o comunismo estatal adotado pela União Soviética e pela China. Até então, a economia havia surgido como uma das principais especialidades da antropologia social, e a resolução desse dilema havia dividido os antropólogos econômicos em duas tribos beligerantes: os formalistas e os substantivistas.

Os formalistas consideravam que a economia era uma ciência "dura", baseada em uma série de regras universais que moldavam os comportamentos econômicos de todos os povos. Sustentavam que as economias "primitivas", como a dos ju/'hoansi e de vários povos indígenas americanos, seriam mais bem compreendidas como versões não sofisticadas das economias capitalistas modernas, porque eram moldadas pelos mesmos desejos, necessidades e comportamentos básicos. Reconheciam que a cultura desempenhava um papel importante na determinação do que as pessoas em diferentes sociedades consideravam valioso. É por isso, por exemplo, que um conjunto de civilizações pré-coloniais do leste e do sul da África mediam sua riqueza e seu *status* em termos de número, tamanho, cor, forma e temperamento de seu gado, enquanto civilizações nativas americanas da costa noroeste, como os kwakwaka'wakw e os salish costeiros, o faziam em termos de sua capacidade de dar de presente peles, canoas, mantas de cedro tecidas, escravos e caixas de madeira lindamente esculpidas. Mas os formalistas insistiam que, no fundo, todas as pessoas eram economicamente "racionais" e que, mesmo que as pessoas em diferentes culturas valorizassem coisas diferentes, a escassez e a competição eram universais – todos estavam interessados em sua própria busca pessoal de valor, e todos desenvolviam sistemas econômicos específicos para distribuir e alocar recursos escassos.

Os substantivistas, ao contrário, inspiraram-se em algumas das vozes mais radicais e originais da economia do século XX. A voz mais ressoante em meio a esse coro de rebeldes era a do economista húngaro Karl Polanyi, que dizia que a única coisa que o capitalismo de mercado tinha de universal era a arrogância de seus mais entusiastas defensores. Ele sustentou que o capitalismo de mercado era um fenômeno cultural que surgiu quando o moderno Estado-nação substituiu sistemas econômicos mais granulares, diversos e socialmente fundamentados, baseados principalmente no parentesco, no compartilhamento e na troca recíproca de presentes. Os substantivistas insistiam que a racionalidade econômica que os formalistas acreditavam ser parte da natureza humana era um subproduto cultural do capitalismo de mercado, e que deveríamos todos ter uma mente muito mais aberta quando se tratasse de dar sentido à forma como outras pessoas atribuíam valor, trabalhavam ou trocavam coisas umas com as outras.

Marshall Sahlins, um dos participantes da conferência "Man the Hunter", estava mergulhado nos meandros desse debate em particular. Estava também muito bem conectado às questões sociais e econômicas mais amplas que a América do pós-guerra, em franca expansão, estava colocando a si mesma naquela época. Assim como Claude Lévi-Strauss, Marshall Sahlins também já tinha feito algum trabalho de campo, mas se via mais à vontade se debruçando sobre a teoria do que lutando contra moscas varejeiras e disenteria em alguma terra distante. Com a reputação de ser, em partes iguais, imodesto e intelectualmente bem-dotado,[11] ele foi capaz de enxergar um quadro geral de maneira um pouco mais vívida do que alguns de seus colegas queimados de sol, e declarou que, em sua concepção, forrageadores como os ju/'hoansi eram "a sociedade afluente original".

Sahlins não se surpreendeu com a revelação de que caçadores-coletores como os ju/'hoansi não eram obrigados a suportar uma vida de privação material e luta sem fim. Ele já havia passado vários anos focado em questões relativas à evolução e ao surgimento de sociedades complexas a partir de sociedades simples. Enquanto Lee e outros estavam arrancando escorpiões de suas botas em desertos e selvas, ele tinha se enfronhado em textos antropológicos, relatórios coloniais e outros documentos que descreviam os encontros entre europeus e caçadores-coletores. A partir deles, ele havia concluído que, no mínimo, a imagem estereotipada de caçadores-coletores apenas sobrevivendo em eterna luta contra a escassez era muito simplista. O que mais interessava a Sahlins não era o quanto os caçadores-coletores desfrutavam de mais tempo de lazer, em comparação com os trabalhadores estressados que trabalhavam na agricultura ou na indústria, mas "a modéstia de suas exigências materiais". Ele concluiu que os caçadores-coletores tinham muito mais tempo livre do que os outros principalmente pelo fato de não nutrirem uma série de desejos incômodos que iriam além da satisfação de suas necessidades materiais imediatas.

"As vontades podem ser facilmente satisfeitas", observou Sahlins, "seja produzindo muito, seja desejando pouco".[12] Completa dizendo que caçadores-coletores conseguiram isso desejando pouco, e com isso, à sua maneira, foram mais afluentes do que um banqueiro de Wall Street, que, apesar de nem saber o que fazer com tantas proprie-dades, tantos barcos, carros e relógios, se esforça constantemente para adquirir cada vez mais.

Sahlins concluiu que, em muitas sociedades de caçadores-coletores, e potencialmente durante a maior parte da história humana, a escassez não era a característica organizadora da vida econômica humana, e que, portanto, o "problema econômico fundamental", pelo menos da forma como descrito pela economia clássica, não era a eterna luta de nossa espécie.

6

Fantasmas na floresta

PARA JOSEPH CONRAD, do alto de seus 38 anos, a floresta tropical do Congo era um caldeirão de pesadelos. Em 1895, estirado em uma cadeira de convés sob a chaminé de um navio a vapor de 15 toneladas, chamado *Roi des Belges*, enquanto este se deslocava entre as estações de comércio de marfim e borracha nas margens do Rio Congo, o autor de *Heart of Darkness* (*Coração das trevas*) imaginava que aquela selva incubasse "instintos esquecidos e brutais" em todos aqueles que atraía para "seu peito impiedoso". E, para ele, nada evocava mais esse sentimento do que o inebriante "latejar dos tambores" e os "estranhos encantamentos" que vagavam pelo ar úmido da noite saídos das aldeias que se escondiam além da linha das árvores, e que "seduziam a alma para além dos limites das aspirações permitidas".

A descrição assombrosa de Conrad da maior floresta da África vinha permeada pelas repetidas crises de malária e disenteria que ele sofreu, o que o deixou delirante e alucinado ao longo de sua aventura de seis meses no leste do Congo. Mas, mais do que tudo, foi um reflexo de ter testemunhado diretamente o que ele mais tarde descreveria como "a mais vil disputa pela pilhagem a já ter, em algum momento, desfigurado a história da consciência humana e da exploração geográfica": o fato de os militares da Force Publique do rei belga Leopold pagarem pela borracha, marfim e ouro que exigiam dos aldeões congoleses com a moeda do medo, cortando as mãos daqueles que não conseguissem cumprir suas cotas e decapitando qualquer um que achasse ruim.

Os mesmos "estranhos encantamentos" que formavam a trilha sonora dos pesadelos macabros de Conrad convenceram o antropólogo britânico Colin Turnbull, então com 29 anos, a visitar a floresta de

Ituri, no norte do Congo, seis décadas depois, em 1953. Aficionado pelo canto coral, Turnbull ficou intrigado com as gravações que ouviu, com as harmonias complexas, em cascata e polivocais, das canções dos pigmeus baMbuti locais. Ele queria ouvir aquilo tudo ao vivo.

Entre 1953 e 1958, Turnbull fez três longas viagens para Ituri. Mas, ao passo em que Joseph Conrad encontrara apenas "escuridão vingativa" na incessante "cascata de sons" da floresta, Turnbull ficou encantado com o vigoroso "coro de louvor" que celebrava "um mundo maravilhoso". Ele descreveu como, para os baMbuti, não havia nada de escuro, deprimente ou proibitivo naquela floresta; como eles afirmavam que a floresta era para eles "uma mãe e um pai"; como ela era generosa com "comida, água, roupas, calor e carinho"; e como ela também ocasionalmente dava a eles, "seus filhos", doces guloseimas como o mel.

"Eles eram um povo que havia encontrado na floresta algo que fazia sua vida mais do que valer a pena ser vivida", explicou Turnbull. "Algo que fez da vida, com todas as suas dificuldades e problemas e tragédias, uma coisa maravilhosa, cheia de alegria e felicidade e livre de preocupações".[1]

Ao retornar, ele produziu as peças acadêmicas e técnicas obrigatórias de sempre. Mas seu trabalho mais importante, *The Forest People: A Study of the Pygmies of the Congo* ("O povo da floresta: um estudo sobre os pigmeus do Congo", em tradução livre), podia ser tudo, menos o "estudo" que o subtítulo sugeria. Sua descrição lírica da vida dos baMbuti removeu o véu sombrio que Conrad tinha depositado sobre a floresta, ganhou a simpatia do público leitor americano e britânico e foi, por um tempo, um bem-sucedido *bestseller*. Seu sucesso colocou Turnbull brevemente no reluzente mundo dos perfis de revistas e *talk shows* diurnos de televisão, mas não lhe conquistou a adulação de muitos de seus colegas antropólogos. Alguns se ressentiram de seu sucesso comercial e o declararam um populista descarado. Cochichavam entre si que Turnbull era um romântico cujo trabalho dizia mais sobre suas paixões ardentes do que sobre o mundo florestal dos baMbuti. Outros o elogiaram por ser um cronista sensível e empático da vida daquele povo, mas não estavam convencidos de que seu trabalho tinha algum grande mérito acadêmico. Isso em nada incomodou Turnbull. Ele em nada se importava com as críticas de seus colegas, assim como não o incomodavam os fuxicos de seus vizinhos quando ele se instalou em um novo lar em uma das mais conservadoras cidadezinhas da Virgínia como parte de um casal abertamente gay e inter-racial.

As descrições de Turnbull da vida dos baMbuti evocavam algo da profunda lógica que moldava a forma como os forrageadores encaravam a escassez e o trabalho. Em primeiro lugar, elas revelavam como as economias voltadas ao compartilhamento dos bens, características das sociedades forrageadoras, eram uma extensão orgânica de sua relação com ambientes acolhedores. Assim como seus ambientes compartilhavam comida com eles, eles também compartilhavam comida e objetos uns com os outros. Em segundo lugar, as descrições revelavam que, mesmo que eles tivessem poucas necessidades que seriam facilmente atendidas, as economias forrageadoras se baseavam na confiança que aquele povo tinha no fato de que seus ambientes tudo proveriam.

Os baMbuti não foram os únicos forrageadores do século XX a enxergarem pais e mães generosos e afetuosos à espreita entre as sombras de sua floresta. Centenas de quilômetros a oeste, no Camarões, outros povos pigmeus como os baka e os biaka também o fizeram, assim como os silvícolas como os nayaka, da província de Kerala, na Índia, e os batek da Malásia central.

Os caçadores-coletores que viviam em ambientes mais abertos – e menos parecidos com o ventre – do que as florestas tropicais nem sempre se descreveram como sendo "filhos" dos cenários nutritivos que os acolhiam, os alimentavam e os protegiam. Mas, em seus ambientes, eles enxergavam o que imaginavam ser as mãos de espíritos, deuses e outras entidades metafísicas que com eles compartilhavam alimentos e outras coisas úteis. Muitos dos povos aborígines da Austrália, por exemplo, ainda dizem que seus sagrados rios, colinas, florestas e *billabongs* (piscinas naturais) são povoados por espíritos primordiais que "cantaram" de forma a criar sua terra durante o "Tempo dos Sonhos", o momento da Criação. Os povos nômades do hemisfério norte, entre eles as muitas sociedades inuits, algumas das quais ainda continuam a ganhar a vida com a caça nas bordas do Ártico, em rápido processo de derretimento, acreditavam que os alces, renas, morsas, focas e outras criaturas das quais dependiam não só tinham almas, mas também ofereciam abnegadamente sua carne e seus órgãos aos humanos como alimento e suas peles e pelos para mantê-los aquecidos.

Se formos nos guiar pelos padrões dos caçadores-coletores, os forrageadores do Kalahari tinham uma visão geralmente mais profana de seu ambiente, espelhando os sentimentos conflituosos que eles tinham sobre seus deuses, que eles não consideravam como particularmente afetuosos, generosos ou mesmo interessados em assuntos humanos. Mas, mesmo assim, os ju/'hoansi continuavam tendo confiança suficiente na providência de seu ambiente para nunca, em nenhum momento, armazenar alimentos ou coletar mais do que o necessário para satisfazer suas necessidades imediatas.

Quase todas as sociedades de caçadores-coletores em pequena escala bem documentadas, vivendo em climas temperados e tropicais, se viam igualmente desinteressadas em acumular excedentes e armazenar alimentos. Como resultado disso, sempre que chegava a época propícia de uma ou outra espécie de fruta ou vegetal silvestres, eles nunca colhiam mais do que podiam comer em um único dia, e ficavam felizes de deixar apodrecer no pé aquilo de que não precisassem em curto prazo.

Esse comportamento deixava perplexos os povos camponeses e, mais tarde, também os colonizadores e oficiais dos governos, assim como os trabalhadores que se ocupavam naquelas terras e entraram em contato regular com os caçadores-coletores. Para todas aquelas pessoas, cultivar e armazenar alimentos era algo que diferenciava os humanos dos outros animais. E eles se perguntavam, então, por qual razão, se por acaso houvesse um excedente temporário, os caçadores-coletores não capitalizariam aquela oportunidade e trabalhariam um pouco mais naquele momento para tornar seu futuro mais seguro.

Perguntas como essa seriam finalmente respondidas no início dos anos 1980 por um antropólogo que havia passado as duas décadas anteriores vivendo e trabalhando entre outro grupo de caçadores-coletores do século XX, os hadzabe, que viviam perto do Lago Eyasi, no planalto do Serengeti, no Vale da Grande Fenda no leste da África.

★ ★ ★

Alguns anciãos hadzabe costumam dizer que seus mais antigos ancestrais desceram à terra de um reino celestial. Mas eles não entram em um acordo sobre se os antigos teriam chegado à terra deslizando pelo pescoço de uma girafa particularmente alta ou se foi escorrendo pelos ramos carnudos de um baobá gigante. Eles não se importam muito se a explicação é uma ou outra, e arqueólogos e antropólogos são igualmente incertos quanto à origem dessa antiga população de forrageadores do leste da África. Análises genômicas indicam que eles vieram de outra região e fazem parte de uma linhagem antiga contínua de caçadores-coletores que remonta a dezenas de milhares de anos. Eles são também aberrantes do ponto de vista linguístico em uma região na qual a maioria das pessoas fala as línguas associadas às primeiras populações agrícolas que se expandiram para o leste da África e além, há cerca de 3 mil anos. Falam uma língua fonemicamente complexa, que inclui algumas das consoantes de clique que, fora desse grupo, são exclusivas das línguas khoisan, o que sugere uma conexão linguística direta, mas muito antiga, entre eles e os povos nativos do sul da África. O ambiente de savana dos hadzabe também é um pouco menos espartano do que o norte do Kalahari, e a água é mais abundante. No entanto, eles se organizam tradicionalmente em grupos de tamanho semelhante aos daqueles e, como os ju/'hoansi, trocam de acampamentos de acordo com as estações do ano.

Diferentemente dos forrageadores do sul da África, como os ju/'hoansi, os hadzabe ainda têm bastante acesso às suas terras, o suficiente para poder mostrar o dedo do meio a representantes do governo que quiserem que eles abandonem o forrageamento e assimilem a economia agrícola de subsistência e de mercado da Tanzânia. Como resultado disso, muitos deles ainda hoje dependem principalmente da caça e da coleta, e o Lago Eyasi se tornou então um ímã para os cientistas curiosos em saber mais sobre a relação entre nutrição, trabalho e energia em nossa história evolucionária.

Em meados de 1957, James Woodburn se lançou ao platô do Serengeti para chegar às margens do Lago Eyasi, onde se tornou o primeiro antropólogo social a desenvolver uma relação de longo prazo com os hadzabe. Nos anos 1960, ele foi também um dos mais influentes entre os jovens antropólogos que lideraram o ressurgimento dos estudos dos caçadores-coletores. E, assim como Richard Lee, ele também ficou impressionado com o pouco esforço necessário que os hadzabe, caçadores de arco e flecha, faziam para se alimentar. No início dos anos 1960, Woodburn descreveu os hadzabe como inarredáveis apostadores de pequenas quantias, muito mais preocupados em ganhar e perder flechas uns dos outros em jogos de azar do que em se perguntar de onde viria sua próxima refeição. Ele também observou que, como os ju/'hoansi, eles satisfaziam facilmente suas necessidades nutricionais "sem muito esforço, sem muita previdência, sem muito equipamento e sem muita organização".[2]

Até sua aposentadoria no início dos anos 2000, Woodburn passou quase meio século viajando entre o Lago Eyasi e a London School of Economics (Escola de Economia de Londres), onde ele lecionava antropologia social. Uma das muitas coisas que o intrigavam sobre os hadzabe era não apenas o pouco tempo que eles gastavam na busca por alimentos, mas o fato de que, mais uma vez como os ju/'hoansi, eles nunca estavam dispostos a colher mais do que precisavam comer naquele dia e nunca se preocupavam em armazenar alimentos. Quanto mais tempo ele passava ali, mais convencido ficava de que esse tipo de pensamento de curto prazo era a chave para compreender como sociedades como aquelas eram tão igualitárias, estáveis e duradouras.

"As pessoas obtêm um retorno direto e imediato de seu trabalho", explicou ele. "Eles saem para caçar ou colher, e então comem os alimentos obtidos no mesmo dia ou casualmente nos dias que se seguem. Os alimentos não são processados nem armazenados de forma elaborada. Eles utilizam ferramentas e armas relativamente simples, portáteis, utilitárias, facilmente adquiridas e substituíveis, feitas com verdadeira habilidade, mas que não envolvem grande quantidade de mão de obra".[3]

Woodburn descreveu os hadzabe como tendo uma "economia de retorno imediato".[4] Ele contrastou isso com as "economias de retorno postergado" das sociedades industriais e agrícolas. Nas economias de retorno postergado, ele observou que o esforço do trabalho fica quase sempre concentrado principalmente em atender necessidades futuras, e isso diferenciava grupos como os ju/'hoansi e os baMbuti não apenas das sociedades agrícolas e industrializadas, mas também das complexas sociedades de caçadores-coletores de larga escala, como as que vivem próximo às águas ricas em salmão da costa noroeste do Pacífico nos Estados Unidos.

Woodburn não estava especialmente interessado em tentar entender como algumas sociedades se transformaram de economias de retorno imediato em economias de retorno postergado, ou como essa transição pode ter moldado nossas atitudes com relação ao trabalho. Mas ele ficou intrigado com o fato de que todas as sociedades de retorno imediato também desdenhavam a hierarquia, não tinham chefes, líderes ou figuras de autoridade institucional, e eram intolerantes a quaisquer diferenciais significativos de riqueza material entre os indivíduos. Concluiu que as atitudes dos forrageadores em relação ao trabalho não eram puramente uma função de sua confiança na providência de seu ambiente, mas eram também sustentadas por normas e costumes sociais que garantiam que os alimentos e outros recursos materiais fossem distribuídos uniformemente. Em outras palavras, que ninguém ali era capaz de mandar em ninguém. Entre essas normas, uma das mais importantes era a do "compartilhamento da demanda".

★ ★ ★

Para muitos dos antropólogos que viveram entre os remanescentes das culturas forrageadoras do mundo na segunda metade do século XX, os pedidos despreocupados de seus anfitriões por comida ou presentes, ferramentas, panelas, potes, sabonetes e roupas foram, a princípio, tranquilizadores. Isso os fez se sentirem úteis e bem-vindos enquanto tentavam se ajustar à vida no que, de começo, parecia ser um mundo muito estranho. Mas não demorou muito para que isso começasse a irritá-los, uma vez que viam seus alimentos desaparecerem na barriga de seus anfitriões; suas caixas de primeiros socorros se esvaziando rapidamente dos comprimidos, gessos, curativos e pomadas que haviam levado; e, como alguns notaram, até mesmo pessoas usando roupas que até dias antes tinham sido suas.

A sensação, geralmente temporária, de que eles estavam de alguma forma sendo explorados por seus anfitriões foi muitas vezes amplificada pela sensação de que o fluxo daquele tráfego de material estava sempre indo em uma só direção: para longe deles. A sensação era também frequentemente reforçada pela ausência de algumas das gentilezas sociais a que eles estavam acostumados. Aprendiam rapidamente que os forrageadores não embalavam seus pedidos por comida ou outros itens com termos como "por favor", "obrigado" e outros gestos de obrigação e gratidão interpessoais que, na maioria dos outros lugares, são parte indispensável dos atos de pedir, dar e receber.

Alguns lutaram mais para se acomodar aos ritmos da vida forrageadora, e por isso nunca conseguiram se desvencilhar completamente daquela sensação de que estavam sendo explorados. Mas a maioria logo percebeu mais intuitivamente a lógica que governava os fluxos de alimentos e outras coisas entre as pessoas, e esses então conseguiam ficar mais relaxados em um mundo onde as regras sociais que governam o dar e o receber eram, em certos aspectos, o completo oposto daquelas com os quais eles tinham se acostumado desde a infância. Ficava claro que ninguém considerava nenhuma falta de educação pedir coisas de outra pessoa, mas que era considerado extremamente indelicado recusar pedidos de alguma coisa, e que fazê-lo muitas vezes resultava em amargas acusações de egoísmo e poderia até mesmo levar à violência.

Eles também aprendiam rapidamente que, nas sociedades de forrageamento, qualquer pessoa que tivesse algo que valesse a pena compartilhar ficava à mercê de exigências semelhantes, e a única razão pela qual os pesquisadores recebiam tantos pedidos era a de que, mesmo com seus magros orçamentos de pesquisa, eles eram imensamente mais ricos em termos materiais do que qualquer um de seus anfitriões forrageadores. Em outras palavras, naquelas sociedades, a obrigação de compartilhar era ilimitada, e a quantidade de coisas que se dava era determinada pela quantidade de coisas que se tinha em relação às outras pessoas. Por causa disso, nas sociedades de forrageadores, havia sempre algumas pessoas particularmente produtivas que contribuíam mais do que as outras, e também pessoas que (para usar a linguagem de políticos acusadores e de economistas perplexos) são frequentemente chamadas de "aproveitadoras" ou "parasitas".

★ ★ ★

Nicolas Peterson, um antropólogo que viveu entre os aborígines forrageadores yolngu na Terra de Arnhem, na Austrália, nos anos 1980, ganhou fama ao descrever as práticas redistributivas daquele povo como "compartilhamento da demanda".[5] Desde então, essa terminologia pegou. Hoje, ela é usada para descrever todas as sociedades nas quais alimentos e objetos são compartilhados com base em pedidos de quem precisa, e não em ofertas feitas pelo doador. Pode ser que apenas nas economias dos caçadores-coletores o compartilhamento da demanda seja o principal meio pelo qual os objetos e materiais fluam entre as pessoas, mas esse fenômeno não é exclusivo daquelas sociedades. Trata-se de um importante mecanismo redistributivo de alimentos e outros objetos em contextos específicos em todas as outras sociedades também.

Mas nem todos os antropólogos naquela época concordaram que "compartilhamento da demanda" seria o melhor termo para descrever esse modelo de redistribuição de mercadorias em uma comunidade. Nicholas Blurton-Jones esteve entre o batalhão de antropólogos sociais que entrava e saía do Kalahari nos anos 1970 e 1980, com o intuito de conduzir uma série de projetos de pesquisa de curto prazo. Ele sugeriu que talvez fosse melhor pensar no compartilhamento da demanda como "roubo tolerado".[6]

"Roubo tolerado" é o que muitas pessoas pensam quando torcem o nariz para seu holerite, percebendo o quanto de seu salário foi apropriado pelos impostos. Mas, mesmo que a tributação formal tenha um propósito redistributivo semelhante ao do compartilhamento da demanda, "compartilhamento obrigatório baseado em consenso" talvez seja uma melhor descrição dos sistemas de tributação estatal – pelo menos nas democracias funcionais. Ao contrário do compartilhamento da demanda, no qual a ligação entre quem dá e quem recebe é íntima, os sistemas de tributação estatais estão envoltos em anonimato institucional e apoiados pelo poder sem rosto do Estado, mesmo que derivem sua autoridade de governos eleitos por seus cidadãos para tirar seu dinheiro.

Os ju/'hoansi ficaram horrorizados quando perguntei se o compartilhamento da demanda poderia ser descrito como "uma forma de roubo". Pelo que eles entendiam, roubo envolve tomar sem pedir. Eles também deixaram claro que, quando ainda podiam forragear livremente, simplesmente não fazia sentido roubar um do outro. Se você quisesse alguma coisa, era só pedir.

Algumas vezes usamos termos como "roubo tolerado" ou "aproveitadores" para descrever aqueles que ganham a vida em uma economia parasitária: os rentistas, agiotas, locadores de cortiços, advogados de porta de cadeia e outros que são frequentemente caricaturados como vilões exagerados que tiram dos bolsos do homem comum. Não se trata de um fenômeno novo. Igualar a tributação ao roubo é algo tão antigo quanto a extorsão. E, embora seja difícil evitar a sensação de que a tributação é uma forma de roubo quando a receita é desviada a fim de sustentar os estilos de vida luxuosos e as ambições egoístas de reis e cleptocratas, essa é uma acusação que faz muito menos sentido em lugares onde as pessoas assumiram uma responsabilidade coletiva pelo bem comum, de modo a garantir uma sociedade na qual a desigualdade não se alastre.

Os capitalistas de mercado e os socialistas ficam igualmente irritados com os chamados "aproveitadores" – eles apenas focam sua animosidade em diferentes tipos de aproveitadores. Desse modo, os socialistas demonizam os ricos ociosos, enquanto os capitalistas tendem a direcionar seu desprezo aos "pobres ociosos". O fato de que pessoas de todos os matizes do espectro político hoje façam distinção entre os criadores e os tomadores, os produtores e os parasitas, mesmo que eles definam essas categorias de maneiras bem diferentes, pode sugerir que o conflito entre os industriosos e os ociosos em nossas sociedades é universal. Mas o fato de que, entre os forrageadores que praticam o compartilhamento da demanda, essas distinções são consideradas relativamente sem importância sugere que esse conflito em particular é de origem muito mais recente.

Sociedades forrageadoras como a dos ju/'hoansi também representam um problema para aqueles que estão convencidos de que a igualdade material e a liberdade individual estão em desacordo entre si e são inconciliáveis. Isso se deve ao fato de que as sociedades de compartilhamento de demanda eram, ao mesmo tempo, altamente individualistas – e nelas ninguém estava sujeito à autoridade coercitiva de ninguém mais – e intensamente igualitárias. Ao conceder aos indivíduos o direito de tributar espontaneamente todos os outros, essas sociedades garantiam, em primeiro lugar, que a riqueza material acabasse sendo sempre distribuída de maneira bastante uniforme; em segundo lugar, que todos tivessem algo para comer, independentemente do quanto fossem produtivos; em terceiro lugar, que objetos escassos ou valiosos circulassem amplamente e estivessem livremente disponíveis para qualquer pessoa utilizá-los; e, por fim, que não houvesse razão para as pessoas desperdiçarem energia tentando acumular mais riqueza material do que qualquer outra pessoa, pois isso não servia a nenhum propósito prático.

As normas e regras que regulamentavam o compartilhamento das demandas variavam de uma sociedade de caçadores-coletores para a outra. Entre os forrageadores ju/'hoansi, por exemplo, esse comportamento era moderado por uma sutil gramática balizada na razoabilidade. Ninguém esperaria que alguém desse a outrem mais do que uma parte igual da comida que estava comendo, e ninguém consideraria razoável que alguém tirasse a própria camiseta do corpo se ela fosse a única camisa de que a pessoa dispusesse. Eles também tinham uma longa série de proscrições e prescrições bem precisas, relativas a quem poderia pedir o quê de quem, quando e sob quais circunstâncias. E, uma vez que todos entendiam essas regras, as pessoas raramente faziam pedidos pouco razoáveis. Igualmente importante: ninguém nunca se ressentia de ser demandado a compartilhar algo, mesmo que pudesse se arrepender depois.

Os ju/'hoansi tinham um outro sistema, muito mais formal, de doação de presentes, voltado para objetos como joias, roupas ou instrumentos musicais, que funcionava de acordo com um conjunto diferente de regras. Essas outras regras vinculavam as pessoas em redes de afeto mútuo que iam muito além de qualquer grupo familiar ou de outra natureza. É muito significativo que ninguém nunca se apegasse por muito tempo a nenhum presente que lhes tivesse sido dado sob esse sistema. O importante era o ato de dar o presente, e parte da alegria do sistema era saber que quaisquer presentes recebidos logo seriam representeados para outra pessoa, que, por sua vez, inevitavelmente os passaria adiante. O resultado líquido disso era que qualquer presente em particular – por exemplo, um colar de penas de avestruz e conchas – poderia acabar sendo presenteado de volta a seu criador depois de viajar pelas mãos de outras pessoas ao longo de vários anos.

★ ★ ★

A inveja e o ciúme têm má reputação. Afinal, eles são "pecados mortais", e, segundo São Tomás de Aquino, em sua *Summa Theologiae*, são "impurezas do coração". Não é apenas o catolicismo que os descreve como os mais egoístas dos sentimentos. Todas as grandes religiões parecem concordar que há um lugar especial no inferno para aqueles que caem sob os encantamentos do "monstro de olhos verdes".

Algumas línguas distinguem o ciúme da inveja. Na maioria das línguas europeias, a palavra para a inveja é usada para descrever os sentimentos que surgem quando alguém cobiça ou admira o sucesso, a riqueza ou a boa sorte dos outros, enquanto o ciúme está associado às emoções esmagadoramente negativas que nos instigam a proteger dos outros aquilo que já temos. Na prática, porém, a maioria de nós usa os termos de forma intercambiável. Não é surpresa, então, que os dois também não se traduzam diretamente em muitos outros idiomas. Em ju/'hoan, por exemplo, não há distinção entre os dois, e os ju/'hoansi que são também fluentes em inglês ou em afrikaans usam o termo "ciúme" para se referir a ambos.

Não é difícil entender por que os psicólogos evolutivos lutam para conciliar características egoístas como o ciúme com nossas características mais sociais. Também não é difícil entender por que Darwin considerava o comportamento cooperativo de espécies altamente sociais de insetos como uma "dificuldade especial", que ele temia que pudesse ser potencialmente "fatal" para sua teoria da evolução.[7]

Em uma escala individual, os benefícios evolutivos de nossas emoções mais egoístas são óbvios. Além de nos ajudar a permanecer vivos quando as coisas se tornam escassas, elas nos motivam na nossa busca por parceiros sexuais, aumentando assim nossas chances de sobrevivência e de transmitir com sucesso nossos genes individuais. Vemos esse raciocínio transcorrer dessa forma entre outras espécies o tempo todo, e é justo presumir que algo semelhante às emoções estimuladas em nós pela inveja e pelo ciúme também fluam pelas sinapses de outros animais quando eles agridem um ao outro para estabelecer hierarquias sociais, ou para obter acesso preferencial à comida ou a parceiros sexuais.

Mas o *Homo sapiens* também é uma espécie social e altamente colaborativa. Somos bem adaptados para trabalhar juntos. Além disso, todos nós sabemos, por nossas próprias experiências ruins, que os benefícios do interesse próprio em curto prazo são quase sempre sobrepujados pelos custos sociais no longo prazo.

Desvendar os mistérios do conflito entre os nossos instintos egoístas e sociais não faz parte do estudo unicamente dos psicólogos evolutivos. Tem sido uma preocupação quase universal de nossa espécie desde que um de nossos ancestrais pensou duas vezes sobre roubar a comida da boca de um irmão menor. Esse conflito já se viu expresso em todos os meios artísticos imagináveis e gerou debates e discussões intermináveis entre teólogos e filósofos. Também está por trás de teoremas complicados, gráficos que parecem teias de aranha e equações robustas que perfazem o dia a dia do economista moderno. Afinal, se a economia lida principalmente com os sistemas que desenvolvemos para alocar recursos escassos, esses recursos só se tornam escassos porque os indivíduos os querem para si mesmos, e porque, para manter sociedades em funcionamento, precisamos definir regras sociais a fim de alocá-los de forma justa. E mesmo que muito poucos economistas contemporâneos façam referência explícita em seu trabalho a esse conflito fundamental, o filósofo iluminista Adam Smith o tinha bem claro em vista quando se propôs a escrever o que mais tarde seria reconhecido como o documento fundador da economia moderna.

★ ★ ★

Desde a morte de Adam Smith em 1790, historiadores, teólogos e economistas têm vasculhado seus escritos tentando estabelecer se ele era um homem religioso ou não. A maioria concorda que, se Smith era um homem de fé, então, na melhor das hipóteses, era provavelmente um não entusiasta, do tipo que sempre procurava primeiro a razão, e não o dogma, para dar sentido ao mundo ao seu redor. Mesmo assim, fica claro que, para ele, certos mistérios até tinham como ser descritos e analisados, mas não se podiam explicar por completo.

Smith era da opinião de que as pessoas eram, em última análise, criaturas egoístas. Ele acreditava que "o homem almeja apenas seu próprio ganho". Mas também acreditava que, quando as pessoas agiam em interesse próprio, de alguma forma todos se beneficiavam, como se fossem guiados em suas ações por "uma mão invisível" que promovia os interesses da sociedade mais efetivamente do que "o homem", sozinho, poderia, mesmo que ele tivesse toda intenção de fazê-lo. As referências de Smith para esse raciocínio eram as cidades mercantis da Europa do século XVIII, onde os comerciantes, fabricantes e mercadores trabalhavam, todos, com a finalidade de construir sua própria fortuna pessoal, mas ao mesmo tempo, coletivamente, a união de seus esforços ajudava a enriquecer suas cidades e comunidades. Isso levou Smith a concluir que a livre iniciativa sem interferência regulatória criaria inadvertidamente riqueza para todos e assim garantiria "a igual distribuição dos itens necessários à vida, que teria sido assim se o mundo tivesse sido dividido em partes iguais entre todos os seus habitantes".

Adam Smith não foi nem um defensor desavergonhado do egoísmo, nem um apóstolo dos mercados totalmente sem regulamentação, como é retratado tanto por seus críticos mais ferozes quanto pelos fãs mais ardentes. Mesmo que sua "mão oculta" ainda seja solenemente invocada por alguns como se fosse a palavra divina, poucos defenderiam hoje uma interpretação inflexível desse termo. O próprio Smith quase certamente estaria entre os primeiros a reconhecer que o mundo econômico contemporâneo, com seus complicados derivativos financeiros e bens com valores sempre em crescimento, é um lugar muito diferente daquele povoado pelos "mercadores e comerciantes" que ele tinha em mente quando descreveu os benefícios não intencionais do comércio feito em interesse próprio. De fato, com base em seus escritos filosóficos, é difícil imaginar, por exemplo, que ele não teria apoiado a Lei Sherman, aprovada por unanimidade pelo Congresso americano em 1890, um século depois da morte de Smith, com o objetivo de quebrar os monopólios ferroviários e petrolíferos que, naquela época, estavam aos poucos, mas com toda certeza, sugando a vida da indústria americana.

No entanto, ironicamente, o papel social do egoísmo e do ciúme/inveja nas sociedades forrageadoras sugere que, mesmo que a mão oculta de Smith não se aplique particularmente bem ao capitalismo mais recente, sua crença de que a soma dos interesses próprios individuais pode assegurar a distribuição mais justa dos "itens necessários à vida" estava correta, ainda que apenas em sociedades de pequena escala. Isso porque, em sociedades como a dos ju/'hoansi, o compartilhamento da demanda, cujo combustível é a inveja, com certeza garantiu uma "distribuição dos itens necessários à vida" muito mais equitativa do que qualquer economia de mercado.

O "igualitarismo feroz" de forrageadores como os ju/'hoansi foi, em outras palavras, o resultado orgânico das interações entre pessoas agindo em seu próprio interesse em sociedades de pequena escala altamente individualistas e itinerantes, sem governantes, sem leis nem instituições formais. E isso porque, em sociedades forrageadoras de pequena escala, o interesse próprio era sempre policiado por sua "sombra" – a própria inveja –, o que, por sua vez, assegurava que todos tivessem sua justa parte e os indivíduos moderassem seus desejos com base em um senso de justiça. Também assegurava que aqueles dotados de algum carisma natural exercessem com grande circunspecção qualquer autoridade natural que adquirissem. E isso porque, além do compartilhamento da demanda, a arma mais importante que os caçadores-coletores utilizam para manter seu feroz igualitarismo é a zombaria. Entre os ju/'hoansi, assim como entre muitas outras sociedades de caçadores-coletores bem documentadas, o escárnio era legalmente aplicável a literalmente todos do grupo. Embora muitas vezes a zombaria fosse cortante e atingisse o âmago da pessoa, raramente era maliciosa, vingativa ou maldosa.

Nas sociedades hierárquicas, o escárnio é frequentemente associado a valentões cujo poder excede sua autoridade moral. Mas é também uma ferramenta dos fracos, um meio de fazer pilhéria dos que estão no poder e chamá-los à responsabilidade. No caso dos ju/'hoansi, isso se reflete muito bem na prática tradicional de "insultar a carne do caçador".

Os forrageadores ju/'hoansi consideravam a gordura, a medula, a carne e os miúdos como sendo os "mais fortes" de todos os alimentos. Rica em energia, vitaminas, proteínas e minerais que faltam nas nozes, tubérculos e frutas que colhiam, a carne – e sua ausência – era uma das poucas coisas que poderia fazer com que até mesmo os mais calmos do grupo perdessem sua compostura.

Isso também significava que os caçadores nunca esperavam receber e nem recebiam elogios quando voltavam com carne ao acampamento. Em vez disso, eles esperavam ser ridicularizados por seus esforços, assim como era esperado que aqueles a compartilhar da carne se queixassem de que a carcaça trazida era esquelética ou que não daria para todos se alimentarem, por mais impressionante que fosse o animal. De sua parte, esperava-se que o caçador praticamente pedisse desculpas ao apresentar a carcaça e que fosse invariavelmente humilde com relação às suas conquistas.

Os ju/'hoansi explicavam que a razão para isso era "inveja" do caçador e também a preocupação de que alguém pudesse ganhar muito capital político ou social se ficasse a cargo de distribuir a carne com muita frequência.

Um ju/'hoan particularmente eloquente explicou o seguinte a Richard Lee: "Quando um jovem consegue muita carne, ele começa a pensar em si mesmo como um chefe ou um grande homem, e pensa em nós como seus servos ou inferiores. Não podemos aceitar isso. Então, sempre nos referimos à sua carne como inútil. É assim que esfriamos seu coração e o tornamos gentil".[8]

Ser insultado, mesmo que em boa fé, não era o único preço que os bons caçadores tinham de pagar por seu trabalho duro e sua habilidade.

Como a carne provocava emoções tão fortes, as pessoas tomavam um cuidado muito grande para distribuí-la. Quando uma presa era tão grande que haveria carne mais do que suficiente para que todos comessem o quanto quisessem, isso não representava problema. Mas quando não havia o suficiente para todos, era um desafio decidir quem ganharia e em qual quantidade. Enquanto os caçadores sempre distribuíam carne de acordo com protocolos bem estabelecidos, havia a chance de alguém ficar decepcionado com sua parte, o que eles expressavam na linguagem da inveja. Por mais que a carne gerasse grande euforia quando consumida, os caçadores frequentemente consideravam as pressões de uma distribuição correta como sendo problemáticas demais para valer a pena.

Os ju/'hoansi tinham outro truque para lidar com isso. Diziam que o verdadeiro dono da carne, o indivíduo encarregado de sua distribuição, não era o caçador, mas a pessoa que era dona da flecha que matou o animal. Na maioria das vezes, era o próprio caçador individual. Mas era comum que bons caçadores pedissem flechas emprestadas a caçadores menos entusiasmados, exatamente para evitar o fardo de ter de distribuir a carne. Isso também significava que os idosos, os míopes, os pés-tortos e os preguiçosos tinham a chance de ser o centro das atenções de vez em quando.

★ ★ ★

Nem todas as sociedades bem documentadas de caçadores e coletores tinham a mesma aversão à hierarquia que os ju/'hoansi ou os hadzabe.

Há cerca de 120 mil anos, alguns *Homo sapiens* se aventuraram através da faixa de terra entre a África e a Ásia, hoje dividida pelo Canal de Suez, e se estabeleceram no Oriente Médio. A época em que essas populações mais tarde se expandiram para além dessas latitudes quentes para a Europa central e a Ásia é incerta. Genomas obtidos de ossos e dentes antigos indicam que a onda de humanos modernos que é hoje responsável por grande parte da composição genética de todas as principais populações não-africanas começou há cerca de 65 mil anos. Isso ocorreu bem em meio à última era glacial, quando as temperaturas globais eram em média cinco graus mais baixas do que hoje, e as calotas polares, no inverno, se expandiam rapidamente para o sul, engolindo progressivamente toda a Escandinávia, grande parte da Ásia e do norte da Europa, incluindo toda a Grã-Bretanha e a Irlanda. O resultado disso era que a tundra, em alguns lugares, se estendia até o sul da França, e assim a maior parte da Itália moderna, da Península Ibérica e da Côte d'Azur se assemelhavam mais às estepes frias do leste da Ásia do que aos destinos ensolarados de hoje.

Os mesmos dados genômicos também sugerem que a vanguarda dessa onda de expansão se dirigiu primeiro ao sol nascente, chegando até a Austrália entre 45 mil e 60 mil anos atrás. A expansão para o oeste e para o norte em direção a uma Europa continental congelada foi muito mais lenta, indicando que a Península Ibérica foi ocupada exclusivamente por neandertais até cerca de 42 mil anos atrás.[9] Assim como aconteceu com os imigrantes europeus nos últimos três séculos, as Américas também foram um "Novo Mundo" para nossos ancestrais *Homo sapiens*. Quando os primeiros humanos modernos atravessaram para a América do Norte, há 16 mil anos, os humanos modernos já viviam e forrageavam continuamente no sul da África por mais de 275 milênios. E, assim como muitos recém-chegados ao novo mundo, os primeiros americanos provavelmente chegaram de barco.[10]

Alguns dos forrageadores que se estabeleceram nas partes mais temperadas da Europa, Ásia e além viveram, trabalharam e se organizaram de maneira amplamente semelhante a seus primos africanos. Mas nem todos.

Aqueles que se estabeleceram em climas mais gelados, nos quais as estações eram mais acentuadamente pronunciadas do que para os africanos e outros forrageadores dos climas úmidos tropicais e subtropicais, tiveram de adotar uma abordagem diferente para o trabalho, pelo menos durante parte do ano. Alguns antropólogos sustentam que, de certa forma, eles devem ter se assemelhado mais às sociedades "complexas" de caçadores-coletores da costa noroeste do Pacífico americano, como os kwakwaka'wakw, os salish costeiros e os tsimshian, que começaram a surgir por volta de 4,4 mil anos atrás e que prosperaram até o final do século XIX. Seus elegantes vilarejos e malocas de cedro eram frequentemente lar para centenas de indivíduos e, em certo momento, pontilharam as baías e enseadas da costa oeste do Pacífico desde o Alasca, no norte, passando pela Colúmbia Britânica e o estado americano de Washington até o Oregon. Seus imperiosos totens esculpidos guardavam a rede de vias fluviais que separam a colcha de retalhos formada pelas ilhas das terras continentais. Além do fato de que essas sociedades se alimentavam por meio da caça, da coleta e da pesca, e eram igualmente convencidas da generosidade de seus ambientes, elas obviamente tinham muito pouco em comum com forrageadores como os ju/'hoansi. Descritos de várias maneiras, tanto como "caçadores-coletores complexos" como "caçadores-coletores de retornos postergados", eles parecem ter sido mais como uma das sociedades plenamente agrícolas mais produtivas já existentes. Viviam em grandes assentamentos permanentes, armazenavam alimentos em larga escala e eram profundamente preocupados em alcançar posições sociais, o que conseguiam por meio de generosos presentes. Faziam isso porque viviam em lugares que eram surpreendentemente ricos em fontes de alimentos sazonais, como as bagas, os cogumelos e as tifas, que floriam desde a primavera até o outono. Mas era o gosto por frutos do mar e suas habilidades como pescadores que faziam toda a diferença.

Ao longo de qualquer ano, eles se banqueteavam com peixe-carvão, bacalhau lingcod, tubarão-cão, linguado, lúcio e mariscos tirados do mar, assim como truta e esturjão de rios e lagos interiores. Mas foram os cardumes repletos de peixes oleaginosos, como o arenque e o eulachon, que nadavam distantes a algumas milhas da costa, e as cinco espécies de salmão que migravam anualmente pelos rios locais, aos milhões, para desovar todos os anos do início do verão até o outono, que permitiram a esses povos abandonar a abordagem austera adotada por forrageadores como os ju/'hoansi. Esses últimos peixes eram capturados em quantidades tão prodigiosas que, no decorrer de algumas poucas semanas, conseguia-se salmão suficiente para sustentar a todos durante todo o ano seguinte.

Suas pescarias eram tão produtivas sazonalmente que, durante grande parte do ano, as pessoas nessas sociedades gastavam a maior parte de seu tempo e energia desenvolvendo uma rica tradição artística, fazendo política, realizando cerimônias elaboradas e promovendo suntuosos banquetes rituais – cerimônias chamadas de *potlatch* – nos quais os anfitriões tentavam superar uns aos outros com atos de generosidade. Ao refletir a grande afluência material daquelas pessoas, essas festas também eram frequentemente caracterizadas por luxuosas exibições de riqueza e, às vezes, até pela destruição ritual de bens, incluindo a queima de barcos e o assassinato cerimonial de escravos. Quando os convidados voltavam para casa em canoas mais pesadas por causa dos presentes de óleo de peixe, cobertores de tecido requintado, caixas de madeira elaboradas e placas de cobre, os anfitriões começavam a contabilizar as dívidas, muitas vezes consideráveis, contraídas a fim de fornecer aqueles presentes, luxuosos o suficiente para que eles merecessem o *status* que procuravam.

Não há nenhum indício de que os forrageadores que se estabeleceram no centro e no norte da Ásia e da Europa, a partir de cerca de 50 mil anos atrás, fossem tão materialmente sofisticados como as civilizações que floresceram na costa noroeste do Pacífico entre 1.500 a.C. e o final do século XIX. Também não há dúvida de que os ambientes em que eles viviam eram grandes comunidades permanentes. Mas há argumentação favorável ao fato de que os elementos críticos da natureza sazonal de seu trabalho fossem semelhantes aos dos povos da costa noroeste do Pacífico, e que isso representou um afastamento significativo da forma como os forrageadores em pequena escala dos climas mais quentes se organizavam.

Para começar, as populações que se estabeleceram, por exemplo, nas estepes geladas da Ásia tinham de realizar mais trabalho do que os forrageadores africanos só para se manterem vivos. Esses povos não podiam vaguear nus ou dormir sob as estrelas durante todo o ano. Invernos longos e duradouros exigiam que eles fizessem roupas elaboradas e calçados resistentes e juntassem muito mais combustível para suas fogueiras. Eles também precisavam encontrar ou construir abrigos robustos o suficiente para resistir às nevascas do inverno.

Não é surpresa que a evidência mais antiga da construção de estruturas e habitações semipermanentes venha de alguns dos lugares mais frios onde os humanos se assentaram durante os anos mais frios da última era glacial – mais ou menos entre 29 mil e 14 mil anos atrás. Elas assumem a forma de cúpulas robustas construídas a partir de centenas de ossos pesados e secos de mamute que foram descobertos em locais na Ucrânia, Morávia, República Tcheca e sul da Polônia. Quando em uso, essas cúpulas eram provavelmente cobertas com peles de animais para torná-las à prova de vento e de água. A maior delas tem diâmetro superior a seis metros, e o enorme esforço envolvido em sua construção sugere que seus fabricantes retornavam a elas anualmente. As escavações mais antigas foram datadas de 23 mil anos atrás, mas há boas razões para acreditar que estruturas semelhantes foram construídas em outros lugares, possivelmente utilizando material menos resistente que o osso de mamute, como a madeira.

Viver nesses ambientes não só exigia que as pessoas trabalhassem mais, mas também que organizassem seu dia a dia de maneira diferente, pelo menos durante parte do ano. A preparação para o inverno exigia muito mais planejamento por parte deles do que dos forrageadores africanos. Construir uma casa com ossos de mamute e prender a ela peles com tiras de couro não é algo que possa ser feito depois das primeiras tempestades de inverno, assim como a caça e a preparação de peles e pelagens para roupas de inverno. Também nem sempre era prático, ou mesmo possível, encontrar alimentos frescos durante todo o ano só com algumas poucas horas de esforço espontâneo. Durante os vários meses em que a paisagem estava coberta de neve e gelo, a coleta era quase impossível e a caça era muito mais cheia de complicações. Mas viver em uma vasta terra congelada durante meses a fio também trazia alguns benefícios. Significava que a comida não se decompunha e que a carne caçada quando das primeiras fortes geadas ainda poderia ser boa para comer meses depois, quando a neve começava a derreter. Seria difícil conferir algum outro sentido às evidências que demonstram a rotina desses povos, de caçar animais tão grandes e perigosos como os mamutes, se não fosse para criar um excedente.

Em meio às agruras do inverno, a vida e o trabalho daqueles povos caíam para ritmos tão lentos quanto a cadência glacial da estação. Além da caça ocasional ou de expedições para repor os estoques de lenha, as pessoas passariam muitas horas amontoadas ao lado da fogueira. Mentes ocupadas entreteriam e seriam distraídas por histórias, cerimônias, canções e viagens xamânicas. Dedos ágeis encontrariam algum propósito no desenvolvimento e domínio de novas habilidades. Não deve ser coincidência que o florescimento das artes na Europa e na Ásia – um momento em que arqueólogos e antropólogos, a certa altura, presumiram ser indicativo de o *Homo sapiens* estar cruzando um limiar cognitivo crucial – tenha se dado como resultado de longos meses de inverno. Também não deve ser nenhuma coincidência que grande parte dessa arte – como os afrescos de 32 mil anos de idade de mamutes, cavalos selvagens, ursos de cavernas, rinocerontes, leões e veados que decoram as paredes da gruta Chauvet na França – tenha sido pintada à luz de fogos iluminando o interior rochoso de cavernas à prova de intempéries, ao passo que a maioria das rochas em lugares como a África e a Austrália tendiam a estar em superfícies mais expostas.

As evidências de como essas populações se ocupavam em torno de suas fogueiras no inverno tomam a forma de antigas esculturas entalhadas em ossos, chifres e marfim de mamutes, e também de joias muito detalhadas e bem executadas, recuperadas de locais na Europa e na Ásia. Entre as mais famosas dessas peças está a escultura representativa mais antiga do mundo, a Löwenmensch, ou "o homem-leão", de Hohlenstein-Stadel. Esculpida entre 35 mil e 40 mil anos atrás, a estátua de marfim de mamute nos lembra que não só os forrageadores viam a relação entre eles e seus vizinhos animais como ontologicamente fluida, mas também que eles tinham desenvolvido e dominado toda uma gama de técnicas e ferramentas para lidar com as idiossincrasias do marfim como um suporte para seu trabalho.

Mas é um sítio arqueológico chamado Sunghir, descoberto nos anos 1950 nas margens lamacentas do Rio Klyazma, na margem oriental da cidade russa de Vladimir, que dá pistas de como essas populações se ocupavam enquanto esperavam que o pior do inverno passasse. Em meio às ferramentas de pedra e outras peças mais convencionais, os arqueólogos descobriram ali várias sepulturas. Nenhuma era mais notável do que a elaborada tumba compartilhada por dois garotos que, entre 30 mil e 34 mil anos atrás, foram enterrados juntos ao lado de uma lança feita de presa de mamute endireitada, em roupas decoradas com quase 10 mil contas também feitas de presa de mamute e laboriosamente esculpidas, bem como peças incluindo um cinto decorado com dentes arrancados dos crânios de mais de cem raposas.

Arqueólogos estimam que foram necessárias até 10 mil horas de trabalho para esculpir somente essas contas, o que equivaleria a aproximadamente o esforço em tempo integral de um só indivíduo trabalhando 40 horas por semana durante cinco anos. Alguns sugeriram que os garotos em questão devem ter desfrutado de algo como um *status* de nobreza, e, por causa disso, esses túmulos indicam que existia desigualdade formal entre esses forrageadores.[11] Isso é, na melhor das hipóteses, uma tênue evidência de hierarquia institucional; afinal, algumas sociedades forrageadoras igualitárias, como os ju/'hoansi, também faziam itens elaborados de forma semelhante. Mas a quantidade de tempo e a habilidade envolvidas na manufatura das contas de mamute e dos outros itens sugere que, como no caso dos povos nativos do noroeste do Pacífico, o ciclo anual de trabalho para eles era sazonal, e também que, nos meses de inverno, as pessoas frequentemente concentravam suas energias em atividades mais artísticas e mais caseiras.

Ao ocasionalmente armazenar alimentos e organizar seu ano de trabalho de forma a acomodar intensas variações sazonais, as populações forrageadoras europeias e asiáticas deram um passo importante no sentido de adotar com o trabalho uma relação mais duradoura e mais voltada para o futuro. Ao fazê-lo, eles também desenvolveram uma relação diferente com a escassez, que se assemelha àquela que hoje molda nossa vida econômica em aspectos importantes. Mas, mesmo que precisassem planejar as coisas com mais antecedência do que nossos antepassados de climas mais quentes, esses povos de climas frios também eram bastante confiantes na providência, pelo menos sazonal, de seus ambientes. Ironicamente, foi apenas quando a terra começou a esquentar, há 18 mil anos, que alguém daria os primeiros passos fatídicos em direção à produção de alimentos, e assim lançaria as bases de nossa espécie, aumentando a pegada energética e a obsessão com o trabalho.

PARTE TRÊS

LABUTANDO NA LAVOURA

7

Pulando da beirada

NA NOITE DE sábado, 19 de outubro de 1957, caminhantes que percorriam os penhascos perto do Salto de Govett, nas Montanhas Azuis da Austrália, encontraram um par de óculos, um cachimbo, uma bússola e um chapéu, tudo bem arrumado em cima de uma capa de chuva tipo mackintosh dobrada. Mais tarde, ficou claro que aqueles objetos pertenciam ao mundialmente famoso e notoriamente excêntrico arqueólogo Vere Gordon Childe, professor então recentemente aposentado. Ele tinha dado entrada como hóspede no Hotel Carrington, próximo dali, e havia sido considerado como desaparecido mais cedo naquele dia por seu motorista, quando não apareceu para ser transportado a um almoço após uma caminhada matinal nas montanhas. A equipe de busca despachada para investigar as rochas mais de 150 metros abaixo do Salto de Govett voltou com o corpo sem vida do professor. Após uma breve investigação, o médico legista local concluiu que o professor, que era míope, havia pisado em falso depois de deixar para trás seus óculos, e então caiu para a morte em um acidente horrível.

Vinte e três anos depois, provou-se que o veredito do médico legista estava errado.

Um ano antes de fazer seu *check-in* no Hotel Carrington, Childe, aos 64 anos, se despediu de uma longa e distinta carreira, primeiro como professor de Arqueologia na Universidade de Edimburgo e depois como diretor do Instituto de Arqueologia da Universidade de Londres. Vários dias antes de mergulhar do Salto de Govett, Childe escreveu ao professor William Grimes, seu sucessor no instituto. Solicitou que Grimes guardasse o conteúdo da carta para si mesmo por pelo menos uma década, a fim de evitar qualquer escândalo. Grimes fez o que lhe foi pedido. Só revelou o segredo de Childe em 1980, quando enviou a carta à maior revista de arqueologia do mundo, a *Antiquity*, que a publicou na íntegra.[1]

"O preconceito contra o suicídio é totalmente irracional", escreveu Childe a Grimes. "Dar fim à sua vida deliberadamente é, na verdade, algo que distingue o *Homo sapiens* de outros animais de forma ainda melhor do que o enterro cerimonial dos mortos. Um acidente poderia me acontecer fácil e naturalmente em um penhasco", disse ele, e acrescentou que "a vida termina melhor quando se está feliz e forte".

Uma vez que Childe permaneceu resolutamente solteiro ao longo de sua vida, a perspectiva de uma aposentadoria solitária com uma pensão inadequada deve ter desempenhado algum papel em sua decisão de acabar com sua vida. Mas sua carta a William Grimes foi, acima de tudo, uma fria meditação sobre a falta de sentido de uma vida sem trabalho útil a fazer. Nela, ele expressou a opinião de que os idosos não eram mais do que parasitas rentistas que sugavam a energia e o trabalho duro dos jovens. Além disso, não expressou nenhuma simpatia pelos idosos que continuavam a trabalhar, determinados a provar que ainda eram úteis. Disse que eles eram obstáculos no caminho do progresso e roubavam de seus "mais jovens e mais eficientes sucessores" a oportunidade de promoção.

Nascido em Sidney em 1892, Childe foi o mais notável pré-historiador do período entre guerras, tendo publicado centenas de artigos influentes e vinte livros ao longo de sua carreira. Mas, com a idade de 64 anos, ele havia chegado à triste conclusão de que "não tinha mais contribuições úteis a fazer" e que muito de seu trabalho, quando visto em retrospecto, havia sido em vão.

"Na verdade, temo que as provas pendam contra as teorias que tenho defendido, ou mesmo a favor daquelas contra as quais mais fortemente me oponho", confessou ele.

O suicídio de Childe foi um ato revolucionário final em uma vida na qual as revoluções desempenharam um grande papel. Marxista declarado, em sua juventude esperava que a carnificina da Primeira Guerra Mundial pudesse acelerar o fim da era imperial e inspirar uma revolução global nos moldes comunistas, o que o tornou um pária para muitos na Austrália. Os mesmos pontos de vista também resultaram em sua posterior proibição de viajar para os Estados Unidos e no fato de o serviço secreto britânico, o MI5, o ter declarado "pessoa de interesse" – em outras palavras, uma pessoa suspeita – e monitorar rotineiramente sua correspondência. Mas seu trabalho mais revolucionário aconteceu no campo muito menos politicamente incendiário dos estudos da pré-história. Ele foi o primeiro a insistir que a transição de nossos ancestrais, da caça e coleta para a agricultura, foi tão profundamente transformadora que deveria ser tratada como uma "revolução", em vez de uma mera transformação. Foi uma ideia que ele alimentou e expandiu ao longo de sua carreira, mas que encontrou sua expressão mais clara em seu livro mais importante, *Man Makes Himself* ("O homem faz a si mesmo", em tradução livre), publicado em 1936.

Durante a maior parte da carreira de Childe, as principais ferramentas utilizadas pelos arqueólogos eram espátulas, pincéis, baldes, peneiras, chapéus panamá e sua imaginação. No final de sua vida, Childe ficou cada vez mais preocupado com o fato de que muitas de suas melhores ideias se revelassem inúteis. Naquele ponto, os arqueólogos tinham começado a trabalhar muito mais ao lado de geólogos, climatologistas e ecologistas, e descobertas mais recentes revelavam que a história da transição para a agricultura era muito mais complexa do que a que ele descrevera em *Man Makes Himself*. Hoje também parece cada vez mais provável que alguns dos fatores que ele pensava terem sido consequências da adoção da agricultura – como as pessoas viverem em assentamentos permanentes – estavam na verdade entre suas causas. Mas Gordon Childe estava absolutamente correto em avaliar que, em termos históricos gerais, a transição para a agricultura foi mais transformadora do que qualquer outra transição que veio antes ou depois dela. Se ele errou em algo, foi apenas no fato de, na verdade, não ter dado uma importância ainda maior a essa transição. Isso porque, enquanto as transformações anteriores e posteriores à agricultura – desde o domínio do fogo até o desenvolvimento do motor de combustão interna – também aumentaram drasticamente a quantidade de energia que os humanos foram capazes de aproveitar e colocar em funcionamento, a revolução agrícola não só permitiu o rápido crescimento da população humana como também transformou fundamentalmente a forma como as pessoas se relacionavam com o mundo ao seu redor, como elas consideravam seu lugar no cosmos, suas relações com os deuses, com suas terras, com seus ambientes e uns com os outros.

Gordon Childe não estava especialmente interessado em cultura, pelo menos não da mesma forma que seus colegas do Departamento de Antropologia Social. Aliás, assim como a maioria de seus contemporâneos, ele também não tinha motivos para acreditar que caçadores-coletores de sociedades em pequena escala, como os aborígines da Austrália, pudessem ter desfrutado de vidas de relativo lazer ou imaginassem que seus ambientes fossem eternamente providentes. Por causa disso, ele nunca fez a conexão entre o profundo vazio que sentia, quando acreditava não ser mais capaz de contribuir de forma útil por meio de seu trabalho, com as mudanças culturais e econômicas que surgiram organicamente a partir de nosso íntimo envolvimento com a agricultura. Ele também não imaginava que as suposições que sustentavam aquele sistema econômico – ideias que o deixavam tão ansioso sobre como ele iria financiar sua aposentadoria, que afirmavam que a ociosidade era um pecado e que se prestar ao trabalho é sempre uma virtude – não fizessem parte da eterna luta da humanidade. Eram, também elas, subprodutos da transição do forrageamento para a agricultura.

Para os funcionários do MI5, que vasculhavam relatórios de campo arqueológicos em busca de mensagens conspiratórias nas correspondências de Gordon Childe, a palavra "revolução" trazia à mente imagens de tramas envolvendo traição. Mas, para os colegas de Childe na universidade, essa palavra evocava a imagem, muito mais suave, de uma teoria estabelecida que ia cedendo calmamente sob o peso de suas próprias contradições, assim abrindo o caminho para novas formas de tentar resolver problemas antigos.

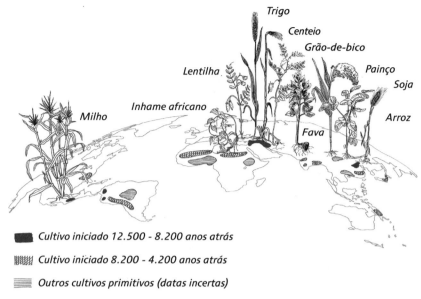

■ Cultivo iniciado 12.500 - 8.200 anos atrás
▓ Cultivo iniciado 8.200 - 4.200 anos atrás
≡ Outros cultivos primitivos (datas incertas)

Lugares, independentes entre si, onde houve a domesticação de plantas.

Quando vista contra o pano de fundo de milhões de anos de história humana, a transição do forrageamento para a produção de alimentos foi mais revolucionária do que qualquer coisa acontecida antes ou depois. Ela transformou a maneira como as pessoas viviam, o que elas pensavam sobre o mundo, como trabalhavam, e rapidamente aumentou a quantidade de energia que as pessoas podiam captar e colocar a serviço do trabalho. E isso também aconteceu num piscar de olhos, do ponto de vista evolutivo. No entanto, nenhum dos indivíduos que fizeram parte dessa revolução pensou em si mesmo como fazendo algo particularmente notável. Afinal de contas, quando vista em contraste com a duração de uma única vida humana ou mesmo com a de várias gerações consecutivas, a adoção da agricultura foi uma transição gradual durante a qual as pessoas e toda uma série de plantas e animais foram lentamente, mas inexoravelmente, unindo seus destinos de maneira cada vez mais próxima uns dos outros – e, ao fazer isso, transformaram uns aos outros para sempre.

Durante um período de 5 mil anos, começando há pouco mais de dez milênios, uma sequência de populações não relacionadas entre si em pelo menos onze localidades geográficas distintas na Ásia, África,

Oceania e Américas começou a cultivar algumas plantas e a criar uma variedade de animais que foram sendo domesticados. O porquê exato ou a forma como isso aconteceu quase simultaneamente continua a ser um mistério. Pode ter sido uma coincidência espantosa. É muito mais provável, no entanto, que essa convergência, a princípio aparentemente improvável, tenha sido catalisada por uma série de fatores climáticos, ambientais, culturais, demográficos e possivelmente até evolutivos.[2]

A mais antiga evidência clara de domesticação de plantas ocorre nos vales suaves e colinas ondulantes do Levante, uma região que se estende através das nações que hoje formam Palestina, Líbano, Síria e Turquia. As pessoas ali começaram a experimentar o cultivo de trigo selvagem e leguminosas como o grão-de-bico por volta de 12,5 mil anos atrás, e então, cerca de 11 mil anos atrás, algumas variedades domesticadas de trigo começaram a aparecer no registro arqueoló-gico. Além dos cães, cuja associação com humanos remonta a pelo menos 14,7 mil anos, se não muito antes,[3] a evidência mais antiga de domesticação animal sistemática vem do Oriente Médio, onde há boas evidências de pessoas criando e pastoreando caprinos e ovinos cerca de 10,5 mil anos atrás. Outro berço verdadeiramente antigo da agricultura foi a China continental, onde comunidades nas planícies alagadas dos rios Yangtzé, Amarelo e Liao cultivavam painço e criavam porcos cerca de 11 mil anos atrás. Alguns milhares de anos depois, eles também começaram a cultivar variantes primitivas do que são hoje os mais importantes produtos básicos regionais no leste da Ásia, entre eles a soja e o arroz.[4]

Foram necessários quatro milênios antes que a agricultura se es-tabelecesse como a principal estratégia de subsistência para as pessoas que se assentavam por todo o Oriente Médio. Àquela altura, várias espécies importantes de plantas e animais, incluindo cevada, lentilhas, ervilhas, favas, grão-de-bico, trigo, porcos, bovinos, caprinos e ovi-nos, já tinham vinculado seus destinos às mulheres e homens que os plantavam, criavam e consumiam.[5] Foi também naquela época que a agricultura começou a decolar em outros lugares, com o resultado de que, há 6 mil anos, a agricultura já tinha se tornado uma estratégia de subsistência bem estabelecida em muitas partes da Ásia, Arábia e América do Norte, do Sul e Central.

★ ★ ★

Acredita-se que os natufianos tenham sido o primeiro povo do mundo a experimentar sistematicamente a agricultura. Mas não temos ideia de quais idiomas eles falavam ou de como se referiam a si mesmos. Esse povo, que está associado a partes do Oriente Médio em uma época entre 12,5 mil a 9,5 mil anos atrás, deve sua alcunha, que soa tão apropriadamente antiga, à imaginação de uma pioneira muito mais recente no mundo do trabalho: Dorothy Garrod, uma arqueóloga contemporânea de Vere Gordon Childe. Ela deu aos natufianos o nome de um dos sítios arqueológicos onde encontrou evidências de sua cultura, um lugar chamado Wadi al Natuf, que se situava na então Palestina Britânica.

Em 1913, Garrod se tornou a primeira mulher a se formar na Universidade de Cambridge com uma licenciatura em História. Vários anos mais tarde, após fazer uma pausa em seus estudos para ajudar no esforço de guerra britânico, ela obteve uma pós-graduação em Arqueologia e Antropologia pela Universidade de Oxford e determinou que seu destino era ser arqueóloga de campo. Não é surpresa que ela tenha tido muito trabalho para persuadir alguém a recrutá-la para uma escavação importante. Naquela época, os sítios arqueológicos eram de domínio exclusivo de homens que se fartavam de gim com cachimbos firmemente presos aos lábios, homens que acreditavam que as mulheres não tinham sido construídas para enfrentar os rigores da escavação em sítios remotos em terras distantes.

Garrod não se considerava uma feminista, por mais calma e imperturbável que fosse, mas tinha plena convicção de que as mulheres eram tão capazes de pegar pesado em campo quanto seus iguais masculinos. Da mesma forma pensava o arqueólogo francês Abbé Breuil, com quem ela estudou em Paris por alguns anos depois de deixar Oxford. Em 1925 e 1926, ele a enviou para liderar uma série de escavações menores em Gibraltar em nome do próprio Breuil. Depois que ela retornou a Paris, tendo descoberto e remontado com sucesso um hoje célebre crânio de neandertal conhecido como "Devil's Tower Child" (ou "criança da caverna Torre do Diabo"), seus colegas homens não tiveram escolha a não ser relutantemente reconhecer suas habilidades.

Em 1928, já com uma reputação de exploradora sensata firmemente estabelecida, Garrod foi convidada a liderar uma série de novas escavações no Monte Carmelo e arredores, em Jerusalém, em nome da Escola Americana de Pesquisa Pré-Histórica e da Escola Britânica de Antropologia. Desafiando as convenções, ela reuniu para o Projeto Monte Carmelo uma equipe formada quase inteiramente por mulheres, muitas das quais foram recrutadas em vilas palestinas locais. Durante um período de cinco anos, começando em 1929, ela liderou doze grandes escavações no Monte Carmelo e arredores; ao executar essa tarefa, se tornou pioneira no uso da fotografia aérea como auxílio às escavações. Os resultados de seus esforços foram publicados em um livro de 1937, chamado *The Stone Age of Mount Carmel* ("A Idade da Pedra do Monte Carmelo", em tradução livre), do qual ela foi coautora junto de outra arqueóloga que quebrou estereótipos de gênero, Dorothea Bates.

Esse livro foi inovador. Foi o primeiro estudo a traçar uma sequência arqueológica contínua de uma localidade, abrangendo quase meio milhão de anos de história humana. Foi também o primeiro a incluir sequências de materiais referentes às populações neandertal e *Homo sapiens*. E o mais importante de tudo: foi o primeiro estudo a propor que a área ao redor do Monte Carmelo tinha sido o lar de uma cultura regional distinta, há cerca de 12 mil anos, e que essa cultura foi responsável pela invenção da agricultura.

Ninguém no Departamento de Arqueologia da Universidade de Cambridge se lembra, hoje, se Dorothy Garrod, professora de 1939 até sua aposentadoria em 1952, gostava de terminar seus dias com um xerez ou gim tônica na sala comum dos *fellows* seniores do Newnham College, onde ela morava. Era costume fazê-lo antes dos jantares na faculdade, e, sendo a primeira mulher efetivada para presidir uma cátedra em Cambridge, ela deve ter precisado de uma bebida às vezes, depois de passar o dia sofrendo com os comentários maliciosos de alguns de seus colegas homens. Mas a riqueza sempre crescente de novos materiais, que apoiavam sua teoria de que os natufianos desempenharam um papel fundamental na transição para a agricultura, incluía evidências de que eles podem ter sido também as primeiras pessoas a relaxar com uma bebida alcoólica após um dia de trabalho. A análise dos resíduos químicos microscópicos encontrados nos almofarizes de pedra utilizados pelos natufianos revela que os objetos não eram usados apenas para triturar trigo, cevada e linho e fazer farinhas para assar simples pães ázimos,[6] mas foram usados também para fermentar grãos e fabricar cerveja.

Os pesquisadores que determinaram que os natufianos eram entusiastas da produção artesanal de bebida muito provavelmente estão certos em acreditar que a descoberta da cerveja levou aquele povo a abraçar a agricultura com mais pressa, e assim, portanto, a ter um fornecimento regular de grãos para fermentar. Eles também podem estar certos quando afirmam que a cerveja deve ter sido usada principalmente para fins rituais.[7]

Mas tanto arqueólogos quanto antropólogos são frequentemente afoitos demais em enxergar algo sagrado no profano, especialmente quando se trata de sexo e drogas. Da mesma forma que alguns dos famosos primeiros afrescos acabaram se revelando uma forma de pornografia suave, os natufianos podem ter bebido cerveja pelas mesmas razões que a maioria de nós bebe hoje.

Os ancestrais forrageadores dos natufianos muito provavelmente não eram bebedores de cerveja. Mas eram forrageadores versáteis e habilidosos, que rotineiramente faziam uso de mais de cem espécies individuais de plantas, entre elas o trigo, a cevada,[8] uvas silvestres, amêndoas e azeitonas. Provavelmente também não estavam tão especialmente focados apenas em atender suas necessidades imediatas, como faziam povos como os ju/'hoansi. As diferenças mais acentuadas entre as estações no Levante durante a última era glacial significavam que, mesmo que esses povos vivessem no limite em termos alimentares durante boa parte do ano, sem dúvida passavam algumas épocas do ano trabalhando mais do que em outras para adquirir pequenos excedentes a fim de ajudá-los a superar os invernos frios e escuros.

Algumas novas e surpreendentes evidências sugerem que pelo menos uma única comunidade, presumivelmente muito inovadora, que viveu perto do Mar da Galileia há cerca de 23 mil anos, conduziu algumas experiências iniciais com o cultivo. Isso embasa a ideia de que os forrageadores do Levante tinham uma mentalidade consideravelmente mais voltada ao retorno postergado do que outros povos, como os ju/'hoansi. Infelizmente para esse grupo em questão, as evidências arqueológicas também sugerem que tudo o que eles conseguiram fazer foi apressar a evolução de algumas das espécies de ervas daninhas que ainda hoje frustram os produtores de trigo.[9]

Apesar de os natufianos terem feito os primeiros experimentos com o plantio de alimentos, não se acredita que os grãos tenham formado a maior parte de sua dieta antes do começo do atual período interglacial quente. Naquela época, as plantações selvagens de trigo, cevada e centeio que cresciam no Levante não eram especialmente prolíficas. Elas, aliás, só produziam grãos miseráveis que muitas vezes mal valiam o trabalho de colher e depois debulhar. Seria necessária uma mudança significativa, e relativamente abrupta, no clima antes que essas plantas em particular se tornassem suficientemente produtivas para unir seu destino ao dos humanos que ocasionalmente as colhiam.

★ ★ ★

Algumas teorias mais bem estabelecidas que conectam as mudanças climáticas à adoção da agricultura são amplamente baseadas na hipótese de que a lenta transição da última era glacial para o atual período quente e interglacial, entre 18 mil e 8 mil anos atrás, catalisou toda uma série de mudanças ecológicas que, por sua vez, criou dificuldades terríveis para algumas populações de caçadores-coletores que já vinham bem estabelecidas. Essas teorias sugerem que a necessidade era a mãe da invenção, e que os forrageadores tinham poucas opções a não ser experimentar novas estratégias para sobreviver, considerando que os alimentos básicos familiares de então foram substituídos por novas espécies. Pesquisas mais recentes em uma série de áreas relacionadas têm desde então reafirmado que a escassez induzida pelas mudanças climáticas desempenhou um papel importante no sentido de levar algumas populações humanas para o caminho da produção de alimentos. Mas também sugerem que períodos de abundância induzidos pelas mudanças climáticas também desempenharam um papel importante nesse processo.

A Terra está atualmente atravessando sua quinta maior era glacial, conhecida como a Era Glacial do Período Quaternário. Essa era começou há cerca de 2,58 milhões de anos, quando as calotas de gelo do Ártico começaram a se formar, mas tem sido caracterizada por oscilações periódicas entre períodos interglaciais mais curtos e quentes e períodos mais propriamente glaciais frios. Durante os períodos glaciais, as temperaturas médias globais são cerca de 5 °C mais frias do que durante os períodos interglaciais e, como muito da água do planeta fica presa em placas de gelo, esses períodos são também consideravelmente mais secos. Os períodos glaciais normalmente duram cerca de 100 mil anos, mas os períodos interglaciais, como aquele em que nos encontramos hoje, são fugazes, durando apenas entre 10 mil e 20 mil anos. Também leva frequentemente até dez milênios do final de um período glacial para que as temperaturas globais subam aos níveis mais quentes historicamente associados a períodos interglaciais.

Atividade solar, radiação cósmica, erupções vulcânicas e colisões celestiais desempenharam papéis na mudança do delicado equilíbrio do clima da Terra no passado. Os seres humanos, com seus combustíveis fósseis, não são de forma alguma o primeiro ou o único organismo vivo a ter alterado substancialmente a composição atmosférica o suficiente para transformar radicalmente o clima. Ainda teríamos um longo caminho a percorrer antes de causarmos um impacto que pudesse ser comparável ao causado pelas cianobactérias consumidoras de dióxido de carbono durante o grande evento de oxidação que precedeu o florescimento das formas de vida respiratórias de oxigênio na terra primitiva. Mas as principais razões pelas quais a Terra se alterna entre períodos glaciais gelados e interglaciais mais suaves são as mudanças no alinhamento do eixo da Terra – a tendência da Terra em oscilar lentamente à medida que gira – e as mudanças no caminho de sua órbita em torno do Sol, que acontecem como resultado de ela ser empurrada para frente e para trás pela atração gravitacional de outros grandes corpos celestes.

A Terra entrou no atual período mais quente como resultado de uma convergência desses ciclos há cerca de 18 mil anos. Mas só 3,3 mil anos depois é que alguém teria notado que algo fundamental havia mudado. Então, em poucas décadas, as temperaturas na Groenlândia subitamente subiram 15 °C, o suficiente para derreter geleiras, e no sul da Europa em uma quantidade mais modesta, mas ainda totalmente transformadora, de 5 °C. Esse período de rápido aquecimento, junto aos dois milênios que se seguiram, é chamado de Oscilação Bølling–Allerød. Durante esse breve período, o Oriente Médio foi transformado de um ecossistema de estepe fria e seca em um Éden quente, úmido e temperado, abrigando florestas de carvalho, oliveiras, amêndoas e pistache, com pastagens repletas de cevada e trigo selvagens, onde vastos rebanhos de gazelas bem servidas pastavam sempre mantendo um olho atento a leões, guepardos e natufianos famintos.

Mas não foram apenas as condições mais quentes e úmidas que inspiraram os natufianos a abraçar algo parecido com uma forma de protoagricultura durante aquele período. Coincidentemente com o recuo das camadas de gelo, uma pequena, mas significativa, mudança na composição dos gases na atmosfera terrestre criou condições que permitiram que cereais, como o trigo, prosperassem às custas de algumas outras espécies vegetais.

Nem todas as plantas executam da mesma maneira o trabalho de transformar o carbono inorgânico do dióxido de carbono em compostos orgânicos em suas células vivas. Algumas, como trigo, feijão, cevada, arroz e centeio, utilizam uma enzima – chamada rubisco (ou RuBisCO) – para sequestrar moléculas de dióxido de carbono que passam por ela e depois metabolizá-las em compostos orgânicos. A rubisco, porém, é uma sequestradora desajeitada, e tem o hábito de ocasionalmente tomar as moléculas de oxigênio como reféns por engano – um processo chamado de fotorrespiração. Trata-se de um erro dispendioso. Ele desperdiça a energia e os nutrientes que entraram na construção da rubisco e também faz com que a planta incorra em perda de oportunidades com relação ao seu crescimento. A frequência com que a rubisco se liga ao oxigênio é mais ou menos proporcional à quantidade de oxigênio em relação ao dióxido de carbono no ar. Como resultado, essas plantas chamadas C_3, como os biólogos se referem a elas, são particularmente sensíveis às mudanças no dióxido de carbono atmosférico, pois o aumento da proporção de CO_2 na atmosfera aumenta a taxa de fotossíntese e diminui a taxa de fotorrespiração. Em contraste, plantas C_4, como a cana-de-açúcar e o painço, que compreendem quase um quarto de todas as espécies de plantas, metabolizam o dióxido de carbono de uma forma muito mais ordenada. Elas desenvolveram uma série de mecanismos que evitam desperdício de energia na fotorrespiração. Como consequência disso, elas são relativamente indiferentes a pequenos aumentos nos níveis de dióxido de carbono, mas superam as plantas C_3 quando os níveis de dióxido de carbono diminuem.

A análise dos núcleos de gelo da Groenlândia mostra que o final da última era glacial foi marcado por um aumento do dióxido de carbono atmosférico. Esse processo estimulou o aumento da fotossíntese nas plantas C_3 entre 25 e 50%, encorajando-as a crescerem mais e superar as plantas C_4 na competição por nutrientes do solo.[10] Isso, por sua vez, estimulou níveis mais altos de nitrogênio no solo, dando às plantas C_3 um empurrão adicional.[11] Com o aquecimento do Oriente Médio, várias espécies de plantas C_3 prosperaram – principalmente vários grãos, leguminosas, *pulses* (sementes secas) e árvores frutíferas, incluindo trigo, cevada, lentilhas, amêndoas e pistaches – enquanto toda uma série de outras espécies de plantas que estavam mais bem adaptadas às condições mais frias declinaram.

Com um clima em aquecimento e uma atmosfera mais rica em dióxido de carbono causando o desaparecimento de algumas espécies alimentares familiares, ao mesmo tempo em que aumentava a produtividade de outras, as populações locais se tornaram, inadvertidamente, cada vez mais dependentes de uma quantidade bem menor de espécies de plantas, mas muito mais prolíficas.

Os forrageadores são oportunistas, e, para os natufianos, o período quente do Bølling–Allerød foi uma oportunidade de comer bem com muito menos esforço. Seus verões se tornaram mais suaves, seus invernos perderam seu caráter brutal, choveu com mais frequência e o rendimento alimentar aumentou tanto que, nos séculos seguintes, muitos natufianos ficaram felizes em abandonar a vida outrora nômade de seus ancestrais em busca de uma vida muito mais sedentária em pequenas vilas permanentes. Alguns natufianos até mesmo se deram o trabalho de construir moradias robustas com paredes de pedra e pisos cuidadosamente calçados ao redor de lareiras de pedra – as mais antigas estruturas permanentes construídas intencionalmente já descobertas no mundo. E, se pudermos nos basear nos cemitérios adjacentes a esses vilarejos, é possível concluir que esses assentamentos foram ocupados durante muitas gerações consecutivas. Ser sedentário também significava que os natufianos estavam satisfeitos em gastar muito mais tempo e energia do que qualquer povo antes deles na construção e no uso de ferramentas pesadas que não podiam ser facilmente levadas de um acampamento a outro. Dentre essas, as mais importantes são os pesadíssimos almofarizes de calcário e basalto que eles usavam para pulverizar grãos, amassar tubérculos e, ao que parece, fazer cerveja.

Com tanta comida à sua volta, os natufianos também foram capazes de desenvolver outras habilidades. Ferramentas de pedra e osso lindamente decoradas, esculturas de pedra de apelo erótico e joias elegantes recuperadas de sítios arqueológicos natufianos sugerem que eles gostavam de passar tempo embelezando suas ferramentas, suas casas e a si mesmos. Não sabemos nada sobre as canções que eles cantavam, a música que faziam ou em que acreditavam, mas, se pudermos nos balizar pelos cuidados que tomavam para garantir que seus mortos se aventurassem na vida após a morte cheios de adornos delicados, pode-se afirmar que eles também tinham uma rica vida ritual.

Os cemitérios natufianos também contam outra história importante sobre suas vidas. As análises osteológicas dos ossos e dentes dos natufianos mostram que eles raramente sofriam de deficiências dietéticas sistemáticas, ou que não tinham de suportar aqueles mesmos períodos prolongados de estresse dietético se comparados com as primeiras comunidades agrícolas. Eles também indicam que os natufianos não tiveram de lidar com muito trabalho físico árduo, especialmente quando comparados com as populações agrícolas posteriores. Mesmo assim, parece que os natufianos devem ter enfrentado algumas dificuldades. As evidências osteológicas mostram que poucos natufianos nos assentamentos permanentes viviam muito além dos 30 anos de idade, talvez porque ainda não tinham compreendido alguns dos requisitos bem específicos de higiene necessários para se viver em uma aldeia permanente.

Os natufianos continuaram a ser grandes caçadores durante esse período e costumavam se alimentar de auroques (os grandes ancestrais do gado moderno) e ovelhas, caprinos e jumentos selvagens.

Eles consumiam cobras, martas-dos-pinheiros, lebres e jabutis também, pescavam peixes de água doce do Rio Jordão e aprisionavam aves aquáticas ao longo das margens do rio. Mas as pilhas de ossos de gazela que entulham os sítios arqueológicos natufianos sugerem que elas eram, de longe, sua fonte favorita de proteína. E, em conjunto com as pedras sulcadas que não têm outra finalidade óbvia a não ser endireitar os eixos de flechas de madeira, o apetite dos natufianos por gazelas também sugere que eles dominaram o tiro com arco e flecha para derrubar aqueles animais, que estão entre os mais rápidos e mais alertas de todos os ungulados. Como os forrageadores do sul e leste da África sabem muito bem, é quase impossível caçar criaturas como as gazelas sem um bom armamento lançador de projéteis.

★ ★ ★

O trigo silvestre gera rendimentos alimentares muito mais baixos do que as variantes domesticadas modernas, razão pela qual os consumidores de pães assados a partir de "grãos antigos" precisam ter muito dinheiro. Mas, em comparação com a maioria das outras plantas alimentares silvestres, os cereais silvestres são praticamente os únicos de alto rendimento. Um dos ancestrais do trigo moderno, o trigo farro, pode atingir rendimentos de até 3,5 toneladas métricas por hectare nas condições certas, ainda que rendimentos entre 1 e 1,5 toneladas métricas por hectare sejam mais comuns. O trigo einkorn (*Triticum monococcum*), outro antepassado do trigo moderno, pode gerar rendimentos de até 2 toneladas métricas por hectare.

Nos anos 1960, Jack Harlan, um agrônomo de plantas e entusiasta precoce da biodiversidade vegetal, se viu inspirado a conduzir algumas experiências quando, enquanto viajava pelo sudeste da Turquia, deparou-se com "vastos mares de trigo selvagem primitivo" nas encostas mais baixas da montanha vulcânica Karacadag. Ele se perguntou: quanto trigo um antigo caçador-coletor do Oriente Médio conseguiria colher de um campo como aquele em uma hora?

Em uma de suas experiências, Harlan mediu a quantidade de trigo selvagem que ele poderia colher usando apenas as mãos. Em outra, mediu o quanto poderia colher usando uma foice de madeira e pedra semelhante àquelas recuperadas por Dorothy Garrod por volta de trinta anos antes. Usando apenas suas mãos, conseguiu colher alguns quilos de grãos em uma hora. Usando a foice para cortar o trigo antes de retirar os grãos à mão, ele foi capaz de aumentar esse rendimento em 25%. Observou que fazer isso resultava em menos desperdício, mas o mais importante era que o ajudava a poupar suas "mãos urbanizadas", suaves demais, de se esfregarem até ficarem em carne viva. Com base no bom resultado desse experimento, ele concluiu que "um grupo familiar, começando a colheita perto da base de Karacadag e trabalhando na subida à medida que a estação avançava, podia colher facilmente [...] durante um período de três semanas ou mais, e sem trabalhar muito [...] mais grãos do que a família inteira poderia consumir em um ano".[12]

Reconstituição de uma foice natufiana feita de osso.

Enquanto os forrageadores como os ju/'hoansi desfrutavam de uma forma de afluência sem abundância pelo fato de terem desejos modestos que eram facilmente atendidos, e enquanto viviam em um ambiente que só era capaz de atender de forma sustentável esses modestos desejos, os natufianos desfrutavam de uma forma de afluência baseada em uma abundância material muito maior. Durante algum tempo, seu ambiente foi quase tão espontaneamente produtivo por hectare quanto os das sociedades agrícolas com populações muito maiores que se seguiram. Mas o mais importante é que os natufianos não precisavam trabalhar tão pesado quanto elas. Ao passo que os futuros agricultores de grãos se viam atados a um calendário agrícola, com épocas específicas para arar, preparar, plantar, irrigar, capinar, colher e processar suas colheitas, tudo o que os natufianos precisavam fazer era vaguear pelos campos de trigo selvagens já estabelecidos, colher deles e processar. Mas essa abundância era sazonal. Eles precisavam se preparar para as futuras estações mais magras, o que resultava em alguns períodos bem mais ocupados do que outros, colhendo e armazenando alimentos adicionais. Os mesmos arqueólogos que encontraram as evidências para a fabricação da cerveja dos natufianos também encontraram vestígios microbotânicos em alguns imensos almofarizes de pedra usados pelos natufianos, o que indica que eles foram usados para armazenar grãos há até 13 mil anos, e também que sua descoberta da cerveja foi provavelmente um acidente relacionado ao armazenamento de alimentos.[13]

Essa pode ser a única evidência indiscutível de armazenamento de alimentos pelos primeiros natufianos, mas não significa que os natufianos não tenham encontrado outras formas de armazenar e preservar os alimentos. Há evidências sugerindo, por exemplo, que eles fizeram cestas de fibras de juta, quenafe, linho e cânhamo que há muito se decompuseram em pó. Também é possível que as distintas cestas encontradas nos pisos empedrados de algumas casas natufianas de pedra tenham sido uma espécie de despensa. Além disso, dado o número prolífico de gazelas que eles matavam, é quase certo que ocasionalmente conservavam carne, provavelmente secando-a.

Cereais e leguminosas não foram, de forma alguma, os únicos beneficiários vegetais daquele clima em aquecimento. Muitas outras plantas também prosperaram, e, durante aquele período de abundância, os natufianos jantaram uma série de diferentes tubérculos, fungos, nozes, resinas, frutas, caules, folhas e flores.[14] Mas o que provavelmente levou os natufianos a se tornarem gerenciadores massivos de cereais silvestres e acumuladores de grandes excedentes, muito além de meros consumidores casuais de grãos com uma predileção por cerveja *sour*, foi um outro período de convulsões climáticas muito menos alegre.

★ ★ ★

Ao longo dos primeiros 1,8 mil anos do Bølling–Allerød, o clima esfriou gradualmente, mas nunca a ponto de alguém conseguir notar alguma diferença de um ano para o outro. Então, há cerca de 12,9 mil anos, as temperaturas caíram repentinamente. Na Groenlândia, a temperatura média caiu até 10 °C em duas décadas, com o resultado de que as geleiras, que estavam em pleno recuo, começaram rapidamente a avançar outra vez. A tundra voltou a congelar e as calotas de gelo começaram a se forçar mais rapidamente na direção sul. Fora das regiões polares, as quedas de temperatura foram menos severas, mas não menos transformadoras. Na maior parte da Europa e do Oriente Médio, muitos devem ter pensado que haviam retornado a um período glacial quase da noite para o dia.

É incerto o que causou essa repentina onda de frio, chamada pelos paleoclimatologistas de Dryas Recente. As explicações têm variado de supernovas cósmicas, que teriam bagunçado a camada protetora de ozônio da Terra, a um enorme impacto de meteoro em algum lugar da América do Norte.[15] Elas também não são claras quanto à severidade do impacto ecológico em diferentes locais. Por exemplo, não há nenhuma evidência de que os níveis de dióxido de carbono atmosférico tenham diminuído durante o Dryas Recente, ou de que ele tenha tido impacto em lugares como o sul e leste da África. Também é incerto se, durante esse período, o Levante estava frio e seco como no período glacial anterior ou se estava frio, mas ainda relativamente úmido.[16] Mas não há dúvida de que o retorno repentino e indesejável de invernos longos e gelados e verões frescos abreviados causou quedas substanciais no rendimento de muitos dos principais alimentos vegetais a que os natufianos tinham se acostumado durante os milênios anteriores, ou também que, como resultado desse período, eles tenham simultaneamente perdido a fé tanto na providência de seu ambiente quanto em sua própria capacidade de passar a maior parte do ano concentrados apenas em atender suas necessidades imediatas.

Sabemos que, não muito depois da queda das temperaturas, os natufianos foram forçados a abandonar suas aldeias permanentes porque seus arredores não eram mais ricos em comida o suficiente para sustentá-los o ano todo. Sabemos também que, depois de 1,3 mil longos anos de clima miserável, as temperaturas subiram de repente novamente, tão abruptamente como haviam caído.

Mas, para além disso, só podemos especular sobre como eles lidaram com essas mudanças e, mais importante, sobre como seus esforços para entender essas mudanças alteraram suas relações com seus ambientes. Se pudermos nos basear no registro arqueológico do período imediatamente seguinte ao do Dryas Recente, então se conclui que essas alterações foram profundas.

A primeira indicação óbvia de que, naquele momento, os forrageadores do Levante já haviam perdido a confiança na eterna providência de seu ambiente são os restos quebrados de celeiros que haviam sido construídos com o claro propósito de armazenamento, o mais impressionante dos quais tinha área suficiente para armazenar até dez toneladas de trigo. Esses escombros foram escavados por arqueólogos perto das margens do Mar Morto, na Jordânia, e foram datados de quando o Dryas Recente chegou ao seu abrupto fim há 11,5 mil anos.[17] Eles não eram apenas simples câmaras; esses edifícios feitos de lama, pedra e palha tinham altos andares de madeira que foram inteligentemente projetados especificamente para manter as pragas à distância e evitar a umidade. É revelador que eles estivessem localizados bem ao lado do que parecem ter sido edifícios de distribuição de alimentos. Também fica claro que esses projetos não tiveram ali um surgimento espontâneo; mesmo que os arqueólogos ainda não tenham encontrado evidências de celeiros mais antigos e mais primitivos, os que eles escavaram foram certamente produto de muitas gerações de experimentação e elaboração.

Mas, de longe, a melhor evidência de que algo fundamental havia mudado no decorrer do Dryas Recente foi uma construção mais ambiciosa e hábil do que até mesmo o maior desses celeiros. E ela tomava a forma do que, hoje, se acredita ser o mais antigo exemplo de arquitetura monumental no mundo antigo: um complexo de edifícios, câmaras, megálitos e passagens descobertas em Göbekli Tepe, nas colinas perto de Orencik, no sudeste da Turquia, em 1994. Com sua construção iniciada durante o décimo milênio a.C., o complexo de Göbekli Tepe se mostra também, de longe, a mais antiga evidência no mundo de grandes grupos de pessoas se reunindo para trabalhar em um enorme projeto que não tinha nenhuma relação óbvia com a busca por alimentos.

★ ★ ★

As ruínas de Göbekli Tepe, em certo momento, foram descritas por seu descobridor, o arqueólogo alemão Klaus Schmidt, como um "zoológico da Idade da Pedra".[18] É uma descrição justa do que é indiscutivelmente o mais enigmático de todos os monumentos pré-históricos. Mas não foi apenas por causa dos quase incontáveis ossos de animais, de cerca de 21 espécies de mamíferos e 60 de diferentes aves, que foram recuperadas do local e que são considerados os restos de banquetes suntuosos, que Schmidt se dispôs a descrever o lugar como um zoológico. Foi também porque, entalhado em cada um dos aproximadamente 240 monólitos calcários organizados em séries de imponentes paredes de pedra secas, havia um verdadeiro inventário da antiga vida animal. Entre as imagens estão escorpiões, víboras, aranhas, lagartos, cobras, raposas, ursos, javalis, íbis, abutres, hienas e burros selvagens. A maioria foi feita em baixo relevo e toma a forma de gravações. Mas algumas das mais impressionantes foram esculpidas em alto relevo ou na forma de estátuas e estatuetas.

A analogia de Schmidt com um zoológico não ficava apenas na questão dos animais. Presidindo a coleção lítica, e bem no centro de cada recinto, havia uma fila de gigantescos pedregulhos calcários servindo como guardiões do zoológico, na forma de pares combinados de monólitos em forma de T. Cada um desses monólitos tem de cinco a sete metros de altura, e o maior pesa até oito toneladas. As mais impressionantes entre essas formidáveis placas de calcário precisamente trabalhadas têm aspectos muito obviamente antropomórficos. Elas trazem braços e mãos humanas esculpidos, assim como cintos ornamentais, peças de vestuário com padrões e tangas.

Não há nada de modesto nesse monumento. Os construtores de Göbekli Tepe obviamente não limitavam suas ambições se utilizando daquele mesmo escárnio que sustentava o aguerrido igualitarismo dos caçadores-coletores em pequena escala como os ju/'hoansi. E eles também claramente não consideravam o tempo livre da busca por alimentos como sendo um tempo para se dedicar a prazeres privados. A construção desse complexo de passagens sinuosas ligando câmaras retangulares e imponentes recintos ovulares – o maior dos quais tem um diâmetro semelhante ao da cúpula da Catedral de St. Paul em Londres – demandou uma quantidade considerável de tempo, energia, organização e, acima de tudo, de trabalho.

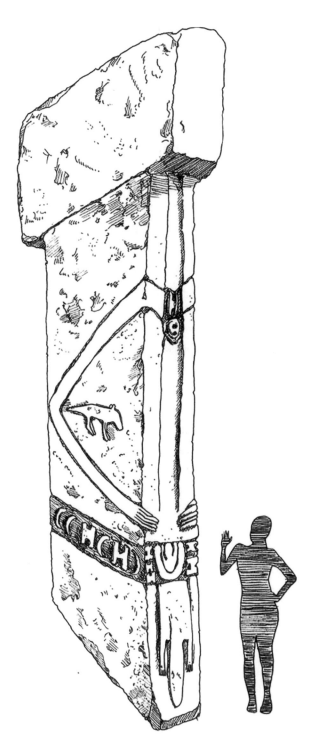

Um "guardião do zoológico" monolítico em Göbekli Tepe.

Apenas uma pequena parte do local foi escavada, mas, com mais de nove hectares de extensão, é muitas ordens de magnitude maior que Stonehenge e três vezes maior que o Parthenon de Atenas. Até agora, sete recintos foram escavados, e levantamentos geofísicos sugerem que há pelo menos mais 13 enterrados na colina.

Ao contrário de muitos monumentos posteriores, esse complexo foi construído pouco a pouco. Novos recintos foram acrescentados periodicamente ao longo de mil anos, com algumas estruturas mais antigas sendo preenchidas novamente e outras novas sendo construídas em cima delas. A construção também foi quase certamente sazonal e feita nos meses de inverno. E, tendo em vista que as pessoas naquela época teriam sorte se vivessem além dos 40 anos, é improvável que alguém que tenha participado do início da construção em qualquer um dos maiores recintos ainda estivesse vivo para testemunhar sua conclusão.

Até a descoberta de Göbekli Tepe, a narrativa então estabelecida sobre como as primeiras sociedades agrícolas tinham sido capazes de construir alguns monumentos era simples. Construções daquele tamanho eram tanto monumentos aos excedentes gerados pela agricultura intensiva quanto à engenhosidade e à vaidade de seus criadores, e ao poder dos deuses ou reis para cuja honra eles eram construídos. Isso porque a construção de estruturas como aquelas exigia não apenas líderes com ambição e poder para organizar sua construção, mas também muita mão de obra qualificada e não qualificada para fazer o trabalho duro.

Mas, desde o momento em que Klaus Schmidt e sua equipe começaram a remexer na colina de Göbekli Tepe, em 1994, ficou claro que essa narrativa anterior era simplista demais. E quanto mais Schmidt e seu crescente batalhão de arqueólogos escavavam, e quanto mais amostras eles datavam, mais se revelava que a dinâmica histórica entre agricultura, cultura e trabalho era muito mais complexa, e muito mais interessante, do que qualquer pessoa já imaginara. Tudo aquilo revelou que Göbekli Tepe não era um monumento feito por povos agrícolas bem estabelecidos. Na verdade, sua construção começou há cerca de 11,6 mil anos, mais de um milênio antes do aparecimento de cereais domesticados ou de ossos de animais no registro arqueológico.[19]

★ ★ ★

Lugares enigmáticos como Göbekli Tepe podem ser facilmente forçados a servir como adereços a todo tipo de fantasias. Ele já foi declarado como sendo, por exemplo, os restos da bíblica Torre de Babel, um catálogo superdimensionado das criaturas que foram guardadas na Arca de Noé, ou um complexo templo construído sob a supervisão de uma antiga raça de anjos guardiães designados por Deus para vigiar o Éden.

Com base na prevalência de hienas, abutres e outros necrófagos gravados nos pilares, bem como na recente escavação de algumas partes de crânios humanos com sinais de manipulação e decoração, alguns especularam que Göbekli Tepe pode, pelo menos por algum tempo, ter abrigado um antigo "culto ao crânio".[20] Outras possíveis interpretações do local feitas por arqueólogos têm variado entre o sagrado, na forma de um complexo templo, e o profano, na forma de uma antiga casa noturna que hospedava grandes festas.

Göbekli Tepe sempre se agarrará a seus segredos mais profundos. Entretanto, pelo menos sua importância na história da relação de nossa espécie com o trabalho é clara. Isso porque, além de ser um monumento às primeiras experiências com a agricultura, é a primeira evidência no mundo de pessoas guardando um excedente de energia suficiente para trabalhar durante muitas gerações consecutivas a fim de alcançar um objetivo maior, sem relação com o desafio imediato de obter mais energia, e um objetivo que se destinava a durar muito além das vidas de seus construtores.

Göbekli Tepe pode ser bem pouco se comparado à escala e complexidade das pirâmides ou dos templos maias construídos por sociedades agrícolas mais recentes. Mas sua construção deve ter exigido uma divisão de trabalho igualmente complexa e profissionais muito qualificados, entre pedreiros, artistas, escultores, desenhistas e carpinteiros, que dependiam de outros para alimentá-los. Em outras palavras, é a primeira evidência inequívoca de uma sociedade na qual muitas pessoas tinham algo parecido com empregos altamente especializados e em tempo integral.

8

Banquetes e fomes

CERCA DE 2 mil anos depois que os primeiros monólitos de Göbekli Tepe foram erguidos, alguma coisa convenceu dezenas, se não centenas, de antigos anatolianos a se reunirem ali e depois passarem meses – talvez até anos – sistematicamente preenchendo cada uma de suas passagens, câmaras e recintos profundos com escombros e areia até que o local fosse transformado em uma colina ordinária, que, em poucos anos, se tornaria grande demais e se dissolveria em meio a uma paisagem já bem ondulada.

Por pelo menos mil anos após a construção de Göbekli Tepe, o forrageamento ainda vinha desempenhando um papel importante na vida dos antigos anatolianos. O registro arqueológico indica que, pelo menos de início, muitas comunidades no Levante torceram o nariz para a ideia de começar a produzir alimentos mesmo em pequena escala. Mas, com o tempo, à medida que as comunidades do Oriente Médio se tornaram mais dependentes dos grãos cultivados, seus campos e fazendas desalojaram populações de animais e de plantas silvestres, tornando cada vez mais difícil até mesmo para os mais determinados forrageadores se sustentar caçando e coletando sozinhos.

Com isso, na época da inumação de Göbekli Tepe, há 9,6 mil anos, grande parte do Oriente Médio havia sido transformada em uma rede de pequenos assentamentos agrícolas e em pelo menos um assentamento de tamanho urbano, chamado Çatalhöyük, no centro-sul da Turquia, que se acredita ter sido, no seu auge, o lar de mais de 6 mil pessoas. Esses assentamentos se estendem desde a Península do Sinai até o leste da Turquia e, no interior, ao longo das margens dos rios Eufrates e Tigre. Variantes domesticadas de trigo e outras culturas, assim como os instrumentos usados para colhê-las, processá-las e armazená-las, entulham muitos sítios arqueológicos datados daquele período naquela região, assim como os ossos das ovelhas, cabras, bovinos e suínos, mesmo que algumas das características físicas altamente distintivas que hoje associamos ao gado e suínos totalmente domesticados — como as corcovas de algumas raças bovinas — só apareçam mais claramente no registro arqueológico.[1] Há também evidências sugerindo que alguns habitantes do Levante chegaram a se lançar aos mares e se estabeleceram em Creta e Chipre, o que, anos depois, serviria como plataforma de lançamento para a expansão da população agrícola no sul da Europa e além.

Não há dúvida de que o massivo enterro dos gigantescos sentinelas de Göbekli Tepe ao lado de seus silenciosos zoológicos de pedra foi um ato de vandalismo muito bem organizado, que exigiu níveis de comprometimento semelhantes aos que seus construtores empregaram no trabalho de construí-lo. Os humanos, assim como os tecelões-mascarados, muitas vezes parecem ter tanto prazer em destruir as coisas quanto em fazê-las, e a História é pontuada por muitos outros atos de destruição arquitetônica igualmente monumentais. A desajeitada dinamitação dos templos e túmulos da antiga cidade semita de Palmyra, a poucas horas de carro de Göbekli Tepe, pelos jovens zangados do Estado Islâmico é apenas um dos muitos exemplos recentes.

Nunca saberemos o que motivou os anatolianos a enterrar Göbekli Tepe sob escombros. Mas, se sua construção foi uma celebração à abundância de que seus construtores desfrutaram como resultado de terem aprendido a administrar intensivamente as colheitas selvagens e acumular e armazenar excedentes no final do Dryas Recente, então é tentador imaginar que, dois milênios depois, seus descendentes destruíram o lugar convencidos de que as serpentes esculpidas nos monólitos de Göbekli Tepe os haviam condenado a uma vida de eterna labuta. E isso porque, sob qualquer ponto de vista, as primeiras populações agrícolas tiveram vidas mais duras do que as dos construtores de Göbekli Tepe. De fato, levaria vários milhares de anos até que qualquer população agrícola de qualquer lugar tivesse energia, recursos ou a inclinação necessária para dedicar muito tempo à construção de grandes monumentos, fossem para si mesmos ou para seus deuses.

À medida que as sociedades agrícolas iam se tornando mais produtivas e capturavam mais energia de seus ambientes, a energia parecia ficar mais escassa e as pessoas tinham de trabalhar mais para atender às suas necessidades básicas. Isso porque, até a Revolução Industrial, quaisquer ganhos em produtividade que os povos agrícolas geravam como resultado de um trabalho mais árduo, adotando novas tecnologias, técnicas ou culturas, ou adquirindo novas terras, acabavam sendo sempre devorados por populações que cresciam rapidamente até alcançarem números que não tinham como ser sustentados. Como resultado disso, enquanto as sociedades agrícolas continuavam a se expandir, a prosperidade se mostrava geralmente fugidia, e a escassez evoluía de um inconveniente ocasional, do qual os forrageadores sofriam estoicamente de vez em quando, para um problema quase perene. Em muitos aspectos, as centenas de gerações de agricultores que viveram antes da revolução dos combustíveis fósseis pagaram por nossas vidas prolongadas e por nossas cinturas largas de hoje, suportando vidas mais curtas, mais desanimadoras e mais duras do que as nossas, e quase certamente também mais difíceis do que as de seus antepassados forrageadores.

★ ★ ★

É difícil sustentar o argumento de que uma vida longa e miserável seria melhor do que uma vida mais abreviada, porém feliz. Ainda assim, a expectativa de vida continua a ser um indicativo aproximado de bem-estar material e físico. Os demógrafos normalmente usam duas medidas de expectativa de vida: aquela ao nascer e aquela ao se atingir a idade de 15 anos. Esses números tendem a ser extremamente diferentes em todas as sociedades pré-industriais porque o alto número de mortes durante o parto, durante os primeiros anos e em toda a primeira infância faz com que a média total despenque. Assim, enquanto os forrageadores ju/'hoansi e hadzabe tinham expectativas de vida, ao nascer, de 36 e 34 anos, respectivamente, aqueles que atingiam a puberdade seriam considerados muito desafortunados se não vivessem bem além dos 60 anos.[2]

Dados demográficos abrangentes documentando nascimentos, mortes e idade de falecimento só começaram a ser sistematicamente coletados em algum momento do século XVIII. Os primeiros lugares a fazê-lo foram a Suécia, a Finlândia e a Dinamarca, e é por essa razão que os dados desses lugares aparecem em tantos estudos que analisam as mudanças na expectativa de vida por volta da época do Iluminismo Europeu e da Revolução Industrial. Os dados sobre a expectativa de vida de populações agrícolas anteriores são mais incompletos. Vêm principalmente da análise de ossos recuperados de cemitérios antigos. Mas esse recurso não é confiável, até porque não sabemos se os mesmos direitos funerários eram concedidos a todos e, portanto, não temos ideia do quanto os ossos recuperados de cemitérios são representativos. Algumas populações agrícolas posteriores trouxeram o benefício das inscrições funerárias em lápides e, às vezes, até mesmo dados de censo parcial, como no caso do Egito sob dominação romana; mas, mais uma vez, esses dados são geralmente incompletos demais para servir como qualquer coisa além de um guia aproximado. Mesmo que os demógrafos sejam cautelosos ao fazer pronunciamentos sobre a expectativa de vida nas sociedades agrícolas primitivas, há um amplo consenso de que, antes que a Revolução Industrial começasse a produzir efeitos e os avanços significativos da medicina começassem a ter mais impacto, a revolução agrícola não fez absolutamente nada para prolongar a vida do indivíduo médio – de fato, em muitos casos, encurtou-a em relação à vida de forrageadores isolados como os ju/'hoansi. Um estudo abrangente dos restos humanos da Roma Imperial, possivelmente a sociedade agrícola mais rica da história, por exemplo, mostra que a maioria dos homens de lá teriam sorte se vivessem muito além dos 30 anos de idade,[3] e a análise dos primeiros números de mortalidade bem documentados, que vieram da Suécia entre 1751 e 1759, sugere que os ju/'hoansi e os hadzabe tinham expectativas de vida um pouco superiores às dos europeus na iminência da Revolução Industrial.[4]

Os estudos osteológicos de ossos e dentes antigos também oferecem alguns *insights* sobre a qualidade de vida dos povos antigos. Eles mostram não apenas que os primeiros agricultores tiveram de trabalhar muito mais do que os forrageadores, mas também que as recompensas de todo esse hercúleo esforço adicional eram muitas vezes marginais, na melhor das hipóteses. Assim, quando se eliminam da equação os restos mortais das pequenas elites mimadas, os cemitérios de todas as grandes civilizações agrícolas do mundo até a Revolução Industrial contam uma persistente história de deficiências nutricionais sistemáticas, anemia, fomes episódicas e deformações ósseas como resultado de trabalho repetitivo e árduo, além de um conjunto alarmante de lesões horrendas e às vezes fatais induzidas pelo trabalho. O maior conjunto de ossos dos mais antigos agricultores vem da já mencionada Çatalhöyük. Eles revelam um quadro sombrio de "elevada exposição a doenças e às demandas laborais em resposta à dependência da comunidade por carboidratos vegetais domesticados e à sua produção, ao aumento do tamanho e da densidade populacionais, alimentado por uma fertilidade elevada, e aumento do estresse devido ao aumento da carga de trabalho [...] ao longo dos quase doze séculos de ocupação dos assentamentos".[5]

★ ★ ★

Tanto os antigos agricultores quanto os forrageadores sofreram com a escassez sazonal de alimentos. Durante aqueles períodos, tanto crianças como adultos iam dormir em alguns dias com fome, e todos perdiam gordura e músculos. Mas, durante períodos mais longos de tempo, as sociedades agrícolas eram muito mais propensas a sofrer fome severa e ameaçadora do ponto de vista da própria existência do que as forrageadoras.[6] O forrageamento pode ser muito menos produtivo e trazer ganhos muito menores de energia do que a agricultura, mas também é muito menos arriscado. Isso se deve, em primeiro lugar, ao fato de que os forrageadores tendem a viver bem dentro dos limites naturais impostos por seus ambientes, em vez de se aventurar perpetuamente em suas margens perigosas; em segundo lugar, ao fato de que, ao passo que os agricultores de subsistência geralmente dependiam de uma ou duas culturas básicas, os forrageadores, mesmo nos ambientes mais difíceis, dependiam de dezenas de diferentes fontes de alimentos e, portanto, geralmente eram capazes de ajustar suas dietas de modo a se alinharem com as respostas dinâmicas de um ecossistema às mudanças das condições. Tipicamente, em ecossistemas complexos, quando o clima se mostra inadequado para um conjunto de espécies vegetais, quase inevitavelmente se torna adequado a outras. Mas, nas sociedades agrícolas, quando as colheitas fracassam como resultado, por exemplo, de uma seca prolongada, a catástrofe está sempre à espreita.

Para as primeiras comunidades agrícolas, secas, enchentes e geadas prematuras não eram, de forma alguma, os únicos riscos ambientais existenciais. Toda uma série de pragas e agentes patogênicos também podiam acabar com suas culturas e rebanhos. Aqueles que concentravam suas energias na criação de gado aprenderam rapidamente que um dos custos de selecionar os indivíduos em favor de características como a docilidade era que isso tornava seus rebanhos mais fáceis de serem capturados pelos predadores, o que significava que eles precisavam de supervisão quase constante. Isso também significava que eles tinham de construir cercados para sua segurança. Mas, ao colocar seus animais em cercados apertados à noite, eles inadvertidamente apressaram a evolução e propagação de toda uma série de novos patógenos bacterianos, fúngicos e virais. Ainda hoje, poucas coisas causam tanto pânico nas comunidades pecuárias quanto um surto de febre aftosa ou de pleuropneumonia bovina.

Para os cultivadores de plantas, a lista de ameaças potenciais era ainda mais longa. Como os pastores, eles também tinham de lidar com animais selvagens, mas, no seu caso, o conjunto de espécies potencialmente problemáticas ia além de alguns predadores de primeiro escalão, com seus dentes afiados em busca de uma refeição fácil. Como continua sendo o caso dos agricultores em lugares como o Okavango, no norte da Namíbia, a gama de pragas se estende para muito além dos pulgões, pássaros, coelhos, fungos, lesmas e moscas-varejeiras que frustram os horticultores urbanos. Ela inclui várias espécies que, individualmente, pesam mais de uma tonelada, sendo as mais notórias entre elas os elefantes e os hipopótamos, e outras, como macacos e babuínos, com a rapidez, agilidade e inteligência para superar quaisquer medidas de proteção que um agricultor diligente possa colocar em prática, assim como toda uma série de espécies de insetos famintos.

Ao domesticar algumas culturas, os primeiros agricultores também desempenharam um papel vital em acelerar a evolução de toda uma série de patógenos, parasitas e pragas. A seleção natural ajudou essas espécies a se adaptar e a pegar carona em quase todas as intervenções que os agricultores iam fazendo em seus ambientes; não é de surpreender que elas tenham seguido de perto os agricultores aonde quer que eles fossem. A mais importante entre elas são as ervas daninhas. Enquanto o conceito de "erva daninha" ainda se mantém sendo simplesmente o de uma planta no lugar errado, há várias espécies de plantas que, apesar de serem consideradas indesejáveis do ponto de vista humano e ativamente erradicadas pelos agricultores, devem sua extraordinária resistência atual à sua adaptação para sobreviver, apesar dos esforços dos agricultores que, ao longo dos anos, trabalharam inúmeras horas no sentido de jogar veneno para acabar com elas ou arrancá-las do solo. O mais notável entre essas plantas é a extensa família de ervas daninhas cultiváveis do Oriente Médio que já se espalharam pelo mundo afora e se adaptaram muito rapidamente a todos os nichos agrícolas imagináveis, e que desenvolveram ciclos de dormência estreitamente alinhados aos do trigo e da cevada.

O gado e as culturas dos primeiros agricultores não foram as únicas vítimas desses novos patógenos. Os próprios agricultores também se viram nessa situação. Seus animais, em particular, foram traidores que, silenciosamente, vieram introduzindo todo um novo conjunto de patógenos letais à humanidade. Atualmente, os agentes patogênicos zoonóticos (aqueles transmitidos pelos animais) são responsáveis por quase 60% de todas as doenças humanas e três quartos de todas as doenças emergentes. Isso se traduz em aproximadamente 2,5 bilhões de casos de doenças humanas e 2,7 milhões de mortes a cada ano.[7] Algumas dessas doenças provêm de ratos, pulgas e percevejos que se proliferam nos cantos escuros dos assentamentos humanos, mas a maioria vem dos animais domésticos dos quais dependemos para a carne, leite, couro, ovos, transporte, caça e, ironicamente no caso dos gatos, para o controle de pragas. Entre elas estão verdadeiros baldes de doenças gastrointestinais, patógenos bacterianos como o antraz e a tuberculose, parasitas como o da toxoplasmose, e patógenos virais como os do sarampo e da influenza. E nossa história de consumir animais selvagens, de pangolins a morcegos, introduziu numerosos patógenos em nossa espécie, incluindo os coronavírus SARS e SARS-CoV-2. A diferença é que, no passado distante, quando as populações humanas eram consideravelmente menores e amplamente dispersas, esses surtos geralmente desapareciam assim que os patógenos matavam seus hospedeiros ou estes desenvolviam uma imunidade aos patógenos.

Esses patógenos microscópicos são menos misteriosos hoje do que eram no passado. Já temos também algum controle sobre alguns deles, mesmo que a evolução sempre garanta que esse controle seja apenas temporário. Mas, nas sociedades agrícolas pré-industriais, esses assassinos invisíveis e tão bem-sucedidos eram anjos da morte enviados por deuses irados. E, para piorar essa situação, como as dietas nas sociedades agrícolas pré-industriais tendiam a ser erráticas e dominadas por apenas uma ou duas culturas, as pessoas frequentemente também sofriam de deficiências nutricionais sistêmicas que as deixavam mal preparadas para resistir ou se recuperar de doenças de que a maioria das pessoas bem nutridas teria se desvencilhado facilmente.

Outro desafio ambiental crítico enfrentado pelos antigos agricultores era o fato de que um mesmo pedaço de chão não tinha como continuar produzindo colheitas confiáveis ano após ano. Para aqueles que tinham a sorte de cultivar em planícies aluviais, nas quais inundações periódicas refrescavam convenientemente a superfície do solo, esse não era um problema tão duradouro. Mas, para outros, era uma dura lição sobre os desafios da sustentabilidade, que eles resolviam principalmente com a mudança para um novo terreno ainda não explorado, o que veio acelerar assim a expansão da agricultura em toda a Europa, Índia e no sudeste asiático. Em muitas sociedades agrícolas primitivas, foram adotados sistemas rudimentares de ciclos de cultivo baseados no revezamento de grãos com leguminosas, ou deixando um campo em pousio de vez em quando. Mas somente no século XVIII ficaram estabelecidos os benefícios da rotação sequencial de culturas de ciclo longo, o que significa que os agricultores primitivos de todos os lugares devem ter experimentado a mesma sensação de frustração e de desastre iminente quando, apesar de o clima estar bem adequado, o estoque de sementes abundante e as pragas sob controle, eles ainda assim acabavam produzindo colheitas anêmicas e insuficientes para sustentá-los durante o ano seguinte.

Há muitos registros escritos documentando as muitas catástrofes que assolaram as sociedades agrícolas desde a era clássica. Mas não existe nada falando dos primeiros 6 mil anos da agricultura ou de como foram as coisas em sociedades agrícolas não letradas. Até recentemente, os arqueólogos baseavam suas crenças de que catástrofes semelhantes também afligiram as primeiras sociedades agrícolas em evidências que indicavam o colapso espontâneo de populações ou o abandono de cidades, assentamentos e vilarejos no mundo antigo. Hoje, evidências mais claras desses colapsos vêm sendo encontradas em nossos genomas. Comparações de genomas antigos e modernos na Europa, por exemplo, apontam sequências de catástrofes que dizimaram entre 40 e 60% das populações estabelecidas, de forma a drasticamente reduzir a diversidade genética de seus descendentes. Esses eventos de estrangulamento genético coincidiram claramente com a expansão das sociedades agrícolas através da Europa Central há cerca de 7,5 mil anos e, mais tarde, no noroeste da Europa, há cerca de 6 mil anos.[8]

O esgotamento dos solos, doenças, fome e, posteriormente, conflitos foram causas recorrentes de catástrofes em sociedades agrícolas. Mas tudo isso apenas brevemente atrasou o crescimento da agricultura. Mesmo apesar desses desafios, a agricultura acabou sendo muito mais produtiva do que o forrageamento, e as populações quase sempre se recuperaram em poucas gerações, plantando assim as sementes para um futuro colapso, amplificando suas ansiedades a respeito da escassez e encorajando sua expansão para novos espaços.

★ ★ ★

A eterna imposição da entropia, que diz que quanto mais complexa for uma estrutura, mais trabalho deve ser feito para construí-la e mantê-la, se aplica tanto a nossas sociedades quanto a nossos corpos. É preciso trabalho para transformar argila em tijolos e tijolos em edifícios, da mesma forma que é preciso energia para transformar campos de grãos em pães. Sendo assim, a complexidade de qualquer sociedade em qualquer momento em particular costuma ser uma medida útil para as quantidades de energia que ela captura, e também para a quantidade de trabalho (no sentido bruto e físico da palavra) que é necessário para construir e depois manter essa complexidade.

O problema é que inferir as quantidades de energia capturadas e então colocadas para realizar trabalho por diferentes sociedades em diferentes momentos ao longo da história humana é difícil, até porque depende de onde e como a energia foi obtida e com qual eficiência foi utilizada. Não é surpresa que os pesquisadores raramente concordem sobre os detalhes. Assim, há muito debate sobre se as taxas de captação de energia pelos romanos durante o auge de seu império seriam de alguma forma equivalentes às dos camponeses da Europa na iminência da Revolução Industrial, ou mais parecidas com as que caracterizaram os estados agrícolas anteriores.[9] Mas há um amplo consenso de que a história humana é marcada por uma sequência de saltos na quantidade de energia capturada à medida que novas fontes de energia foram adicionadas àquelas já em uso. Tampouco há discordância de que, numa consideração *per capita*, aqueles de nós que vivem nos países mais industrializados do mundo têm uma pegada energética em torno de cinquenta vezes maior que a das pessoas em sociedades de forrageamento de pequena escala, e quase dez vezes maior do que a da maioria das sociedades pré-industriais. Também há amplo consenso de que, após o domínio inicial do fogo, dois processos ampliaram drasticamente as taxas de captura de energia. O mais recente foi a exploração intensiva de combustíveis fósseis associada à Revolução Industrial. Mas, em termos de trabalho, a revolução energética mais importante foi a agricultura.

Os adultos nos Estados Unidos consomem em média cerca de 3.600 kcal em comida por dia,[10] principalmente sob a forma de amidos, proteínas, gorduras e açúcar refinados. Isso é muito mais do que os 2.000-2.500 kcal recomendados por dia para se manter saudável. Apesar da tendência de se comer mais do que seria realmente saudável para nós, a energia dos alimentos representa hoje uma pequena proporção da energia total que capturamos e colocamos para realizar trabalho. Mas a pegada energética da produção de alimentos é outra questão.

Como as plantas precisam de dióxido de carbono para crescer e os solos têm a capacidade de capturar o carbono, a agricultura poderia teoricamente ser neutra para a atmosfera, ou poderia até mesmo capturar mais dióxido de carbono do que emite. Mas, ao contrário, o processo de cultivo de alimentos para consumo tem uma enorme pegada energética. Se incluirmos no cálculo o desmatamento sistemático de florestas e a conversão de pastagens em terras aráveis, então a agricultura é hoje responsável por até um terço de todas as emissões de gases de efeito estufa. Muito do restante vem da fabricação e decomposição de fertilizantes, da energia necessária para fabricar e operar máquinas agrícolas, da infraestrutura necessária para processar, armazenar e transportar produtos alimentícios, e dos megatons de metano que escapam das entranhas estufadas do gado.

Nas sociedades industrializadas modernas, onde a maior parte de nossa energia é proveniente da queima de combustíveis fósseis, as pegadas de carbono oferecem uma estimativa aproximada da captação de energia. E é apenas uma estimativa porque uma proporção menor, mas ainda assim crescente, da energia que hoje usamos é proveniente de fontes "renováveis" como o vento, e estamos ficando muito melhores em utilizar mais eficientemente a energia, assim como incorrendo em menores perdas líquidas de energia na forma de calor. Isso significa que, na maioria dos casos, um quilo de carvão realiza muito mais trabalho útil do que costumava realizar.

Ao longo dos cerca de meio milhão de anos entre o domínio do fogo pelos nossos antepassados forrageadores e suas primeiras tentativas de experimentar com a agricultura, as quantidades de energia capturadas e utilizadas por eles não mudaram muito. Havia pouca diferença entre as taxas de captura de energia dos forrageadores ju/'hoansi com quem Richard Lee trabalhou em 1963 e os humanos arcaicos que se aqueceram com suas fogueiras na caverna Wonderwerk. Isso não quer dizer que todos os forrageadores tivessem precisamente as mesmas taxas de captação de energia, ou que todos realizassem a mesma quantidade de trabalho. A proporção de carne em suas dietas fazia muita diferença, assim como o local onde viviam. A energia total capturada ao longo de um ano pelos forrageadores que esculpiam em marfim em Sunghir, atual Rússia, há 35 mil anos, por exemplo, era maior do que a de qualquer um dos forrageadores que viveram em climas quentes em qualquer momento dos últimos 100 mil anos. Eles tinham de construir abrigos mais robustos para resistir às tempestades de inverno, fazer roupas e calçados mais resistentes, queimar mais combustível em suas fogueiras e comer alimentos mais ricos em energia simplesmente para manter sua temperatura corporal. Isso significa que, enquanto os forrageadores do sul e do leste da África capturavam talvez 2 mil kcal por dia em energia alimentar, e talvez mais mil em energia não-alimentar (na forma de combustível ou de recursos para fazer ferramentas como suas lanças ou seus ornamentos de ovo de avestruz), então é provável que os forrageadores no norte gelado tenham precisado capturar cerca do dobro disso para sobreviver durante os meses mais frios.

★ ★ ★

Enquanto o volume de alimentos produzidos para consumo humano hoje é espantoso, o número de espécies vegetais e animais distintas que consumimos rotineiramente não é tão surpreendente. Apesar do fato de que, atualmente, na maioria das grandes cidades do mundo, é possível experimentar a culinária de países de todos os continentes, apenas os mais cosmopolitas têm uma dieta que se aproxima da diversidade que tinham os caçadores-coletores de territórios não muito maiores do que um subúrbio de uma cidade moderna. A maioria das terras cultivadas em todo o mundo é destinada a um número limitado de culturas de alto rendimento energético. Quase dois terços são hoje utilizados para o cultivo de cereais, principalmente trigo, milho, arroz e cevada. A segunda maior categoria de culturas, que é responsável por cerca de um décimo de todas as terras cultivadas, é dedicada à produção de culturas que rendem óleos, como canola e azeite de dendê (também chamado de "óleo de palma") para cozinhar, para cosméticos e outras aplicações. Os cerca de 30% restantes das terras sob cultivo formam um mosaico de leguminosas, cana-de-açúcar, raízes e tubérculos, frutas, vegetais, ervas, especiarias, chás, cafés, culturas não alimentares, como o algodão, e também narcóticos como folhas de coca e tabaco. Parte da razão de ser das enormes extensões de terra utilizadas para o cultivo de cereais de alto rendimento, além do fato de que eles nos fornecem calorias ricas em carboidratos de baixo custo, é que é necessário engordar os animais domésticos, que são criados em cerca de 75% de todas as terras agrícolas, para serem abatidos o mais rápido possível ou para que eles produzam quantidades prodigiosas de leite, carne e ovos.

Cada um dos muitos milhares de espécies de plantas diferentes que o homem em algum momento colheu para a alimentação é teoricamente domesticável, se forem dados tempo e energia suficientes ou acesso a tecnologias para manipulação de seu genoma. Em herbários e jardins botânicos em todo o mundo, os botânicos frequentemente imitam as condições necessárias para cultivar com sucesso até mesmo as plantas mais temperamentais e sensíveis, e desenvolvem rapidamente novos cultivares que são robustos o suficiente para que jardineiros amadores de diversos ambientes os plantem em meio aos seus arbustos sem precisar se preocupar. Mas algumas espécies vegetais são muito mais fáceis de domesticar, pelo fato de que precisam de menos passos para desenvolver cepas que podem ser cultivadas e colhidas de forma confiável em larga escala. Algumas também são muito mais econômicas de se domesticar, porque, acima de tudo, elas mais geram energia a ser consumida do que demandam para um cultivo bem-sucedido. A economia da domesticação é hoje moldada tanto pela antecipação das necessidades quanto pelos caprichos dos modismos alimentares e pela existência de elites preparadas para pagar uma fortuna por produtos exóticos como as trufas, que são extremamente caras de cultivar. Historicamente, a economia da domesticação se baseou quase que inteiramente apenas nos retornos de energia que o cultivo poderia trazer.

Para os biólogos, a domesticação é apenas um entre muitos exemplos de mutualismo, a forma de simbiose que ocorre quando as relações ecológicas entre organismos de diferentes espécies os beneficiam a ambos. Redes de relações mutualistas interconectadas entre si sustentam todos os ecossistemas complexos e ocorrem em todos os níveis imagináveis, das menores bactérias até os maiores organismos, como árvores ou grandes mamíferos. E, muito embora nem todas as relações mutualistas sejam essenciais para a sobrevivência de uma espécie ou da outra, muitas se baseiam na dependência mútua. Algumas das mais óbvias incluem a relação entre as plantas e as abelhas, moscas e outras criaturas que as polinizam; animais como os búfalos, as garças e os pica-bois que removem parasitas, como os carrapatos; ou as milhares de espécies de árvores que dependem dos animais para consumir seus frutos e depois dispersar suas sementes por meio das fezes. Outras, menos imediatamente óbvias, incluem nossas relações com algumas das muitas espécies de bactérias que habitam nossos intestinos e nos ajudam, por exemplo, na digestão da celulose.

A relação entre um agricultor e seu trigo é, naturalmente, diferente em muitos aspectos importantes da maioria das outras relações mutualistas. Para que o trigo domesticado se reproduza, ele precisa primeiro ser debulhado pelos agricultores para liberar suas sementes da ráquis, o eixo fibroso da espiga onde elas ficam encerradas. Só existe um punhado de espécies que são como o trigo e que dependem de intervenções específicas ou da atenção de outra espécie diferente geneticamente não relacionada, no sentido de empurrá-las para além de um marco significativo em seu ciclo de vida. Mas, por mais raramente que aconteça, o cultivo é geralmente uma forma particularmente bem-sucedida de mutualismo, como fica evidenciado pelo sucesso das poucas outras espécies que cultivam alimentos, como os cupins criadores de fungos.

Algumas espécies vegetais, como o trigo e a cevada selvagens da Anatólia e o painço nativo da Ásia Oriental, quase que de certa forma pediram para ser domesticadas. Uma característica de praticamente todas as culturas primordiais, como essas que formam a base de nossa dieta hoje e foram domesticadas há milhares de anos, é a de que, por já serem de alto rendimento e autopolinizantes, elas levaram relativamente poucas gerações para alcançar as mutações características da domesticidade. No caso do trigo, por exemplo, a mutação para uma ráquis mais frágil foi controlada por um único gene que já era uma mutação frequente na maioria dos campos de trigo selvagem, junto com as mutações que levavam à produção de sementes maiores.

Igualmente importante, alguns ambientes antigos eram melhores incubadoras para a domesticação de plantas do que outros. Não é coincidência que a maioria das plantas que hoje consideramos como a base da alimentação tenha se originado entre 20 e 35 graus ao norte no Velho Mundo, e 15 graus sul e 20 graus norte nas Américas, todas zonas temperadas, com padrões sazonais de precipitação bem distintos, e bem adaptadas tanto ao crescimento de plantas anuais quanto às perenes. Também não é coincidência que, quando a agricultura se espalhou, ela o fez, pelo menos inicialmente, dentro dessas amplas latitudes.

Em diversos centros de domesticação onde não havia cereais nativos de alto rendimento e ricos em energia, era difícil para as populações alcançar os excedentes de energia necessários para construir e sustentar grandes cidades ou estados centralizados. Esta é uma das razões pelas quais, entre muitas das culturas "horticultoras" da

Oceania, América do Sul, América do Norte e do leste asiático, que domesticaram culturas de rendimento relativamente baixo, e cujas taxas de captação de energia raramente ultrapassavam em muito as alcançadas pelos forrageadores, a agricultura nunca realmente decolou e as populações permaneceram relativamente pequenas, dispersas e nômades. Essas pessoas também normalmente desfrutavam de muito mais tempo livre do que as pessoas que viviam em sociedades que dependiam principalmente ou exclusivamente da agricultura. É por isso que, para marinheiros europeus, como as tripulações das grandes viagens do Capitão Cook, as ilhas da Melanésia pareciam paraísos nos quais os habitantes locais raramente tinham de fazer mais do que colher frutas das árvores ou tirar peixes dos fartos mares.

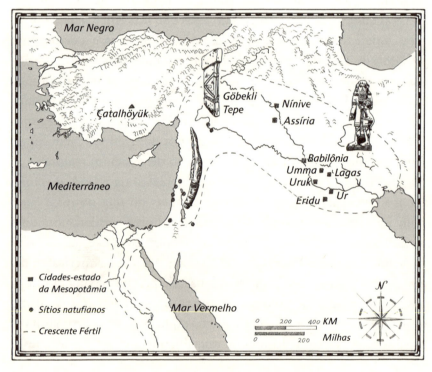

Oriente Médio durante o neolítico.

Em alguns casos, foram necessárias milhares de gerações de seleção artificial dolorosamente lenta para que cultivares domesticados gerassem rendimentos comparáveis aos dos produtores de grãos no Oriente Médio ou dos produtores de arroz e painço no Extremo Oriente. É por isso que, embora a forma basal do milho tenha surgido como resultado de cinco mutações relativamente comuns que ocorreram no genoma de sua planta ancestral, o teosinto, talvez cerca de 9 mil anos atrás, levou cerca de 8 mil anos até que alguém produzisse culturas de milho em escala suficiente para sustentar populações e cidades de tamanho semelhante às que floresceram no Mediterrâneo cerca de sete milênios antes daquilo.

Mas, se a trajetória humana foi moldada por sociedades agrícolas com culturas de maior rendimento, mais produtivas e mais ricas em energia, então por que a vida naquelas sociedades era tão mais trabalhosa do que a vida dos forrageadores? Essa era uma pergunta que incomodava o Reverendo Thomas Robert Malthus, um dos mais influentes dentre a coorte de economistas pioneiros do Iluminismo que, tal como Adam Smith e David Ricardo, estavam tentando entender por que, no século XVII, a pobreza continuava existindo apesar dos avanços na produção de alimentos.

★ ★ ★

Thomas Robert Malthus sofria de sindactilia. Dentre outras manifestações, essa condição genética muitas vezes causa a fusão de dedos nos pés e nas mãos de um indivíduo, o que levou seus alunos do East India Company College (Universidade da Companhia das Índias Orientais), onde, em 1805, ele se tornou professor de História e Economia Política, a lhe conceder o apelido de "pé de teia". Mas o pior ainda estava por vir. Poucas décadas após sua morte, em 1834, sua obra *Ensaio sobre o Princípio da População*, de longe a mais importante, na qual ele argumentava que a superpopulação levaria ao colapso da sociedade, seria repetidamente ridicularizada como um trabalho de histeria apocalíptica, e o nome de Malthus se tornaria sinônimo de pessimismo infundado.

A história não foi muito gentil com Malthus. Ele não era tão perpetuamente pessimista como muitas vezes é retratado. Mesmo que muitos dos detalhes de sua argumentação mais famosa tenham se mostrado errados, o princípio mais simples por detrás dela estava certo. Mais além, seus argumentos sobre a relação entre produtividade e crescimento populacional dão um *insight* convincente sobre como a transição para a agricultura remodelou a relação de nossa espécie com a escassez, dando origem assim ao "problema econômico".

O principal problema que Malthus se propôs a resolver era simples. Se perguntava o seguinte: por que, após séculos de incrementos em um progresso que só fez aumentar a produtividade agrícola, a maioria das pessoas ainda trabalhava tanto e ainda vivia na pobreza? Ele propôs duas respostas. A primeira era teológica: Malthus acreditava que o mal "existe no mundo não para criar desespero, mas agitação". Com isso, ele queria dizer que sempre fora parte do plano de Deus assegurar que seu rebanho terrestre nunca prosperaria ao ponto de poder se dar o luxo de ficar ocioso.

A segunda explicação era demográfica. Malthus observou que a produção agrícola só crescia "aritmeticamente", enquanto a população, conforme ele calculou erroneamente, tendia a dobrar naturalmente a cada 25 anos e crescia "geometricamente" ou exponencialmente. Ele acreditava que, como resultado desse desequilíbrio, sempre que as melhorias na produtividade agrícola aumentavam a oferta total de alimentos, os camponeses inevitavelmente começavam a criar mais bocas para alimentar, com o resultado de que qualquer excedente *per capita* era logo perdido. Ele via a terra como uma restrição inescapável à quantidade de alimentos que poderia ser cultivada, observando que a margem de utilidade de mão de obra adicional na agricultura diminuía rapidamente, porque ter dez pessoas trabalhando um pequeno campo de trigo que em certo momento foi facilmente administrado por apenas uma não resultaria em dez vezes a quantidade de trigo; em vez disso, resultava em uma diminuição da parte dos rendimentos cabível a cada um dos que ali trabalhavam. Malthus era da opinião de que a relação entre população e produtividade era, em última análise, autorregulada, e que sempre que o crescimento populacional ultrapassasse a produtividade, uma fome ou alguma outra forma de colapso logo reduziria a população a um nível mais gerenciável. Com base em seus cálculos, Malthus insistiu que a Grã-Bretanha, que estava passando por um enorme surto populacional na época, cortesia da Revolução Industrial, estava fadada a sofrer uma correção de curso iminente e severa.

A atual má reputação de Malthus não é resultado somente do fato de que o colapso que ele insistia ser "iminente" não ocorreu então.

Não é também porque seus avisos foram entusiasticamente adotados pelos fascistas para justificar o entusiasmo desses pelo genocídio e pela eugenia. É também porque, quando vistos pela lente do mundo contemporâneo, seus argumentos alcançavam a notável façanha de perturbar indivíduos em todo o espectro político. A insistência de Malthus de que havia limites claros para o crescimento perturbou aqueles que apoiam mercados livres desenfreados e um crescimento perpétuo, e soava bem para aqueles que se preocupavam com a sustentabilidade. Mas sua insistência de que a maioria das pessoas será sempre pobre porque a desigualdade e o sofrimento são parte do plano divino de Deus agradava a alguns conservadores religiosos, enquanto ofendia gravemente a muitos da esquerda secular.

Ninguém contesta que Malthus subestimou radicalmente o quanto a produção de alimentos na era dos combustíveis fósseis acompanharia bem o aumento da população mundial, nem que ele não conseguiu antecipar a tendência nas sociedades industrializadas de declínio constante das taxas de natalidade, o que começou a acontecer quase tão logo seu ensaio foi publicado. No entanto, apesar disso, sua observação de que, historicamente, o crescimento populacional devorava todos os benefícios gerados por melhorias na produtividade era bastante precisa para o período da história humana que teve início quando as pessoas começaram a produzir alimentos e a gerar excedentes, até a chegada da Revolução Industrial. Ela também ajudou a explicar por que aquelas sociedades que eram economicamente mais produtivas tendiam a se expandir às custas daquelas que não o eram.

Duas partes do legado de Malthus perduram. Primeiro: sempre que uma melhoria na produção agrícola ou econômica de uma sociedade se vê diluída como resultado do crescimento populacional, tornou-se convencional atualmente descrever isso como uma "armadilha malthusiana". Os historiadores econômicos que gostam de reduzir a história global à monótona métrica das "rendas reais" encontraram fartura de boas evidências de armadilhas malthusianas que apanharam sociedades desprevenidas em todo o mundo antes da Revolução Industrial. Notaram que, em todos os casos, quando um aumento na produtividade agrícola como resultado de uma nova e eficiente tecnologia fez prosperar uma ou duas gerações afortunadas, o crescimento populacional rapidamente restaurou tudo de volta a uma linha de base mais modesta. Eles também notaram o efeito oposto quando as populações diminuíram repentinamente como resultado de doenças ou guerras. Assim, por exemplo, uma vez que diminuiu o choque inicial causado pelo grande número de mortes causadas pela peste bubônica na Europa em meados do século XIV, o padrão de vida material médio e os salários reais melhoraram consideravelmente por um par de gerações antes que as populações se recuperassem e o padrão de vida diminuísse e retornasse à sua média histórica.

Em segundo lugar, ele conseguiu identificar corretamente uma das principais razões pelas quais as pessoas nas sociedades agrícolas precisavam trabalhar tão arduamente. Malthus acreditava que a razão pela qual os camponeses procriavam com tanto entusiasmo era devido a pura luxúria descontrolada. Mas também há outra razão mais importante. Os camponeses eram muito conscientes da correspondência entre o quanto trabalhavam duro e o quanto podiam comer bem no decorrer de um ano. Havia muitas variáveis que eles não conseguiam controlar quando se tratava de garantir uma colheita adequada e a saúde de seu gado – como secas, enchentes e doenças – mas havia muitas variáveis que eles conseguiam administrar. Havia também coisas que eles podiam fazer para limitar o impacto de riscos maiores e mesmo existenciais, e tudo isso envolvia trabalho. O problema era que raramente havia mão de obra suficiente e, para a maioria dos agricultores, a única solução óbvia para esse problema era a procriação. Mas, ao fazer isso, eles tropeçaram em uma das armadilhas de Malthus: cada novo trabalhador que eles davam à luz não era apenas mais uma boca para alimentar, mas, depois de certo ponto, resultava em um declínio notável na produção de alimentos por pessoa.

Isso deixava os agricultores com poucas opções: passar fome, tomar a terra de um vizinho ou expandir rumo a território virgem. A história da rápida disseminação da agricultura pela Ásia, Europa e África mostra que, em muitos casos, eles escolheram a última opção.

★ ★ ★

Quando Vere Gordon Childe ainda lecionava em Edimburgo e Londres, a maioria dos arqueólogos estava convencida de que a agricultura se espalhava porque era entusiasticamente adotada por forrageadores que admiravam seus vizinhos agricultores bem alimentados. Afinal, havia muitas evidências mostrando que nossos ancestrais ficavam tão animados com novidades quanto nós somos hoje, e que as boas (e às vezes más) ideias se espalhavam com velocidade surpreendente de uma população relativamente isolada para a próxima. Esse tipo de difusão é quase certamente o motivo pelo qual, por exemplo, novas técnicas de fragmentação de pedras em lâminas e pontas muitas vezes ocorrem quase simultaneamente no registro arqueológico em muitos lugares diferentes ao mesmo tempo. A agricultura também se difundiu claramente dessa forma em algumas partes das Américas.

Até recentemente, a única razão para duvidar de que a agricultura pudesse não ter sido transmitida dessa forma era o fato de que um punhado de pequenas populações de caçadores-coletores, como os baMbuti no Congo e os hadzabe na Tanzânia, tinham continuado a caçar e coletar, apesar de terem estado em contato com sociedades agrícolas por milhares de anos. Como em tantos outros mistérios sobre o passado distante, foram os frenéticos algoritmos deixados à solta pelos paleogeneticistas que ofereceram novos *insights* sobre a expansão da agricultura. E, quando tomada em conjunto com os dados arqueológicos e com a tradição oral, a história que esses novos dados contam, na maioria dos casos, é a de deslocamentos, substituição e até mesmo genocídio de populações bem estabelecidas de caçadores-coletores por populações de agricultores em rápido crescimento fugindo de armadilhas malthusianas.

A comparação do DNA extraído dos ossos dos primeiros agricultores europeus[11] com o DNA extraído dos ossos dos antigos povos caçadores-coletores europeus mostra que a agricultura na Europa se espalhou por força de populações de agricultores que se expandiram para novas terras, e no processo deslocaram e por fim substituíram populações estabelecidas de caçadores-coletores[12] em vez de assimilá-las. Também sugere que, há cerca de 8 mil anos, a crescente comunidade de agricultores se expandiu para além do Oriente Médio para o continente europeu através do Chipre e das ilhas do Mar Egeu.

BANQUETES E FOMES | 199

Um processo semelhante ocorreu no sudeste asiático, onde, há cerca de 5 mil anos, as populações de arroz se expandiram inexoravelmente a partir da bacia do Rio Yangtzé, acabando por colonizar a maior parte do sudeste asiático e chegando à Península Malaia 3 mil anos mais tarde.[13] Na África, há hoje evidências genômicas inequívocas da substituição sequencial de quase todas as populações forrageadoras nativas do leste da África na direção do sul e do centro da África ao longo dos últimos 2 mil anos. Isso se seguiu à revolução agrícola da própria África e à expansão dos povos agrícolas que estabeleceram sequências de civilizações, reinos e impérios em grande parte da África.

★ ★ ★

Quando os natufianos começaram a fazer experiências com a agricultura, a população humana global estava provavelmente em torno de 4 milhões de pessoas. Doze mil anos depois, quando foram colocadas as pedras fundamentais da primeira fábrica movida a combustível fóssil da Revolução Industrial, a população havia crescido para 782 milhões. Doze mil anos atrás, ninguém cultivava hortas, mas, quando chegou o século XVIII, apenas uma porcentagem pouco significativa da população mundial ainda dependia do forrageamento.

Para todos, a vida era muitas vezes uma luta, a não ser para aqueles poucos sortudos que viviam no punhado de grandes cidades que surgiram para sugar a energia do campo ou os que dominavam os servos trabalhadores. O rápido crescimento populacional ocorreu apesar da diminuição das expectativas de vida.

Em outras palavras: para as sociedades agrícolas de subsistência, o "problema econômico" e a escassez eram, frequentemente, uma questão de vida ou morte. E a única solução óbvia para isso envolvia trabalhar mais e expandir-se para novos territórios.

Apesar do fato de que praticamente nenhum de nós, hoje, produz nossos próprios alimentos, talvez não seja surpresa que a santificação da escassez e das instituições e normas econômicas que surgiram durante aquele período ainda sejam subjacentes à forma como organizamos nossa vida econômica hoje.

9

Tempo é dinheiro

BENJAMIN FRANKLIN – um dos pais fundadores dos Estados Unidos, intrépido empinador de pipas em trovoadas, inventor das lentes bifocais, do fogão Franklin e do cateter urinário – tinha uma relação conflituosa com o trabalho. Por um lado, ele lamentava ser "a pessoa mais preguiçosa do mundo" e comentava que suas invenções nada mais eram do que dispositivos de economia de trabalho destinados a poupá-lo de esforços futuros. Como John Maynard Keynes 150 anos depois, ele também acreditava que a engenhosidade humana poderia poupar as gerações futuras de uma vida de trabalho árduo.

"Se todo homem e mulher trabalhassem quatro horas por dia em algo útil", ele dizia, "o trabalho produzido seria suficiente para prover todas as necessidades e confortos da vida".[1]

Por outro lado, por influência de sua educação imensamente puritana, Franklin também era da opinião de que o ócio era um "Mar Morto que engole todas as virtudes",[2] que todos os humanos nasciam pecadores, e que a salvação só era oferecida àqueles que, pela graça de Deus, trabalhassem duro e fossem frugais. Por causa disso, ele considerava que era tarefa de qualquer pessoa afortunada por não ter de passar cada hora de vigília "provendo as necessidades e confortos da vida" encontrar outras coisas úteis, produtivas e intencionais para fazer com o seu tempo.

Para ajudá-lo a se manter no caminho da retidão, Franklin sempre carregava consigo uma lista de treze "virtudes" com a qual ele comparava suas atitudes todos os dias. Entre as mais observadas estava a "industriosidade", que, conforme ele explicava, significava "não perder tempo; estar sempre a serviço de algo útil".[3] Ele também se apegava a uma rotina diária bem rígida que começava todos os dias às 5 da manhã com a elaboração de uma "resolução" para o dia, seguida de partes de seu tempo alocadas de forma variada para trabalho, refeições, tarefas e, no final do dia, algum tipo de "distração" agradável. Às 22 horas, todas as noites, ele tomava alguns instantes para refletir a respeito das realizações daquele dia e dar graças a Deus antes de se deitar.

Em 1848, Franklin, com apenas 42 anos de idade, estava bem de vida o suficiente para dedicar a maior parte de seu tempo e energia aos tipos de trabalho que satisfaziam sua alma em vez de engordar sua carteira: política, construir dispositivos diversos, fazer pesquisa científica e oferecer conselhos não solicitados a seus amigos. Isso era possível graças à renda estável que ele obtinha com as assinaturas da *Pennsylvania Gazette* (Gazeta da Pensilvânia), o jornal que ele havia comprado duas décadas antes e cujo funcionamento diário era gerenciado por seus dois escravos (que Franklin acabou por libertar quando, mais tarde, finalmente abraçou com entusiasmo a causa abolicionista). No decorrer daquele ano, ele tirou algum tempo para escrever uma carta na qual oferecia conselhos para um "jovem comerciante" que estava se iniciando nos negócios.

"Lembre-se de que tempo é dinheiro", disse Franklin, antes de lembrar ao jovem os poderes aparentemente orgânicos que o dinheiro tem de crescer ao longo do tempo, seja na forma de juros sobre empréstimos ou de bens que se valorizam. "O dinheiro pode gerar dinheiro", advertiu ele, "e seus descendentes podem gerar mais, mas quem mata uma porca reprodutora destrói todos os seus descendentes até a milésima geração".

A autoria da frase "tempo é dinheiro" é hoje frequentemente atribuída a Franklin, cuja face nos encara em cada nota de cem dólares cunhada pela Casa da Moeda dos Estados Unidos. Mas esse dito tem uma proveniência muito mais venerável do que a famosa carta de Franklin. O uso mais antigo registrado da frase está no livro *Della Mercatura et del Mercante Perfetto* ("O comércio e o mercador perfeito"), um tomo publicado em 1573 por um comerciante croata, Benedetto Cotrugli, que foi também a primeira pessoa a desafiar os leitores a acompanhar uma descrição detalhada dos princípios da contabilidade de partidas dobradas. Mas o sentimento por trás dessa ideia aparentemente óbvia de que "tempo é dinheiro" é ainda muito mais antiga, e, tal como nossas atitudes contemporâneas com relação ao trabalho, também teve sua origem na agricultura.

A correspondência básica entre tempo, esforço e recompensa é tão intuitiva para um caçador-coletor quanto para um empilhador de caixas em um armazém que ganha um salário mínimo. Recolher lenha e frutas silvestres ou caçar um porco-espinho requerem tempo e esforço. Ao passo que os caçadores muitas vezes encontram uma alegria na perseguição, os coletores viam seu trabalho como tão espiritualmente gratificante quanto a maioria de nós considera percorrer os corredores de um supermercado. Mas há duas diferenças críticas entre a recompensa imediata obtida por um caçador-coletor pelo seu trabalho e a de um cozinheiro de *fast food* que frita hambúrgueres, ou de um corretor da bolsa fazendo uma transação. A primeira é que, enquanto os caçadores-coletores desfrutam imediatamente das recompensas de seu trabalho na forma de uma refeição e do prazer de alimentar os outros, o empilhador do armazém apenas assegura a promessa de uma recompensa futura na forma de um objeto-coringa que pode ser trocado mais tarde por algo útil ou para pagar uma dívida. A segunda é que, enquanto a comida nem sempre era abundante para os forrageadores, o tempo sempre foi, e por isso seu valor nunca foi contabilizado no vernáculo granular da escassez. Para os forrageadores, em outras palavras, o tempo não podia ser "gasto", "orçado", "acumulado" ou "poupado", e, mesmo que fosse possível "perder uma oportunidade" ou "desperdiçar energia", o próprio tempo não podia ser "desperdiçado".

★ ★ ★

Muita coisa a respeito dos enigmáticos círculos de pedras em pé que formam Stonehenge, o monumento neolítico mais icônico da Grã-Bretanha, continua sendo um quebra-cabeça para os arqueólogos. Eles ainda discutem como e por que, durante um período de mil anos, e começando há cerca de 5,1 mil anos, os antigos bretões decidiram que era uma boa ideia arrastar até noventa lajes colossais de pedra, pesando até trinta toneladas, de pedreiras tão distantes quanto as colinas de Preseli, no País de Gales, para o que hoje são os arredores de Wiltshire, a cerca de 250 quilômetros das colinas. Eles também não sabem ainda como aqueles antigos construtores posicionaram os pesados plintos horizontais sobre as pedras em pé.

O que se sabe, no entanto, é que as pessoas que construíram aquele e vários outros grandes monumentos que apareceram ao longo do quarto milênio a.C. na França, na Córsega, na Irlanda e em Malta foram os beneficiários de milhares de anos de lenta melhoria da produtividade agrícola, e assim estavam entre os primeiros agricultores a gerar excedentes esplêndidos de maneira confiável o suficiente para abandonar seus campos durante meses e gastar muito tempo e energia arrastando enormes pedras sobre montanhas e vales e depois montá-las em estruturas monumentais.

Outra coisa que também se sabe é que Stonehenge é um massivo calendário – embora de baixa resolução – que foi especificamente projetado para mapear as idas e vindas das estações e para marcar os solstícios de verão e inverno. Stonehenge tem isso em comum com muitos outros exemplos da arquitetura monumental do Neolítico. Mas não é surpresa que a passagem das estações seja um tema tão comum entre os monumentos construídos por sociedades agrícolas. A agricultura é, sobretudo, uma questão de saber marcar o tempo, e até o advento da agricultura de politúnel com controle climático, todos os agricultores viviam à mercê das estações e eram reféns de um calendário determinado por quais culturas cultivavam e qual gado criavam, assim como da jornada regular da Terra em torno do sol. A maioria ainda passa por isso. Para os cultivadores que dependem de culturas anuais, existem janelas de tempo específicas, muitas vezes breves, para preparar o solo, fertilizar, plantar, regar, arrancar as pragas, podar e colher. Depois, há janelas de tempo específicas para coletar e processar as colheitas e depois armazená-las, preservá-las ou levar o produto ao mercado antes que ele se estrague. A industrialização da produção de carne mudou as coisas, mas, até a segunda metade do século passado, as estações também tinham de ser inflexivelmente obedecidas pela maioria dos criadores de gado. Eles precisam alinhar sua rotina de trabalho aos ciclos de reprodução e crescimento de seus animais, que por sua vez estão alinhados com os dos ambientes que os alimentam.

Em todas as sociedades agrícolas tradicionais, havia períodos previsíveis no calendário anual quando o trabalho mais urgente diminuía, mesmo que esses feriados às vezes tivessem de ser impostos por decreto divino, como no caso dos seguidores das religiões abraâmicas, obcecados pelo trabalho. Na maioria das sociedades agrícolas, o trabalho regular era reprovado ou mesmo proibido no decorrer de longos festivais sazonais. Eram períodos reservados para a observância religiosa, para fazer sacrifícios, para encontrar o amor, para comer e beber e para entrar em discussões. Nos bons anos, eles eram uma oportunidade para as pessoas celebrarem sua industriosidade e a generosidade de seus deuses. Em anos ruins, eram momentos de descanso durante os quais as pessoas bebiam para esquecer seus problemas e davam graças silenciosas a seus deuses em meio a um contrariado ranger de dentes.

Em lugares como o norte da Europa e o interior da China, onde os verões eram quentes e os invernos terrivelmente frios, havia também ocasiões nas quais a carga de trabalho urgente se reduzia. Mas não se tratava de um tempo de folga do trabalho como um todo, apenas de várias semanas de folga das tarefas mais urgentes, aquelas de prazos exíguos, e uma oportunidade de executar os trabalhos igualmente necessários, mas menos dependentes de prazo fixo, como a reconstrução de um celeiro dilapidado. Em alguns lugares e em alguns anos, esses períodos eram longos o suficiente para fazer com que os agricultores abandonassem seus campos e pastagens e se unissem para arrastar enormes pedregulhos por suas paisagens e, com isso, construir grandes monumentos. Em outros, aquela folga era necessária para se preparar para mais um ano de trabalho na terra. Mas, fora dessas curtas janelas de tempo, sempre que o trabalho precisava ser feito com urgência, as consequências de não o fazer eram quase sempre consideravelmente maiores para os fazendeiros do que para os forrageadores. Os ju/'hoansi, por exemplo, muitas vezes se contentavam em tirar um dia de folga espontânea de suas buscas simplesmente porque não estavam com o humor adequado. Mesmo que tivessem fome, eles sabiam que adiar a busca por alimentos por um dia não teria nenhuma consequência séria. Para os agricultores, ao contrário, tirar o dia de folga só porque precisavam de um descanso raramente era uma opção válida. Não executar um trabalho urgente em tempo hábil quase sempre acarretava custos significativos e criava outros trabalhos adicionais. Por exemplo, não consertar uma cerca quebrada poderia se traduzir em dias vagando pelo campo atrás de ovelhas perdidas, assim como mais tempo necessário para conseguir os materiais e depois consertar a cerca. Não irrigar uma cultura sedenta, não lidar com pragas ou não remover ervas daninhas na primeira oportunidade possível poderia ser a diferença entre uma boa colheita, uma má colheita e nenhuma colheita. E não ordenhar uma vaca cujos úberes estavam inchados com leite a deixaria desconfortável no primeiro momento, resultando em uma possível infecção, e, se não cuidada por tempo demais, significaria que a vaca deixaria de produzir leite novamente até estar com o bezerro.

Mas havia mais na relação entre tempo e trabalho nas sociedades agrícolas primitivas do que a tediosa realidade de se estar o tempo inteiro conectado a um inflexível ciclo sazonal. Um dos legados mais profundos da transição para a agricultura foi a transformação na maneira como as pessoas vivenciam e compreendem o tempo.

★ ★ ★

Forrageadores concentravam quase toda a sua atenção no presente ou no futuro imediato. Apenas saíam para forragear quando tinham fome, e mudavam de acampamento quando os pontos de água em certo local secavam ou quando os recursos alimentares de curta distância precisavam de tempo para se recuperar. Eles só pensavam no futuro distante quando tentavam imaginar como uma criança poderia ser quando fosse adulta, ou que dores poderiam esperar quando fossem velhos, ou quem, entre um grupo de indivíduos, viveria por mais tempo. Por ter apenas alguns poucos desejos que se viam facilmente satisfeitos e por viver em sociedades nas quais aqueles que buscavam *status* eram ridicularizados, eles nunca eram reféns de maiores ambições. Também não viam diferença substancial entre suas vidas e as de seus antepassados, e consideravam seu mundo como sendo tipicamente mais ou menos como sempre foi. Para os forrageadores, a mudança era imanente ao ambiente – acontecia o tempo todo, sempre que o vento soprava, que a chuva caía ou que um elefante abria um novo caminho. Mas a mudança era sempre limitada por um senso mais profundo de confiança na continuidade e previsibilidade do mundo ao seu redor. Cada estação era diferente daquelas que a precederam, mas essas diferenças sempre se encontravam dentro de uma gama de mudanças previsíveis. Sendo assim, para os ju/'hoansi, quando eles ainda eram livres para forragear da mesma forma como seus ancestrais fizeram, carregar o peso da história era tão inconveniente quanto carregar uma casa por aí, e abandonar seu passado distante os liberava para interagir com o mundo ao seu redor sem serem sobrecarregados por precedentes antigos ou ambições futuras. Por essa razão, os ju/'hoansi também não se preocupavam nem gastavam tempo calculando linhagens genealógicas, invocando os nomes e realizações de seus ancestrais ou revivendo catástrofes, secas ou feitos heroicos do passado. De fato, uma vez lamentados, os mortos eram esquecidos dentro de uma ou duas gerações e seus locais de sepultamento eram abandonados e não visitados.

Produzir alimentos requer viver de uma só vez no passado, presente e futuro. Quase todas as tarefas em uma fazenda são focadas em alcançar uma meta futura ou gerenciar um risco futuro com base na experiência passada. Um cultivador irá limpar a terra, preparar os solos, arar, cavar valas de irrigação, espalhar sementes, retirar ervas daninhas, podar e nutrir sua cultura de modo que, se tudo correr bem, quando as estações mudarem, eles conseguirão no mínimo uma colheita adequada para sustentá-los durante o próximo ciclo sazonal, e ela fornecerá um estoque suficiente de sementes para que eles possam plantar no ano seguinte. Alguns trabalhos, claro, têm vistas a um futuro ainda mais distante. Os primeiros agricultores da Grã-Bretanha que construíram Stonehenge o fizeram com o objetivo de durar muitos anos, se não muitas gerações. Quando um fazendeiro pegava uma vaca para criar, o fazia na esperança de que, em cerca de quarenta semanas, ela teria um bezerro que, se bem cuidado, não só produziria mais leite como também mais bezerros, e assim faria parte de um rebanho sempre em expansão antes de finalmente terminar sua vida nas mãos de um açougueiro.

Mas concentrar a maior parte de seu esforço no trabalho por recompensas futuras também significa habitar um universo de infinitas possibilidades – algumas boas, outras difíceis de se identificar e muitas ruins. Assim, ao passo que os fazendeiros imaginavam celeiros lotados, pão recém-assado, carne curando em um galpão, ovos frescos na mesa e fartura de frutas e vegetais frescos prontos para serem comidos ou conservados, essas mesmas visões de felicidade implicavam simultaneamente imagens de secas e de inundações, ratos e gorgulhos batalhando pelos restos embolorados de colheitas anêmicas, gado acometido por doenças e sendo perseguido por predadores, hortas infestadas de ervas daninhas e pomares produzindo apenas frutas podres.

Enquanto os forrageadores aceitavam dificuldades ocasionais estoicamente, os agricultores se convenciam de que as coisas sempre poderiam ser melhores se eles trabalhassem um pouco mais duro. Fazendeiros que faziam mais horas extras, com o passar do tempo, normalmente se saíam melhor do que os mais preguiçosos que só cuidavam das contingências de um ou dois riscos que eles consideravam mais prováveis. Assim, entre os vizinhos agricultores dos ju/'hoansi ao longo do Rio Okavango, os mais ricos eram geralmente os mais precavidos com relação aos riscos – aqueles que trabalhavam mais pesado para construir bons cercados para proteger seu gado e suas cabras dos predadores à noite; que passavam longos dias de verão perseguindo diligentemente aves, macacos e outros animais que se viam atraídos por suas culturas; que plantavam suas sementes um pouco mais profundamente; que se davam o trabalho de arrastar baldes e mais baldes de água do rio para irrigar suas colheitas para o caso de, como ocasionalmente acontecia, as chuvas chegarem tarde demais.

★ ★ ★

Da mesma forma como cozinheiros utilizam o fogo para transformar ingredientes crus em alimentos, ou ferreiros utilizam suas forjas para trabalhar o ferro em ferramentas, os agricultores utilizam seu trabalho para transformar florestas selvagens em pastagens e terras estéreis em campos produtivos, hortas e pomares. Em outras palavras, os agricultores trabalham para transformar os espaços naturais selvagens em espaços culturais domésticos.

Os forrageadores, ao contrário, não faziam distinção entre natureza e cultura, ou entre o selvagem e o domesticado – pelo menos não da mesma forma clara que os povos agricultores e aqueles que vivem nas cidades atualmente. Em ju/'hoan, por exemplo, não há palavras que possam ser traduzidas diretamente como "natureza" ou "cultura". Pelo que eles entendem, eles são tão parte da paisagem – ou da "face da terra", como eles a chamam – quanto todas as outras criaturas, e é responsabilidade dos deuses torná-la produtiva.

Quando a pessoa tem o intuito de cultivar, ela precisa se diferenciar de seu ambiente e assumir algumas das responsabilidades que, em certo momento, couberam exclusivamente aos deuses, porque, para um agricultor, um ambiente é apenas potencialmente produtivo, e por isso precisa ser trabalhado para de fato se tornar produtivo. Sendo assim, as sociedades agrícolas costumam dividir a paisagem ao seu redor entre espaços culturais e espaços naturais. Os espaços que elas tornaram produtivos por meio de seu trabalho, tais como casas de campo, pátios, silos, celeiros, vilas, jardins, pastagens e campos, foram domesticados e se viram transformados em espaços culturais, enquanto aqueles fora de seu controle imediato são considerados espaços selvagens e naturais. E é crítico notar que os limites entre esses espaços eram frequentemente demarcados por cercas, portões, muros, valas e sebes. De forma semelhante, animais que vivem sob seu controle são considerados domesticados, enquanto aqueles que vagueiam livres são "selvagens". Mas o mais importante é que os fazendeiros estavam sempre bem conscientes de que, para que qualquer espaço permanecesse domesticado, era necessário trabalho constante. Campos que eram deixados sem cuidado eram logo tomados de volta pelas ervas daninhas; estruturas que não eram devidamente mantidas logo começavam a ruir; e animais que eram deixados sem supervisão acabavam se tornando selvagens ou pereciam, muitas vezes pela predação por criaturas selvagens. E, enquanto os agricultores reconheciam que sua subsistência dependia de sua capacidade de domar as forças naturais e operar dentro dos ciclos naturais, eles também consideravam que, onde quer que a natureza se intrometesse em espaços domesticados, ela se tornaria um flagelo. Plantas indesejadas que cresciam em um campo arado eram declaradas ervas daninhas, e animais indesejados eram declarados pragas.

Ao investir mão de obra em suas terras para produzir "as necessidades da vida", os agricultores encaravam suas relações com seus ambientes em termos muito mais transacionais do que os forrageadores fizeram em qualquer momento. Ao passo que os ambientes previdentes dos forrageadores compartilhavam as coisas com eles incondicionalmente – e eles, por sua vez, as compartilhavam uns com os outros –, os agricultores se enxergavam como se estivessem trocando seu trabalho com o ambiente pela promessa de alimentos futuros. Em certo sentido, eles consideravam que o trabalho que executavam para tornar a terra produtiva significava que a terra lhes "devia" uma colheita e, de fato, estava em dívida para com eles.

Não é surpresa, então, que os agricultores tendiam a estender a relação de trabalho/dívida que tinham com suas terras às suas relações uns com os outros. Eles partilhavam uns com os outros, mas, além da família próxima ou de um grupo central de parentes, a partilha era enquadrada como uma troca, mesmo que às vezes desigual. Nas sociedades agrícolas, não existia almoço grátis. Esperava-se que todos trabalhassem.

★ ★ ★

Adam Smith não tinha certeza se a nossa necessidade de "transportar, negociar e trocar" coisas uns com os outros era resultado de nossa natureza aquisitiva ou se seria um subproduto de nossa inteligência, que ele chamou de "uma consequência necessária das faculdades da razão e da fala". Mas ele estava certo de que nosso apreço pela arte da negociação era uma das coisas que mais claramente nos distinguia de outras espécies.

"Ninguém jamais viu um cão fazer uma troca justa e deliberada de um osso por outro com outro cão", explicou o autor.[4]

Ele também estava convencido de que a principal função do dinheiro era facilitar o comércio, e de que o dinheiro fora inventado para substituir os sistemas primitivos de escambo. Embora ele tenha sido o mais minucioso pensador a estabelecer que o dinheiro tinha evoluído a partir da troca primitiva, não foi, de forma alguma, o primeiro. Platão, Aristóteles, Tomás de Aquino e muitos outros já haviam oferecido argumentos semelhantes para explicar as origens do dinheiro.

Não é surpresa que Adam Smith acreditasse que as origens do dinheiro estavam no comércio e que sua principal função seria a de auxiliar nos esforços das pessoas em trocar coisas entre si. A cidade de

Kirkcaldy, tão ventilada, localizada na costa escocesa de Fife, foi onde Adam Smith cresceu com sua mãe viúva. Hoje, ela é um monumento ao declínio das indústrias manufatureiras da Escócia. Mas, durante a infância de Smith, foi uma cidade portuária movimentada, cheia de mercadores e comerciantes. Tinha um mercado movimentado e uma próspera indústria têxtil, e Smith passou os primeiros anos de sua vida assistindo a um desfile quase infinito de barcos mercantis de três mastros atravessando as águas verde-escuras do Mar do Norte, chegando para depositar no porto cargas de linho, trigo, cerveja continental e cânhamo, antes de partir novamente com os porões recheados de carvão e sal, ou com seus deques cheios de fardos de linho empilhados.

Um Adam Smith bem mais velho retornou à casa de sua infância, depois de várias décadas estudando e ensinando em Cambridge, Glasgow e na Europa continental, para escrever sua obra mais célebre, *Uma investigação sobre a natureza e as causas da riqueza das nações* (mais conhecida em português somente como *A riqueza das nações*), que ele publicou em 1776. Influenciado pelos chamados "fisiocratas" – um movimento intelectual francês que, entre outras coisas, fazia *lobby* para que aristocratas ociosos assumissem uma proporção maior das extravagantes exigências fiscais do rei, e que acreditava que nem os governos nem os nobres deveriam interferir na ordem natural dos mercados – Smith estava convencido de que a razão poderia revelar as leis fundamentais do comportamento econômico humano da mesma maneira que Isaac Newton havia usado a razão para revelar algumas das leis fundamentais que governavam o movimento dos corpos celestes.

A riqueza das nações tem uma natureza algo bíblica, até porque Smith tinha uma engenhosidade particular para apresentar ideias complexas na forma de parábolas enxutas, semelhantes em estrutura àquelas que eram proferidas dos púlpitos das igrejas de toda parte aos domingos.

Sua parábola mais comumente citada trata da divisão do trabalho. Ela conta a história de uma tribo de caçadores assim chamados "selvagens" – cuja inspiração ele tirou de histórias de índios americanos – em que cada indivíduo defende a si mesmo e a seus dependentes imediatos. Mas então um dos caçadores descobre que tem um talento particular para fazer arcos e flechas, e assim começa a construí-los para outros caçadores em troca de carne de veado. Em pouco tempo, ele percebe que, ficando em casa e fazendo arcos, ele acaba acumulando mais carne de veado para comer do que poderia adquirir como caçador. Não sendo particularmente fã de sair para caçar, ele desiste completamente da atividade e se especializa em ser um "armeiro", uma linha de trabalho que o mantém bem alimentado e satisfeito. Inspirados por esse exemplo, outros "selvagens" decidem que a especialização é o caminho do futuro. Logo, um pendura seu arco para se tornar carpinteiro, o outro vira ferreiro e outro curtidor de couro, o que resulta no fato de que aquela outrora ineficiente aldeia de caçadores, na qual todos eram pau para toda obra e apenas repetiam o trabalho uns dos outros, se transforma em uma comunidade altamente eficiente de profissionais habilidosos, todos eles trocando alegremente os produtos de seu trabalho pelos produtos de outros.

"Assim, todo homem vive das trocas, ou se torna, em alguma medida, um comerciante", conclui Smith, "e a própria sociedade cresce no sentido de se tornar propriamente uma sociedade comercial".[5]

Mas, como Smith bem observou, as economias de permuta são afligidas por um único problema simples: o que acontece quando o caçador quer que o carpinteiro faça para ele um novo arco, mas o carpinteiro está cansado de comer carne e está na verdade desesperado por um novo cinzel que só o ferreiro poderia fazer? Smith ponderou que a solução estava em todos concordarem com um "instrumento comum de comércio" – algo que os historiadores econômicos hoje costumam chamar de "moeda primitiva" – na forma de "uma mercadoria ou outra", fosse gado, sal, pregos, açúcar ou, como viria a ser o caso, ouro, prata e moedas.

★ ★ ★

Durante grande parte do século XIX e início do século XX, acreditava-se que Benjamin Franklin e Adam Smith tinham sido amigos, e que Franklin tinha oferecido a Smith a graça de suas impressões a respeito de uma primeira versão de *A riqueza das nações*. Essa história de uma eventual colaboração iluminista tinha um apelo derivado principalmente do fato de que a publicação de *A riqueza das nações* em 1776 não apenas coincidiu com a luta dos Estados Unidos por sua independência da Coroa Britânica, mas também de que ela podia ser lida como uma disfarçada crítica às tarifas, impostos e taxas alfandegárias que primeiro inspiraram os colonos norte-americanos a se livrar dos grilhões do domínio imperial britânico. Mas ia ainda mais longe: *A riqueza das nações* articulava o espírito empreendedor da livre iniciativa que os Estados Unidos mais tarde tomaram para si como ponto central na narrativa de seu sucesso.

Acontece que a amizade transatlântica entre esses dois titãs do Iluminismo era uma notícia falsa. Franklin e Smith compartilharam alguns amigos em comum e haviam lido muitos dos mesmos livros. Também podem ter se conhecido socialmente durante o período em que Franklin serviu como deputado por Massachusetts e Pensilvânia para a Coroa Britânica em Londres durante a década de 1770. Mas nada sugere que suas trocas intelectuais foram além do fato de Adam Smith ter comprado um exemplar do livro no qual Franklin descrevia suas experiências com eletricidade.[6]

Se a história dessa amizade não tivesse sido uma fantasia, então é possível que a tal parábola pudesse ter tomado uma forma diferente. Isso porque, muito embora Franklin também acreditasse que o dinheiro fora mesmo inventado para superar os inconvenientes da troca, suas experiências negociando tratados com os "índios" da Confederação Iroquesa[7] lhe davam a entender que "selvagens" como aqueles não estavam interessados em negociar para acumular riqueza. Ele acreditava que eles tinham outras prioridades, o que lhe dava motivos para questionar algumas de suas próprias prioridades.

"Nosso laborioso modo de vida... eles consideram servil e deplorável", observou Franklin sobre seus vizinhos índios. Observou ainda que, enquanto ele e seus companheiros colonos se viam "reféns de infinitos desejos artificiais, tão urgentes quanto os naturais", desejos que eram com frequência "difíceis de satisfazer", os índios tinham apenas "poucos desejos", todos facilmente atendidos pelas "produções espontâneas da natureza com o emprego de muito pouca mão de obra, se é que a caça e a pesca podem ser de fato chamadas de mão de obra quando a carne é tão abundante". Como resultado disso, Franklin notou também, com certa inveja, que, em comparação com os colonos, os índios desfrutavam de uma "abundância de lazer",[8] e que, em uma feliz coincidência com o que ele acreditava sobre a ociosidade ser um vício, eles usavam seu tempo livre para promover o debate, a reflexão e para o refinamento de suas habilidades oratórias.

★ ★ ★

Como salientou o antropólogo David Graeber, a parábola dos selvagens empreendedores de Adam Smith se tornou "o mito fundador de nosso sistema de relações econômicas"[9] e é recontada sem qualquer reavaliação crítica em praticamente todos os livros didáticos acadêmicos introdutórios. O problema é que ela não tem nenhuma base factual. Quando Caroline Humphrey, professora de Antropologia em Cambridge, fez uma revisão exaustiva da literatura etnográfica e histórica, procurando sociedades que tivessem tido sistemas de permuta como o descrito por Smith, ela acabou por desistir de encontrar e concluiu que "nenhum exemplo de economia de permuta, pura e simples, jamais foi descrito, e muito menos que o dinheiro tenha surgido daí", além de que "toda a etnografia disponível sugere que tal coisa nunca existiu".[10]

As Seis Nações da Confederação Iroquesa sobre a qual Franklin escreveu (e que se imagina que Smith tinha em mente ao criar seus "empreendedores selvagens") tinham uma clara divisão de trabalho baseada em gênero, idade e inclinação. Havia indivíduos especializados em tarefas como o cultivo, a colheita e o processamento de milho, feijão e abóbora; em caça e confecção de armadilhas; em tecelagem; em construção de casas; e na fabricação de ferramentas. Mas eles não trocavam os produtos de seus esforços entre si. Em vez disso, eles mantinham a maioria de seus recursos em caráter comunitário em grandes malocas e delegavam a responsabilidade pela sua distribuição aos conselhos de mulheres. Entretanto, realmente conduziam elaboradas trocas rituais com seus vizinhos. Mas essas trocas não se assemelhavam nem ao livre escambo imaginado por Smith nem às transações primitivas baseadas em moeda que Smith argumentou terem logicamente seguido a divisão do trabalho. Acima de tudo, elas envolviam o comércio de objetos simbólicos e serviam ao objetivo principal de comprar a paz satisfazendo dívidas morais, como as que surgiam quando jovens de uma tribo encontravam e matavam um jovem de outra tribo.

★ ★ ★

Os economistas sempre fazem ouvidos moucos quando pessoas de outros campos levantam questões incômodas sobre os pressupostos fundamentais de sua disciplina. Mesmo assim, é cada vez mais difícil para eles ignorar a evidência, hoje esmagadora, de que, muito embora o dinheiro possa ser usado principalmente como "o depósito de um valor" e um meio de troca, suas origens não estão no escambo, mas sim nos acordos de crédito e dívida que surgiram entre os agricultores – que estavam, na verdade, à espera de que suas terras lhes pagassem pela mão de obra que investiam nelas, assim como as pessoas que dependiam de seus excedentes.

Na mesma época em que os antigos bretões se ocupavam arrastando enormes pedras do País de Gales para Wiltshire, os primeiros estados agrícolas com reis, burocratas, padres e exércitos começaram a surgir no Oriente Médio e no norte da África. Esses estados tinham suas raízes nos ricos solos aluviais do Eufrates, do Tigre e, mais tarde, nos vales do Rio Nilo.

As primeiras cidades-estado da Mesopotâmia, como Uruk, foram quase certamente as primeiras sociedades em que os agricultores eram produtivos o suficiente para sustentar populações urbanas significativas que não queriam ou não precisavam enfiar os pés na lama para escavar os campos. Aqueles são também os primeiros lugares nos quais há provas sólidas de uso do dinheiro na forma de tábuas de argila com inscrições. Ao passo que aquela moeda era descrita na forma de prata e grãos, ela raramente mudava de mãos em forma física. Muitas transações tomavam a forma de títulos de dívidas registradas por contadores dos templos, permitindo assim que o valor trocasse de mãos virtualmente, da mesma forma como hoje ocorre nas cidades quase sem dinheiro do mundo digital.

As pessoas naquelas cidades-estado faziam trocas com base no crédito pelas mesmas razões que as antigas sociedades agrícolas gostavam de construir monumentos marcadores de tempo. As vidas dos agricultores estavam sujeitas ao calendário agrícola e operavam com base na expectativa das colheitas previsíveis no final do verão que os sustentariam ao longo do ano. Assim, no decorrer do ano, quando os fazendeiros pegavam emprestado o crédito de cervejeiros, comerciantes e funcionários do templo, estavam simplesmente passando adiante as dívidas que lhes eram devidas por suas terras. E, como a atividade econômica era quase toda baseada em retornos postergados, isso significava que todos os outros operavam com base no crédito, e que as dívidas só eram liquidadas temporariamente quando as colheitas eram feitas.

Em outras palavras, os forrageadores, com economias de retorno imediato, viam suas relações uns com os outros como uma extensão da relação que tinham com os ambientes que com eles dividiam alimentos, e os agricultores, com suas economias de retorno postergado, viam suas relações uns com os outros como uma extensão da relação com a terra que exigia deles o trabalho.

★ ★ ★

A visão de Benjamin Franklin de que "tempo é dinheiro" também refletia sua crença de que o esforço diligente sempre merecia alguma forma de recompensa. O comércio é "nada mais que a troca de trabalho por trabalho", explicou ele. Por causa disso, "o valor de todas as coisas é [...] mais justamente medido pelo trabalho".[11]

Essa mensagem de que o trabalho árduo cria valor é repassada pouco a pouco, ou mesmo à força, para crianças em quase todos os lugares, na esperança de incutir nelas uma boa ética de trabalho. Ainda assim, há hoje pouca correspondência óbvia entre o tempo trabalhado e a recompensa monetária nas maiores economias do mundo, além da atualmente quase pitoresca convenção de que os maiores acumuladores tendem a receber a maior parte de sua renda anualmente sob a forma de dividendos e bônus, enquanto aqueles de médios e altos rendimentos recebem em caráter mensal e aqueles de mais baixos rendimentos tendem a ser pagos por hora. Afinal de contas, os economistas insistem que o valor é, no fundo, conferido pelo mercado e que a lei de oferta e demanda só às vezes corresponderá perfeitamente ao esforço do trabalho.

A correspondência entre o esforço do trabalho e a recompensa monetária nem sempre foi tão descalibrada. Antes da revolução energética dos combustíveis fósseis, quase todos, exceto um punhado de aristocratas, comerciantes ricos, generais e padres, acreditavam que havia uma correspondência clara e orgânica entre o esforço do trabalho e a recompensa. Não é de surpreender que o princípio geral de que o trabalho cria valor figure de forma tão proeminente na filosofia e na teologia dos europeus clássicos, do Oriente Médio, na indiana, na cristã medieval e na confucionista. Os antigos filósofos gregos, por exemplo, podem ter olhado com desprezo para o trabalho braçal duro, mas ainda assim reconheceram sua importância fundamental, mesmo que tivessem escravos para fazê-lo por eles. O mesmo princípio também é discutido no século XIV, nos escritos de estudiosos como Tomás de Aquino, que dizia que o valor de qualquer mercadoria deveria "aumentar em relação à quantidade de trabalho que foi gasta em sua melhoria".[12]

Quando Adam Smith retornou a Kirkcaldy para escrever *A riqueza das nações*, essa ideia ainda retinha algum crédito fundamental em toda a Europa Ocidental, onde mais da metade da população ainda ganhava a vida como pequenos agricultores e, por isso, ainda via uma óbvia correspondência entre o quanto trabalhavam e o quanto comiam bem.

Smith estava bem ciente de que a maioria das pessoas sentia que havia uma ligação orgânica entre trabalho e valor. Mas ele também observou que, quando se tratava de compra e venda de coisas, o valor era estabelecido pelo preço que as pessoas estavam dispostas a pagar, e não pelo valor que o fabricante colocava em suas mercadorias. Assim, em sua opinião, o valor do trabalho de um arco ou de qualquer outra coisa era estabelecido não pela quantidade de trabalho empregada na fabricação, mas pela quantidade de trabalho que o comprador estava disposto a fazer para adquirir a coisa.

As duas mais conhecidas dentre as muitas outras versões da teoria do valor do trabalho vêm de um quase contemporâneo de Adam Smith, o economista David Ricardo, e do mais famoso de todos, Karl Marx. A versão de Ricardo era uma bem-trabalhada reelaboração da visão de Franklin. Ele sustentou que o valor do trabalho de qualquer objeto precisava incorporar o esforço total necessário para realizá-lo. Isto significava que ele precisava levar em conta o esforço empregado para a obtenção dos materiais e aquele envolvido na fabricação do item, assim como no trabalho de adquirir as habilidades e produzir as ferramentas necessárias para fabricar o bem. Dessa forma, argumentou ele, o valor de mão de obra de um bem que fosse feito em uma hora por um artesão altamente capaz, dotado de ferramentas caras e excelentes, poderia equivaler ao valor do trabalho de um operário não qualificado cavando uma vala no decorrer de uma semana.

Considerando o quanto o marxismo seria visto mais tarde como a encarnação de tudo o que é antiamericano, talvez seja surpreendente constatar que Karl Marx era um grande admirador dos Pais Fundadores dos Estados Unidos, e nenhum mais do que Benjamin Franklin, cujo nome é invocado com aprovação em muitas seções de *O capital*. Ele também credita o "célebre Franklin" por colocá-lo no caminho de desenvolver sua própria versão da teoria do valor do trabalho, que ele chamou de "lei do valor" e que é uma criatura consideravelmente mais complicada e complexa do que as versões propostas por Adam Smith ou David Ricardo. Ela também servia a um propósito diferente. Além do fato de que Marx queria reestabelecer o trabalho como um justo árbitro para o valor das coisas, ele desenvolveu sua lei do valor especificamente para demonstrar como os capitalistas eram capazes de gerar lucro forçando seus trabalhadores a criar mais valor no local de trabalho do que os salários que lhes eram pagos, e assim expor o que ele acreditava ser uma das contradições fundamentais que, com o tempo, levariam ao inevitável colapso do capitalismo. E ele fez isso com o objetivo de expor como, sob o capitalismo, o "valor de troca" de qualquer bem havia se desvinculado de seu "valor de uso" – a necessidade humana fundamental que um produto, como um par de sapatos, realmente satisfaz.

★ ★ ★

A noção de que "dinheiro pode gerar dinheiro" na forma de juros, ou de que o dinheiro pode ser "posto para trabalhar" ao ser investido para que possa gerar retornos, é hoje tão familiar para a maioria de nós que parece quase tão intuitiva quanto a relação entre tempo, esforço e recompensa. Para forrageadores como os ju/'hoansi e outros que ainda estão tentando entender o básico da economia monetizada, essa ideia pode ser tudo, menos intuitiva. Para eles, parece ridícula – tão ridícula quanto é, para os funcionários do estado e outros encarregados de trazer desenvolvimento econômico para eles, a insistência daquele povo de que a morte de um elefante ou o nascimento de uma criança podem mudar o clima.

Enquanto forrageadores como os ju/'hoansi consideram bizarra a noção de que o dinheiro pode gerar dinheiro, seus vizinhos que criam gado e vivem nas úmidas fronteiras do Kalahari não pensam assim. Eles descendem das sofisticadas sociedades agrícolas que se espalharam pelo sul, centro e leste da África no segundo milênio, mas que historicamente não usavam o dinheiro, não se juntavam em grandes cidades e nem se preocupavam muito com transporte e comércio e troca de uma coisa por outra. No entanto, elas se preocupavam com a riqueza, influência e poder, e mediam o *status* de acordo com o número e qualidade do gado que possuíam, assim como o número de esposas que tinham.

Ao contrário do ouro ou da prata, a riqueza na forma de um rebanho bem administrado sempre crescerá. Enquanto a maioria do gado hoje acabe sendo abatido em matadouros antes de completar dois anos de vida, o tempo de vida completo dos poucos bovinos sortudos que ganham uma aposentadoria natural fica normalmente entre 18 e 22 anos. E, por boa parte desse tempo, eles permanecem reprodutores. Assim, durante uma vida útil completa, uma vaca comum poderia produzir entre seis e oito bezerros, e um touro premiado poderia gerar centenas de bezerros. Em outras palavras, como no caso de qualquer bem de investimento, desde que os fazendeiros não façam nada para destruir seu capital e tenham espaço para manter seus rebanhos, eles podem esperar ver seu capital gerar capital, uma vez que seu gado gera gado. Não surpreende que, em quase todas as sociedades pastoris, o empréstimo de gado geralmente gere alguma forma de juros, assim como a expectativa de que não apenas o animal emprestado será devolvido, ou um semelhante a ele, mas que também o seja uma proporção dos descendentes que ele produzir sob os cuidados da outra pessoa.

Embora normalmente não fossem tão obcecadas com o gado quanto as civilizações africanas altamente nômades, as sociedades agrícolas europeias, do Oriente Médio e do sudeste asiático se viam igualmente influenciadas pelas capacidades reprodutivas do gado quando se tratava de pensar em como a riqueza poderia se reproduzir espontaneamente. Não é coincidência, portanto, que as raízes de grande parte do léxico financeiro nas línguas europeias – palavras como "capital" e "estoque" – tenham suas raízes na criação de gado. A palavra "capital", por exemplo, deriva da mesma raiz latina de *capitalis*, que por sua vez vem do proto-indo-europeu *kaput*, que significa "cabeça", que até hoje continua sendo o principal termo usado para se contar a pecuária. A palavra em inglês para "taxa", "*fee*", também é uma reelaboração da antiga palavra proto-germânica e gótica para gado – *feoh* –, assim como a palavra "pecuniário" e moedas como o peso têm suas raízes no termo latino *pecu*, que significa gado ou rebanho, que por sua vez se acredita que compartilhe origens semelhantes ao termo sânscrito *pasu*, que também se refere ao gado.

Mas, nessas sociedades, a maioria das quais mais dependentes do cultivo em larga escala do que do consumo de produtos animais, o valor do gado, em particular, não estava em sua carne ou mesmo em seu leite: estava no trabalho físico que os animais podiam executar puxando carroças e outras cargas pesadas para as pessoas. Pelo fato de serem valiosos dessa forma, eles geravam valor não apenas pela criação de bezerros, mas também por meio do trabalho que seus descendentes podiam executar. E, nesse aspecto, pelo menos, eles não eram tão diferentes das máquinas das quais dependemos hoje.

10

As primeiras máquinas

QUANDO A JOVEM Mary Shelley, aos 18 anos, imaginou pela primeira vez o Dr. Victor Frankenstein fugindo do monstro que ele havia projetado e trazido à vida, sua intenção era inventar uma "história de terror" para assustar seu marido, o poeta Percy Bysshe Shelley, mas que fosse inteligente o suficiente para impressionar Lord Byron, um amante das controvérsias e o ego-em-chefe do movimento romântico, com quem o casal estava passando férias na Suíça no chuvoso verão de 1816. Mas, ao criar a história das ambições "não naturais" do Dr. Frankenstein, ela criou uma parábola sobre os perigos do progresso e um símbolo descomunal das tecnologias disruptivas, como a inteligência artificial, prontas para punir seus criadores por sua arrogância.[1]

Não era coincidência que o monstro artificialmente inteligente do Dr. Frankenstein fosse um filho da "ciência com contornos divinos", da "mecânica" e do "funcionamento de algum motor potente". Quatro anos antes, outros motores poderosos, dessa vez no norte da Inglaterra, haviam provocado um "estado de insurreição" que o jornal *Leeds Mercury* declarou não ter "nenhum paralelo na história desde os dias conturbados do Rei Charles I". Os insurrectos eram os assim chamados luditas, um grupo cuja alcunha se tornaria tão longeva quanto a fábula de Mary Shelley e que contava o próprio Lord Byron, companheiro dela na viagem, entre seus poucos apoiadores famosos. O objeto da fúria dos luditas eram os motores a vapor estacionários, as máquinas de fiação e tecelagem automatizadas que esses motores alimentavam e os homens que possuíam todo esse maquinário e que, coletivamente, estavam extirpando a vida da outrora próspera indústria têxtil do norte da Inglaterra, toda baseada em pequenas propriedades rurais.

Os luditas batizaram seu movimento a partir do nome de Ned Ludd, um jovem aprendiz problemático que, segundo diz a lenda, um dia em 1779, enquanto trabalhava em uma fábrica de algodão, teve um ataque de raiva, pegou uma marreta e transformou dois teares de madeira em palitos de fósforo. Após aquele incidente, tornou-se costume que qualquer pessoa que acidentalmente danificasse qualquer maquinário em uma usina ou fábrica no decorrer de seu trabalho proclamasse sua inocência e dissesse sem se abalar que "É culpa do Ned Ludd".

No início, os luditas se contentavam em apenas encarnar ocasionalmente o espírito de seu "patrono". Só usavam suas marretas para estraçalhar as caixas de madeira onde era transportado o algodão e voltavam para casa satisfeitos de que haviam dado seu recado de maneira enérgica. Contudo, frustrados pelos proprietários dos teares, que sabiam muito bem que seus motores lhes conferiam um poder econômico e político que superava até mesmo o dos nobres herdeiros mais bem estabelecidos, os luditas acabaram recorrendo à sabotagem sistemática, a incêndios criminosos e a assassinato. Essa escalada marcou o início do fim do movimento. Em 1817, o Parlamento declarou formalmente que a destruição de máquinas era um crime capital e enviou 12 mil soldados para as regiões conturbadas. Com os luditas capturados e condenados por seus crimes e enviados a colônias penais ou condenados à forca, a rebelião chegou a um abrupto fim.

O ludismo, hoje, é outra palavra para a tecnofobia, mas os luditas não pensavam em si mesmos dessa maneira. O objetivo de seu movimento era duplo. Primeiro, eles queriam proteger o ganha-pão e o estilo de vida dos artesãos habilidosos que não podiam mais competir com aquelas máquinas inteligentes; e, segundo, queriam aliviar as condições sombrias sob as quais trabalhava um número sempre crescente de pessoas que não tinham outra opção a não ser trabalhar nas tecelagens. Quanto ao primeiro, eles foram singularmente malsucedidos, mas no segundo eles causaram um impacto duradouro. Não demoraria muito até que o ludismo se transformasse nos movimentos trabalhistas que tão dramaticamente moldaram a vida política na Europa Ocidental e além, ao longo dos dois séculos seguintes.

Desde sua publicação em 1818, a fábula de Mary Shelley tem ressoado entre novas gerações de leitores que tiveram de ajustar suas vidas de forma a acomodar sucessivas ondas de novas tecnologias cada vez mais transformadoras, maravilhosas e, ocasionalmente, aterrorizantes. Se, por volta de dois séculos após ter surgido da imaginação de Mary Shelley, o monstro de Frankenstein parece hoje ter finalmente atingido sua maioridade, isso é porque ele encarna nossos medos sobre a robótica e a inteligência artificial. Mas, quando vistas sob a perspectiva de uma profunda história sobre o trabalho, nossas ansiedades com relação às máquinas artificialmente inteligentes virando-se contra seus proprietários revelam seus precedentes. Isso porque, por mais contemporânea que tenha sido a fábula de Shelley, ela também teria de certa forma encontrado ressonância entre senadores romanos e plebeus durante os reinados dos Césares, entre proprietários de plantações de açúcar e algodão no Caribe e estados do sul dos Estados Unidos, entre nobres na China durante a dinastia Shang, entre antigos sumérios, maias e astecas. De fato, teria reverberado em toda e qualquer sociedade que racionalizou a escravidão ao desumanizar aqueles que escravizavam.

Se o Dr. Frankenstein construísse hoje um monstro semelhante, seus circuitos cognitivos seriam projetados para imitar a plasticidade, a criatividade e as capacidades de pensamento lateral características do pensamento humano. E, mesmo que a reanimação de carne humana morta ainda não esteja entre as nossas possibilidades, o corpo robótico da criatura quase certamente se assemelharia ao de um humano ou outro animal. No mundo inquieto da robótica, engenheiros que constroem os mais versáteis e capazes sistemas autônomos estão olhando cada vez mais para o mundo natural em busca de inspiração. Novas tecnologias em drones imitam os mecanismos de voo de vespas, colibris e abelhas; novos submergíveis imitam tubarões, golfinhos, lulas e raias; e, entre os robôs de maior destreza e agilidade, e superficialmente menos ameaçadores, estão os que imitam os cães.

Por enquanto, o único robô doméstico produzido em massa capaz de fazer algo mais interessante do que aspirar o chão é o filhote de cachorro Aibo, um produto da Sony. Esse "animal de estimação digital", em sua versão 2018 (que custava em torno de US$ 3.000), cintila com vida em comparação com seu alardeado e desajeitado ancestral fabricado pela primeira vez em 1999. Mas seus movimentos artríticos significam que mesmo a versão mais nova será sempre rapidamente abandonada quando algum filhote de cachorro de verdade aparecer.

Apesar de suas deficiências, há uma simetria no fato de que o filhote de cachorro da Sony pode, com o tempo, se tornar o primeiro robô doméstico amplamente utilizado, porque o histórico de nossa espécie com relação à dependência de seres autônomos inteligentes remonta a mais de 20 mil anos atrás, às primeiras tentativas de relações entre pessoas e filhotes de carne e osso.

★ ★ ★

Em 1914, operários que cavavam valas em Oberkassel, um subúrbio nos arredores de Bonn, na Alemanha, desenterraram uma antiga sepultura na qual encontraram os restos decompostos de um homem e uma mulher deitados entre uma modesta coleção de chifres e ornamentos ósseos. Os objetos foram depois datados de cerca de 14,7 mil anos. Eles também encontraram o que mais tarde foi revelado como sendo os ossos de um cachorro de 28 semanas de idade. A análise osteológica de seus ossos e dentes mostra que, alguns meses antes de sua morte, o filhote tinha contraído o vírus da cinomose canina, uma doença até hoje fatal para quase metade dos cães domésticos que a contraem.[2]

Além do fato de que esse filhote de cachorro é a mais antiga evidência irrefutável de domesticação no mundo,[3] o mais notável com relação a esse túmulo é o fato de que o cão não teria vivido tanto tempo quanto viveu depois de contrair cinomose se não tivesse sido cuidado por humanos. Em outras palavras, aquele cachorro em particular não era muito bom no sentido de executar trabalho, mas ainda assim seus donos gastaram energia cuidando dele quando ele estava doente.

Os atarefados algoritmos genômicos vieram acrescentando mais camadas de detalhes e mais confusão à história da longa relação de nossa espécie com os cães. Em 2016, pesquisadores da Universidade de Oxford anunciaram que suas análises de ossos de cães antigos e modernos, assim como de material genômico, sustentavam a noção de que os cães foram domesticados de forma independente duas vezes.[4] No ano seguinte, outra equipe anunciou que seus dados, dessa vez baseados na análise detalhada dos genomas de um conjunto maior de ossos de cães da Alemanha, sugeriam que a domesticação provavelmente só aconteceu uma vez e que ela ocorreu entre 20 mil e 30 mil anos atrás.[5] E, ao passo que algumas antigas amostras de DNA mitocondrial indicam que a domesticação de cães ocorreu primeiro na Europa, análises de dados mitocondriais e genômicos de cães modernos indicaram também o leste asiático, o Oriente Médio e a Ásia central como centros de domesticação.

O cão de Oberkassel junto a Aibo.

O fato de que os cães foram domesticados muito antes de qualquer outra criatura e ainda partilham uma parceria mais próxima com os humanos do que qualquer outro animal é um lembrete de que, enquanto a maioria dos animais domesticados de hoje se tornam comida, em grande parte da história da domesticação o trabalho principal da maioria dos animais domésticos era realizar trabalho. Por meio da intimidade trazida por esse trabalho, a relação às vezes evoluía para lealdade mútua e até mesmo amor.

Quinze milênios atrás, quando a parceria entre humanos e cães começou a evoluir para algo mais especial do que habitações próximas, humanos e animais domésticos constituíam uma porcentagem ínfima, quase imensurável, do total da biomassa mamífera na Terra. Depois da agricultura, entretanto, os humanos e seus animais domesticados multiplicaram o volume total de biomassa de mamíferos no planeta por um fator de aproximadamente quatro, por força da capacidade que a agricultura tem de transformar outras formas de biomassa em carne. Como resultado disso e da apropriação de outros habitats de mamíferos para a agricultura e para o assentamento humano, as pessoas e seus animais domésticos compreendem hoje notáveis 96% de toda a biomassa de mamíferos do planeta. Os seres humanos respondem por 36% desse total, e o gado que criamos, alimentamos e depois enviamos ao matadouro – principalmente na forma de bovinos, suínos, ovinos e caprinos – responde por 60%. Os 4% restantes são as populações cada vez menores de animais selvagens que atualmente se escondem por detrás de moitas, posam para turistas e se esquivam dos caçadores furtivos em nossas reservas naturais, parques nacionais e um número cada vez menor de refúgios selvagens. A avifauna silvestre não tem se saído muito melhor. Com cerca de 66 bilhões de galinhas sendo produzidas e destruídas para consumo humano a cada ano, estima-se que a biomassa viva total de aves domésticas, em qualquer dado momento, seja atualmente o triplo da das aves silvestres.[6]

Os animais domésticos também desempenharam um papel vital em determinar quais sociedades agrícolas capturavam mais energia, cresciam mais rapidamente e davam suporte às maiores populações humanas. Fizeram isso, primeiro, por meio do consumo de plantas que não eram palatáveis às pessoas e convertendo essa energia em adubo (e carne), e, em segundo lugar, usando sua força muscular para puxar arados, arrastar troncos de árvores, carregar pessoas e distribuir excedentes. Enquanto o valor de um boi vivo é hoje menor do que a soma de suas partes – na forma de carne, couro e outros produtos animais, uma vez atingido o peso ideal de abate –, até a Revolução Industrial o gado valia mais vivo do que morto em quase todos os lugares, desde que pudesse arrastar um arado.

★ ★ ★

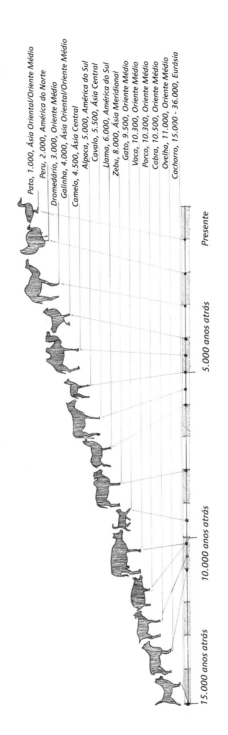

Linha do tempo indicando datas e locais estimados da domesticação de diferentes espécies.

AS PRIMEIRAS MÁQUINAS | 227

Ao longo dos 12 mil anos desde que os natufianos começaram a fazer experiências gerenciando espécies selvagens de trigo, houve extraordinariamente poucas inovações tecnológicas que pudessem expandir drasticamente as quantidades de energia que os indivíduos são capazes de capturar e colocar para trabalhar. Rodas, roldanas e alavancas fizeram uma grande diferença, assim como as tecnologias associadas ao trabalho com metais que ajudaram as pessoas a produzir ferramentas mais fortes, mais precisas e duradouras. Mas até a invenção das rodas d'água no século III a.C. e dos moinhos de vento no Egito Romano no primeiro século d.C., de longe as novas fontes mais importantes de energia não alimentar foram os animais, como lhamas, camelos, burros, bois, elefantes asiáticos e cavalos, que foram forçados a prestar serviço aos humanos e que, até a invenção dos motores a vapor e posteriormente do motor de combustão interna, eram nossa principal fonte não humana de energia motriz.

Não está claro como cada uma das espécies individuais que hoje são completamente domesticadas foram trazidas para o meio humano. É geralmente aceito que foram seguidos caminhos variados, alguns dos quais inicialmente não precisaram envolver nem suborno nem açoite. Porcos, tal como cães e gatos domésticos, podem ter gradualmente se infiltrado no mundo humano vagando em torno de nossos assentamentos em busca de restos de comida, ou como resultado de terem sido capturados por caçadores para engordá-los.

Além dos cães, os animais domésticos mais antigos foram provavelmente os ovinos e caprinos. Eles aparecem no registro arqueológico do Oriente Médio em torno do mesmo período em que o trigo domesticado. É bem possível que essa primeira domesticação de herbívoros tenha sido alcançada com a ajuda de cães, porque os mesmos genes que tornaram as cabras e ovelhas selvagens sociáveis e inclinadas a se reunir em rebanhos também tornaram esses animais sensíveis a serem pastoreados por cachorros o tempo todo em seus calcanhares.

Ovinos e caprinos são saborosos e têm muita gordura. Eles também produzem leite e, em alguns casos, lã, mas não são lá muito úteis quando se trata de realizar trabalho. As mais transformadoras de todas as domesticações de animais foram quase certamente as das cinco espécies de gado iniciadas há 10,5 mil anos. A maioria do gado doméstico hoje descende dos auroques, a mega-boiada de patas longas e chifres grandes que vagueava em vastos rebanhos pela Europa, pelo norte da África e pela Ásia central. Eles foram domesticados primeiro no Oriente Médio por volta de 10,5 mil anos atrás, e depois novamente, de maneira independente, na Índia há 6 mil anos, e possivelmente mais uma vez, alguns milhares de anos depois, na África. Entre as outras domesticações de espécies de gado, como o iaque e o bantengue, a mais importante foi a do búfalo-do-pântano (carabao ou kerebau). Ele foi domesticado há cerca de 4 mil anos. Acredita-se que foi uma das poucas espécies sujeita a uma domesticação especificamente dirigida para realizar trabalho, porque as antigas evidências de sua domesticação coincidem amplamente com a intensificação da produção de arroz no sudeste asiático, quando a laboriosa plantação com enxada foi substituída pela lavoura de sulcos profundos.

Se as "culturas de gado" do leste, centro e sul da África viam seu gado como símbolos de riqueza e poder, nos primeiros estados agrícolas o gado era pensado mais como um caminho para se alcançar aquela riqueza e poder, porque, quando se tratava de tarefas pesadas como a lavoura, um único bom boi podia fazer o trabalho de cinco homens corpulentos. Em outras palavras, a domesticação do gado foi importante não porque o bovino fornecia proteínas às pessoas, mas porque permitia uma intensificação na agricultura de grãos e um meio de transportar esses excedentes do campo para a cidade. E, mais ainda, o gado fazia isso principalmente capturando e convertendo a energia das plantas que os humanos não podiam comer, e então, por meio de seu trabalho, esterco e em última instância sua carne, a convertia em formas que os humanos podiam consumir.

O rebaixamento que acabou acontecendo ao gado em muitos lugares, de um sagrado e respeitado parceiro de trabalho para comida, foi acelerado pela domesticação de outro herbívoro grande, dócil e facilmente treinável: o cavalo. Os cavalos não só eram muito mais receptivos a transportar pessoas por longas distâncias com muito mais rapidez do que o gado, mas também um cavalo grande podia realizar o dobro do trabalho de um grande boi e tinha o benefício adicional de trabalhar de 30 a 50% mais rápido.[7] Os únicos lugares onde o gado ficou a salvo desse rebaixamento por cavalos foram os trópicos, onde o gado zebu lidava melhor com o calor do que os cavalos e onde os búfalos-d'água estavam muito mais bem adaptados a passear por campos enlameados e resistir a patógenos tropicais.

Esqueleto de 10 mil anos de um auroque de uma tonelada e dois metros de altura, encontrado em Vig, na Dinamarca, em 1905.

★ ★ ★

Em 1618, aos 22 anos, René Descartes se alistou para lutar pelo exército do protestante Príncipe de Nassau durante as escaramuças exploratórias do que mais tarde seria lembrado como a Guerra dos Trinta Anos. Mais *nerd* que valentão, ele foi designado para trabalhar com os engenheiros militares, concentrando suas energias na solução de problemas matemáticos, como calcular as trajetórias das bolas de canhão e o número de cavalos de que o exército necessitava. A cavalaria leve e a pesada muitas vezes desempenhavam papel decisivo nas batalhas, mas não eram mais importantes do que os rebanhos de cavalos de carga que arrastavam canhões, barracas, carroças de comida, pólvora, as forjas de ferreiros, munições, armas de cerco e outros materiais de um lugar para outro, ou os pôneis que transportavam espiões e mensageiros. Foi durante uma dessas manobras, em 1619, perto de Neuberg, na Alemanha, que Descartes teve sua famosa "noite das visões" – uma sequência de sonhos que o levaram a concluir que sua capacidade de raciocinar era prova suficiente de sua própria existência, dando origem ao hoje famoso dito "*Cogito, ergo sum*" – ou "Penso, logo existo". Também o convenceu de que o corpo humano não era mais do que "uma estátua ou máquina feita da terra", e que os animais, como os cavalos de guerra que sustentavam seu exército, não tinham a faculdade de raciocinar e por isso não eram nada além de elaborados autômatos movidos a cevada e aveia.[8]

É claro que Descartes não foi o primeiro filósofo a imaginar o mundo animal como uma grande coleção de Aibos da Sony embalados em corpos robóticos diferentes e orgânicos. A ideia de que os animais são autômatos biológicos ecoava proposições teológicas e filosóficas anteriores, que sugeriam que somente os corpos humanos eram animados por almas, enquanto os animais apenas existiam.

Quase todas as sociedades que dependiam da carne de caça consideravam que os animais tinham algum tipo de alma, mesmo que nem sempre fossem exatamente como as almas humanas. Muitos também consideravam moralmente preocupante o fato de que caçadores eram, na prática, ceifadores de almas, e tentavam racionalizar a matança de maneiras diferentes. É por isso que, por exemplo, os forrageadores inuits e siberianos, como os yukhagir, diziam que os animais que eles caçavam muitas vezes se doavam aos seres humanos como alimentação e outros produtos animais, enquanto caçadores como os ju/'hoansi consideravam que a maioria dos animais que perseguiam eram criaturas de pensamento complexo, e assim lhes conferiam também a dignidade de uma alma ou pelo menos, como os próprios ju/'hoansi afirmavam, de uma espécie de força vital.

Para os fazendeiros envolvidos na produção de carne ou os açougueiros, há pouco espaço para a intimidade que decorre da caça de um animal feita a pé com uma lança ou um arco. A carga emocional da alma dos animais seria um fardo demasiado grande para ser suportado.

Os humanos, no entanto, desenvolveram a capacidade de ser seletivos no sentimento de empatia que fundamenta nossas naturezas sociais. Felizmente para os trabalhadores de grandes matadouros, afastar essa empatia é relativamente fácil porque, ao contrário dos caçadores que muitas vezes testemunharam suas presas em seu magnífico ápice, os açougueiros costumam enxergar o gado em seu pior momento, inalando os cheiros da morte enquanto estão em currais do lado de fora do matadouro.

Mesmo assim, as sociedades agrícolas adotaram uma variedade de abordagens diferentes para lidar com o problema ético de se matar animais. Algumas simplesmente optaram por esconder qualquer controvérsia. Essa é a abordagem que adotamos hoje em muitas cidades, onde animais vivos são transformados em costeletas, kebabs e hambúrgueres por açougueiros que trabalham longe do escrutínio do público. Essa abordagem do tipo "se não vejo, não existe" também foi adotada com frequência em lugares onde as tradições teológicas e filosóficas não eliminavam a ideia de que os animais tinham alma. Assim, por exemplo, na tradição hindu, na qual se pensava que os animais tinham versões "diminuídas" de almas humanas, o abate e o preparo da carne e dos produtos animais era delegado aos membros das castas inferiores, como os chamar, que eram os trabalhadores do couro, e os khatiks, os açougueiros, cujas vizinhanças e locais de trabalho eram cuidadosamente evitados pelos membros das castas superiores, mais puras, que não queriam se sujar com o sangue dos animais.

Outra opção foi a regulamentação. Essa também é uma característica de muitas sociedades industriais modernas, nas quais uma série de regras e diretrizes sobre o bem-estar animal regem a criação e, por fim, o abate de animais. É a abordagem adotada pelos seguidores das religiões abraâmicas. Dessa forma, o judaísmo tradicional sustenta que é uma ofensa a Deus cortar um membro de um animal vivo e depois comê-lo (Gênesis, 9:4); que o abate deve sempre envolver o corte rápido da garganta para poupar o sofrimento do animal; que as vacas e seus bezerros nunca devem ser mortos no mesmo dia; que a carne de um filhote nunca deve ser servida no leite de sua mãe (Levítico, 22:28, e Deuteronômio, 14:21); que o gado de trabalho (como as pessoas) tem direito a um dia de descanso no *sabbath* (Êxodo, 20:10

e 23:12); e que as pessoas devem sempre garantir que seus animais sejam bem alimentados.

A opção final seria adotar a abordagem de Descartes e pensar nos animais como pouco mais do que máquinas, e assim presumir que eles já estivessem "mortos" mesmo enquanto ainda viviam. Isso significava que agricultores e soldados não precisavam se preocupar com a moralidade de colocar um animal para trabalhar até a morte.

★ ★ ★

Fora da filosofia, as contribuições mais importantes de Descartes no sentido de moldar o mundo moderno se deram no campo da geometria analítica. Por exemplo, foi com base na abordagem que ele idealizou para localizar coordenadas em gráficos com eixos x horizontais e y verticais que o teorema de Pitágoras para calcular o comprimento da hipotenusa de um triângulo passou a ser rotineiramente representado pela simples notação $x^2 + y^2 = z^2$. Mas, enquanto Descartes se via como herdeiro de Pitágoras no que se tratava de geometria, ele não teria aprovado o hábito declaradamente vegetariano de Pitágoras de comprar animais vivos dos mercados locais apenas para poupá-los da indignidade da faca do açougueiro.

O sentimentalismo de Pitágoras em relação aos animais era incomum na Grécia antiga, onde a visão de Aristóteles melhor retratava a norma então vigente. Mesmo que Aristóteles acreditasse que os animais possuíam almas "diminuídas", como Descartes, ele dizia que faltava aos animais a razão, e por causa disso deveria se considerar normal matá-los e consumi-los sem escrúpulos. Na sua mente, era tudo parte da ordem natural das coisas. "As plantas existem para o bem dos animais, e [...] outros animais existem para o bem dos seres humanos".[9]

Quando ele argumentava que os animais existem para o bem do homem, Aristóteles não estava falando apenas de comida, mas também do trabalho realizado por criaturas como bois, cavalos e cães de caça. Isso também fazia parte da ordem natural das coisas. Não é de surpreender, então, que ele tenha racionalizado a escravidão de forma semelhante. Aristóteles acreditava que a escravidão era uma condição natural, e que, enquanto alguns homens e mulheres eram escravizados legalmente como resultado de má sorte, outros, especialmente aqueles que faziam trabalhos manuais, eram "escravos por natureza".

"A utilidade dos escravos não difere muito da dos animais", explicou Aristóteles, uma vez que ambos prestavam "serviço corporal para satisfazer as necessidades da vida". E, como Aristóteles considerava a escravidão tanto natural quanto moralmente aceitável, a única circunstância que ele podia imaginar em que ela não seria uma instituição válida era se não houvesse trabalho para os escravos executarem; e as únicas circunstâncias em que ele acreditava que isso poderia acontecer eram se, de alguma forma, as pessoas pudessem inventar máquinas que pudessem trabalhar de forma autônoma, "obedecendo e antecipando a vontade dos outros", caso em que "os encarregados das obras não iriam querer servos, nem os senhores, escravos".[10] Para ele, no entanto, isso era algo que só poderia acontecer no mundo da fantasia e nas falsas histórias que os religiosos contavam uns aos outros, como a do ferreiro dos deuses, Hefesto, que esculpia touros de bronze que cuspiam fogo e construía donzelas cantoras a partir do ouro.

Aristóteles pode ter construído sua reputação usando a razão para questionar a natureza da incerteza, mas não tinha dúvidas de que os escravos existiam precisamente para que pessoas como ele próprio pudessem passar seus dias resolvendo problemas de matemática e promovendo debates inteligentes, em vez de produzir e preparar alimentos. Sua defesa da escravidão é um lembrete de como pessoas em todas as sociedades vêm insistindo que suas normas e instituições econômicas e sociais, muitas vezes extremamente diferentes entre si, refletem a natureza.

Nas antigas cidades-estado gregas, como Atenas, Tebas, Esparta e Corinto, a escravidão e a servidão sustentavam economias que dependiam, acima de tudo, da produção agrícola. Mas, enquanto a maioria dos escravos ali trabalhava nos campos, era considerado apropriado, e até mesmo desejável, que os escravos também executassem mais trabalho cerebral. De fato, na Grécia antiga, os únicos empregos reservados exclusivamente aos homens livres eram os da política. E, ao passo que escravos não tinham o direito de reivindicar qualquer recompensa por seu trabalho, uma vez que não podiam, por definição, possuir qualquer propriedade, aqueles que trabalhavam como advogados, burocratas, comerciantes e artesãos frequentemente desfrutavam de influência que excedia em muito seu *status* oficial.

Aristóteles e seus pares podem ter desdenhado os trabalhos braçais, mas houve longos períodos na história da Grécia antiga em que o trabalho duro era considerado como virtuoso. Assim, em *Os trabalhos e os dias*, obra na qual o poeta Hesíodo descrevia a vida camponesa na Grécia em 700 a.C., é recontada uma versão grega da história da queda do homem, na qual um zangado Zeus castiga a humanidade escondendo dela o conhecimento de como se sustentar por um ano com base no trabalho de apenas um dia. Também dizia que os deuses ficam enraivecidos com "o homem que vive no ócio" e, além disso, que só por meio do trabalho duro é que "os homens acumulam rebanhos e riqueza".[11]

★ ★ ★

Em 1982, o sociólogo histórico Orlando Patterson, nascido na Jamaica, publicou um monumental estudo comparativo de 66 sociedades escravocratas, desde a Grécia e a Roma antigas até a Europa medieval, a África pré-colonial e a Ásia. Foi o resultado de vários anos de trabalho com o intuito de estabelecer uma definição sociológica da escravidão, em vez de uma definição legal ou baseada em propriedade.[12] Nela, ele concluiu que ser escravizado era, acima de tudo, uma forma de "morte social", e observou que, em todas as instâncias, independentemente dos deveres que exerciam, os escravos eram distinguidos de outras classes sociais marginalizadas ou exploradas pelo fato de que não podiam apelar para as regras sociais que governavam o comportamento dos homens livres; não podiam se casar; não podiam contrair nem cobrar dívidas; não tinham direito de apelar para instituições judiciais; uma lesão a eles era uma lesão a seu senhor; e não podiam possuir nada, porque tudo o que fosse de sua posse pertencia legalmente a seus senhores. Isso significava que, mesmo que eles pudessem raciocinar, ao contrário dos animais robóticos de Descartes, eram frequentemente tratados como autômatos sem alma, que, como o monstro de Frankenstein, só podiam sonhar em ser aceitos como pessoas plenas. Portanto, quando um legionário romano era capturado como prisioneiro na guerra, esperava-se que sua família realizasse as mesmas tarefas rituais como se ele tivesse morrido em batalha.

Para alguns escravos, a morte física era muitas vezes preferível à morte social que eles tinham de suportar. Em Roma, os escravos às vezes atacavam seus senhores tendo plena ciência de que o único resultado possível para tal ato era a execução. Outros, porém, cerravam os dentes, faziam o melhor que podiam em suas circunstâncias e muitas vezes encontravam algum tipo de comunidade, um tosco parentesco e alguma solidariedade entre outros escravos, e algumas vezes até mesmo junto daqueles a que serviam. Privados de tantas outras coisas, muitos também encontravam propósito, orgulho e significado em seu trabalho, especialmente se estavam entre os poucos mais afortunados que tinham mais a oferecer do que apenas força muscular.

Os romanos bem-sucedidos eram mais propensos do que os gregos a matar e torturar seus escravos por indiscrições triviais. Mas, em todas as outras situações, tinham atitudes semelhantes às dos antigos gregos com relação à escravidão e ao trabalho e, tal como os britânicos vitorianos quase dois milênios depois, consideravam-se os herdeiros da antiga civilização grega. Também consideravam o trabalho braçal como algo humilhante, e que trabalhar para viver era vulgar. Era apropriado apenas aos cidadãos se envolver em grandes negócios, política, direito, artes ou atividades militares.

Na Roma Imperial, os escravos foram a mão de obra braçal usada para transformar as grandes ambições de senadores, cônsules e césares em um extenso império; foram também o cimento que manteve a magnificência de Roma unida, assim como o meio para que alguns realizassem o sonho plebeu de se aposentar como um rico proprietário de terras. Mas, durante os primeiros anos da República, os romanos mantiveram relativamente poucos escravos em comparação com os anos posteriores. Foi somente após o influxo de escravos capturados durante as campanhas militares, enquanto Roma estendia seu império, que o modelo agrícola que a alimentava mudou de um modelo em que os pequenos fazendeiros livres forneciam a maior parte dos grãos para um modelo em que as grandes propriedades agrícolas, chamadas *latifundia*, dominavam a produção agrícola. Cada uma dessas fazendas dependia quase que inteiramente dos escravos, que eram elencados ao lado do gado nos inventários das fazendas.

Durante os quatro séculos entre 200 a.C. e 200 d.C., acredita-se que entre um quarto e um terço da população de Roma e da Itália como um todo era formada por escravos. A maioria trabalhava como mão de obra em fazendas ou em pedreiras, cujos excedentes de produção eram conduzidos às cidades. Mas, na cidade de Roma, tal como na Grécia antiga, havia poucos empregos qualificados que não podiam ser também desempenhados por escravos. Além de gladiadores e prostitutas, e dos 89 diferentes papéis já registrados que os escravos podiam desempenhar em lares nobres e não tão nobres,[13] escravos trabalhavam em quase todas as ocupações imagináveis. Na verdade, a única profissão que eles estavam totalmente impedidos de exercer era o serviço militar. E, embora não fosse um fenômeno tão generalizado como na Grécia antiga, os escravos romanos ocupavam ocasionalmente importantes funções burocráticas e de secretariado, de modo que certa parcela deles, os *servus publicus*, não eram propriedade de indivíduos, mas da própria cidade de Roma.

★ ★ ★

O fato de que a economia romana era sustentada por máquinas de trabalho inteligentes, sob o ponto de vista da maioria dos cidadãos, criava alguns desafios econômicos similares aos criados pela automação em larga escala. Um deles era a desigualdade de riqueza.

A Roma primitiva era alimentada por uma rede de pequenos agricultores de toda a Itália e, como resultado disso, havia uma correspondência relativamente estreita entre o esforço de trabalho conduzido nos lares e a recompensa. Mas, assim que grande parte do trabalho começou a ser feito por escravos, essa correspondência econômica se provou difícil de sustentar por mais tempo. Aqueles com muito capital e muitos escravos podiam acumular riqueza muitas ordens de magnitude maior do que os cidadãos romanos mais pobres, que tinham de trabalhar para viver em um mercado de trabalho no qual escravos competentes seriam sempre a escolha mais econômica.[14] Isso também dificultava a competição dos pequenos agricultores com os de maior porte. Por consequência, muitos venderam suas fazendas a grandes

AS PRIMEIRAS MÁQUINAS | 237

proprietários e partiram para a cidade na esperança de ganhar a vida lá. De fato, por alguns cálculos, durante o último século do Império Romano, três famílias "podem ter sido os proprietários de terras mais ricos de todos os tempos".[15]

Os romanos que precisavam competir com os escravos por empregos não eram assim tão desamparados. Da mesma forma que os maquinistas do metrô de Londres hoje confiam em seus sindicatos para proteger seus empregos de trens que se dirigem sozinhos ou operam remotamente, os romanos comuns organizaram guildas comerciais para garantir que os escravos não prejudicassem seus interesses. Chamadas "faculdades artesanais" – *collegia* – essas organizações híbridas, a um só tempo religiosas, sociais e comerciais, funcionavam frequentemente como clubes apenas para membros, mas à semelhança de associações mafiosas mais recentes, e foram os antecedentes das corporações de ofício que mais tarde exerceram um poder considerável na Europa medieval. Além de garantir que a união dos profissionais representasse mais força no momento de garantir contratos públicos lucrativos para seus membros, muitas dessas guildas também operavam como sindicatos do crime e providenciavam para que pelo menos alguma riqueza fosse distribuída. Com guildas separadas estabelecidas para tecelões, separadores de algodão, tintureiros, sapateiros, ferreiros, médicos, professores, pintores, pescadores, comerciantes de sal, comerciantes de azeite de oliva, poetas, atores, condutores de carroças, escultores, negociantes de gado, ourives e pedreiros, entre outras profissões, pouco acontecia na capital romana sem o envolvimento de uma ou outra guilda.

No entanto, por mais poderosos que fossem os *collegia* de artesãos, eles raramente eram capazes de fazer mais do que lutar pelos restos que caíam das mesas de seus patrícios ricos, de cujo patrocínio dependiam. O colapso que por fim assolou Roma acabou sendo apressado pela corrosiva desigualdade em seu âmago.

★ ★ ★

Muitas cidades-estado já haviam amealhado grandes impérios por meio da conquista antes que os romanos despachassem suas legiões a fim de impor sua *Pax Romana* – a Paz Romana – pela maior parte da Europa e do Mediterrâneo; só que esses impérios preexistentes simplesmente não foram muito bons em se manter coesos. Havia o Império Acádio (ou Acadiano) sob o jugo de Sargão, o Grande, que floresceu brevemente na Mesopotâmia há cerca de 2.250 anos; o Império Egípcio, que se estendeu pelo Nilo até o Sudão moderno; havia os impérios persas de Ciro, Xerxes e Dario, que mais tarde se viram eclipsados e brevemente incorporados ao império de Alexandre, o Grande, da Macedônia, vasto, porém de curta duração. Depois, houve aqueles como o Império Máuria (ou Mauria), que, após derrotar Alexandre, governou grande parte do subcontinente indiano entre 322 a.C. e 187 a.C.; e os das dinastias Qin e Han no que é hoje a China moderna. Mas, enquanto esses antigos impérios se fragmentaram quase tão rapidamente quanto foram formados, o Império Romano durou 500 anos.

Os classicistas ainda discutem a respeito do que teria tornado o Império Romano tão excepcional, mas poucos contestam que uma das muitas coisas que o sustentavam era o fato de que todos os caminhos levavam a Roma. Devido aos recursos obtidos por meio do trabalho escravo na Itália como um todo e em seu império, Roma em seu auge tinha um milhão de cidadãos e foi capaz de manter suas legiões e seus bandos de burocratas, senadores, escravos, guildas e circos sugando os excedentes de energia gerados pelos agricultores por todo o império.

Como acontece hoje nas grandes metrópoles do mundo, a pegada energética dos indivíduos que viviam nas grandes cidades romanas excedia em muito a dos indivíduos que trabalhavam a terra, e grande parte disso vinha como resultado da escravatura. Essa energia ia para a construção de aquedutos, estradas, estádios e rodovias; para manter os bens fluindo pelos mercados romanos; e para manter o estilo de vida dourado de algumas pessoas muito ricas. Ao passo que os plebeus que viviam nas ruas mais imundas de Roma se viam constantemente lembrados de sua pobreza quando comparados aos seus patrícios, ainda assim eles tinham a sorte de viver em um centro para onde confluíam os recursos energéticos, e estavam, portanto, muito melhores do que os camponeses que trabalhavam nos campos nas províncias. Como consequência disso, alguns estudiosos clássicos sustentam que mesmo as classes mais baixas das cidades provinciais do Império Romano "desfrutavam de um padrão de vida bastante alto, somente igualado novamente na Europa Ocidental no século XIX".[16]

Roma traduziu suas conquistas militares em colônias guarnecidas e administradas por romanos vivendo em cidades de estilo romano, e propriedades que, ao mesmo tempo em que sugavam a riqueza, também enviavam cargas de pilhagem, impostos e tributos para Roma. Parte dessa riqueza tomou a forma de ouro, prata, minerais, tecidos e artigos de luxo. Mas, principalmente, tomou a forma de excedentes agrícolas e de outros alimentos. Com isso, os cerca de um milhão de habitantes da capital, assim como os das principais cidades provinciais, alegremente consumiam azeitonas de Portugal, garo da Espanha, ostras da Bretanha, peixes do Mediterrâneo e do Mar Negro, figos de Cartago, vinho da Grécia bem como mel, especiarias, queijos, frutas secas e aromáticos de todo o império. Mas, o mais importante de tudo, eles consumiam pão e mingau feitos de trigo ou cevada. Esses dois itens eram distribuídos regularmente como provisões a até 200 mil romanos mais pobres a cada mês, às custas do tesouro romano, tanto por cônsules como por imperadores, que reconheceram que reprimir a dissidência civil em sua cidade inchada exigia garantir que os plebeus fossem bem alimentados e ocasionalmente distraídos por triunfos generosos, circos e outros divertimentos públicos.

Os problemas que os líderes de Roma tiveram para manter seus cidadãos distraídos, assim como os esforços feitos pelos *collegia* romanos para proteger seus negócios dos escravos, são um lembrete da próxima grande transformação na história do trabalho após a adoção inicial da agricultura: a congregação de cada vez mais pessoas nas grandes cidades e vilas, lugares onde, pela primeira vez na história humana, a maioria do trabalho das pessoas não se concentrava na obtenção dos recursos energéticos de que necessitavam para sobreviver.

PARTE QUATRO

CRIATURAS DA CIDADE

11

As luzes tão brilhantes

EM AGOSTO DE 2007, Thadeus Gurirab empacotou suas roupas e uma cópia plastificada de seu certificado de dispensa da escola em uma leve bagagem de mão e partiu da pequena fazenda de sua família no leste da Namíbia para a capital, Windhoek. Os pais de Thadeus sempre souberam que sua pequena fazenda nunca poderia sustentar mais do que uma família. Diziam que ele, o segundo de quatro irmãos, deveria frequentar a escola para que pudesse, por fim, conseguir "um emprego típico da cidade".

Ao chegar, Thadeus se mudou para a casa de seu tio por parte de pai, com sua tia, a mãe dela e os três filhos do casal. Eles moravam em um barraco de chapas de ferro em um lote rochoso em Havana, nome de um assentamento informal que se espalhava pela periferia montanhosa da cidade.

Mais de uma década depois, Thadeus ainda vivia no mesmo lote em Havana. Seu tio e sua tia se mudaram em 2012, deixando o lote para ele. Ele agora tem um trabalho "duplo" como segurança e zelador em uma das muitas igrejas evangélicas onde migrantes urbanos se reúnem todos os domingos para orar por boa sorte. E ele consegue ainda gerar algum dinheiro extra alugando outro barracão de ferro que ele construiu no terreno, que só tem espaço suficiente para um único colchão. Ali é o lar de dois jovens, ambos recém-chegados do leste, que também trabalham como seguranças. Um dorme no barracão durante o dia e trabalha nos turnos noturnos, enquanto o outro trabalha nos turnos diurnos e dorme lá à noite.

Thadeus está satisfeito com esse arranjo. Significa que sempre há alguém no lote para ficar de olho nas coisas. Desde 2012, Havana quase dobrou de tamanho e já não é tão segura quanto costumava ser. Ele chama atenção para o fato de que as colinas para as quais sua barraca tem vista, que estavam desertas quando ele chegou, estão hoje tão lotadas de estruturas quanto o lado do vale onde ele mora. E, como praticamente nenhum dos recém-chegados consegue encontrar emprego, eles não têm outra escolha senão mendigar ou roubar.

Com uma população de apenas meio milhão de pessoas, a região metropolitana de Windhoek tem uma fração do tamanho de muitas das maiores cidades do planeta. No entanto, o que aconteceu lá é muito semelhante ao que aconteceu em muitas outras partes do mundo em desenvolvimento, ainda que em menor escala.

Em 1991, cerca de três quartos de todos os namibianos ainda viviam no campo. Em pouco mais de um quarto de século desde então, a população total da Namíbia quase dobrou. Mas, ao passo que a população rural aumentou em apenas um quinto, a população urbana da Namíbia quadruplicou de tamanho, principalmente por causa de pessoas como Thadeus, que se dirigiram para as cidades porque o campo estava muito cheio de gente. Como resultado disso, há hoje quase tantos namibianos vivendo nas cidades quanto a população total do país em 1991. Com um governo que não consegue pagar o suficiente para instituir um programa de habitação em massa, e com taxas de desemprego pairando em torno de 46% entre os jovens adultos, a maioria desses recém-chegados tem de se contentar em assentamentos informais como Havana.

Em 2007, Thadeus foi um dos cerca de 75 milhões[1] de novos habitantes urbanos em todo o mundo, muitos dos quais, como ele, deixaram suas casas no campo para tentar a sorte nas grandes e pequenas cidades. Cada um deles desempenhou um pequeno papel no sentido de empurrar nossa espécie para o outro lado de um importante limiar histórico. No início de 2008, pela primeira vez na história de nossa espécie, mais pessoas viviam nas cidades do que no campo.[2]

A velocidade de nossa transição, de uma espécie que não se preocupava muito em modificar seus ambientes para uma que habita "colônias" fabricadas, vastas e complexas, é única na história evolutiva. Ao passo que a urbanização de cupins, formigas e abelhas ocorreu ao longo de milhões de anos, entre os humanos ela ocorreu num piscar de olhos do ponto de vista evolutivo.

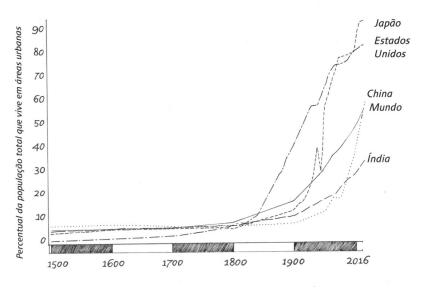

Proporção da população vivendo em áreas urbanas entre 1500 e 2016.[3]

Os humanos podem ter se tornado apenas recentemente o que os ju/'hoansi costumavam descrever como "criaturas da cidade". Mesmo assim, desde que as primeiras pequenas cidades antigas começaram a se formar no Oriente Médio, China, Índia, Mesoamérica e América do Sul, elas têm sido redutos de criatividade, inovação, poder e diversidade. Também exerceram uma influência desmesurada no que tange a costumes humanos em relação às suas populações. Somente quando aconteceu a Revolução Industrial, as cidades, em todos os lugares do mundo, começaram a representar mais de um quinto da população total de uma dada região, mas, já naquela época, era o que se passava nas cidades que vinha ditando a trajetória da história humana por mais de 5 mil anos.

Muitos dos capítulos mais recentes da história da transformação do *Homo sapiens* em uma espécie urbana foram escritos à mão livre, na base da improvisação muitas vezes caótica das favelas lotadas que, como Havana, florescem às margens de cidades grandes e pequenas do mundo em desenvolvimento. Até 1,6 bilhão de pessoas vivem hoje em favelas e vizinhanças igualmente pobres. As maiores dessas comunidades – como

AS LUZES TÃO BRILHANTES | 245

Kibera, no Quênia, Ciudad Neza, nos arredores da Cidade do México, Orangi, no Paquistão, e Dharavi, em Mumbai – têm suas populações contadas em milhões e são, de certa forma, cidades dentro de cidades. Suas ruas semelhantes a teias de aranha se estendem por muitas milhas sem qualquer planejamento, e cresceram tão rápido que a única coisa que as autoridades locais podem fazer é correr freneticamente atrás delas, com suas pranchetas na mão, tentando calcular quanto custaria instalar ali serviços básicos como água, esgoto e eletricidade, e mesmo se é possível levar tudo isso até lá a partir das redes preexistentes.

Outros capítulos recentes da história de nossa deriva em direção às cidades foram escritos em roteiros bem mais ordenados. O mais impressionante dentre eles é a imensa caligrafia dos planejadores e arquitetos urbanos da China moderna. Quarenta anos atrás, quatro em cada cinco chineses viviam no campo; hoje, três a cada cinco vivem em casas e locais de trabalho feitos de vidro, cimento e aço. Muitas dessas habitações estão organizadas em torno de amplas estradas retilíneas e pavimentadas, e são servidas por uma infraestrutura bem integrada de água, energia, comunicações e coleta de resíduos. A mudança de 250 milhões de chineses rurais para as cidades com o intuito de conseguir empregos em seu rapidamente crescente setor de manufaturados, entre 1979 e 2010, foi o maior evento de migração na história da humanidade. Isso resultou não apenas no aparecimento, quase da noite para o dia, de "cidades fantasmas" novinhas em folha, ainda subocupadas, mas viu também cidades bem estabelecidas engolindo fileiras de pacatos vilarejos rurais, vilas, fazendas e cidadezinhas, à medida que elas iam se expandindo por sobre o campo.

★ ★ ★

Para Vere Gordon Childe, a "revolução urbana" foi a segunda fase crucial da revolução agrícola. A primeira fase envolveu o processo dolorosamente lento de domesticar gradualmente o gado, os grãos e outras culturas vegetais ao longo de muitas gerações. Caracterizou-se também pelo desenvolvimento gradual e pelo refinamento de tecnologias simples, como a irrigação artificial, o arado, os animais de tração, a fabricação de tijolos e a metalurgia, o que "comprovadamente contribuiu para o bem-estar biológico de nossa espécie, facilitando sua multiplicação".[4]

Em contraste, ele argumenta que a fase urbana só surgiu quando um limiar crítico na produtividade agrícola foi ultrapassado, e então os agricultores foram capazes de gerar excedentes consistentemente grandes o suficiente para sustentar burocratas, artistas, políticos e outros que eles foram generosos o suficiente para não encarar como sendo "aproveitadores". Foi um movimento caracterizado pelo aparecimento de cidades que eram abastecidas por comerciantes, governadas por monarcas e administradas por padres, soldados e burocratas.

Childe estava quase certamente correto, pelo menos em termos da história do trabalho. As cidades antigas só surgiram quando os agricultores locais conseguiram produzir excedentes de energia suficientemente grandes para sustentar, de maneira confiável, grandes populações que não precisavam trabalhar no campo. E onde a energia era abundante, as pessoas, tal como os tecelões-mascarados, a usaram primeiro para construir grandes monumentos monolíticos, como Göbekli Tepe ou Stonehenge, e mais tarde propriamente as cidades tanto maiores quanto menores.

Pode-se dizer que as primeiras cidades na Ásia, no Oriente Médio e nas Américas foram tanto acidentes geográficos quanto testemunhos da engenhosidade da população local. As pessoas tanto em Papua Nova Guiné como na China, por exemplo, começaram a experimentar a agricultura entre 10 mil e 11 mil anos atrás. Mas, há 4 mil anos, enquanto os agricultores chineses, que tiveram a sorte de domesticar arroz e painço de alto rendimento, estavam gerando excedentes suficientemente grandes, de maneira consistente, para estabelecer e depois sustentar a primeira linha de dinastias imperiais baseadas em cidades, os agricultores de Papua Nova Guiné nunca foram capazes de desenvolver muito mais do que grandes vilarejos baseados no rendimento energético mais humilde gerado pelo cultivo de taro e inhame e da criação de porcos. De fato, foi somente durante a era colonial, depois que cereais de alto rendimento como o arroz foram importados para a Nova Guiné, que algo semelhante a uma cidade de verdade pôde lá surgir e se sustentar. Os mesoamericanos foram igualmente prejudicados pela falta de plantas alimentícias de alto rendimento. Só geraram excedentes suficientemente grandes para sustentar cidades há menos de mil anos, quando, após milhares de gerações de seleção artificial, o milho acabou se assemelhando à cultura de alto rendimento que conhecemos hoje.

Além da sorte com os cultivares nativos, outras duas variáveis importantes na equação geográfica eram o clima e a topografia. Não é coincidência que as primeiras cidades do Oriente Médio, do Sudeste Asiático e do subcontinente indiano se tenham desenvolvido em climas particularmente bem adaptados à produção de cereais e nas planícies de magníficos sistemas fluviais que estavam sujeitas a inundações sazonais. Antes da descoberta do valor dos fertilizantes ou do estabelecimento dos princípios de uma bem-organizada rotação de culturas, as populações naquelas áreas dependiam das inundações enviadas por seus deuses fluviais para refrescar seus solos superiores com ricos aluviões e matéria orgânica coletada rio acima.

* * *

Da mesma forma que alguns cientistas especulam que a entropia torna o aparecimento da vida na Terra quase inevitável, também a história sugere que a criação de cidades onde as pessoas se tornassem produtores de alimentos suficientemente produtivos era igualmente inevitável.

Tal como os organismos vivos, as cidades nascem, se sustentam e crescem capturando energia e colocando-a para trabalhar. E quando, por uma razão ou outra, as cidades deixam de ser capazes de assegurar a energia de que necessitam, como se fossem organismos privados de ar, alimento e água, elas se rendem à entropia, decaem e morrem. Nos primeiros anos da história urbana da nossa espécie, isso era mais comum do que se poderia pensar. Às vezes, as cidades e vilas eram asfixiadas por rivais que as sitiavam. Em outras ocasiões, pereciam devido a secas, pragas e outros atos de Deus. Acredita-se que esse tenha sido o destino de muitas cidades, vilas e povoados antigos que, aos arqueólogos de hoje, parecem ter sido abandonados sem razão óbvia quase da noite para o dia.

Até a Revolução Industrial, mesmo nas civilizações agrícolas mais sofisticadas e produtivas, como a Roma antiga, quatro em cada cinco pessoas ainda viviam no campo e trabalhavam a terra. Mas aquelas únicas de cada cinco pessoas que viviam nas cidades, nas mais produtivas economias agrícolas antigas, foram pioneiras em uma maneira totalmente nova de trabalhar.

Na posição de primeiros grandes ajuntamentos de pessoas que não gastavam tempo ou esforço algum produzindo alimentos, elas eram levadas por um coquetel de circunstâncias, curiosidade e tédio a encontrar outras coisas criativas para fazer com sua energia. E, tal como pássaros tecelões bem alimentados que atendem à demanda da entropia para realizar trabalho, quanto mais energia as cidades capturavam das terras agrícolas em seus arredores, mais elas cresciam e mais ocupados seus cidadãos ficavam. Grande parte daquela energia era destinada à aquisição de materiais para a construção, manutenção e renovação da infraestrutura básica. Isso resultou no surgimento de muitos novos ofícios especializados, como a carpintaria, a construção, a arquitetura, a engenharia, a hidrologia e o planejamento de esgoto. Muita energia também foi investida na construção de templos e na manutenção de ordens sagradas, a fim de agradar e apaziguar divindades exigentes com sacrifícios e homenagens, bem como para enfrentar o desafio inteiramente novo de manter a ordem entre grandes ajuntamentos de pessoas cujos antepassados, durante 300 mil anos, tinham vivido em pequenos grupos nômades. Essa tarefa demandava burocratas, juízes, soldados e outros que se especializavam em manter a ordem e unir as pessoas em comunidades urbanas com valores, crenças e objetivos comuns.

As lendas que contam as origens das cidades antigas, como a história dos gêmeos abandonados Rômulo e Remo, amamentados por lobas antes de Rômulo assassinar seu irmão e estabelecer Roma, preenchem um vácuo em nossa história coletiva. Na maioria dos casos, para além do fato de que essas expansões só foram possíveis graças aos excedentes de energia da agricultura, só podemos especular como e por que pequenos povoados se transformaram em vilas ou cidades. Sem dúvida, tantas estradas levaram à fundação de antigas metrópoles, como Atenas, Roma, Chengzhou (hoje Luoyang), Mênfis, no Egito, Grande Zimbábue e Mapungubwe, no sul da África, e Tenochtitlán, cujas ruínas se encontram sob a Cidade do México, quantas foram as estradas que mais tarde levariam a elas e delas partiriam. Algumas cidades quase certamente começaram a vida como centros cerimoniais ou como pontos de encontro geograficamente bem posicionados, onde as pessoas se reuniam sazonalmente para socializar, adorar e trocar presentes e ideias, compartilhar medos e sonhos e encontrar cônjuges. Outras quase certamente se uniram durante tempos de conflito em lugares fáceis de defender; lugares onde os fortes podiam oferecer patrocínio ou proteção aos fracos, e onde as pessoas caíram sob o feitiço de líderes carismáticos com grandes ambições e egos inflados.

As cidades viviam ou morriam com base em regras comuns de comportamento e na capacidade de seus cidadãos de se unirem em torno de experiências, crenças e valores compartilhados, e depois estendê-los às áreas rurais que os alimentavam.

À medida que as populações agrícolas cresciam graças ao seu adicional de energia, o território e o acesso a recursos como bons solos e água assumiam um valor cada vez maior. Além disso, durante períodos após as colheitas, quando a comida era abundante e não havia grandes monumentos monolíticos para construir, os homens tinham tempo para pensar em impressionar as mulheres ou uns aos outros, e a dar vazão a ressentimentos, inimizades e insultos que tinham surgido enquanto eles estavam muito ocupados trabalhando. Assim, com a mesma frequência com que as pessoas se reuniam para gastar excedentes sazonais na construção de monumentos como Stonehenge, elas também se reuniam para lutar. É por causa disso que os arqueólogos interessados em explorar sítios do início do Neolítico europeu podem esperar passar boa parte de seu tempo escavando os restos enterrados de vilas fortificadas e valas comuns que mostram evidências de tortura, assassinato ritual e às vezes até canibalismo.[5]

Mesmo que a possibilidade de serem massacrados por aldeões do outro lado do vale deixasse muitas pessoas neolíticas em estado de vigília constante, poucos teriam pensado em si mesmos como soldados, ou nas assembleias episódicas de fazendeiros zangados e pintados de guerra de um ou dois vilarejos como um "exército". A maioria dos conflitos armados durante o Neolítico deve ter sido semelhante ao que ocorreu em muitas sociedades agrícolas pré-coloniais africanas, como os nuer e os dinka, bem como entre horticultores florestais na

América do Sul, como os ianomâmis, ou aldeias rivais em Papua Nova Guiné. Em outras palavras, massacres sangrentos eram muito mais raros do que embates ritualizados, que envolviam mais fantasias, adornos, poses e insultos do que o derramamento real de sangue.

Com o surgimento das cidades e estados, tudo isso mudou. O trabalho dos habitantes das cidades era determinado pelas exigências do gasto de energia, e uma das primeiras coisas em que ela foi utilizada foi no desenvolvimento de exércitos profissionais permanentes, capazes de manter a paz dentro das muralhas da cidade e proteger os recursos energéticos ou expandir o acesso a eles.

Com os urbanitas não mais reféns dos desafios da produção de alimentos, as primeiras cidades deram origem a uma abundância de novas profissões. E, nas cidades, algumas dessas profissões assumiram um nível de importância social que teria sido inimaginável para os forrageadores nômades ou mesmo para os agricultores que viviam em vilarejos.

A vida profissional da maioria das pessoas na cidade mais antiga que conhecemos hoje, Uruk, na Mesopotâmia, provavelmente não era muito diferente daquela em cidades como Paris, Londres, Mumbai ou Xangai quando à beira da Revolução Industrial. As ruínas de Uruk se encontram em uma curva fértil no Rio Eufrates, cerca de 30 quilômetros a leste da atual cidade de Samawah, no Iraque. Uruk foi fundada há cerca de 6 mil anos e só foi finalmente abandonada após a conquista islâmica da Mesopotâmia no século VII. Em seu auge, há 5 mil anos, acredita-se que ela tenha sido o lar de até 80 mil cidadãos. E, tal como a maioria das outras grandes cidades que surgiram mais tarde, as pessoas de Uruk envolvidas em negócios que tinham entre si alguma semelhança tendiam a viver e trabalhar juntas nos mesmos distritos.

Muitos bairros da moderna Londres, por exemplo, mantêm estreitas associações históricas com ramos comerciais específicos. Embora alguns desses comércios tenham desaparecido desde então, e muitos bairros antigos tenham perdido suas associações distintas com comércios específicos, graças ao advento dos *shopping centers*, do varejo online, das megalojas e da gentrificação, alguns ainda permanecem. Harley

Street, Hatton Garden, Savile Row, Soho e Square Mile mantêm associações estreitas com áreas comerciais que vêm ocorrendo há séculos. Outros lugares, como Camden, para moda urbana fora dos padrões, ou Tottenham Court Road, para artigos eletrônicos, são associados a áreas relativamente mais novas.

A associação histórica de regiões específicas da cidade a determinados ofícios não foi uma peculiaridade dos regulamentos de zoneamento ou o resultado de um cuidadoso planejamento urbano. Também não veio como consequência do fato de que faz sentido comercialmente que os consumidores que procuram determinados artigos possam ir a uma parte da cidade para comparar os diferentes artigos oferecidos. Ela aconteceu porque, no coração pulsante e plural das grandes cidades, as pessoas encontravam companheirismo e conforto entre outros que faziam trabalhos semelhantes e assim compartilhavam experiências semelhantes, o que resulta em as identidades sociais individuais das pessoas, nas cidades, frequentemente se fundirem com os ofícios que elas realizam.

Inscrições em lápides e registros escritos da Roma Imperial descrevem 268 diferentes carreiras que os antigos romanos podiam seguir. Além dos trabalhos burocráticos, de construção, engenharia, artesanais, mercantis e militares, muitos outros empregos que os romanos tiveram são antecessores de alguns do setor de serviços que hoje representam a maioria dos empregos em estados modernos, principalmente urbanos, como o Reino Unido. E, entre as fileiras do pessoal do setor de serviços romano, estavam advogados, escribas, secretários, contadores, chefs, administradores, conselheiros, professores, prostitutas, poetas, músicos, escultores, pintores, animadores e cortesãos, que – se conseguissem fisgar o patrocínio correto ou se fossem independentemente ricos – podiam dedicar toda a sua vida trabalhista ao objetivo de dominar completamente as artes que escolheram.

Tanto nas comunidades neolíticas primitivas quanto nas comunidades de forrageadores, o senso de pertencimento, comunidade e identidade da maioria dos indivíduos era moldado pelo compartilhamento de sua geografia, língua, crenças e parentesco, e se assegurava pelo fato de que as pessoas executavam tipos similares de trabalho, muitas vezes juntas.

As pessoas nas antigas cidades não tinham mais a segurança de fazer parte de uma única comunidade geograficamente distinta, reforçada e entrecruzada por laços de parentesco. Também não tinham o privilégio de já conhecer todas as pessoas que encontravam em seu dia a dia. Como os cidadãos urbanos de hoje, aquelas pessoas passavam grande parte de seu tempo se trombando com completos estranhos, muitos dos quais levavam vidas totalmente diferentes das delas, apesar de talvez compartilharem a lealdade a um líder comum, falarem uma língua comum, viverem sob as mesmas leis e sob a mesma localização geográfica. E muitas das interações cotidianas regulares entre pessoas de diferentes profissões nas cidades só aconteciam no contexto do desempenho dessas funções. Assim, por exemplo, um chef na Roma antiga teria interagido regularmente, ainda que por um curto espaço de tempo, tanto com os aristocratas togados que se banqueteavam com arganazes recheados de ervas que ele preparava quanto com o apanhador desses arganazes que dormia na rua, assim como com os comerciantes que forneciam seus outros ingredientes. Teria muito pouco a ver com qualquer um deles fora do contexto do trabalho, e possivelmente até não saberia como se relacionar com eles caso os encontrasse em situações sociais. Mas teria passado muito tempo com seus colegas de estabelecimento e de trabalho na cozinha, provavelmente mais do que passou com sua família em casa, ou com os conhecidos com quem às vezes jogava cinco-marias no fórum quando tinha tempo livre. Ele também teria passado tempo com colegas cozinheiros cuja perspectiva do mundo tinha sido moldada e lapidada pelas habilidades que todos eles aprenderam na cozinha e que se via simbolizada nas cicatrizes de queimaduras em seus braços. Em resumo, eles tinham muito mais em comum uns com os outros do que com soldados, senadores, copeiros e aqueles que caçavam arganazes em tempo integral. O mesmo se aplicava a qualquer outra profissão qualificada.

Assim como atualmente, ser um chef ou um poeta ou pedreiro na Roma antiga significava se juntar a uma comunidade de práticos construída a partir de experiências e habilidades compartilhadas, muitas vezes dominadas apenas depois de longos períodos de aprendizagem. E, em Roma, como em muitas outras cidades, com o tempo as pessoas envolvidas em ofícios semelhantes muitas vezes se uniam em microcomunidades multigeracionais cujos filhos brincavam juntos e se casavam, e que compartilhavam práticas religiosas, valores e *status* social. De fato, à medida que as sociedades urbanas foram se estabelecendo, as profissões iam se fundindo cada vez mais com a identidade social, política e até mesmo religiosa. De todos os lugares, esse processo se fez mais óbvio na Índia, onde tipos bem particulares de comércio passaram a ser inseparáveis das castas rígidas que prescreviam onde e com quem aqueles indivíduos conviviam, como eles adoravam suas divindades, como eram tratados por outros e quais seriam as profissões de seus descendentes.

Em Roma, essas comunidades de práticas comuns formaram a base dos *collegia* artesanais, que, além de ajudar a proteger os trabalhadores em atividades-chave de serem colocados na berlinda pelo trabalho dos escravos, davam aos indivíduos um senso de comunidade, identidade cívica e pertencimento. Como resultado disso, ao contrário da narrativa atual de que o mercado é um antro competitivo no qual se mata ou se morre, por grande parte da história as pessoas em ofícios semelhantes geralmente cooperavam, colaboravam e se apoiavam mutuamente.

Essas comunidades fortemente unidas evoluíram porque as pessoas que compartilhavam habilidades e experiências exclusivas de seus ofícios tendiam a entender o mundo de maneira semelhante, e também porque seu *status* social era frequentemente definido por sua atividade comercial. Não é de surpreender que isso aconteça até hoje. Muitos de nós não apenas passam a vida profissional na companhia de colegas como também passam uma boa parte da vida pessoal, fora do local de trabalho, se encontrando com aquelas mesmas pessoas.

Dessas inúmeras novas profissões que surgiram quando as pessoas se reuniram nas cidades, duas classes de trabalho inteiramente novas foram especialmente importantes. A primeira foi um subproduto da invenção da escrita, e a segunda veio do surgimento e do aumento do poder dos comerciantes que controlavam a alocação e a distribuição da energia e de outros recursos adquiridos no campo.

★ ★ ★

Todas as sociedades forrageadoras e primitivas do Neolítico tinham ricas culturas visuais e se comunicavam umas com as outras por meio de uma série de símbolos repletos de significado. Mas foi somente com o surgimento das cidades que alguém desenvolveu um sistema de representação visual tão versátil quanto a escrita.

Assim como a agricultura, os sistemas de escrita foram desenvolvidos independentemente por populações não relacionadas umas às outras em diferentes partes do mundo, em um período de tempo relativamente curto. Pelo menos três sistemas de escrita inteiramente autônomos, dos quais descendem hoje a maioria dos sistemas com os quais estamos familiarizados, vieram do Oriente Médio, do Sudeste Asiático e da Mesoamérica. As origens e significados dos voluptuosos glifos e símbolos usados pelos olmecas no Golfo do México, em algum momento entre 600 e 500 a.C., que foram adotados no sistema de escrita maia mil anos depois, são incertos, assim como as origens dos então já bastante sofisticados sinais e símbolos padronizados inscritos nos mais antigos exemplos de escrita da China, que tomam a forma de ossos de animais e cascas de tartarugas desenhados na dinastia Shang, há três milênios e meio.

Foi mais fácil traçar as origens do mais antigo sistema de escrita que conhecemos, o dos sumérios de Uruk. A evolução de sua escrita cuneiforme bem distinta foi rastreada por meio de três etapas. Na fase mais antiga, abrangendo 4,5 mil anos e começando possivelmente há 10 mil anos, as transações eram contabilizadas usando fichas de argila que representavam unidades de mercadorias. A fase seguinte envolveu a transformação dessas fichas tridimensionais em pictogramas inscritos em tabletes de argila, novamente usados para a contabilidade. E a fase final, que foi a precursora da escrita alfabética, começou há cerca de 5 mil anos e envolveu o uso de pictogramas para representar sistematicamente a linguagem falada.

As implicações cognitivas específicas da alfabetização continuam a ser debatidas. Como qualquer outra habilidade complexa adquirida e dominada quando se é jovem e cognitivamente plástico, ela claramente tem algum impacto na forma como nossos cérebros se organizam e em como pensamos e percebemos o mundo. O debate não se concentra em se isso acontece ou não, mas em quão profundas são as consequências. Alguns insistem que as mudanças cognitivas e psicológicas provocadas pela alfabetização são fundamentais. Argumentam que ela resultou no privilégio da visão sobre outros sentidos e encorajou o desenvolvimento de uma maneira mais científica, visualmente ordenada e "racional" de olhar o mundo. Outros, porém, são muito mais céticos e consideram que a arquitetura intelectual fundamental necessária para ler e escrever não é diferente daquela necessária para traduzir os sons que usamos para produzir um discurso vocal com sentido, ou para interpretar rastros de animais na areia e outros sinais visuais significativos.

Entretanto, não cabe nenhum debate sobre o fato de que, mesmo que a capacidade de representar fielmente palavras faladas e ideias complexas na forma de símbolos escritos não mudasse radicalmente a maneira como as pessoas percebiam o mundo ao seu redor, sem ela estaríamos privados não só de muita história, filosofia e poesia, mas também das ferramentas necessárias para desenvolver complexos modelos abstratos que tornaram possíveis as descobertas mais importantes da matemática, das ciências e da engenharia. Também não se debate que a invenção da escrita levou a todo um universo de novos e antes inimagináveis trabalhos e profissões em lugares fechados, de escribas a arquitetos, muitos dos quais desfrutavam de alto *status*, em não menos monta por causa da energia e do esforço que precisavam ser investidos no domínio da alfabetização. "Ponha a escrita em seu coração de modo que você possa se proteger de trabalhos pesados de qualquer tipo", disse um famoso pai egípcio a seu filho, ao despachá-lo para a escola no terceiro milênio a.C., acrescentando que "o escriba fica livre das tarefas manuais" e que ele é "aquele que comanda".[6]

Está claro que a alfabetização também transformou fundamentalmente a natureza e o exercício do poder. Fez isso ao fornecer os meios para que os primeiros Estados estabelecessem burocracias funcionais e sistemas legais formalizados, por meio dos quais eles poderiam organizar e gerenciar populações muito maiores e implementar projetos muito mais ambiciosos. Também proporcionou àqueles que dominaram a leitura e a escrita a faculdade de reivindicar que eles tinham acesso privilegiado às palavras e à vontade dos deuses.

Não há dúvida de que a alfabetização transformou o mundo do comércio, ao permitir o estabelecimento de moedas formalizadas, a manutenção de contas cheias de transações complexas, a criação de instituições financeiras e bancárias, e também a possibilidade de acumular riquezas que muitas vezes só existiam na forma de livros contábeis.

Arqueólogos recuperaram mais de 100 mil amostras de escrita cuneiforme suméria, entre elas cartas, receitas, documentos legais, histórias, poesias e mapas, assim como muitos documentos relacionados ao comércio. Entre esses últimos, há um contracheque de 5 mil anos de idade mostrando que os cidadãos sedentos de Uruk, como os trabalhadores que construíram as pirâmides do Egito, ficavam satisfeitos em ser remunerados por seu trabalho em cerveja; recibos de 4 mil anos de idade documentando a troca de mercadorias que variavam de forragem para animais a produtos têxteis; e a mais antiga carta de reclamação conhecida, que foi escrita por um cliente irado a um comerciante, reclamando da entrega de mercadorias abaixo do padrão por volta de 1750 a.C.

O holerite mais antigo do mundo: uma tábua com escrita cuneiforme documentando o pagamento dos trabalhadores na forma de cerveja em torno de 3 mil a.C., em exposição no Museu Britânico.

Nas cidades, a segurança material não se baseava na produção de energia alimentar ou de outras matérias-primas, mas no controle de sua distribuição e utilização. Todas as cidades antigas tinham mercados, desde a *agora* que se espalhava por toda Atenas até o fórum um pouco mais ordenado de Roma, com suas lojas parecidas com boutiques.

O desenvolvimento de mercados em cidades antigas como Uruk era em parte uma consequência do fato de que a natureza das relações de troca mais típicas entre as pessoas em pequenos assentamentos agrícolas simplesmente não era possível nas cidades. Ao passo que as pessoas nas comunidades rurais tinham a tendência de trocar e compartilhar coisas principalmente com pessoas que conheciam ou com as quais estavam relacionadas, nas cidades a maioria das trocas ocorria entre estranhos. Isso significava que as normas e costumes tradicionais que tratavam da reciprocidade e da obrigação mútua não podiam ser aplicados.

Liberados dessas obrigações, os comerciantes da cidade aprenderam rapidamente que o comércio era um caminho possível para a riqueza e o poder. E isso foi importante porque, enquanto entre as comunidades agrícolas as pessoas estavam preocupadas em satisfazer suas necessidades básicas, nas cidades, tanto grandes quanto pequenas, outras necessidades e outros desejos diferentes moldavam as ambições das pessoas e, de maneira correspondente, como e por que motivo elas trabalhavam.

12

O mal das infinitas aspirações

LEVA CERCA DE 25 minutos para dirigir do barraco de Thadeus em Havana até o centro da cidade de Windhoek, se você evitar o caos de táxis caindo aos pedaços que entopem as estradas durante as horas de pico de manhã e de noite. A viagem primeiro o leva através de duas cidadezinhas antigas, onde pessoas negras e "de raça mista" eram obrigadas a viver durante o apartheid, e depois para os subúrbios de classe média do noroeste de Windhoek, antes de finalmente chegar ao centro bem cuidado da cidade, onde, do terraço do Hotel Hilton, podem-se ver grandes *shopping centers*, restaurantes, escritórios de vários andares com ar-condicionado e de onde, bem à distância, a fumaça das fogueiras em Havana é visível. À medida que se avança de Havana para o centro da cidade, o aumento da riqueza é representado pelos veículos mais bonitos estacionados nas portas das garagens e pela grandeza crescente das casas, lojas e prédios de escritórios. Também se traduz na maior sofisticação dos sistemas de segurança. Em Havana, a segurança consiste principalmente nos olhos e ouvidos de vizinhos de confiança; na cidadezinha periférica, ela toma a forma de paredes baixas em torno de casas simples de tijolos de cimento com janelas gradeadas e portas firmemente fechadas com cadeados. Mas, ao entrar na cidade propriamente dita, você progride de casas menores, cercadas por paredes baixas cobertas com arame farpado ou vidro quebrado, para casas grandiosas, com paredes altíssimas coroadas por cercas elétricas sempre com aquele sinistro zumbido, além de detectores de movimento infravermelho, câmeras e seguranças uniformizados armados com bastões, chicotes e às vezes armas. Muitos dos agentes de segurança como Thadeus vêm de Havana. E estão ali para guardar casas, lojas e empresas de outras pessoas de Havana.

Ninguém em Windhoek considera seus apetrechos de segurança excessivos. É raro que roubos ali sejam acompanhados da brutalidade insensível que tão frequentemente caracteriza crimes similares em cidades vizinhas da África do Sul, mas, ainda assim, há poucas pessoas em Windhoek, tanto ricas quanto pobres, que não tenham sido vítimas de um roubo ou assalto. Embora os habitantes mais ricos reclamem o tempo inteiro de o crime estar fora de controle e o atribuam a raça, imoralidade e à incompetência da polícia, todos eles sabem que isso não vai mudar tão cedo.

Alguns assaltos em Windhoek são perpetrados por pessoas que estão simplesmente com fome. Se intrusos conseguirem burlar a segurança da casa de alguém, o primeiro lugar que eles saqueiam é a cozinha. Mas muitos outros são motivados por um tipo diferente de escassez – o fato de que, na cidade, as pessoas são constantemente colocadas frente a frente com outras que têm muito mais (e melhores) coisas do que elas.

Nesse sentido, Windhoek passa pela mesma coisa que todas as outras cidades do mundo. Desde quando as pessoas passaram a se reunir em cidades, suas ambições vêm sendo moldadas por um tipo de escassez diferente daquela que molda as necessidades dos agricultores de subsistência, uma forma de escassez articulada na linguagem da aspiração, do ciúme e do desejo, e não da necessidade absoluta. E, para a maioria, esse tipo de escassez relativa é o verdadeiro estímulo para se trabalhar longas horas, subir de nível social e deixar sua grama tão verde quanto a do vizinho.

★ ★ ★

A maioria dos economistas é cautelosa em questionar as necessidades ou desejos específicos que possam fazer as coisas inicialmente parecerem escassas. Eles abrem mão de perguntas do tipo "por que coisas não essenciais, como os diamantes, são mais valiosas do que coisas essenciais, como a água?", e as consideram como o "paradoxo do valor". Na maioria das vezes, se contentam em dizer que não lhes incomoda muito a razão ou a motivação para diferentes necessidades, pois o valor relativo dessas necessidades será conferido pelos mercados.

John Maynard Keynes entrou em conflito com muitos de seus colegas a esse respeito quando defendeu que a automação resolveria o problema econômico. Sustentava que o problema econômico tinha dois componentes distintos, e que a automação só poderia resolver o primeiro deles: aqueles concernentes ao que ele chamou de "necessidades absolutas". Essas necessidades, como comida, água, calor, conforto, companhia e segurança, eram universais, absolutas e experimentadas igualmente por todos, desde um prisioneiro acorrentado até um monarca em um palácio. Embora essas necessidades fossem críticas, Keynes acreditava que elas não eram infinitas. Afinal, quando você está aquecido o suficiente, colocar mais um galho no fogo pode deixá-lo quente demais, ou quando você tiver comido o suficiente, comer mais o fará se sentir mal. O segundo componente do problema econômico era nosso desejo de atender ao que Keynes chamou de "necessidades relativas". Ele acreditava que essas necessidades eram, na verdade, infinitas, porque assim que atendêssemos a qualquer uma delas, elas seriam rapidamente substituídas por alguma outra provavelmente mais ambiciosa. Eram essas necessidades que refletiam as ambições das pessoas de "deixar a grama mais verde que a do vizinho", de conseguir uma promoção no trabalho, de comprar uma casa maior, de dirigir um carro melhor, de comer comida mais sofisticada e de amealhar mais poder. Essas necessidades, conforme ele também acreditava, eram o que nos motiva a trabalhar ainda mais, mesmo depois que nossas necessidades absolutas foram atendidas.

Keynes não foi claro o bastante a ponto de dizer se considerava dentre suas "necessidades absolutas" algo como ter vinhos que se harmonizassem aos alimentos, uma casa de campo para os fins de semana ou tabaco turco decente para seu cachimbo. Mas, ao distinguir entre necessidades absolutas e relativas, ele reconheceu a importância do contexto social e do *status* na formação dos desejos das pessoas. Sob esse aspecto, ele raciocinou mais como um antropólogo social, que, ao contrário de um economista, está interessado em entender por que, em alguns contextos, como nas cidades, os diamantes são mais valiosos que a água, enquanto em outros, como nas comunidades forrageadoras tradicionais no deserto do Kalahari – que hoje abriga as duas minas de diamantes mais ricas já descobertas –, os diamantes não valiam nada, mas a água era valiosíssima.

* * *

A noção de que a desigualdade é natural e inevitável é invocada com tanta frequência nos ensinamentos da filosofia clássica védica, confucionista, islâmica e europeia quanto na retórica de muitos políticos. Durante quase o mesmo tempo em que as pessoas vêm vivendo em cidades e registrando seus pensamentos por escrito, houve aqueles que, como Aristóteles, insistiram que a desigualdade é um fato inescapável da vida. É claro que também houve muitas vozes discordantes; são aqueles cuja mensagem de igualdade encontra acolhida entre os que estão por baixo no estrato econômico, social ou político, mensagem que é sempre invocada aos berros de trás de barricadas improvisadas nas ruas durante períodos de agitação, rebelião e revolução.

Forrageadores como os ju/'hoansi nos lembram de que somos tão capazes de nos organizarmos em sociedades fortemente igualitárias quanto de nos ordenarmos em hierarquias rígidas. Por causa disso, muitos historiadores argumentam que, mesmo que a desigualdade não seja um fato bruto da natureza humana, então ela provavelmente veio como consequência direta e imediata de nossa adoção da agricultura, junto com as doenças zoonóticas, o despotismo e a guerra. Eles sustentam ainda que, assim que as pessoas passaram a ter grandes excedentes para acumular, trocar ou distribuir, os mais miseráveis demônios em nossa natureza assumiram o controle da sociedade.

Mas a desigualdade extrema não foi uma consequência imediata e orgânica da transição de nossos antepassados rumo à agricultura. Muitas das primeiras sociedades agrícolas eram muito mais igualitárias do que as modernas sociedades urbanas, e em antigas vilas rurais e aldeias as pessoas frequentemente trabalhavam de maneira cooperativa, dividiam o produto de seu trabalho uniformemente e apenas acumulavam excedentes para o benefício da coletividade. Há também muitas evidências sugerindo que essa forma arcaica de igualitarismo de *kibutz* persistiu porque era uma maneira eficaz de administrar os recorrentes episódios de escassez material de que as populações agrícolas de rápido crescimento sofriam. Assim, por exemplo, os pequenos agricultores que se estabeleceram em grande parte do que são hoje Espanha e Portugal ao longo do primeiro milênio a.C. são considerados por alguns arqueólogos como tendo sido "assertivamente igualitários" – pelo menos até que as legiões romanas apareceram no horizonte no século I a.C.[1]

Interessante notar que o mais antigo assentamento quase urbano descoberto até hoje, Çatalhöyük, na Turquia, era provavelmente também materialmente igualitário. Mas não era como nenhuma das outras cidades e vilas antigas que se seguiram. Suas ruínas são compostas de centenas de habitações domésticas de tamanhos semelhantes entre si, agrupadas em conjunto, quase como alvéolos em uma colmeia, sugerindo que ninguém era muito mais rico do que qualquer outro. Também não havia espaços públicos óbvios como mercados, praças, templos ou locais de convivência, e nenhum tipo de rua pública, estradas ou caminhos distintos, o que levou os arqueólogos a concluir que as pessoas iam de um lugar para outro atravessando os telhados e entrando em suas casas e nas de outros através do teto.

Se tomarmos como base a disposição e o tamanho das moradias individuais, a falta de evidências de qualquer extrema desigualdade material não necessariamente implica a existência de nada parecido com o feroz igualitarismo que era característico de sociedades forrageadoras de pequena escala como os ju/'hoansi. Mais uma vez, se tomarmos como base puramente o desenho das habitações domésticas, as grandes civilizações bantu, por exemplo, que se expandiram por grande parte da África central, oriental e austral ao longo dos últimos 1.500 anos, podem, a princípio, parecer altamente igualitárias. Mas não era nem remotamente o caso. Durante séculos, aquelas sociedades foram movidas por grandes ambições, intrigas políticas e jogos de poder, e eram estruturadas em torno de grupos etários ordenados, hierarquias de gênero e enormes diferenciais de riqueza medidos na forma de gado, que, muitas vezes, pastava muito além do perímetro da aldeia sob a administração de jovens vaqueiros. De fato, em muitas sociedades agrícolas, o tamanho da moradia – que, para nós, que vivemos em alguns dos mercados imobiliários mais valorizados do mundo, é um indicador inequívoco de riqueza – era considerado sem importância. Da mesma forma, em muitas sociedades hierárquicas, chefes, nobres, plebeus e escravos frequentemente viviam nos mesmos prédios. E, igualmente importante, a riqueza era frequentemente medida de maneiras altamente abstratas. Em muitas civilizações nativas americanas, por exemplo, o direito de usar brasões específicos ou de executar canções e ritos específicos era um indicador de *status* e poder, assim como o acesso ao conhecimento ritual era um indicador de poder em muitas sociedades africanas. Quer alguns assentamentos agrícolas neolíticos de pequena escala tenham sido altamente igualitários ou não, a vida nas grandes cidades do mundo, historicamente falando, certamente não o é, apesar de tentativas episódicas de populações com inclinações revolucionárias de remediar isso.

★ ★ ★

A mais antiga história escrita retratando uma cidade tem a forma de um poema épico e descreve as realizações de Gilgamesh, um antigo rei de Uruk, famoso por construir as muralhas da cidade, e que mais tarde se determinou que era, na verdade, um deus. Inscrita em letras cuneiformes, a mais antiga de muitas versões de *Gilgamesh* encontrada até hoje foi escrita há cerca de 4,1 mil anos, e era quase certamente a inscrição física de uma narrativa oral transmitida e judiciosamente bordada ao longo de gerações. O que hoje se conhece como *A epopeia de Gilgamesh* é naturalmente mais mito do que história; mais bajulação embelezada do que fato. Mas, quando é lida junto com outros documentos em escrita cuneiforme da mesma época, detalhando os direitos e as exigências dos cidadãos comuns sob as reformas implementadas pelo rei sumério Urukagima há 4,5 mil anos, esses documentos todos dão uma visão surpreendentemente matizada da vida naquele lugar, o mais antigo de todos os centros urbanos.

Esses documentos falam não apenas das muitas profissões diferentes que as pessoas em Uruk e em outras cidades-estado da Mesopotâmia podiam assumir, mas também do fato de que Uruk, tal como Nova York, Londres ou Xangai hoje, podia ser chamada de muitas coisas, menos de igualitária, e que, também como Nova York, Londres ou Xangai, comerciantes e homens com dinheiro eram capazes de usar seu controle sobre o fornecimento e a distribuição de excedentes para alcançar um *status* comparável ao dos nobres e do clero.

Os cidadãos de Uruk 4,5 mil anos atrás podiam ser encaixados em cinco classes sociais distintas. No topo, estavam a realeza e a nobreza. Reivindicavam seu *status* privilegiado por descenderem de antigos reis, como Gilgamesh, e por afinidade com os deuses. Imediatamente abaixo dessas estavam as ordens sagradas: os sacerdotes e sacerdotisas.

Derivavam seu poder da proximidade com os reis e de seu papel como intermediários entre homens e deuses, como guardiães de lugares e objetos sagrados, e de seu papel mais mundano como burocratas encarregados dos espaços urbanos mais importantes. Além dos escravos, que não eram contados como cidadãos ou pessoas, os que estavam nos estratos mais baixos eram o que se poderia chamar hoje de "classe trabalhadora". Incluíam os agricultores, que viviam principalmente fora das muralhas da cidade e, dentro da cidade, os comerciantes, entre eles açougueiros, pescadores, copeiros, fabricantes de tijolos, cervejeiros, proprietários de tabernas, pedreiros, carpinteiros, perfumistas, oleiros, ourives e condutores de carroças, que ou trabalhavam para outros ou dirigiam pequenos negócios próprios. Apertados entre esses e as ordens sagradas, havia os soldados, contadores, arquitetos, astrólogos, professores, prostitutas de alto nível e comerciantes ricos.

Em lugares como Uruk, tornar-se um comerciante rico era quase certamente o único caminho que as pessoas comuns podiam perseguir para superar o abismo que as separava da nobreza; era isso ou então fomentar uma revolução. Acumular riqueza, em outras palavras, oferecia uma oportunidade de ascensão social para aqueles que trabalhavam mais, tinham mais sorte e eram os mais brilhantes.

A arqueologia das antigas cidades sumérias sugere, talvez sem surpresas, que, entre os ofícios mais promissores para aqueles que tinham ambições de subir a escada social, estava o de fabricar e vender cerveja. Em parte, isso se devia ao fato de que a cerveja, como o trigo e a prata, era também uma forma de moeda. Era também pelo fato de que as cervejarias forneciam empréstimos a fazendeiros depauperados que provavelmente concordavam com as taxas de juros e as penalidades por inadimplência que eles nunca sonhariam em aceitar se estivessem em seu juízo perfeito. Embora não esteja claro o quanto as oportunidades de mobilidade para taberneiros eram significativas, é revelador que a única mulher que aparece na lista dos antigos monarcas sumérios, a rainha Kubaba, começou a vida como proprietária de uma humilde taberna antes de assumir o poder na cidade de Kish, que, segundo registros, ela governou por cem anos.

★ ★ ★

A proporção de pessoas empregadas na agricultura em qualquer país é geralmente uma ótima medida da riqueza daquele país. Aqueles cuja proporção é alta estão tipicamente entre os mais pobres, têm os menores níveis de produtividade agrícola e os menores níveis de industrialização. Todos os dez países onde mais de três quartos da força de trabalho ainda se descrevem como agricultores se situam na África subsaariana. Em contraste, nos Estados Unidos, menos de 2% da população ativa está hoje empregada em uma indústria agrícola de tecnologia tão alta que chega a produzir rotineiramente excedentes grandes o bastante para que cerca de 300 quilos de alimentos por pessoa sejam desperdiçados no trajeto entre o campo e o prato do consumidor todos os anos.[2] Essa é a norma na maioria dos países industrializados, onde a agricultura foi transformada, nos últimos três séculos, de uma atividade de mão de obra intensiva para uma atividade de capital intensivo, por uma série de novas tecnologias e práticas que aumentaram drasticamente a produtividade, ao mesmo tempo em que reduziram enormemente a dependência do trabalho humano.

A rápida expansão das cidades do norte que se tornariam o epicentro da Revolução Industrial britânica no século XVIII não aconteceu apenas para atender a demanda de mão de obra das novas usinas, fundições, minas e fábricas. Nem foi também o resultado de hordas de camponeses otimistas se mudando para as cidades com ambições de fazer fortuna ou arranjar um casamento lucrativo. Ao contrário, ela foi catalisada por melhorias substanciais e rápidas na produtividade agrícola, que foram possíveis graças aos avanços tecnológicos. Quando esses avanços são tomados juntamente com a consolidação de propriedades agrícolas por agricultores mais ricos, isso significava que simplesmente não havia mais trabalho para muita gente no campo, em meio a uma população rural em rápido crescimento.

A vida dos agricultores nos primeiros estados agrícolas não era muito diferente da vida dos agricultores da Europa renascentista. As tecnologias básicas que eles utilizavam para arar, plantar, colher, capinar, irrigar e processar suas culturas podem ter sido refinadas ao longo do tempo, e às vezes muito inteligentemente adaptadas para uso em diferentes ambientes. Mas, em muitos aspectos, elas permaneceram fundamentalmente inalteradas até o final do século XVI, quando o desenvolvimento quase simultâneo e a adoção generalizada de uma sequência de novas técnicas e tecnologias melhoraram drasticamente o rendimento energético nas fazendas europeias. As mais importantes dessas tecnologias foram a adoção do altamente eficiente arado holandês, que revirava o solo de maneira bem mais eficiente do que seus predecessores e que podia ser puxado por um único animal de tração; o uso intensivo de fertilizantes naturais e artificiais; um maior foco na seleção reprodutiva; e sistemas mais sofisticados de rotação de culturas. Entre 1550 e 1850, o rendimento líquido em trigo e aveia por acre cultivado na Grã-Bretanha quase quadruplicou, o rendimento em centeio e cevada triplicou, e o rendimento em ervilhas e feijões dobrou.[3] Esse aumento na produtividade catalisou um salto no crescimento populacional. Em 1750, a população da Grã-Bretanha era de cerca de 5,7 milhões de pessoas. Mas, graças ao aumento da produtividade agrícola, ela triplicou para 16,6 milhões em 1850, e, em 1871, dobrou esse número. E ao passo que cerca da metade da força de trabalho da Grã-Bretanha era de agricultores em 1650, em 1850 esse número havia caído para um em cada cinco.

O processo foi ainda mais acelerado pela escravidão, pelo colonialismo e pelo comércio com o Novo Mundo. Além do fato de que os lucros do comércio de escravos ajudaram a financiar a construção das fábricas têxteis britânicas, em 1860, cerca de 4 milhões de africanos escravizados nos Estados Unidos também forneciam quase 90% da matéria-prima para a primeira indústria em larga escala da Inglaterra recém-industrializada: o algodão.

No século anterior à Revolução Industrial, a Mughal India, que na época estava sob o controle efetivo da Companhia Britânica das Índias Orientais, era o maior fabricante e exportador de mercadorias do mundo. Seus têxteis de chita, algodão e calicô, relativamente baratos, alimentaram uma revolução de consumo entre os ricos da Europa urbana, o que resultou em dificuldades para a indústria britânica, então bem estabelecida em pequenas propriedades rurais, que produzia principalmente roupas de lã. Em 1700, com pastores irados, tecelões, tintureiros e fiadeiras nos calcanhares dos políticos locais e de qualquer outra autoridade disposta a ouvi-los, o Parlamento promulgou a primeira de suas Leis do Algodão, sob a qual a importação e venda de produtos prontos de algodão na Grã-Bretanha foi inicialmente restrita e depois proibida. O que a princípio parecia uma boa notícia para os pastores, tecelões e tintureiros acabou se provando o pior resultado possível para eles. O algodão cru vindo das plantações na América do Norte inundou o mercado britânico a fim de preencher a demanda por produtos de algodão, o que deu o impulso final de que as grandes tecelagens precisavam para minar completamente aquela indústria têxtil artesanal rural.

Igualmente importantes foram os milhões de escravos cujo destino foi o Caribe. Enquanto os escravos nos estados do sul da América do Norte destruíam os dedos colhendo algodão, os escravos caribenhos passavam seus dias cortando os campos de cana-de-açúcar e alimentando as fogueiras necessárias para transformar a cana crua em melaço, açúcar e rum. Os produtos de açúcar logo se tornaram, de longe, os mais importantes dentre todas as importações de alimentos vindos do Novo Mundo para a Grã-Bretanha colonial. Antes de as colônias caribenhas começarem a produzir e exportar açúcar em enormes quantidades, aquele produto era um luxo consumido apenas nas mais prestigiosas casas das cidades da Europa. Se um cidadão pé-de-chinelo desejasse alguma coisa doce, teria de se contentar com frutas maduras ou, se tivesse sorte, com uma colherada de mel.

Mas, na Grã-Bretanha do final do século XVIII e no século XIX, à medida que o açúcar se tornava mais acessível, ele era devorado em quantidades cada vez mais prodigiosas por pessoas que rapidamente entenderam que uma xícara de chá bem doce acompanhada por uma fatia de pão melada de geleia barata e igualmente doce era uma maneira econômica de sustentá-los durante turnos de doze horas. Assim, em 1792, era amplamente aceito até mesmo por abolicionistas, como o advogado William Fox, que fez campanha pelo fim da escravidão nas plantações no Caribe, que o açúcar já não era mais "um luxo, mas se tornou, pelo uso constante, uma necessidade da vida". No início do século XX, o consumo de açúcar *per capita* no Reino Unido era de quase 120 g por dia,[4] o suficiente para prejudicar os dentes e um nível de consumo que os britânicos mantêm até o século XXI.

★ ★ ★

O açúcar alimentou os corpos de muitos trabalhadores durante a Revolução Industrial britânica. Mas suas fábricas, barcaças, ferrovias e navios eram movidos a carvão.

Alguns forrageadores já haviam descoberto que o carvão podia ser queimado como combustível há 75 mil anos, e os escultores em bronze na China antiga fizeram uso rotineiro dele há cerca de 4,6 mil anos.[5] Mas, fora do leste da Ásia, poucos viram alguma utilização para ele até a invenção de máquinas e motores famintos de energia. Afinal, o carvão nem sempre era fácil de encontrar. Minerá-lo era também um trabalho árduo, muitas vezes perigoso, além de um desafio para o transporte e, quando queimado, ele ainda produzia fumaça suja e sulfurosa e uma fuligem preta pegajosa. Mais importante ainda, na maioria dos lugares ainda havia madeira mais do que suficiente para acender fogueiras domésticas. Os únicos lugares onde o carvão em algum momento ainda rivalizava com a madeira como fonte de combustível doméstico eram aqueles onde depósitos rasos eram facilmente acessados e populações densas já haviam queimado tudo das florestas locais.[6] Em todos os outros lugares, foi somente depois que os motores a vapor começaram a ser amplamente utilizados que o carvão e outros combustíveis fósseis se tornaram uma importante fonte de energia. Isso não aconteceu apenas porque a demanda por combustíveis disparou quando as pessoas tomaram consciência de seu potencial, mas também porque o primeiro uso generalizado de máquinas a vapor se deu justamente para bombear água de poços de carvão inundados, tornando assim possível aos mineiros escavar mais carvão do que jamais haviam conseguido antes.

As primeiras máquinas a vapor rudimentares foram construídas muito antes que os cientistas iluministas começassem a se preocupar com como medir a quantidade de trabalho que essas máquinas eram capazes de executar. Heron de Alexandria, um engenheiro no Egito Romano, construiu uma simples máquina a vapor giratória que ele chamou de *aelopile* no primeiro século d.C. Mas, assim como o órgão musical que ele também construiu, ele não conseguiu conceber outro uso para aquilo além de fazê-lo girar e assobiar para entreter os dignitários nas festas. As versões dessa turbina simples de vapor pressurizada ainda são reproduzidas todos os anos em milhares de salas de aula.

Um aelopile, *o primeiro motor a carvão, conforme descrito por Heron de Alexandria no ano 50.*

Engenheiros na Turquia otomana e mais tarde na França renascentista também fizeram experiências com a construção de motores rudimentares mais de mil anos depois, mas foi somente quando o engenheiro militar inglês Thomas Savery registrou uma patente em 1698 para "uma nova invenção para elevar a água e ocasionar movimento para todo tipo de trabalho de moinho pela força impulsora do fogo" que as pessoas passaram a levar o vapor a sério. Seus motores, apelidados de "amigos dos mineiros", eram simples condensadores sem peças móveis. Eles extraíam água para cima criando vácuos parciais quando o vapor quente era resfriado em câmaras seladas. Eles também tinham uma irritante tendência a explodir e dar um banho de estilhaços ferventes em seus operadores. Mas eles eram poderosos o suficiente para bombear água das minas e assim ajudar os mineiros a conseguir ainda mais carvão do que as toneladas que eram necessárias para fazer funcionar essas máquinas inacreditavelmente ineficientes em primeiro lugar.

Os grandes e imóveis motores de Savery lhe renderam um lugar sagrado nos livros de história. Mas talvez pelo fato de ele ter persuadido o Parlamento Britânico a estender sua patente exclusiva, não demorou muito até que outras pessoas surgissem com novos motores bem mais eficientes e baseados em *designs* diferentes.

O mais importante entre esses novos *designs* foi revelado em 1712 por Thomas Newcomen, um ferreiro especializado na fabricação de equipamentos para mineradores de carvão e estanho. Seu motor acionava um pistão à parte, e por isso era muito mais eficiente e poderoso do que o de Savery. Mesmo assim, os motores de Newcomen também foram usados principalmente para bombear água de minas de carvão e para fornecer água reutilizável para acionar rodas d'água.

Versões do motor de Newcomen permaneceram em amplo uso até 1776, quando James Watt, que havia passado duas décadas experimentando novos projetos de motores, percebeu que, se mantivesse o condensador e o pistão separados, ele poderia construir um motor ainda mais eficiente e versátil. Ao longo do século XVIII, para a felicidade daqueles que tinham de alimentar o fogo desses motores, o uso generalizado do carvão nas fundições aumentou a escala e a qualidade de sua produção de ferro, permitindo assim a fabricação de motores cada vez mais precisos e robustos, capazes de operar sob pressões cada vez maiores sem explodir. Por causa disso, o século seguinte foi marcado pelo aparecimento e pela rápida adoção de sucessivas novas variantes, cada vez mais eficientes e versáteis, do motor de Watt. A partir de 1780, motores estacionários foram instalados em fábricas de toda a Europa e usados para acionar os sistemas às vezes incrivelmente complexos de polias, alavancas, engrenagens e guinchos que povoavam os chãos de fábricas, enquanto motores móveis movimentavam uma infraestrutura de transporte cada vez mais rápida, capaz de movimentar grandes cargas a uma velocidade que um século antes pareceria nada menos que vertiginosa.

★ ★ ★

A construção de inicialmente dezenas e depois centenas de grandes tecelagens e fábricas têxteis movidas a vapor entre 1760 e 1840 criou milhares de novos empregos para aqueles que migravam para as cidades tanto grandes quanto pequenas da Grã-Bretanha. Mas essa expansão não criou – pelo menos de começo – muitas profissões ou ofícios novos. Se muito, os primeiros anos da Revolução Industrial foram marcados por um abate em massa de toda uma série de profissões que vinham bem estabelecidas e eram às vezes até bem antigas, de tecelões a ferradores de cavalos, enquanto criou um punhado de oportunidades para uma nova classe de trabalhadores composta por aspirantes a diversos outros campos, como engenheiros, cientistas, *designers*, inventores, arquitetos e empreendedores, quase todos vindos das classes urbanas instruídas em escolas particulares e em Oxbridge. Para aqueles destinados a trabalhar no chão de fábrica, habilidades reais e particulares não estavam na lista de qualidades que seus empregadores desejavam. O que eles exigiam eram corpos que pudessem ser treinados para operar suas "Jennys giratórias", suas máquinas hidráulicas e seus teares mecânicos.

A vida era difícil mesmo para aqueles que trabalhavam para empregadores mais esclarecidos – considerando-se os padrões sombrios da época – como Richard Arkwright. O inventor da máquina que entrelaçava fios estabeleceu uma série de tecelagens no norte da Inglaterra entre 1771 e 1792, foi um dos principais alvos da Rebelião Ludita e hoje é bastante considerado como "o inventor do sistema fabril". Entre aqueles que trabalhavam em suas fábricas, esperava-se que realizassem seis turnos de treze horas ao longo de uma semana. Quem se atrasasse era descontado em dois dias de salário. Ele permitia aos funcionários uma semana de férias anuais (não remuneradas) com a condição de que não saíssem da cidade naquele período.

Durante as primeiras décadas da Revolução Industrial, e possivelmente pela primeira vez desde que as cidades antigas começaram a se formar no vale do Rio Eufrates, os agricultores tinham motivos para se sentirem melhor do que muitas pessoas da cidade. Enquanto eles respiravam ar puro e bebiam principalmente água limpa, os moradores das cidades trabalhavam mais horas, comiam mal, respiravam ar poluído, bebiam águas duvidosas e tinham de suportar doenças como a tuberculose – que foi responsável por até um terço de todas as mortes registradas no Reino Unido entre 1800 e 1850 –, que se transmitiam rapidamente por seus cortiços perpetuamente apinhados de gente tossindo. Mesmo que os salários reais dos trabalhadores de fábrica tenham subido lentamente ao longo da primeira metade do século XIX, a altura média tanto de homens quanto de mulheres diminuiu, juntamente com sua expectativa de vida.

Mas talvez seja ainda mais importante notar que, ao passo que os fazendeiros encontravam pelo menos alguma satisfação imediata em colocar em prática as habilidades acumuladas durante uma vida inteira para resolver criativamente os problemas cotidianos da fazenda, a maioria dos trabalhadores de fábricas tinha de suportar horas intermináveis de trabalho repetitivo e entorpecente.

Felizmente para os donos das fábricas, os antigos agricultores que ora migravam do campo para as cidades não estranhavam o trabalho duro. Se não conseguissem encontrar adultos para ocupar as vagas, ou se precisassem de corpos pequenos para trabalhar em espaços apertados ou de dedos ágeis para consertar partes delicadas de máquinas grandes, muitas crianças também podiam ser recrutadas – com frequência, de orfanatos locais. As crianças eram trabalhadores tão versáteis e diligentes que, na virada do século XIX, quase metade de todos os trabalhadores das fábricas britânicas tinham menos de 14 anos de idade. Mas a exploração rotineira de crianças nas fábricas não contava com aprovação universal. Por isso, a Lei das Fábricas, aprovada pelo governo de Sua Majestade em 1820, proibiu as fábricas de empregar crianças menores de 9 anos em tempo integral. Posteriormente, em 1833, a lei foi alterada para exigir que todas as crianças entre 9 e 13 anos de idade recebessem pelo menos duas horas de escolaridade por dia, e que as crianças entre 13 e 18 anos de idade não fossem obrigadas a trabalhar em turnos diários por mais de doze horas de cada vez.

★ ★ ★

As primeiras décadas da Revolução Industrial podem ter sido horríveis para aqueles que trabalhavam em usinas e fábricas, mas não demorou muito até que aquela riqueza movida a vapor se traduzisse em alguns benefícios para eles também.

No início, a imensa riqueza nova criada pela industrialização se acumulou principalmente entre aqueles no topo e no meio do espectro econômico, agravando ainda mais a desigualdade em uma sociedade já obcecada por classes. Mas, na década de 1850, uma parte dessa riqueza começou a sobrar para aqueles que trabalhavam no chão de fábrica, na forma de melhores salários e melhores moradias.

Na ausência de qualquer intervenção significativa do governo, além de legislações como a Lei das Fábricas, todo o processo foi liderado por vários proprietários de fábricas muito ricos, numa espécie de encarnação precoce do que hoje seria rotulado como "responsabilidade social corporativa". Alguns deles sentiam que era seu dever cristão dar melhor suporte a seus operários, mas a maioria tinha percebido que, para que os trabalhadores fossem produtivos, também precisavam de um lugar adequado onde morar, comida suficiente para se alimentar e renda suficiente que lhes permitisse um luxo ocasional. Como novos Senhores do Comércio, eles se propuseram a imitar os aristocratas feudais de outrora, gastando uma proporção de suas muitas vezes gigantescas fortunas na construção de habitações em massa e outros aparatos públicos para seus trabalhadores, para que eles ficassem a curtas distâncias, percorríveis a pé, das fábricas e usinas.

Os dados econômicos dos séculos XVIII e XIX da Grã-Bretanha são muito fragmentados, e os pesquisadores não chegam a um acordo sobre como e quando isso começou, mas, usando como medida os salários reais – ajustados para levar em conta a inflação – alguns economistas sustentam que, nos setenta anos após 1780, os trabalhadores britânicos viram sua renda familiar dobrar. Outros insistem que os dados não embasam essa alegação.[7] Eles dizem que, até a década de 1840, a única coisa que os trabalhadores de fábrica veriam crescer eram as privações e as misérias impostas a eles.[8] Mesmo assim, não há dúvida de que, a partir de meados do século XIX, a maioria dos trabalhadores de fábricas e usinas começou a notar uma determinada tendência ascendente na sua qualidade de vida material, e pela primeira vez tiveram um pouco de dinheiro para gastar com os luxos que até recentemente eram exclusivos das classes média e alta.

Aquela época também marcou um ponto inicial quando muitas pessoas passaram a ver o trabalho que faziam exclusivamente como um meio de comprar mais coisas, fechando assim o ciclo de produção e consumo que até hoje sustenta tanto de nossa economia contemporânea. De fato, durante grande parte dos duzentos anos seguintes, os movimentos trabalhistas e, posteriormente, os sindicatos concentrariam quase todos os seus esforços em garantir melhores salários para seus membros e mais tempo livre para gastá-lo, em vez de tentar tornar aquele trabalho interessante ou gratificante.

★ ★ ★

Ao longo dos séculos XVII e XVIII, o aumento da produtividade agrícola, um aumento correspondente na fabricação artesanal e a importação de novidades exóticas como artigos de linho, porcelana, marfim, penas de avestruz, especiarias e açúcar das colônias desencadearam a agitação de uma "revolução do consumo" nas partes mais prósperas da Europa.

A adoção do consumo desenfreado estava inicialmente restrita às classes aristocráticas e mercantes abastadas, mas, à medida que mais e mais pessoas se tornavam dependentes do salário em dinheiro, em vez de depender do produto direto de seu próprio trabalho, o consumo se tornou mais influente na formação tanto do destino quanto das aspirações daquilo que mais tarde seria chamado de classes trabalhadoras.

É claro que muitos dos novos itens de luxo que alimentaram a revolução do consumo na Europa eram coisas úteis, independentemente do *status* que traziam a seu proprietário. Camisas leves de algodão eram muito mais confortáveis do que coletes de lã irritante, especialmente nos abafados meses de verão; um tantinho de rum de boa qualidade caía muito melhor no estômago do que um *shot* de gim vagabundo em um bordel; e louças de cerâmica eram muito mais fáceis de limpar e armazenar do que pratos em madeira bruta e canecas de estanho, mesmo que fossem muito mais delicadas e por isso precisavam ser substituídas com mais frequência. Mas muitos outros itens de luxo tinham um apelo exclusivamente voltado ao *status*. As pessoas muitas vezes só queriam ter itens para imitar outros que os tinham. Assim, enquanto aristocratas procuravam emular a realeza, mercadores aspirantes e membros das classes profissionais mais educadas procuravam emular aristocratas, comerciantes procuravam emular mercadores e aqueles na base da pirâmide procuravam emular aqueles mais ao meio.

Não foi coincidência o fato de que roupas e têxteis foram os primeiros artigos produzidos em massa durante a Revolução Industrial britânica. Historicamente, os agricultores tinham a tendência de pensar apenas em coisas práticas quando se vestiam para um dia de trabalho, mas os moradores urbanos, mesmo nas cidades antigas, muitas vezes se vestiam para impressionar. Afinal, em meio à multidão em uma praça urbana movimentada, é impossível distinguir um nobre de um plebeu se ambos estão vestindo roupas idênticas. A tendência entre as classes e castas inferiores nas cidades de todo o mundo de imitar aqueles de posição social mais elevada foi motivo de muita inquietação e irritação, ao longo da história, entre as elites determinadas a manter a aparência de que ocupavam posição mais privilegiada. Algumas elites urbanas, como os cortesãos de perucas e lantejoulas extravagantes que se pavoneavam nos jardins do Palácio de Versalhes durante o reinado do Rei Sol, como era chamado Luís XIV, conseguiram manter essas aparências adotando modas insanamente elaboradas e caras que os pobres nunca conseguiriam copiar. Outros, como os romanos, o fizeram promulgando leis que impunham restrições aos tipos de roupas que as pessoas de diferentes classes podiam usar.

Essa foi também a abordagem adotada em grande parte da Europa medieval, e foi adotada com particular entusiasmo na Inglaterra, que era obcecada por *status*. Do reinado de Eduardo III (1327-1377) até a Revolução Industrial, o país promulgou uma série de leis destinadas a impedir que os camponeses e comerciantes agissem como se fossem nobres. Estas leis suntuárias (aquelas que regulam o consumo) vinham muitas vezes embaladas na linguagem populista do nacionalismo econômico. Assim, um Ato do Parlamento de 1571, aparentemente promulgado para apoiar os produtores de lã, tecelões e tintureiros na Inglaterra, exigia que, com exceção dos nobres hereditários, todos os homens e rapazes com mais de 6 anos de idade tivessem de usar bonés de lã bem distintivos todos os domingos e feriados, o que introduziu assim a distinta boina *flat cap* como um marcador essencial da identidade de classe na Grã-Bretanha, que perdurou até o século XXI, quando foi alegremente reapropriada como um símbolo de prosperidade pelos *hipsters*.

O problema com as leis suntuárias era que elas eram quase impossíveis de fiscalizar, e muitas vezes tornavam os aspirantes a alguma classe ainda mais determinados a se vestir como seus "melhores". Na Inglaterra do final do século XVII, essa tendência inspirou um próspero mercado de roupas de segunda mão abandonadas pelas classes mais altas. Também levou alguns aristocratas angustiados a se vestirem de maneira "inferior", a fim de se distinguirem da ralé que tentava se vestir de maneira "superior", o que causou horror em alguns visitantes continentais como o abade francês Jean le Blanc, que escreveu causticamente que, na Inglaterra, "os mestres se vestem como seus valetes, e duquesas copiam suas camareiras".[9]

O vestuário pode ter sido o mais óbvio e imediato indicativo de *status* fora de casa, mas, como as cidades britânicas começaram a inchar ao longo dos séculos XVII e XVIII, as famílias aspirantes começaram a tentar imitar as classes mais ricas também dentro de casa. Móveis, utensílios e itens decorativos, em particular, apareceram como importantes indicativos de *status*, especialmente entre as pessoas que viviam nas muitas carreiras de casas todas iguais que foram construídas para acomodar migrantes citadinos. Não é de surpreender, portanto, que não tenha demorado muito para que empresários ambiciosos começassem a explorar oportunidades de produzir em massa coisas como utensílios de porcelana e cerâmica, espelhos, pentes, livros, relógios, tapetes e todos os tipos diferentes de móveis.

Ao longo dos séculos XVII e XVIII, o desejo de consumo das pessoas mais pobres nas cidades de toda a Europa, voltado ao que antes eram luxos desfrutados apenas pelos muito ricos, influenciou tanto a maneira como a história do trabalho veio sendo moldada quanto a invenção de tecnologias que exploravam a energia em combustíveis fósseis. Sem esse desejo, não haveria mercados para itens produzidos em massa, e sem mercados as fábricas nunca teriam sido construídas. Ele também reescreveu as regras pelas quais grande parte da economia operava. O crescimento da economia da Grã-Bretanha passou a depender cada vez mais de as pessoas empregadas na manufatura e em outras indústrias reinvestirem seus salários naqueles mesmos produtos fabricados por essas pessoas e pelos trabalhadores de suas fábricas.

★ ★ ★

Quando foi nomeado primeiro professor de sociologia na Universidade de Bordeaux, em 1887, Émile Durkheim não tinha dúvidas de que novas modas eram rapidamente encampadas pelos mais pobres e marginalizados, na esperança de imitar os ricos e poderosos. Também estava certo de que as modas eram, por sua natureza, efêmeras. "Assim que uma moda é adotada por todos, ela perde todo o seu valor", observou ele.[10]

Durkheim tinha bons motivos para estar preocupado com a transitoriedade da moda, especialmente no volúvel mundo acadêmico, onde novas teorias de agrado temporário iam e vinham junto com as estações do ano. Afinal, apenas cinco anos antes, ele próprio, um estudante recém-formado em seus 20 e poucos anos de idade, tinha se proposto a convencer as grandes mentes francesas e alemãs de que não só o estudo da sociedade era mais do que uma simples novidade intelectual, mas também merecia ser reconhecido como uma ciência por direito próprio. Como autoproclamado arquiteto da sociologia, ele enxergou em suas próprias ambições um eco de quando, um século antes, Adam Smith havia estabelecido a economia. Coincidentemente, como Smith, muitas das ambições de Durkheim também foram moldadas por um interesse permanente na chamada "divisão do trabalho". Mas, ao contrário de Smith, Durkheim não estava especialmente interessado em transportes, comércios e permutas. Tampouco estava particularmente preocupado com a eficiência econômica que poderia ser alcançada com a reorganização dos processos de produção nas fábricas. Quando ele contemplava a divisão do trabalho, ele tinha uma visão muito mais ampla do papel que o trabalho desempenhava na formação tanto da vida individual quanto da sociedade como um todo. E, pelo que ele podia entender, muitos dos desafios enfrentados pelas pessoas que viviam em sociedades urbanas complexas tinham a ver com o fato de que, em cidades modernas, as pessoas faziam todo tipo de trabalho diferente.

Durkheim acreditava que uma diferença crucial entre sociedades ditas "primitivas" e sociedades modernas complexas residia no fato de que, enquanto sociedades simples operavam como máquinas rudimentares com muitas partes facilmente intercambiáveis, as sociedades complexas funcionavam mais como corpos vivos e eram compostas de diversos "órgãos" muito diferentes entre si e altamente especializados, que, tal como fígados, rins e cérebros, não podiam ser substituídos uns pelos outros. Dessa forma, chefes e xamãs em sociedades simples poderiam ser simultaneamente forrageadores, caçadores, agricultores e construtores, mas, em sociedades complexas, os advogados não podiam se desdobrar em cirurgiões, assim como almirantes de navios não tinham como se passar por arquitetos. Durkheim também acreditava que as pessoas nas sociedades primitivas tipicamente tinham um senso de comunidade e de pertencimento muito mais forte do que as pessoas nas sociedades urbanas mais complexas, e nesse aspecto eram mais felizes e mais seguras de si mesmas. Ele elucubrou que, se todos em uma sociedade primitiva desempenhavam papéis que poderiam ser intercambiáveis, então eles estariam presos a uma espécie de "solidariedade mecânica" que se via facilmente reforçada por costumes, normas e crenças religiosas compartilhadas. Contrastou isso com a vida nas sociedades urbanas modernas, onde as pessoas desempenhavam muitos papéis, com frequência diferentes demais entre si, e assim desenvolviam perspectivas muito diferentes do mundo, e então concluiu que isso não só tornava mais difícil unir as pessoas, mas também induzia uma doença social potencialmente fatal e sempre debilitante que ele chamou de "anomia".

Durkheim introduziu a ideia de anomia em seu primeiro livro, *Da divisão do trabalho social*, mas a desenvolveu muito mais em sua segunda monografia, chamada *O suicídio: estudo de sociologia*, no qual ele pretendia mostrar que o suicídio, na época amplamente considerado como um reflexo de falhas individuais profundas, muitas vezes tinha causas sociais e, portanto, presumivelmente, também poderia ter soluções sociais. Ele usou o termo para descrever os sentimentos de intenso deslocamento, ansiedade e até mesmo raiva que levavam as pessoas a se comportar de forma antissocial e, quando desesperadas, talvez a tirar suas próprias vidas. Quando Durkheim descreveu a anomia nesses termos, ele estava tentando entender como as rápidas mudanças provocadas pela industrialização afetavam o bem-estar individual. Ele estava particularmente intrigado pelo fato de que, quase paradoxalmente, o aumento da prosperidade que acompanhou a industrialização na França havia resultado em mais suicídios e maior estresse social. Isso o levou a concluir que as mudanças associadas à urbanização e ao desenvolvimento industrial constituíam o principal causador da anomia. Ele deu o exemplo dos artesãos tradicionais cujas habilidades foram subitamente tornadas redundantes pelos avanços tecnológicos; por causa disso, eles perderam seu *status* de valiosos membros contribuintes da sociedade e foram forçados a suportar vidas destituídas do propósito que seu trabalho em certo momento lhes proporcionava. Durkheim não relacionou somente o suicídio à anomia, mas também toda uma série de outros problemas sociais que até então eram comumente atribuídos a maus caráteres, como o crime, o absenteísmo escolar e o comportamento antissocial.

Durkheim acreditava que a anomia significava ainda mais do que a sensação de profundo deslocamento individual decorrente das mudanças associadas à Revolução Industrial. Ele insistiu que a anomia se caracterizava pelo que ele chamou de "o mal das infinitas aspirações", uma condição que surge quando "não há limites para as aspirações dos homens", porque "eles não sabem mais o que é possível e o que não é, o que é justo e o que é injusto, quais reivindicações e expectativas são legítimas e quais são imoderadas".[11]

Não foi por intenção explícita, mas, ao invocar a "o mal das infinitas aspirações", ele ofereceu uma abordagem marcadamente original a respeito do problema da escassez, diferente daquela utilizada pelos economistas. Enquanto Adam Smith e as gerações de economistas que o sucederam estavam convencidos de que seríamos sempre reféns de infinitos desejos, Durkheim considerou que se sentir sob o fardo de ter de atender a expectativas inalcançáveis não era normal, mas uma aberração social que surgia apenas em tempos de crise e mudança, quando uma sociedade perdia seu rumo em consequência de fatores externos como a industrialização – ou seja, tempos como aqueles em que ele estava vivendo.

★ ★ ★

Por mais sinistro que fosse o tema que escolheu, Durkheim deixava entrever em grande parte de sua escrita uma veia de otimismo declarado. Ele acreditava que, tendo diagnosticado as causas da anomia, era apenas uma questão de tempo até que algum remédio social fosse concebido com força suficiente para tratar o mal das infinitas aspirações. Ele também acreditava que estava vivendo um período singular de transição, e que, com o tempo, as pessoas se adaptariam à vida na era industrial. Nesse meio tempo, ele conjecturou que a adoção de uma forma benigna de nacionalismo, como a cavalheiresca lealdade que ele sentia para com a França, e possivelmente também o estabelecimento de guildas comerciais, como os antigos *collegia* romanos, que poderiam proporcionar aos desamparados urbanitas algum senso de pertencimento e comunidade, talvez pudesse aliviar o mal das infinitas aspirações.

Em retrospectiva, fica claro que Durkheim estava errado em pensar que aquele mal poderia ser tão facilmente curado. A anomia continua a ser invocada repetidamente nas análises da alienação social decorrente da mudança, mas poucos compartilham o otimismo do autor sobre uma possível cura. Há bons motivos para pensar que, na época de sua morte, em 1917, Durkheim já não estava mais tão certo disso. Em 1914, o nacionalismo que ele acreditava poder curar as pessoas da anomia havia se transformado em algo muito mais feio, que, combinado às ambições sem limites dos líderes europeus e à recém-adquirida capacidade de produzir armas cada vez mais destrutivas, havia mergulhado o continente na primeira guerra da era industrial. Aquela guerra logo reclamou a vida de muitos dos estudantes preferidos de Durkheim, assim como, em 1915, a vida de seu único filho, André. Durkheim ficou desolado pela perda e morreu logo após sofrer um derrame em 1917.

Desde então, o tipo de estabilidade que Durkheim imaginava que poderia se estabelecer após a industrialização acabou se assemelhando a apenas mais outra aspiração infinita que, de maneira frustrante, escorrega para cada vez mais longe sempre que parece estar quase ao alcance. Em vez disso, à medida que as taxas de captação de energia aumentaram, novas tecnologias surgiram *online*, nossas cidades continuaram a inchar, mudanças constantes e imprevisíveis tornaram-se o novo normal para todos os lados, e a anomia se parece cada vez mais com uma condição permanente da era moderna.

13

Os melhores talentos

"É MUITO DIFÍCIL encontrar um trabalhador competente [...] que não dedique tempo considerável a estudar o quão lento ele pode ser no trabalho e ainda convencer seu empregador de que está avançando num bom ritmo", explicou Frederick Winslow Taylor em uma reunião da Sociedade Americana de Engenheiros Mecânicos, em junho de 1903.[1] Ele falava aos presentes a respeito dos perigos da "tendência natural dos homens de levar tudo com excessiva tranquilidade" ou de "vagabundear" no local de trabalho, um fenômeno que ele chamou de "soldadear", porque isso o lembrava da falta de um esforço verdadeiro por parte dos recrutas militares, que só mostravam alguma ambição quando precisavam se esquivar de tarefas desagradáveis. Também aproveitou a palestra para explicar como, por meio da aplicação rigorosa de seu "método científico de gestão", os donos de fábricas podiam não apenas eliminar o "soldadeamento", mas também reduzir consideravelmente o tempo e os custos de seus processos de fabricação – custos que poderiam ser transformados em lucros.

Taylor, que era tão incrivelmente tenso que precisava se amarrar com uma camisa de força para dormir à noite,[2] podia ser chamado de tudo, menos de vagabundo. Quando não estava soldando chapas de metal, projetando máquinas e ferramentas, preparando relatórios, recomendações e manuscritos, ou conduzindo estudos meticulosos envolvendo tempo e movimento, com o cronômetro na mão, podia ser visto jogando tênis ou golfe. E ele abordava seus períodos de lazer com a mesma intensidade frenética que utilizava no trabalho. Venceu o Campeonato Nacional de Tênis dos Estados Unidos em 1881, e então, dezenove anos depois, jogou golfe pela equipe olímpica dos Estados

Unidos nos jogos de 1900. Filho de religiosos quakers abastados que podiam traçar sua árvore genealógica até os peregrinos que chegaram aos Estados Unidos no navio *Mayflower*, em 1620, Taylor se desviou da carreira que se esperava dele depois de se formar. Depois de abrir mão da vaga que lhe foi oferecida em Harvard, foi aos portões da Enterprise Hydraulic Works, na Filadélfia, e lá começou um aprendizado de quatro anos como operador de maquinário.

Nascido em 1856, Taylor fez parte da primeira geração de americanos a crescer inalando os vapores sulfurosos emitidos pelas grandes fábricas americanas. Na ocasião de sua morte, em 1915, ele foi celebrado por inabaláveis titãs da indústria, como Henry Ford, como sendo "o pai do movimento pela eficiência", e declarado pelos consultores de gestão como o "o Newton ou o Arquimedes da ciência do trabalho".[3]

Seu legado, entretanto, foi encarado com sentimentos mistos pelos trabalhadores das fábricas. Apesar do fato de ele ter feito *lobby* para que os trabalhadores recebessem salários adequados, trabalhassem horas razoáveis e tirassem folga, seus métodos rígidos lhes tiraram a pouca iniciativa que eles tinham de exercer livremente suas funções. Esses métodos também deram muito mais liberdade aos gerentes para interferir no que os trabalhadores estavam fazendo. Uma fábrica organizada de acordo com o método científico de Taylor era um espaço de trabalho onde a paciência, a obediência e a capacidade de se deixar absorver em meio ao ritmo metálico dos martelos mecânicos em uma forja eram qualificações muito melhores do que a imaginação, a ambição e a criatividade.

Como Benjamin Franklin antes dele, Taylor também jurou fidelidade ao adágio de que "tempo é dinheiro". Mas, ao passo que Franklin acreditava que o tempo gasto em qualquer esforço sério alimentava a alma, Taylor não via sentido em trabalhar de forma ineficiente. E, enquanto Franklin se contentava em ser disciplinado com o tempo, Taylor estava determinado a traduzir cada segundo em lucro, o que ele fazia graças ao cronômetro decimal que carregava no bolso.

Taylor não ficou muito impressionado com seus colegas durante seu aprendizado na Enterprise Hydraulic. Muitos deles "soldadeavam", a maioria tomava atalhos e, no entender de Taylor, até mesmo os mais diligentes eram irritantemente ineficientes. Ainda assim, quando terminou seu aprendizado, continuou determinado a permanecer no chão de fábrica, e logo aceitou uma oferta de emprego como operário na oficina de máquinas da Midvale Steel Works, um fabricante de peças de liga metálica altamente refinadas com aplicações militares e na engenharia. Ele gostou de lá, e a gerência também gostou dele. Foi rapidamente promovido de operador de torno a chefe de equipe, e por fim a engenheiro-chefe. Foi também ali que ele começou a conduzir experimentos com seu cronômetro, cuidadosamente observando e cronometrando diferentes tarefas para ver se conseguia diminuir alguns segundos em vários processos críticos e redesenhar as funções em cada tarefa a fim de garantir que os operários e os trabalhadores não desperdiçassem esforços.

A liberdade que foi concedida a Taylor para conduzir suas experiências de eficiência em Midvale seria negada a outros indivíduos igualmente inovadores e ambiciosos em locais de trabalho que adotaram sua técnica de gestão científica. Em vez de serem ouvidos, eles seriam acorrentados a regimes de trabalho rígidos, repetitivos e direcionados ao cumprimento de metas, nos quais a inovação era proibida e o papel mais importante dos gerentes era garantir que os trabalhadores desempenhassem as funções tal como lhes eram instruídas.

O método científico de Taylor era baseado no exame minucioso de cada processo de produção até seus mais detalhados componentes, no tempo envolvido em cada um deles, na avaliação de sua importância e complexidade, e depois na remontagem do processo de cima para baixo com foco na maximização da eficiência. Algumas das soluções que ele propôs foram tão simples quanto, por exemplo, mudar o lugar onde ferramentas e equipamentos eram armazenados em uma bancada de trabalho de modo a eliminar movimentos curtos, mas desnecessários. Outras foram muito mais abrangentes e envolviam a reorganização total de um processo de produção ou o redesenho de uma fábrica. "Somente por meio de uma padronização forçada de métodos, de uma adoção forçada dos melhores implementos e condições de trabalho, e de cooperação forçada é que se pode assegurar um trabalho mais rápido", explicou Taylor em *Princípios de administração científica*.

O "taylorismo", como esse modelo veio a ser chamado, foi adotado em muitos locais de trabalho, mas nunca de forma mais famosa do que na Ford Motor Company. Em 1903, Henry Ford contratou

Taylor para ajudá-lo a desenvolver um novo processo de produção para o hoje icônico Ford T. O resultado da colaboração entre Ford e Taylor foi a transformação do veículo motorizado particular de um luxo ostentoso em um bem acessível e um símbolo muito prático de sucesso e de trabalho árduo. Em vez de ter equipes de mecânicos qualificados montando veículos do início ao fim, o chassi do veículo era empurrado por uma linha de produção, em torno da qual ficavam paradas equipes de operários que só realizavam cada um uma tarefa relativamente simples. Isso significava que Ford não precisava contratar mecânicos qualificados. Tudo de que ele precisava era alguém capaz de aprender algumas técnicas simples e seguir diligentemente as instruções. Isso também significava que ele podia produzir mais carros mais rápido e mais barato do que antes. Ele reduziu o tempo de produção de um único Ford T de doze horas para 93 minutos, e com isso reduziu o preço deles de US$ 825 para US$ 575.

Os acionistas e executivos seniores das empresas que adotaram o taylorismo o consideraram um tremendo sucesso. Afinal de contas, ele resultou quase instantaneamente em maior produtividade e dividendos gloriosos. Da perspectiva dos trabalhadores no chão de fábrica, no entanto, o taylorismo foi uma bênção mista. No lado positivo, enquanto os "vagabundos" deixavam Taylor no limite de sua paciência, ele também acreditava que "os trabalhadores de primeira classe" deveriam ser recompensados por sua produtividade. Taylor pensava que a razão pela qual a maioria das pessoas aceitava empregos e ia trabalhar era, fundamentalmente, pelas recompensas financeiras e pelos produtos que poderiam comprar com eles. Assim, ele sempre dizia que os trabalhadores deveriam ser incentivados com parte dos lucros gerados por sua própria eficiência, transformando esses lucros em salários maiores e mais tempo livre para gastá-los.

Taylor, cuja abordagem de administração científica também ajudou a lançar as bases da atual "gestão de recursos humanos" como uma função corporativa, acreditava firmemente que era necessário encontrar a pessoa certa para o trabalho certo. Mas havia um problema: a tal "pessoa certa" para a maioria dos trabalhos não gerenciais que Taylor projetou era alguém com imaginação limitada, paciência sem limites e uma vontade de executar as mesmas tarefas repetitivas dia após dia.

Taylor tinha muitos críticos. Entre os mais vocais, estava Samuel Gompers, o carismático presidente e fundador da Federação Americana do Trabalho, uma organização que fazia *lobby* em nome dos muitos sindicatos de trabalhadores mais qualificados dos Estados Unidos, incluindo sapateiros, fabricantes de chapéus, barbeiros, sopradores de vidro e fabricantes de charutos. Na posição de jovem imigrante nas ruas difíceis de Nova York, ele aprendeu a enrolar charutos e encontrou grande satisfação em fazer o que considerava um ofício altamente qualificado e satisfatório. O problema com o taylorismo, segundo Gompers considerava, não era o lucro que ele gerava para os donos das fábricas, mas o fato de que ele roubava dos trabalhadores o direito ao sentido e à satisfação com o trabalho que realizavam, transformando-os em nada mais do que "máquinas automáticas de alta velocidade" que eram instaladas em fábricas como se fossem "uma engrenagem ou uma porca ou um pino em uma máquina maior".[4]

O taylorismo pode ter inspirado muitas críticas de pessoas como Gompers, mas assim como os luditas, os críticos de Taylor estavam remando contra as marés lucrativas da história. Assim, em 2001, noventa anos após sua primeira publicação, a obra *Scientific management*, de Taylor, foi eleita o livro de gestão mais influente do século XX pelos membros do Instituto de Gestão. Se Taylor tivesse ocupado a vaga que lhe foi oferecida em Harvard e cursado Direito, como se esperava, em vez de se tornar aprendiz na Enterprise Hydraulic, outra pessoa teria assumido o manto de "sumo sacerdote do movimento pela eficiência". Afinal, essa noção de "maior eficiência" já estava no ar desde os primeiros momentos da Revolução Industrial – Adam Smith já havia delineado os princípios básicos do movimento em seu *Riqueza das nações* – e, no século XIX, os donos de fábricas em todos os lugares já haviam entendido a correspondência entre produtividade, eficiência e lucro, mesmo que ainda não tivessem calculado os melhores meios para alcançá-la. As horas de trabalho dos trabalhadores braçais, em particular, estavam diminuindo rapidamente à medida que a produtividade aumentava. A genialidade de Taylor foi simplesmente a de ser o primeiro a abordar o problema tão metodicamente quanto um cientista faria com um experimento em um laboratório. Ele também foi o primeiro a perceber que, na era moderna, a maioria das pessoas ia trabalhar com o intuito de ganhar dinheiro em vez de fabricar produtos, e que eram as fábricas que na verdade produziam as coisas.

★ ★ ★

Sir John Lubbock, 1º barão de Avebury, amigo e vizinho de Charles Darwin, foi um perfeito exemplo de cavalheiro vitoriano moderno. E, tal como seu quase contemporâneo Frederick Winslow Taylor, ele também foi um homem bastante ocupado.

Lubbock, que morreu em 1913 com a idade de 79 anos, é hoje lembrado por antropólogos e arqueólogos como o homem que cunhou os termos "paleolítico", para descrever os forrageadores da Idade da Pedra, e "neolítico", para descrever as culturas agrícolas mais antigas. Mas ele deveria ser também lembrado por muitos outros, pelo menos no Reino Unido e em suas antigas colônias, onde uma de suas conquistas ainda hoje é celebrada em oito ou mais ocasiões a cada ano. Como membro do Parlamento representando Maidstone, em Kent, John Lubbock foi a força propulsora por trás da adoção da Lei dos Feriados Bancários de 1871 pelo Parlamento. Por consequência disso, a maioria dos britânicos e cidadãos dos países da Commonwealth ainda desfrutam dos chamados *bank holidays*, ou "feriados bancários públicos", todos os anos.

"São Lubbock", como era carinhosamente conhecido na década de 1870, foi um defensor precoce e entusiasmado da manutenção de um bom equilíbrio entre trabalho e vida pessoal. "O trabalho é uma necessidade própria da existência", explicou ele, "mas o descanso não é ociosidade", porque "às vezes, deitar na grama sob as árvores em um dia de verão, ouvir o murmúrio da água ou ver as nuvens flutuando pelo céu não são, de forma alguma, perda de tempo".[5]

É difícil imaginar que alguém tão ocupado quanto Lubbock tenha em algum momento encontrado tempo para se render às nuvens. Além de membro do Parlamento, ele conquistou vitórias (as "cores do condado") pelo condado de Kent jogando críquete; jogou futebol no time perdedor da final da Copa FA de 1875; dirigiu o banco da família; foi o presidente inaugural do Instituto dos Banqueiros do Reino Unido; presidente do Conselho do Condado de Londres; conselheiro particular da Rainha; presidente da Royal Statistical Society

(Sociedade Real de Estatística); vice-presidente da Royal Society (Sociedade Real); e presidente do Instituto Antropológico. Além dessas funções, de alguma forma ele ainda encontrou tempo para pesquisar e escrever vários livros bem recebidos. Alguns eram mais leves, como os dois volumes de *The Pleasures of Life* ("Os prazeres da vida", em tradução livre), no qual ele explanava sobre a importância do descanso, do trabalho, do esporte e da natureza. Outros, como seus tratados meticulosamente pesquisados sobre a flora e os insetos britânicos, foram cientificamente rigorosos e judiciosamente bem fundamentados. E outros eram ainda mais ambiciosos, como é bem o caso de sua obra mais conhecida, *Pre-Historic Times, as Illustrated by Ancient Remains, and the Manners and Customs of Modern Savages* (ou "Os tempos pré-históricos, conforme ilustrados pelas ruínas antigas, e os hábitos e costumes dos selvagens modernos", em tradução livre), que foi publicada em 1865 e que lhe rendeu uma série de títulos honoríficos e outros prêmios.

Ao se ler as obras completas de Lubbock, é difícil evitar a conclusão de que ele via o setor bancário e a política como odiosos deveres, mas considerava seu trabalho científico uma indulgência digna. Difícil também é evitar a sensação de que suas opiniões sobre a relação entre trabalho e lazer foram moldadas pelo fato de que, se assim quisesse, poderia ter escolhido viver em um ocioso conforto e ser servido por hostes de criados uniformizados, copeiras, cozinheiros, jardineiros e mordomos que mantinham em boa ordem a grande mansão construída à moda renascentista italiana e os extensos jardins ornamentais da propriedade de 250 acres de sua família, chamada de High Elms ("Olmos Altos"), nos arredores de Londres. De fato, é necessário viver sob uma forma toda especial de privilégio para se poder dedicar por vários e intensos meses, como Lubbock fez em certo momento, a tentar ensinar Van, seu amado poodle de estimação, a ler.

Mas Lubbock não era um ponto fora da curva nesse respeito. Assim como aconteceu a Darwin, Boucher de Perthes, Benjamin Franklin, Adam Smith, Aristóteles e até mesmo ao frenético Frederick Winslow Taylor, as conquistas mais importantes de Lubbock só foram possíveis pelo fato de que ele era rico o suficiente para se dar o luxo de fazer exatamente o que queria. Se ele tivesse de trabalhar o mesmo tempo que o pessoal que mantinha sua High Elms, ou como os milhares de homens, mulheres e crianças que trabalhavam nas fazendas e nas fábricas, ele não teria tido a influência necessária para conseguir aprovar a Lei dos Feriados Bancários pelo Parlamento, nem o tempo ou a energia para estudar arqueologia, praticar esportes ou documentar cuidadosamente os hábitos dos insetos de seu jardim.

Quando John Lubbock levou sua famosa lei às câmaras de comitês do Parlamento, em 1871, as condições de trabalho nas fábricas e usinas britânicas não tinham ainda sido regulamentadas, sindicatos eram proibidos e, sob a Lei dos Senhores e Servos, trabalhadores que desrespeitassem seus gerentes ou que causassem qualquer agitação no sentido de organizar ações em prol de trabalhadores industriais estavam sujeitos a processos criminais e, potencialmente, a um longo período em uma das prisões de Sua Majestade. Os únicos regulamentos substantivos que tratavam dos direitos dos trabalhadores eram aqueles propostos na Lei das Fábricas de 1833, que limitava a semana de trabalho para mulheres e crianças menores de 18 anos a 60 horas por semana, mas não impunha restrições ao número de horas que os homens poderiam ser convocados para trabalhar. Após a aprovação da Lei dos Feriados Bancários em 1871, seriam necessários mais 128 anos e a implementação da diretiva da União Europeia sobre horários de trabalho, no fim dos anos 1990, para que qualquer restrição ao horário de trabalho masculino passasse a figurar na legislação da Inglaterra. Mesmo assim, em 1870, a semana de trabalho para a maioria dos homens e mulheres empregados em muitas fábricas já havia diminuído de cerca de 78 horas por semana para cerca de 60, com base em seis turnos de dez horas.

Em um raro momento de autopiedade, Lubbock escreveu que "grande riqueza implica quase mais trabalho do que pobreza, e certamente mais ansiedade".[6] Essa foi uma das várias declarações dadas em suas obras completas sugerindo que ele, como muitos outros com o seu histórico, não entendia de fato as longas horas durante as quais as classes trabalhadoras precisavam trabalhar, ou o quão desagradável era muito de seu trabalho. Afinal, há uma diferença considerável entre passar o dia cochilando em uma das salas de comitês da Câmara dos Comuns e sendo interrompido por um almoço de quatro pratos com o Instituto dos Banqueiros, e passar um turno de 14 horas tossindo com vapores de enxofre e fósforo e passando cola em caixas em uma gelada fábrica de fósforos. Em outras palavras, a maioria das pessoas é grata a "São Lubbock" não porque ele lhes deu um pouco mais de tempo para ir atrás de seus interesses ou *hobbies* pessoais, mas porque ele lhes garantiu um dia extra, algumas vezes ao ano, nos quais eles poderiam descansar seus corpos desgastados pelo trabalho e fazer o mínimo esforço possível.

A aprovação da Lei dos Feriados Bancários de 1871 sinalizou uma mudança radical de atitude com relação ao tempo de folga dos trabalhadores. O processo foi acelerado pela legalização dos sindicatos naquele mesmo ano e, em 1888, pela primeira greve legal bem-sucedida da história da Inglaterra, quando as *"matchgirls"* – mulheres e moças que trabalhavam para um dos maiores produtores britânicos de fósforos, a Bryant e May – saíram às ruas para protestar contra suas condições de trabalho tóxicas e exigir o fim de turnos de 14 horas.

Apesar de os sindicatos terem aumentado progressivamente seu poder e influência, as horas de trabalho ainda permaneceram longas, e a maioria das pessoas trabalhou sob o regime de uma semana com seis dias e 56 horas até o fim da Primeira Guerra Mundial, em 1918. Então, por ocasião de uma mudança nas atitudes sociais moldadas pela carnificina que os homens haviam testemunhado nos campos de batalha de Somme, Ypres e Passchendaele, bem como por causa dos avanços tecnológicos e de um aumento na produtividade, resultado da adoção generalizada das técnicas de gestão científica de Winslow Taylor, o horário de trabalho diminuiu rapidamente para cerca de 48 horas por semana. Não se passou uma década mais, e, com Henry Ford liderando a mudança – ele já empregava cerca de 200 mil pessoas em suas fábricas americanas e quase o mesmo tanto em fábricas nas capitais europeias, no Canadá, na África do Sul, na Austrália, na Ásia e na América Latina – a semana de 40 horas, contada em cinco turnos de oito horas e fins de semana de folga, tornou-se a norma na maioria das grandes indústrias.

A Grande Depressão levou a uma redução ainda maior das horas de trabalho, à medida que as empresas reduziram sua produção. Esse processo estimulou um movimento embrionário de "trabalhe menos horas", e quase convenceu a administração Roosevelt a introduzir a semana de trabalho de 30 horas por força de lei, na forma do Projeto de Lei Black-Connery das 30 Horas, que passou pelo Senado em 1932 com uma maioria de 53 a 30. Suspenso no último minuto, quando o Presidente Roosevelt se acovardou, o projeto de lei foi abandonado e, à medida que o pior da Depressão foi passando, o número de horas de trabalho voltou a subir de forma constante. Quando os tanques Panzer de Hitler avançaram sobre a Polônia no outono de 1939, a maioria dos americanos empregados estava trabalhando 38 horas por semana novamente.

Excetuando-se um aumento do horário de trabalho que aconteceu durante a Segunda Guerra Mundial, a semana de trabalho nos Estados Unidos entre 1930 e 1980 permaneceu dentro de uma média bastante consistente entre 37 e 39 horas por semana. Isso era duas a três horas a menos do que em quase todos os outros países industrializados. Mas, nas últimas décadas do século XX, elas começaram a subir lentamente novamente, enquanto o total de horas trabalhadas na maioria dos outros países industrializados veio diminuindo lentamente. Desde 1980, a média de horas de trabalho semanal nos Estados Unidos tem se alinhado em termos gerais às das economias da Europa Ocidental, mas, com uma concessão menos generosa de férias anuais, a maioria dos americanos trabalha várias centenas de horas a mais durante um ano do que pessoas em empregos equivalentes em países como Dinamarca, França e Alemanha.

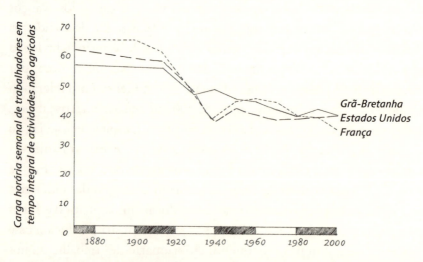

Mudanças na quantidade de horas semanais trabalhadas no Reino Unido, nos Estados Unidos e na França entre 1870 e 2000.

A crença de John Maynard Keynes de que "o padrão de vida nos países progressistas" em 2030 estaria entre "quatro e oito vezes mais alto" do que em 1930 se baseava na suposição de que o crescimento econômico aumentaria a uma taxa constante de cerca de 2% a cada ano. Em 2007, Fabrizio Zilliboti, um economista de Yale, passou uma nova vista nas previsões de Keynes. Ele calculou que, com base nas taxas de crescimento, um aumento de quatro vezes no padrão de vida já havia ocorrido em 1980, e que, presumindo que as tendências de crescimento continuassem, até 2030 veríamos "um aumento de 17 vezes no padrão de vida, o que corresponde a mais do dobro do limite superior de Keynes".[7] Por mais desigual que seja a distribuição da riqueza e da renda, a maioria das pessoas nas economias industrializadas de hoje provavelmente alcança algo parecido com o padrão de vida básico que Keynes tinha em mente quando imaginava que as "necessidades absolutas" seriam adequadamente atendidas. Nos Estados Unidos, por exemplo, a riqueza líquida média das famílias em 2017 era de US$ 97 mil.[8] Isso é três vezes maior do que em 1946, mas muito menos do que em 2006, pouco antes da crise do *subprime* ter colocado a economia global em uma espiral descendente. A riqueza média das famílias estava então em torno de seis vezes maior do que em 1946.[9] Não por acaso, ela é também apenas cerca de um sétimo do patrimônio líquido médio das famílias nos Estados Unidos, um número artificialmente inflado por causa dos altos níveis de desigualdade.

Mas o horário de trabalho não diminuiu conforme o previsto por Keynes. Na verdade, apesar de a produtividade do trabalho nas nações industrializadas ter aumentado aproximadamente quatro ou cinco vezes desde o final da Segunda Guerra Mundial, a média de horas de trabalho semanal em todos os lugares continuou a se elevar a uma média de pouco menos de quarenta horas por semana, teimosamente permanecendo estacionada nesse patamar.

Os economistas vêm há muito debatendo por qual razão as horas de trabalho permaneceram tão altas, mas a maioria concorda que uma parte da resposta se reflete na história do que continua sendo a marca de cereais mais vendida no mundo.

★ ★ ★

A cada ano, estima-se que 128 bilhões de tigelas de cereais de café da manhã da Kellogg's alimentem centenas de milhões de bocas famintas. A marca Kellogg's é sinônimo de um elenco de alegres personagens cartunescos que sorriem em suas embalagens e comerciais. Nenhum desses personagens se parece muito com seu fundador, John Harvey Kellogg, um adventista do sétimo dia com traços de rebeldia, uma paixão pela vida saudável e um ódio patológico a qualquer coisa relacionada a sexo. Defensor da circuncisão universal, porque acreditava que ela poderia convencer os meninos a não se masturbarem, ele inventou uma pequena variedade de cereais para o café da manhã, especificamente projetados para conter as paixões dos pacientes que frequentavam o Sanatório Battle Creek, o retiro vegetariano de suposto "bem-estar" que ele criou em 1886.

Seus cereais não tinham a intenção manifesta de serem particularmente saborosos. John Harvey Kellogg era da opinião de que comida picante, gordurosa e doce induzia impulsos sexuais indesejados, mas que a comida mais insossa os acalmava. Os flocos de milho, que ele patenteou em 1895, foram desenvolvidos especificamente como um desestimulante sexual.

Aconteceu de os pacientes do sanatório de Kellogg gostarem dos tais cereais crocantes assim mesmo. Eles eram um alívio bem-vindo aos austeros pratos de vegetais sem sal servidos nas outras refeições. Mas John Harvey Kellogg não estava interessado em comercializar seus cereais. Ficou a cargo de um de seus filhos adotivos, Will Kellogg, que não compartilhava da visão puritana do pai, transformar os cereais de Kellogg em uma marca reconhecida mundialmente. Ele adicionou um pouco de açúcar às receitas do velho e então, em 1906, começou a produzir seus cereais em massa. Adicionou um tempero extra também à campanha de *marketing*: para dissipar qualquer ideia ainda persistente de que seu produto poderia frear o desejo sexual de seus clientes, sua primeira grande campanha estrelando os flocos de milho encorajava os jovens a piscar sugestivamente para as mocinhas bonitas na mercearia.

Durante os quarenta anos seguintes, Will Kellogg revolucionou a produção de alimentos nos Estados Unidos. Um inovador em série, ele experimentou e aplicou todas as tendências então mais recentes em termos de gestão, produção e *marketing*, incluindo o taylorismo. Já nos anos 1920, sua empresa e seu principal produto eram um nome altamente reconhecido nos Estados Unidos, e não demoraria muito para que se expandisse internacionalmente.

Quando a Grande Depressão aconteceu em 1929, a Kellogg's já era uma grande empregadora. Na época, seu único verdadeiro rival no mercado de cereais de café da manhã era a Post, que fez o que muitas outras empresas ainda fazem em tempos de incerteza econômica: reduziram todos os gastos não essenciais e começaram a regular o uso até mesmo de clipes de papel, grampos e tinta como parte do esforço para maximizar o dinheiro. Kellogg adotou uma abordagem muito diferente: dobrou sua publicidade e aumentou a produção. Foi uma estratégia de sucesso. Acontece que as pessoas gostavam de comer cereais baratos, adocicados e crocantes embebidos em leite quando os tempos estavam difíceis, e os lucros da companhia dispararam enquanto os acionistas da Post aprenderam a esperar sentados os seus dividendos.

Kellogg fez outra coisa incomum. Ele reduziu o horário de trabalho em tempo integral em suas fábricas, das já razoáveis quarenta horas por semana para confortáveis trinta horas, com base em cinco turnos de seis horas. Ao fazer isso, foi capaz de criar um turno inteiro de novos empregos em tempo integral num período em que até um quarto dos americanos estava desempregado. Parecia uma coisa sensata a fazer também por outras razões. Na década de 1930, os trabalhadores americanos já estavam fazendo *lobby* para reduzir jornadas de trabalho depois que empresas como a de Henry Ford haviam introduzido, com sucesso, os fins de semana livres e as semanas de trabalho de cinco dias sem nenhum declínio na produtividade digno de nota (se é que houve alguma mudança, ela veio na verdade como um aumento na lucratividade), e assim Kellogg acreditava que sua semana de trinta horas o colocava do lado certo de uma tendência histórica. Acabou sendo a coisa certa também para os números da Kellogg's. Acidentes de trabalho que poderiam paralisar a produção se tornaram muito mais raros, e suas despesas operacionais declinaram tanto que, em 1935, Kellogg se vangloriou em um artigo de jornal de que "podemos [agora] pagar por seis horas o quanto anteriormente pagávamos por oito".

Até os anos 1950, a semana de trinta horas permaneceu a norma nas fábricas da Kellogg's. Então, para surpresa da administração, três quartos do pessoal da fábrica votaram a favor do retorno aos turnos de oito horas e a uma semana de quarenta horas. Alguns dos trabalhadores explicaram que desejavam retornar a um dia de oito horas porque os turnos de seis horas significavam que eles passavam tempo demais sob o jugo de cônjuges irritáveis se ficassem em casa. Mas a maioria foi mais clara: eles queriam trabalhar mais horas para colocar mais dinheiro em casa e para comprar mais ou melhores versões da interminável sucessão de produtos de consumo constantemente atualizados que chegavam ao mercado durante a próspera era pós-guerra dos Estados Unidos.[10]

★ ★ ★

No final dos anos 1940 e início dos anos 1950, os americanos, cansados da guerra, passaram a construir Chevrolet Bel-Airs em vez de tanques, converter seus montes de munições acumulados em fertilizantes à base de nitrogênio e redirecionar sua tecnologia de radar para fornos de micro-ondas. Isso veio alimentar um novo sonho americano, agora recém-reconfigurado, que tinha como pano de fundo o sorvete no congelador de casa, jantares congelados rápidos para se comer vendo TV e férias anuais em outros estados regadas a *fast-food*. A filiação a sindicatos estava em alta, e os dividendos recebidos em paz depois da "guerra para acabar com todas as guerras" alimentavam uma classe média cada vez mais próspera e em expansão.

Essa prosperidade convenceu John Kenneth Galbraith, um professor canadense de economia em Harvard, de que economias avançadas como as dos Estados Unidos já eram suficientemente produtivas para atender às necessidades materiais básicas de todos os seus cidadãos, e, portanto, que o problema econômico definido por John Maynard Keynes havia sido mais ou menos resolvido. Ele expressou esse sentimento em seu livro mais famoso, *A sociedade afluente*, publicado com grande reconhecimento em 1958.

Galbraith era uma figura imponente da história econômica americana, e não apenas porque, do alto de seus 2,03 m, raramente encontrava alguém que o pudesse olhar nos olhos. Na época de sua morte,

296 | CRIATURAS DA CIDADE

em dezembro de 2007, além de ter sido professor em Harvard por décadas, ele era o economista mais lido do século XX, tendo vendido mais de sete milhões de exemplares. Ele também serviu como editor da revista *Fortune* por vários anos, e assumiu uma variedade de papéis de alto nível nas administrações Roosevelt, Kennedy e Clinton. Mas Galbraith não se considerava um economista nos moldes tradicionais. Tampouco tinha sua área de estudo em particular alta estima – certa vez descreveu a economia como sendo acima de tudo "extremamente útil como uma forma de emprego para os economistas". Em certo momento, acusou seus colegas de usar complexidade desnecessária para disfarçar a banalidade de sua arte, especialmente quando se tratava de assuntos como política monetária.[11] Filho de um fazendeiro, sua entrada na economia se deu por força de suas primeiras ambições de dirigir a maior e melhor fazenda de gado *shorthorn* em sua província natal, Ontário. Para isso, obteve dois diplomas em economia agrícola. Ao longo do processo, também desenvolveu uma visão direta sobre a relação fundamental entre a produção primária, como a agricultura, e o resto da economia.

Em *A sociedade afluente*, Galbraith pintou um quadro da América do pós-guerra no qual a escassez material já havia deixado de ser o principal motor da atividade econômica. Observou que os Estados Unidos tinham se tornado tão produtivos desde a guerra que "mais pessoas morrem [...] por comida demais do que por pouca". No entanto, ele considerou que os Estados Unidos não estavam fazendo um uso particularmente bom de sua riqueza. "Nenhum problema tem sido mais difícil de entender para as pessoas que se dedicam a pensar do que a razão pela qual, em um mundo tão conturbado, fazemos tão mau uso de nossa afluência", escreveu ele.

Uma das principais razões pelas quais Galbraith assumiu este ponto de vista veio do aparentemente ilimitado apetite dos americanos do pós-guerra por comprar coisas de que eles não precisavam. Galbraith acreditava, já nos anos 1950, que a maioria dos desejos materiais dos americanos eram tão fabricados quanto os produtos que eles compravam a fim de satisfazê-los. Argumentava que, uma vez que as necessidades econômicas básicas da maioria das pessoas eram então facilmente preenchidas, produtores e anunciantes conspiraram para inventar novas necessidades artificiais de modo a manter girando a "rodinha de hamster" da produção e do consumo, em vez de investir em serviços públicos. A verdadeira escassez, em outras palavras, era coisa do passado.

★ ★ ★

Galbraith pode ter considerado a publicidade como um fenômeno moderno, mas a fabricação do desejo é pelo menos tão antiga quanto as primeiras cidades. Nas antigas metrópoles, a publicidade tomava muitas formas que são familiares hoje para nós, desde os sedutores painéis pornográficos que decoravam as paredes dos bordéis em Pompéia até os folhetos e panfletos elegantemente impressos com bonitos logotipos e *slogans* inteligentes distribuídos pelos artesãos da dinastia Song, na China. Mas, até recentemente, a publicidade era algo que a maioria das pessoas fazia por si mesma. Tudo isso mudou com os jornais de grande circulação.

Nos Estados Unidos, o nascimento da publicidade como uma indústria geradora de renda por suas próprias pernas é hoje frequentemente creditado a ninguém menos que Benjamin Franklin. Em 1729, depois de comprar a *Pennsylvania Gazette*, Franklin lutava para conseguir algum lucro apenas com as vendas, e se perguntava se poderia cobrir seus custos vendendo espaço no jornal para comerciantes e fabricantes locais que quisessem alavancar seus negócios. Seu plano não funcionou no início, já que ninguém estava convencido de que seria de grande utilidade simplesmente dar um dinheiro substancial a um jornal local. Sem dinheiro em caixa, Franklin tentou uma abordagem diferente e divulgou de maneira bem ostensiva uma de suas próprias invenções, o fogão Franklin, para ver se isso ajudaria. Fazendo isso, obteve uma dupla vitória: as vendas do fogão aumentaram e outros comerciantes logo se deram conta disso e compraram espaço publicitário na *Pennsylvania Gazette*, de modo que Franklin conseguiu um novo fluxo de renda e um lugar de destaque no Hall da Fama dos Publicitários dos Estados Unidos.[12] Outros jornais e revistas rapidamente seguiram seus passos, mas levaria ainda um século até que se formassem as primeiras agências de publicidade propriamente ditas – empresas focadas puramente em projetar e depois colocar anúncios em jornais em nome dos clientes.

A elevada posição da publicidade no comércio global foi definitivamente possibilitada pela industrialização. Durante grande parte do século que se seguiu às experiências de Franklin com o *marketing*, a maioria dos anúncios eram monótonos, informativos demais e destinados exclusivamente à população local. Mas isso mudou com a adoção da produção em massa, pois os empresários mais ambiciosos perceberam que, se quisessem ter acesso a mercados além de suas cidades de origem, precisariam fazer propaganda. Também perceberam que precisavam se diferenciar dos fornecedores locais de produtos similares, o que resultou em os anunciantes começarem a se concentrar cada vez mais em captar os olhos dos leitores com *slogans* rápidos em diferentes fontes, além de adicionar imagens. Na década de 1930, a publicidade era tão importante para destacar marcas como a Kellogg's e a Ford quanto qualquer parte de suas operações. Como Henry Ford comentou, "Parar a publicidade para economizar dinheiro é como parar seu relógio para economizar tempo".

Quando estava elaborando a argumentação de que a afluência dos Estados Unidos estava sendo esbanjada pela aliança entre fabricantes e anunciantes, Galbraith não estava visando marcas como a Kellogg's ou mesmo a Ford Motor Company. Em sua concepção, eles pelo menos fabricavam produtos úteis. Sua animosidade era voltada àqueles que ele acreditava estarem manipulando as aspirações das pessoas, explorando suas ansiedades sobre o *status* e exaltando "necessidades relativas".

Quando Galbraith publicou *A sociedade afluente*, a era dos longos almoços e dos ternos formais na publicidade estava mudando de marcha e visando velocidades muito maiores, à medida que os anunciantes se davam conta do poder sem precedentes da televisão no sentido de direcionar mensagens diretamente para as casas e locais de trabalho das pessoas. Fazia pouco mais de uma década que a agência N. W. Ayer havia criado o que hoje é amplamente considerado o *slogan* publicitário mais importante da história dos Estados Unidos: "Um diamante é para sempre". Essa frase, quase sozinha, criou a associação entre amor eterno e diamantes no mercado de luxo mais rico do mundo, estabeleceu a convenção de homens marcarem seu pedido de casamento presenteando um anel solitário de diamantes para sua noiva, e, ao fazê-lo, criou uma demanda sustentada por um produto com o qual quase ninguém antes de 1940 se importava muito. No final dos anos 1950, os anéis de diamantes se tornaram tão onipresentes que Galbraith comentou: "Em certo momento, uma exibição impressionante o bastante de diamantes podia chamar atenção até mesmo para o corpo mais obeso e repulsivo, pois eles significavam que aquela pessoa seria um membro de uma casta altamente privilegiada. Agora, os mesmos diamantes são oferecidos tanto a uma estrela de televisão quanto a uma meretriz talentosa".

Para Galbraith, a publicidade serviu a outro propósito contraintuitivo, além de manter girando o ciclo de produção e consumo. Ele achava que isso fazia com que as pessoas se preocupassem menos com a desigualdade, porque, se fossem capazes de comprar novos produtos de consumo de vez em quando, sentiam que estavam ascendendo nas camadas sociais e assim diminuindo o fosso entre eles mesmos e os outros.

"Tornou-se evidente tanto para os conservadores quanto para os liberais", ele observou secamente, "que o aumento da produção agregada é uma alternativa à redistribuição ou mesmo à redução da desigualdade".[13]

★ ★ ★

Tudo isso deveria ter mudado durante os anos 1980, depois que entrou em vigor algo que alguns analistas hoje chamam de "o Grande Descolamento".

Mas não mudou.

Durante grande parte do século XX, havia uma relação relativamente estável entre a produtividade do trabalho e os salários nos Estados Unidos e em outros países industrializados. Isso significava que, à medida que a economia crescia e a produção da mão de obra aumentava, a quantidade de dinheiro que as pessoas levavam para casa em seus salários crescia em um ritmo semelhante. Isso significava que as pessoas mais ricas levavam para casa uma fatia maior dos lucros líquidos, mas também que, pelo menos, todos sentiam que, à medida que as empresas que as empregavam ficavam mais ricas, elas também ficavam.

Em 1980, porém, essa relação se desfez. No "Grande Descolamento", a produtividade, a produção e o produto interno bruto continuaram a crescer, mas o crescimento dos salários para todos, exceto para os mais bem pagos, estagnou. Com o tempo, muitas pessoas começaram a notar que seus salários mensais não cobriam suas despesas mais tanto quanto antes, apesar do fato de que elas estavam realizando os mesmos trabalhos que tinham antes e nas mesmas empresas lucrativas.

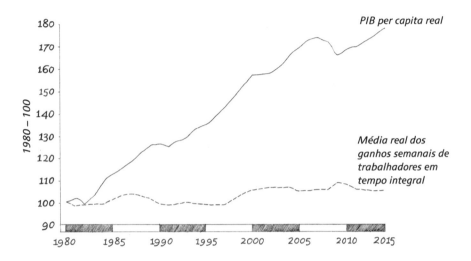

Gráfico mostrando que o PIB per capita dos Estados Unidos quase dobrou entre 1980 e 2015, mas a média dos salários estagnou.[14]

O Grande Descolamento matou qualquer pressão que ainda persistisse no sentido de reduzir a duração da semana de trabalho. A maioria das pessoas simplesmente não podia se dar o luxo de manter seu estilo de vida trabalhando menos horas. Muitas inclusive contraíram dívidas pessoais e relativas às suas moradias, o que, convenientemente, na época, estava saindo muito barato. Entre os segmentos mais bem remunerados da força de trabalho, isso incentivou um aumento líquido das horas trabalhadas, já que as potenciais recompensas para aqueles que se destacavam aumentaram de repente.

Ainda não está claro o que causou o Grande Descolamento. Alguns economistas até mesmo contestam que isso tenha acontecido. Argumentam que os gráficos rígidos que indicam uma clara divergência entre produtividade e a média dos salários reais são imprecisos porque não contabilizam os custos crescentes dos benefícios incidentais pagos aos funcionários americanos, principalmente na forma de contas polpudas de planos de saúde, e também porque os métodos-padrão de medição da inflação não captam o quadro real.

Para muitos outros, porém, o Grande Descolamento foi a primeira evidência clara de que a expansão tecnológica estava canibalizando a força de trabalho e concentrando a riqueza em menos mãos. Eles apontam que, em 1964, a gigante das telecomunicações AT&T valia 267 bilhões de dólares em valores atuais e empregava 758.611 pessoas. Isso significa aproximadamente um valor de 350 mil dólares por funcionário. A gigante das comunicações de hoje, a Google, pelo contrário, vale 370 bilhões de dólares e tem apenas cerca de 55 mil funcionários, o que resulta em cerca de 6 milhões de dólares por funcionário.

O processo foi facilitado por uma série de importantes desenvolvimentos políticos. Houve a desregulamentação dos mercados e a "economia do gotejamento" defendida por Thatcher e Reagan, bem como, mais tarde, o colapso do comunismo e a adoção do capitalismo oligárquico nas antigas repúblicas soviéticas, e a ascensão das economias dos "tigres asiáticos" do sudeste asiático, estimuladas pela adoção do capitalismo de estado pela China.

Quando John Maynard Keynes traçou o rumo para sua "terra prometida" sob o ponto de vista da economia, ele imaginou que quem nos levaria a ela seriam "aqueles homens incansáveis cujo propósito é gerar dinheiro" – os ambiciosos CEOs e homens de negócios. Mas ele também acreditava que, assim que alcançássemos essa terra prometida, "o restante de nós não teria mais nenhuma obrigação de aplaudi-los e encorajá-los".

Nisso, ele estava errado.

★ ★ ★

Em 1965, os CEOs das 350 maiores empresas americanas levaram para casa cerca de 20 vezes o salário de um "trabalhador médio".[15] Em 1980, os CEOs da mesma categoria superior de empresas levavam para casa trinta vezes o salário anual de um trabalhador médio; e, em 2015, esse número tinha subido para pouco menos de trezentas vezes. Com os números ajustados à inflação, a maioria dos trabalhadores dos

Estados Unidos ganhou um modesto aumento de 11,7% nos salários reais entre 1978 e 2016, enquanto os CEOs normalmente desfrutaram de um aumento de 937% em sua remuneração.

O aumento na remuneração dos altos executivos não foi um fenômeno acontecido apenas nos Estados Unidos. Nas duas décadas anteriores à Grande Recessão de 2007, grandes empresas do mundo inteiro foram persuadidas de que, a fim de atrair e reter "os melhores talentos", elas tinham de oferecer pacotes salariais exorbitantes.

Foi a empresa de consultoria global McKinsey & Company que iniciou essa histeria. Em 1998, eles introduziram a palavra "talento" ao léxico sempre crescente do discurso corporativo, quando intitularam um de seus *briefings* trimestrais para clientes e potenciais clientes como "*A guerra pelos talentos*".[16] Esses *advertorials* (algo como "publicidade disfarçada de editorial") cheios de estardalhaço e de *slogans* foram criados para persuadir as empresas a gastar muito dinheiro nos chamados *soft services* (serviços não essenciais para melhoria do espaço de trabalho) de que normalmente elas não precisavam. A maioria desses documentos repousava jamais lida em caixas de entrada de executivos ou ganhava, no máximo, uma passada de olhos em um cubículo do banheiro.

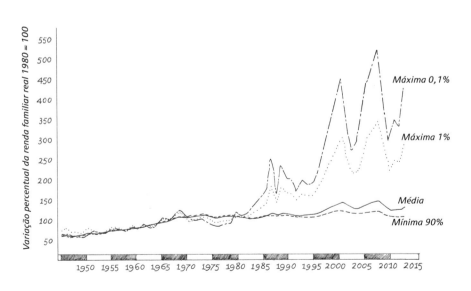

Mudanças na renda dos lares americanos entre 1945 e 2015.[17]

Consciente da curta atenção dada a eles pela maioria de seus leitores, a McKinsey apimentava esses anúncios com subtítulos que chamavam a atenção. Mas, com relação a esse anúncio em particular, os tais subtítulos pareciam saídos de relatos de um jornalista em uma zona de guerra.

"Há uma guerra por talentos, e ela se intensificará", proclamava uma linha. "Todos estão vulneráveis", advertiu outro.

Os diretores de recursos humanos das grandes empresas do mundo, pouco estimados e subvalorizados, tipicamente tratados com paternalismo como "parceiros juniores" por seus colegas executivos encarregados das funções corporativas tidas como "mais importantes", como finanças, cadeias de suprimentos e *marketing*, viram nesse documento em particular algo como um maná enviado pelos céus. Ele lhes oferecia algo que eles poderiam colocar alegremente na frente de seus colegas, diretores e CEOs e que não os fariam virar os olhos e bocejar – e isso porque esse *advertorial* dizia que a diferença entre as boas e as más empresas não eram os processos que elas conduziam ou o quão eficientes elas eram, mas sim as pessoas inteligentes que dirigiam esses negócios. Em outras palavras, executivos seniores assim como eles.

O coração pulsante daquele *briefing* foi um gráfico, ao qual a McKinsey deu a ameaçadora alcunha de "Prova n. 1". Ele indicava que alguns demógrafos associados às Nações Unidas estimavam que, dali a dois anos, o número de pessoas entre 35 e 44 anos de idade nos Estados Unidos começaria a se estabilizar em cerca de 15% abaixo de seu pico previsto anteriormente. Vendo hoje em retrospectiva, essa previsão era pura balela. E as conclusões que foram tiradas a partir dela – de que as diretorias das principais empresas deveriam estar pilhando umas às outras impiedosamente em busca dos talentos de apenas um punhado de executivos seniores que seriam realmente competentes – eram, na melhor das hipóteses, ultrajantes exageros. O documento ignorava convenientemente as tendências de então da educação, ou o fato de que, a cada ano, mais graduados e MBAs estavam entrando no mercado de trabalho. Tampouco mencionava a imigração ou o fato de que, no mercado cada vez mais globalizado dos executivos seniores, o talento poderia vir de quase qualquer lugar, independentemente das tendências demográficas locais.

Para os historiadores do futuro, a "guerra pelos talentos" pode parecer uma das mais elaboradas conspirações corporativas de todos os tempos. Futuros economistas podem simplesmente considerar isso como uma bolha de mercado tão irracional e inevitável como qualquer outra que tenha surgido antes ou depois. Mas outros, que reconhecem que a maioria de nós também se desmancha quando é bajulada, podem ver isso com mais simpatia. Afinal de contas, aqueles que se beneficiaram do aumento da remuneração apreciaram bastante aquela nova certeza de que eles valiam cada centavo que lhes era pago. De fato, tal como as elites urbanas ao longo da história, que justificavam seu elevado *status* em relação aos outros em termos de seu sangue nobre, seu heroísmo ou sua proximidade com os deuses, esses novos "mestres do universo" agora estavam convencidos de que estavam onde estavam por razões de mérito.

A equipe da McKinsey & Company que redigiu aquela *Quarterly* que se tornou viral farejou ainda outra oportunidade. Prontamente, eles a transformaram em um livro de negócios absolutamente oco, mas, ainda assim, um *best-seller*, nada surpreendentemente também intitulado *A guerra pelo talento*. Outras grandes empresas de consultoria logo engoliram a farsa, e os gerentes de recursos humanos do mundo todo viram seus departamentos se transformarem, de monótonos prestadores de serviços administrativos, em funções corporativas centrais, absolutamente decisivas e cheias de penduricalhos, que mereciam assentos nas diretorias das grandes empresas do mundo.

Não demorou muito para que alguns observadores declarassem que a tal narrativa da busca por talentos era um disparate. Jeffrey Pfeffer, professor de Comportamento Organizacional na Faculdade de Administração de Stanford, publicou um artigo chamado "*Lutar nessa guerra por talentos é perigoso para a saúde de sua organização*".[18] Nele, o professor sustentou a argumentação, aparentemente óbvia, de que as empresas são bem-sucedidas porque são colaborativas, e que a supervalorização de indivíduos em particular provavelmente criaria uma cultura corrosiva. Logo depois, em uma edição de 2002 da revista *New Yorker*, Malcolm Gladwell fez uma crítica dilacerante ao que ele chamou de "o mito do talento". Ele partiu do ponto de vista de que tudo aquilo tinha sido iniciado por executivos da McKinsey que ganhavam bem demais e estavam, eles próprios, engolindo o mito de seu próprio brilhantismo. Também implicou a McKinsey e sua "mentalidade dirigida a talentos" na criação da cultura tóxica que derrubou um de seus maiores clientes, a Enron, que havia decretado falência em 2001 e que vinha mantendo muito ocupados os investigadores de fraudes que mais tarde mandariam alguns dos executivos para a prisão.[19]

Por mais persuasivos que tenham sido, os protestos de Pfeffer e Gladwell foram abafados pelo som de caixas registradoras tilintando, enquanto as bolsas de valores e os preços das *commodities* subiam em todos os lugares. Só que isso teve muito pouco a ver com os "melhores talentos". Ao contrário, foi possibilitado por um bilhão de novos clientes no sudeste asiático abraçando o consumismo, e também porque, nos Estados Unidos e na Europa, os bancos, recentemente desregulamentados e em rápida expansão, haviam convencido a si mesmos e aos governos de que os algoritmos inteligentes que eles usavam para fragmentar e depois enterrar ativos podres haviam finalmente posto um fim à "economia de expansão e retração" – o ciclo de colapsos e recessões que pontuaram a trajetória ascendente do crescimento econômico ao longo do século XX. E, mesmo que eles próprios não entendessem bem como fizeram isso, inundaram o mercado com dívidas baratas para que as pessoas pudessem continuar gastando, mesmo quando seus saldos bancários estavam profundamente no vermelho.

★ ★ ★

Quando, ao longo de 2008 e 2009, as bolsas de valores entraram em colapso, os preços das *commodities* industriais caíram e os bancos centrais, em pânico, começaram a imprimir freneticamente trilhões de dólares para recapitalizar as economias em crise, pareceu, por um breve momento, que os salários e os bônus estupendos ganhos pelos altos executivos das grandes corporações eram uma bolha prestes a estourar de maneira espetacular. Também parecia que o grande público perderia aquela fé no brilhantismo do tal "talento superior" quando a crise financeira revelou que o toque de Midas deles só produzia montanhas de ouro de tolo.

Mas a bolha não explodiu. A narrativa envolvendo os "talentos" estava, então, tão profundamente embutida no tecido institucional até mesmo das empresas mais vulneráveis que, quando elas começaram a reduzir o pessoal e a fechar operações para cortar custos, muitas mergulharam simultaneamente em suas magras reservas de dinheiro a fim de alocar grandes bônus de retenção para os líderes seniores de sua equipe, no pressuposto de que somente eles seriam capazes de encontrar um caminho navegável em meio às novas águas traiçoeiras.

Mesmo que muitos em altos escalões tenham conseguido, de alguma forma, gerar recompensas ainda maiores para si mesmos, a crise precipitou um declínio acentuado na confiança do público nos economistas. Se nem mesmo os assim chamados especialistas souberam prever uma crise se aproximando, então havia bons motivos para questionar seus conhecimentos. O problema era que, pelo fato de a economia ter se disfarçado de ciência por tanto tempo, as pessoas começaram a tratar qualquer expertise em geral com ceticismo, mesmo nas ciências muito mais solidamente fundamentadas como a física e a medicina. Como resultado disso, entre as vítimas mais inesperadas da crise financeira estava a confiança, outrora quase universal, em pessoas como cientistas do clima alertando sobre os perigos da mudança climática antropogênica e epidemiologistas tentando explicar os benefícios da imunização.

A única mensagem mais ou menos organizada que foi emitida pela improvisada coalizão de sonhadores e descontentes que "ocuparam Wall Street" e outras capitais financeiras globais na esteira da crise financeira foi algo do tipo "Queimem os ricos". Mas seus esforços para destacar a desigualdade não fizeram muito para mudar as percepções do público. Vários projetos de pesquisa subsequentes revelaram que as pessoas nos países mais desiguais costumam subestimar os níveis de desigualdade, enquanto aqueles em países onde a maior parte da riqueza nacional está nas mãos de grandes classes médias tendem a ser mais precisos, e ocasionalmente até superestimam a desigualdade.[20] A diferença entre realidade e percepção é particularmente extrema nos Estados Unidos, onde a desigualdade material hoje é a pior dos últimos cinquenta anos.[21] Lá, pesquisas revelaram que, mesmo após o *crash* da bolsa de valores, a maioria dos leigos subestimavam a relação salarial entre chefes e trabalhadores não qualificados em mais de dez vezes.[22]

A persistente ilusão pública de que existe maior igualdade material em lugares como os Estados Unidos e o Reino Unido é, em parte, uma prova da perseverança da noção de que existe uma correspondência clara, até mesmo meritocrática, entre riqueza e trabalho duro. Assim, enquanto aqueles que são muito ricos gostam de acreditar que são dignos das recompensas financeiras que acumularam, muitas pessoas mais pobres não querem destruir o sonho de que também eles podem alcançar tais riquezas se apenas se dispuserem a trabalhar duro o suficiente. Para eles, admitir que talvez o sistema esteja montado para agir contra eles – que o dinheiro tenha se tornado muito melhor para gerar mais dinheiro do que trabalhar pesado por horas – seria o mesmo que abandonar seu senso de agência e suas estimadas crenças de que o que tornava seus países diferentes era o fato de que qualquer um que trabalhasse duro o suficiente poderia ser o que quisesse ser.

As percepções sobre a desigualdade e suas causas em lugares como os Estados Unidos são hoje extremamente relacionadas à questão de as pessoas se identificarem como progressistas ou conservadores. Assim, após conduzir uma pesquisa em 2019 sobre as atitudes das pessoas em relação à riqueza e ao bem-estar, o Instituto Cato observou que "os fortemente liberais (a esquerda norte-americana) dizem que os principais motores da riqueza são as conexões familiares (48%), a herança (40%) e ter sorte (31%), enquanto os fortemente conservadores (a direita norte-americana) dizem que os principais motores da riqueza são o trabalho duro (62%), a ambição (47%), a autodisciplina (45%) e a assunção de riscos (36%)".[23]

De fato, é difícil escapar da conclusão de que pelo menos parte da ansiedade e da polarização amplificada pela mídia social durante a última década são atribuíveis ao fato de as pessoas se identificarem com diferentes escolas de pensamento sobre como administrar as extraordinárias mudanças econômicas e sociais que a automação está nos trazendo. Assim, de um lado, há aqueles que defendem o nativismo, o nacionalismo econômico e um retorno ao que consideram ser virtudes transcendentais baseadas em vários dogmas e ideias de fundo religioso, como o trabalho duro. Do outro lado, há progressistas que adotam uma agenda muito mais transformadora, ainda que não fique claro qual ela é.

Mas a polarização política não é, de forma alguma, a única dor de crescimento exacerbada por ansiedades sobre o futuro nas economias urbanas e industrializadas, nas quais, para muitos, as fronteiras entre nossa vida profissional e pessoal praticamente desapareceram.

14

A morte de um assalariado

EM MEIO AO pequeno grupo de jornalistas chamados de correspondentes, dos colaboradores fixos aos *freelancers*, que consideram a maior emoção de suas vidas documentar a vida e a morte em zonas de guerra, os riscos de receber uma bala perdida, de ser sequestrado por pessoas aos gritos e vestidas com balaclavas ou de ser subitamente explodido fazem parte do trabalho. Jornalistas que trabalham para expor (ou enterrar) os segredos sujos dos poderosos, que vão fundo nas entranhas escuras das redes criminosas, ou aqueles que só trafegam em meio a opiniões destinadas a provocar, perturbar e ultrajar também conhecem as chances de que seu trabalho possa colocá-los em perigo. Mas, para a maioria, o jornalismo costuma ser uma profissão segura. Nenhum jornalista, por exemplo, espera morrer durante reportagens sobre o congestionamento do trânsito, ou sobre as marés altas e baixas dos mercados financeiros, ou ao falar das últimas tendências em dispositivos eletrônicos ou das modas, ou ao documentar as batalhas monótonas que moldam a micropolítica de uma cidade.

Tragicamente, essa expectativa de uma cobertura tranquila se viu burlada no caso de Miwa Sado, repórter da NHK, a emissora pública do Japão. Sua editoria era a de política local, mas, em 24 de julho de 2013, enquanto cobria as eleições metropolitanas de Tóquio, ela morreu no cumprimento de seu dever, e seu corpo foi encontrado com o celular ainda agarrado à sua mão.

Os médicos logo definiram que a causa da morte de Miwa Sado foi uma insuficiência cardíaca congênita. Mas, após uma investigação do Ministério do Trabalho do Japão, a causa oficial de sua morte foi alterada para *karoshi*: morte por excesso de trabalho. No mês que antecedeu sua morte, Sado havia feito oficialmente 159 horas extras. Isso equivalia a trabalhar dois turnos completos de oito horas por dia durante um período de quatro semanas. Extraoficialmente, o número de horas extras que ela fez era provavelmente maior. Nas semanas seguintes à sua morte, seu pai fez uma jornada pelos registros telefônicos e de computador da jornalista. Calculou que ela tinha trabalhado pelo menos 209 horas extras no mês anterior à sua morte.

A morte de Sado foi uma entre muitas notícias semelhantes naquele ano. O Ministério do Trabalho japonês reconhece oficialmente duas categorias de morte como uma consequência direta do excesso de trabalho. *Karoshi* descreve que essa morte acontece como resultado de uma doença cardíaca atribuível a exaustão, falta de sono, má nutrição e falta de exercício, como era o caso de Sado. E *karo jisatsu* descreve a situação quando um funcionário tira sua própria vida como resultado do estresse mental resultante do excesso de trabalho. No final de 2013, o Ministério do Trabalho atestou que 190 mortes ocorreram ao longo daquele ano como resultado de *karoshi* ou *karo jisatsu*, sendo que o primeiro tinha o dobro dos números do segundo. Aproximadamente, isso correspondia aos números médios anuais da década anterior. Mas o Ministério do Trabalho do Japão só declara que uma morte aconteceu por *karoshi* ou *karo jisatsu* em circunstâncias excepcionais e quando for possível provar, além de qualquer dúvida, que o trabalhador excedeu drasticamente os limites razoáveis de horas extras, e que outros fatores não contribuíram significativamente (como a hipertensão severa). Como resultado disso, alguns, como Hiroshi Kawahito, o secretário-geral do Conselho de Defesa Nacional do Japão para as Vítimas de Karoshi – uma das muitas organizações anti-*karoshi* no Japão – afirma que o governo está relutante em encarar a verdadeira escala do problema.[1] Ele é da opinião de que os números reais são dez vezes maiores. Não é nada surpreendente a suspeita de que o número de pessoas que sofrem graves distúrbios mentais ou de saúde como resultado de excesso de trabalho no Japão seja muitas ordens de magnitude maior, assim como o número de pessoas que causam acidentes de trabalho em consequência de estarem exaustas durante o trabalho.

Em 1969, foi oficialmente reconhecido o primeiro caso de *karoshi*, após um funcionário de 29 anos de idade no departamento de expedição de um grande jornal japonês se debruçar sobre sua escrivaninha e vir a falecer ali mesmo, depois de ter feito quantidades desesperadoras de horas extras. O termo logo entrou no léxico popular e se tornou parte cada vez mais proeminente do imaginário nacional à medida que mais e mais mortes eram atribuídas diretamente ao excesso de trabalho. Foi uma nova adição a um vocabulário já crescente de doenças relacionadas ao trabalho específicas do Japão, mais notadamente a *kacho-byo*, que se traduz como "doença do gerente" e cunhada para descrever o estresse avassalador, sentido pelos gerentes intermediários, com relação a promoções, corresponder às expectativas de sua equipe, não envergonhar a si mesmos e a suas famílias e, o pior, não desapontar seus chefes nem enfraquecer a empresa. Mas ao passo que a *kacho-byo* é um problema que só aflige os trabalhadores de colarinho branco, o *karoshi* é um assassino mais democrático, que ceifa tanto os trabalhadores do chão de fábrica quanto os gerentes, professores, profissionais da saúde e CEOs.

★ ★ ★

O Japão não é o único país do sudeste asiático no qual as consequências potencialmente fatais do excesso de trabalho estão no horizonte de funcionários estressados que almoçam com pressa em suas estações de trabalho. Os sul-coreanos, que trabalham em média 400 horas por ano a mais do que os britânicos ou australianos, adotaram uma forma da palavra japonesa *karoshi*[2] para descrever o mesmo fenômeno. Os chineses também o fizeram. Desde que a China adotou cautelosamente o "capitalismo de estado" em 1979, sua economia cresceu a uma velocidade vertiginosa e dobrou de tamanho aproximadamente a cada oito anos. E, embora a tecnologia tenha desempenhado um papel enorme nisso, o crescimento da China tem sido catalisado por uma força de trabalho disciplinada e acessível, que vem engolindo as operações manufatureiras das empresas em todo o mundo e transformando a China no maior produtor e exportador mundial de bens manufaturados. Mas uma das consequências involuntárias disso foi um aumento do número de pessoas cujas mortes podem ser atribuídas ao excesso de trabalho. Em 2016, a emissora estatal CCTV, que geralmente só recorre a hipérboles quando dá boas notícias, anunciou que mais de meio milhão de cidadãos chineses morrem por excesso de trabalho a cada ano.[3]

De acordo com estatísticas oficiais, a jornada de trabalho na Coreia do Sul, China e Japão diminuiu consideravelmente durante as últimas duas décadas, com os maiores avanços sendo feitos na Coreia do Sul. Essa mudança pode ser creditada em parte ao ativismo dos grupos anti-*karoshi* que pressionam por um equilíbrio mais harmonioso entre trabalho e vida pessoal. Em 2018, no Japão, por exemplo, o trabalhador médio cumpriu oficialmente cerca de 1.680 horas de trabalho, 141 horas a menos que em 2000. Isso é cerca de 350 horas a mais por ano do que os trabalhadores alemães, mas 500 horas a menos do que os trabalhadores mexicanos. Também está abaixo da média do grupo mundial que reúne a elite das nações nominalmente comprometidas com o livre comércio, a Organização para Cooperação e Desenvolvimento Econômico.[4] Por outro lado, há também uma cultura bem estabelecida de subnotificação de horas de trabalho no Japão, na China e na Coreia do Sul, e os dados de pesquisa dos funcionários sugerem que, para muitos cidadãos, o trabalho permanece tão dominante em suas vidas quanto antes. Talvez nada revele melhor esse pensamento do que o fato de que, apesar de uma bem-financiada campanha governamental no Japão com o intuito de persuadir as pessoas a saírem de férias de vez em quando, desde a virada do milênio, a maioria dos trabalhadores japoneses ainda tire menos da metade do total de dias de férias remuneradas que lhes são oferecidos.[5]

O Departamento de Estatísticas de População e Emprego da China[6] informou em 2016 que os trabalhadores urbanos realizam rotineiramente perto de uma hora em horas extras todos os dias, com cerca de 30% dos trabalhadores excedendo em pelo menos oito horas a semana-base de quarenta horas. Entre os trabalhadores mais árduos nesse grupo estavam o pessoal de "serviços comerciais" e de "produção, transporte e operadores de equipamentos", com mais de 40% deles chegando a mais de 48 horas semanais. Mas é mais provável que os números reais sejam muito mais altos do que os relatados.

Enquanto aqueles que vivem em áreas mais rurais ainda trabalham a um ritmo mais gerenciável, para os trabalhadores do setor privado em centros urbanos como Guangzhou, Shenzhen, Xangai e Pequim, trabalhar longas horas todos os dias é hoje uma parte natural da vida. Isso é especialmente o caso daqueles que trabalham no frenético setor de alta tecnologia da China, liderado por empresas como Baidu, Alibaba, Tencent e Huawei. Atualmente, essas pessoas organizam suas vidas de trabalho segundo o mantra "996", no qual os dois 9s se referem aos dias de trabalho de doze horas, entre 9h e 21h, e o 6 se refere aos seis dias por semana nos quais se espera que os funcionários estejam em seus postos de trabalho se tiverem ambições de chegar a algum lugar na vida.

★ ★ ★

As fraturas por estresse e o engrossamento dos ossos desgastados pelo trabalho dos povos agrícolas mostram que, desde que alguns de nossos antepassados substituíram seus arcos e cajados de escavação por arados e enxadas, a morte por excesso de trabalho tem sido algo presente. Além dos muitos que, ao longo da história, morreram enquanto "tentavam salvar a fazenda", há ainda as inúmeras almas que foram forçadas a trabalhar até a morte sob os chicotes alheios, como os escravos que os antigos romanos despachavam para suas minas e pedreiras; os descendentes dos homens e mulheres roubados da África, que levaram vidas duras, abreviadas e brutalizadas nas plantações de algodão e açúcar das Américas; as dezenas de milhões que pereceram no século XX em *gulags*, colônias de trabalho, prisões e campos de concentração, como resultado de cometerem crimes ou de se encontrarem do lado errado de alguma *-cracia*, ou de um *-ismo* ou de um ego alheio; e aqueles que, como os extratores de borracha no Congo do rei Leopold ou ao longo do Rio Putumayo, na Colômbia, na virada do século XX, eram vistos como pouco mais do que uma massa descartável de mão de obra barata.

Mas o que torna as histórias individuais de *karoshi* e *karo jisatsu* diferentes dessas é o fato de que o que levou pessoas como Miwa Sado a perder a vida ou a tirá-la não foi o risco de passar dificuldades ou incorrer na pobreza, e sim suas próprias ambições aumentadas pelas expectativas de seus empregadores.

A convergência entre a moderna busca da riqueza e a ética confucionista de responsabilidade, lealdade e honra pode explicar o alto número de mortes por excesso de trabalho em cidades como Seul, Xangai e Tóquio, mas a morte por excesso de trabalho não é um fenômeno singular do sudeste asiático no final do século XX e início do século XXI. De fato, o que talvez seja único nas economias do "cinturão de Confúcio" com respeito a esse problema não é o fato de que a morte por excesso de trabalho seja mais comum por lá do que em qualquer outro lugar, mas o fato de que as pessoas de lá estejam mais dispostas a encarar isso como um problema.

Na Europa Ocidental e na América do Norte, as mortes por excesso de trabalho são geralmente atribuídas a falhas individuais, e não a ações ou falhas de um empregador ou do governo. Como resultado disso, elas não fazem parte dos assuntos em pauta no país, nem aparecem nas manchetes dos jornais, nem resultam em parentes enlutados exigindo desculpas abjetas dos empregadores ou em alguma tomada de ação por parte dos governos. Mesmo assim, ocasionalmente, o problema vem à tona. Durante a última década, por exemplo, o CEO da France Telecom foi forçado a renunciar, e vários gerentes seniores foram levados a julgamento acusados de "assédio moral", como consequência da cultura de trabalho tóxica que vinham incutindo na empresa e a que os promotores atribuíram 35 suicídios entre funcionários ao longo de 2008 e 2009.

Existe hoje uma discussão muito maior sobre questões de saúde mental no local de trabalho em países como a Grã-Bretanha e os Estados Unidos – e por boas razões, se as estatísticas estiverem corretas. Na Grã-Bretanha, o Departamento Executivo de Saúde e Segurança relatou que, em 2018, cerca de 15 milhões de dias de trabalho foram perdidos como resultado de estresse, depressão e ansiedade relacionados ao local de trabalho, e que, entre uma força de trabalho total de 26,5 milhões de pessoas, quase 600 mil indivíduos relataram estar sofrendo de problemas de saúde mental relacionados ao trabalho naquele ano.[7] Mas é difícil dizer a partir desses dados se a razão pela qual mais problemas de saúde mental no local de trabalho são diagnosticados é a de que, em muitos países, existe hoje uma tendência de se patologizar o que antes era considerado como estresses e ansiedades perfeitamente normais. E uma manifestação particularmente importante da tendência de se patologizar é a aceitação hoje generalizada de que o "workaholismo" se tornou uma condição real e diagnosticável, com consequências potencialmente fatais.

★ ★ ★

Nascido em Greenville, no estado americano da Carolina do Sul, em 1917, o pastor Wayne Oates fez o melhor que pôde a partir de uma infância pobre sob os cuidados de sua avó e de sua irmã mais velha, enquanto sua mãe trabalhava por longos turnos em uma fábrica de algodão local para conseguir pagar as contas durante a Grande Depressão. Mas sua profunda fé cristã o ensinou a agradecer por tudo o que ele tinha, e mais tarde lhe deu a determinação de dedicar sua energia para conciliar o mundo bastante secular da psiquiatria e da psicologia com suas convicções religiosas. Prolífico autor de 53 livros, além de ter forjado uma carreira distinta como professor no Seminário Teológico Batista do Sul em Louisville, no estado do Kentucky, Oates viu algo de sua própria "compulsão [...] em trabalhar de maneira incessante" no comportamento de alguns dos alcoólatras que ele aconselhava, e assim cunhou as palavras "workaholic" e "workaholismo" (viciado e vício em trabalho, respectivamente) para descrever esse comportamento. Publicado pela primeira vez em 1971, *The Confessions of a Workaholic* ("Confissões de um viciado em trabalho", em tradução livre) está hoje esgotado, e seus conselhos avunculares estão largamente esquecidos, mas o neologismo "workaholic" foi imediatamente introduzido no vocabulário cotidiano dos falantes de inglês.

Logo após ele ter apresentado ao mundo o termo "workaholismo", essa palavra se converteu em um campo particular muito visado dentro da psicologia, ainda que marcado pela ausência de um acordo sobre como defini-lo ou medi-lo, e muito menos como tratá-lo. Alguns insistem que é um vício tal como o jogo ou as compras; alguns, que é uma patologia como a bulimia; outros dizem que se trata de um padrão de comportamento; e outros ainda uma síndrome, nascida da infeliz união entre "determinação em excesso" e "baixa satisfação com o trabalho".

Na ausência de um consenso sobre o que seria o workaholismo, há muito poucas estatísticas úteis indicando sua prevalência. O único lugar onde foi realizado um trabalho estatístico sistemático foi a Noruega, onde pesquisadores da Universidade de Bergen desenvolveram uma metodologia de avaliação que chamaram de Escala de Vício em Trabalho de Bergen.[8] Algo reminiscente dos questionários de "psicologia *pop*" das revistas sobre estilo de vida das salas de espera de consultórios, a avaliação de Bergen envolve a alocação de notas numéricas baseadas em respostas padronizadas a sete afirmações simples, como "Você fica estressado se estiver proibido de trabalhar" ou "Você prioriza o trabalho em detrimento de *hobbies* e atividades de lazer". Se a pessoa responder "sempre" ou "frequentemente" à maioria das perguntas, então, segundo calculam os autores do teste, ela provavelmente será um workaholic. O grupo de pesquisa de Bergen utilizou dados de 1.124 respostas de uma pesquisa e cruzou esses números com uma série de outros testes de personalidade. No fim, concluíram que 8,3% dos noruegueses eram workaholics e que o workaholismo era mais prevalente entre adultos entre 18 e 45 anos de idade, e era muito mais provável que afligisse pessoas que eram geralmente "agradáveis", "intelectualmente motivadas" e/ou "neuróticas". Também observaram que a taxa de prevalência era suficientemente alta para que o assunto merecesse preocupação como um problema de saúde pública.

Da mesma forma que John Lubbock considerava a pesquisa científica cuidadosa e a escrita de monografias extensas como um lazer, para muitos de nós a única distinção entre trabalho e lazer é se somos pagos para fazer uma atividade ou se a fazemos por escolha – muitas vezes, pagando para fazê-las com o dinheiro ganho em empregos comuns.

Levando em conta o tempo gasto para chegar e sair do local de trabalho e para executar atividades domésticas essenciais, como compras, tarefas domésticas e cuidados com crianças, trabalhar uma semana padrão de quarenta horas não deixa muito tempo para o lazer. Não é de surpreender, então, que a maioria das pessoas em empregos de tempo integral utilize a maior parte de seu tempo de lazer puro para atividades passivas e repousantes, como assistir TV. Mas, ao contrário dos primeiros tempos da Revolução Industrial, a maioria dos empregados tem fins de semana livres, assim como várias semanas de férias anuais pagas. E muitas pessoas optam por não passar essas preciosas horas descansando; em vez disso, as utilizam para fazer algum outro trabalho de sua escolha.

Além dos jogos de computador em meio aos quais tantos indivíduos escolhem se perder (e que frequentemente envolvem atividades que imitam o trabalho real), muitos dos passatempos mais populares que as pessoas escolhem para gastar seu tempo livre envolvem a realização de trabalhos que, no passado, alguém seria pago para fazer, ou mesmo que outras pessoas ainda na atualidade são pagas para executar. Assim, enquanto a pesca e a caça significavam trabalho para os forrageadores, hoje constituem atividades de lazer caras, mas muito populares; enquanto o cultivo de hortaliças ou a jardinagem eram vistos como uma labuta odiosa pelos agricultores, para muitos é hoje uma forma profundamente satisfatória de prazer; e enquanto a costura, o tricô, a cerâmica e a pintura eram outrora fontes de uma renda muito necessária, as pessoas de hoje encontram paz em seus ritmos relaxantes, muitas vezes repetitivos. De fato, muitos *hobbies* e atividades de lazer – entre eles cozinhar, cerâmica, pintura, forjaria, carpintaria e engenharia doméstica – envolvem o desenvolvimento, refinamento e uso dos tipos de habilidades manuais e intelectuais dos quais dependemos ao longo de nossa história evolucionária e que estão cada vez mais ausentes dos ambientes de trabalho modernos.

Outra razão pela qual os psicólogos têm pelejado para definir e medir o workaholismo é a de que, desde quando as pessoas começaram a se reunir em cidades, muitos têm visto seu trabalho como muito mais do que um simples meio de ganhar a vida. Quando Émile Durkheim contemplou possíveis soluções para o problema da anomia, reconheceu que relacionamentos forjados no local de trabalho poderiam ajudar a construir a "consciência coletiva" que em certo momento criava laços entre as pessoas em pequenas e bem integradas comunidades aldeãs. De fato, uma das soluções que ele propôs para lidar com problemas de alienação social nas cidades foi a formação de guildas de trabalhadores semelhantes às centenas de *collegia* que se formaram na Roma antiga.

Não foi uma sugestão descabida. Os *collegia* de artesãos dos romanos não eram apenas organizações comerciais que faziam *lobby* em nome dos interesses de seus membros. Eles desempenharam um papel vital no estabelecimento das identidades cívicas dos *humiliores*

– as classes mais baixas – com base no trabalho, e assim os ligavam às hierarquias maiores que conectavam toda a sociedade romana. Em muitos aspectos, os *collegia* funcionavam como vilarejos autônomos dentro da cidade. Cada um tinha seus próprios costumes, rituais, modos de vestir e festivais, e seus próprios patronos, magistrados e assembleias gerais calcadas no Senado romano, que tinham o poder de emitir decretos. Alguns até tinham suas próprias milícias privadas. Mas, acima de tudo, eram organizações sociais que uniam as pessoas em microcomunidades bem unidas, baseadas em trabalho, valores, normas e *status* social compartilhados, e nas quais o casamento interno era frequente, e os membros e suas famílias socializavam principalmente uns com os outros.

Muitas pessoas hoje estão acostumadas à vida nas grandes cidades, com sistemas de trânsito em massa que nos permitem passar de um lado da cidade para o outro muito mais rápido do que os romanos podiam fazer. Muitos hoje também estão acostumados a ter algum dispositivo na ponta de seus dedos que lhes permite formar comunidades dinâmicas e ativas, independentemente da geografia. Mesmo assim, a maioria dos habitantes das cidades modernas ainda tendem a se incorporar em redes sociais surpreendentemente pequenas e frequentemente difusas, que se tornam suas comunidades individuais.

Quando o paleoantropólogo Robin Dunbar defendeu que a fofoca e os cuidados uns com os outros desempenharam um papel central no desenvolvimento das habilidades linguísticas de nossos ancestrais, ele baseou seu argumento parcialmente em um exame da relação entre tamanho e composição do cérebro de diferentes espécies de primatas e o tamanho e complexidade dos grupos de redes sociais ativas que cada espécie mantinha tipicamente. Notou aí uma correlação clara. Extrapolando a partir dos dados para várias outras espécies de primatas, Dunbar calculou que, com base no tamanho do cérebro humano, a maioria de nós seria capaz de manter redes ativas com algo em torno de 150 indivíduos, mas encontraria dificuldade para lidar com mais, porque a atividade de gerenciar suas interações e inter-relações era muito complexa. Quando ele correlacionou isso com dados sobre o tamanho dos vilarejos, coletados por antropólogos em todo o mundo, o tamanho das redes sociais de forrageadores como os ju/'hoansi e os hadzabe, e até mesmo com o número de "amigos" com as quais as pessoas se relacionavam ativamente em *sites* de redes sociais como o Facebook, descobriu-se que ele estava certo em termos gerais: a maioria de nós ainda mantém relacionamentos ativos com apenas cerca de 150 pessoas em qualquer momento.[9]

Durante grande parte da história humana, essas redes sociais mais imediatas tomaram a forma de comunidades multigeracionais que se baseavam em uma geografia compartilhada e se expressavam por meio da intimidade do parentesco, das crenças religiosas, de rituais, práticas e valores compartilhados, e que se nutriam do fato de que o trabalho e a vida aconteciam nos mesmos ambientes e as pessoas tinham experiências semelhantes. Todavia, em cidades densamente povoadas, as redes sociais ampliadas da maioria dos indivíduos tomam a forma de complexos mosaicos de relações entrelaçadas, reunidas a partir de nosso envolvimento em toda uma série de interesses e passatempos às vezes muito diferentes. E talvez não seja nenhuma surpresa constatar que, para muitos de nós, nossas redes sociais mais constantes são formadas por pessoas com quem já trabalhamos ou que encontramos no ambiente de trabalho.

Além do fato de que a maioria de nós passa consideravelmente mais tempo na companhia de colegas do que de nossas famílias, e que estruturamos nossas rotinas diárias em torno das obrigações de trabalho, o trabalho que fazemos muitas vezes se torna um ponto focal também em termos sociais, o que, por sua vez, molda nossas ambições, valores e afinidades políticas. Não é coincidência que, sempre que nos encontramos com pessoas estranhas pela primeira vez em acontecimentos sociais nas cidades, temos a tendência de perguntar a elas sobre o trabalho que fazem; com base em suas respostas, fazemos inferências razoavelmente confiáveis sobre suas visões políticas, seus estilos de vida e até mesmo sobre seu passado. Também não é coincidência que a única pesquisa oficial sobre romances no local de trabalho tenha descoberto que quase um em cada três americanos entra em pelo menos um relacionamento de natureza sexual de longo prazo com pessoas que eles encontram por meio do trabalho, enquanto outros 16% lá conhecem seus cônjuges.[10]

Isso não surpreende. Nossas trajetórias profissionais individuais são muitas vezes determinadas por nossa formação, escolaridade e escolhas subsequentes com relação a nosso treinamento. Por causa disso, tendemos a alinhar progressivamente nossas visões e expectativas do mundo com as de nossos professores e colegas de trabalho, e também tendemos a procurar trabalho entre pessoas semelhantes e, sempre que possível, a fazer uso de redes sociais já existentes para encontrar trabalho. Sendo assim, os gerentes de recursos humanos da Goldman Sachs não precisam lidar com muitos candidatos que enxergam a usura como algo pecaminoso, os recrutadores do exército não recebem muitas candidaturas de pacifistas inveterados, enquanto os recrutadores da polícia não têm de analisar candidaturas de anarquistas declarados. E, igualmente importante, uma vez no ambiente de trabalho, tendemos a continuar alinhando ainda mais nossas opiniões sobre o mundo às de nossos colegas, pois nossos laços com eles se veem fortalecidos no curso da busca por objetivos compartilhados e da celebração de realizações conjuntas.

Mas mesmo que o trabalho ofereça às pessoas um senso de comunidade e de pertencimento, os tipos de comunidades que Durkheim imaginava que poderiam se unir em torno do local de trabalho não se materializaram na medida que ele previu. De fato, quando Durkheim imaginou a cidade do futuro como sendo formada por um mosaico de comunidades baseadas no trabalho, ele ainda não tinha compreendido a natureza mutável do emprego e do trabalho na era industrial. Era como se ele tivesse imaginado que as habilidades comerciais tornadas extintas pela industrialização seriam diretamente substituídas por outro conjunto de novas e duradouras habilidades úteis. Ele não imaginava, por exemplo, locais de trabalho operando de acordo com os métodos da "gestão científica" conforme desenvolvidos por Frederick Winslow Taylor, nos quais habilidades reais eram desnecessárias para se cumprirem as exigências. Tampouco imaginava até que ponto os desenvolvimentos tecnológicos tornariam o local de trabalho na era industrial moderna um local de fluxo constante, no qual as habilidades de ponta adquiridas em uma década se tornariam redundantes na década seguinte.

★ ★ ★

Em 1977, Ben Aronson, um funcionário público do estado americano de Illinois, sofreu um colapso por causa de um sangramento interno. Posteriormente, foi diagnosticado com graves problemas cardíacos que demandavam cirurgia. Ele atribuiu sua doença ao estresse relacionado ao trabalho, e explicou a um repórter do *Florida Times-Union* que estava especialmente preocupado com o fato de que suas férias combinadas com a licença médica somavam apenas quatro semanas, e seu médico insistiu que ele não poderia retornar ao trabalho no frágil estado em que se encontrava.[11]

Entretanto, Aronson não foi apenas um entre tantos que sofreram as consequências do excesso de trabalho. A razão pela qual sua história mereceu alguma atenção, ainda que breve, dos jornalistas foi a de que seus problemas cardíacos surgiram como resultado de falta de trabalho.

Alguns meses antes do colapso de Aronson, seus patrões haviam tentado demiti-lo pela segunda vez em poucos anos. Em ambas as ocasiões, Aronson os processou por demissão ilegal e, em ambas as ocasiões, os tribunais decidiram em seu favor e ordenaram que seus patrões o reintegrassem. Fizeram o que foi ordenado, mas na segunda vez foi bastante a contragosto. Eles informaram a Aronson que, muito embora ele ainda fosse receber seu belo salário mensal de US$ 1.730 (algo como US$ 7.500 em valores atualizados), ele não teria nenhum tipo de tarefa a cumprir. Em seguida, retiraram o telefone de seu escritório, instruíram o contínuo a não entregar ou recolher sua correspondência, e instruíram os outros funcionários a ignorá-lo.

Infelizmente, a história de Aronson não era suficientemente noticiável a fim de merecer mais acompanhamento, e não se sabe se ele acabou sendo demitido de seu "não emprego" como resultado de seu não comparecimento devido ao mau estado de saúde que o acometeu por ele não ter nenhum trabalho a fazer. Mas muitas pessoas vão ver algo de suas próprias vidas em meio às estranhas circunstâncias individuais desse trabalhador.

Um emprego bem remunerado pela vida toda, com zero responsabilidades, pode ser um sonho realizado para alguns. Mas, para outros, assim que a novidade passasse, eles sentiriam falta da estrutura, da comunidade e da sensação de serem úteis que obtinham por força de seus empregos, independentemente de quão mundanos ou mal pagos.

Além disso, se esse trabalho envolvesse habilidades, eles quase certamente sentiriam falta do prazer, muitas vezes silencioso, que advinha de realizá-lo. Estão incluídos nesse grupo os milhares de ganhadores da loteria e indivíduos que herdaram riquezas inesperadas de parentes distantes e continuaram a executar seus antigos trabalhos, muitas vezes não particularmente interessantes, com a mesma alegre diligência de antes.

E também há aqueles que trabalham no setor de serviços de nossas economias, que se identificam com a história de Aronson porque, se suas contas corporativas de e-mail e sua intranet fossem subitamente bloqueadas, seus computadores e telefones fossem removidos e seus colegas fossem instruídos a ignorá-los, eles sabem, lá no fundo, que sua ausência não faria diferença alguma no destino de sua organização.

★ ★ ★

De acordo com o Escritório Britânico de Estatísticas Nacionais, 83% dos trabalhadores na Grã-Bretanha estão hoje empregados no setor chamado "de serviços" ou "terciário", cada vez mais amorfo. Às vezes também chamado de "economia terciária", o setor de serviços inclui qualquer trabalho que não envolva a produção ou colheita de matérias-primas, como na agricultura, mineração e pesca, ou a fabricação de coisas reais a partir dessas matérias primas, como facas e garfos e mísseis nucleares.

A Grã-Bretanha não é incomum entre os países mais ricos do mundo em ter uma proporção tão grande de sua força de trabalho empregada no setor de serviços. Fica atrás de estados como Luxemburgo e Cingapura, onde praticamente todos os que têm um emprego estão empregados no setor de serviços de uma forma ou de outra. Mas está muito à frente da maioria dos países em desenvolvimento, como a Tanzânia, onde a maioria das pessoas ainda cultiva para viver. Está também muito à frente de países como a China, onde, apesar de um recente e contínuo aumento de empregos no setor de serviços, mais da metade da população ainda está empregada na agricultura, pesca, mineração e manufatura.

A supremacia do setor de serviços em muitas economias é um fenômeno relativamente recente. Até o aumento da produção agrícola em toda a Europa durante o século XVI, cerca de três quartos dos britânicos ainda ganhavam a vida como agricultores, trabalhadores em pedreiras, silvicultores e pescadores. Em 1851, assim que a Revolução Industrial ganhou força, esse número diminuiu para pouco mais de 30%, com cerca de 45% da população ativa empregada na indústria e os 25% restantes nos serviços.[12] Essa proporção permaneceu em grande parte inalterada até depois da Primeira Guerra Mundial. Então, subiu lentamente novamente, à medida que casas e indústrias começaram a retirar energia diretamente das redes elétricas e novas tecnologias, como o motor de combustão interna, entraram em funcionamento, catalisando assim a invenção e a fabricação de toda uma gama de coisas novas para as residências e indivíduos consumirem. Essa tendência continuou para além do final da Segunda Guerra Mundial até 1966, quando o setor manufatureiro britânico entrou em um declínio constante e acentuado. Ao passo que, em 1966, se estimava que 40% da força de trabalho estivesse empregada na manufatura, em 1986 esse número havia caído para 26%, e, em 2006, para 17%. A tecnologia e a automação desempenharam um papel importante na transformação do que antes eram indústrias manufatureiras de mão de obra intensiva em indústrias de capital intensivo. O mesmo aconteceu com a globalização, pois as indústrias de mão de obra mais intensiva começaram progressivamente a perder para os fabricantes que operavam em locais onde a mão de obra era mais barata do que na Grã-Bretanha.

Muitos economistas acreditam que a rápida expansão do setor de serviços foi uma consequência inevitável da industrialização em larga escala. Atualmente, essa expansão é também frequentemente considerada como a mais distintiva característica das chamadas "sociedades pós-industriais". Essa, pelo menos, era a opinião de Colin Clark, o economista mais associado ao desenvolvimento do já bem estabelecido "modelo de três setores" da economia. Escrevendo em 1940, Clark previu com precisão a expansão subsequente do setor de serviços em economias como a britânica ao longo das oito décadas seguintes. Ele observou que, à medida que a riqueza total em uma economia aumentava como resultado do crescimento do capital, do desenvolvimento tecnológico e da melhoria da produtividade, a demanda por serviços aumentaria, compensando assim a perda de empregos no setor de pesca, agricultura e mineração (o setor primário).[13]

Clark era um economista com uma mentalidade voltada ao social. Ele acreditava que, além de trabalhar para criar uma economia estável e produtiva, era dever moral de um economista ajudar a atingir "a justa distribuição da riqueza entre indivíduos e grupos".[14] Mesmo assim, seu modelo de pós-industrialização tem sido fortemente criticado desde então, em particular por comentaristas da esquerda econômica, como sendo um modelo para o "desenvolvimento capitalista" disfarçado de modelo de desenvolvimento humano.

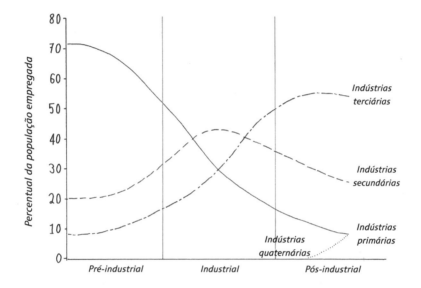

O "modelo de três setores" de Clark, indicando como os empregos no setor de serviços compensam o declínio nas indústrias primárias e secundárias.

O famoso modelo gráfico de Clark, que retrata a evolução da relação entre os três setores ao longo do tempo, é uma representação precisa do que aconteceu nas economias da Europa Ocidental, do Japão e dos Estados Unidos. Outras economias, entre elas a da China, também parecem estar se aproximando do caminho que Clark previu, com os serviços subindo constantemente em proporção ao declínio da agricultura e com a manufatura progressivamente diminuindo de importância. Mas é difícil explicar o aumento massivo das profissões no setor de serviços como sendo uma resposta a alguma necessidade real profunda, ou mesmo os esforços dos anunciantes e influenciadores no sentido de nos persuadir de sua importância.

O outro problema com o modelo de Clark é que, enquanto o emprego da maioria da população nacional no setor de serviços é muito claramente um fenômeno novo, esse setor é tão antigo quanto as cidades mais antigas, mesmo que os serviços não se estendessem para muito além das muralhas da cidade. Mesmo nas mais grandiosas cidades antigas, como Roma, a manufatura era uma indústria de nível relativamente baixo, e o consumo desenfreado era um privilégio unicamente reservado aos cidadãos e comerciantes mais ricos. O mesmo quase certamente acontecia em cidades antigas como Uruk, onde a maioria da população era composta por sacerdotes, administradores, contadores, soldados e, aparentemente, taberneiros. É difícil explicar a preponderância de empregos no setor de serviços em cidades antigas como Uruk, Mênfis, Luoyang ou Roma em termos de um aumento na demanda por serviços acontecendo na esteira de um aumento na produtividade da manufatura.

Quando assumimos uma perspectiva de muito mais longo prazo em nossa relação com o trabalho, ela sugere que talvez haja outras maneiras de interpretar a rápida expansão do setor de serviços à medida que as economias foram se tornando cada vez mais "pós-industrializadas".

Uma dessas maneiras é reconhecer que muitos serviços (mas nunca todos) são sensíveis às necessidades humanas fundamentais, que também fazem parte de nossa herança evolucionária e não são facilmente atendidas nas cidades quando as pessoas se afastam de pequenas comunidades sociais unidas. Os médicos existem porque gostamos de viver e porque não gostamos da dor; os artistas e animadores existem para nos trazer prazer; os cabeleireiros existem porque alguns de nós gostam de ficar bonitos ou precisam de um ouvido amigo; os DJs existem porque gostamos de dançar; e os burocratas existem porque até os anarquistas mais aguerridos querem que os ônibus funcionem no horário. A demanda por esses tipos de serviços não aumentou como resultado de melhorias na fabricação. Eles sempre existiram. Em vez disso, uma vez que a agricultura e a manufatura se tornaram suficientemente produtivas para permitir que muitas pessoas deixassem de concentrar a maior parte de seu tempo e energia produzindo ou fazendo coisas, essas outras necessidades fundamentais foram ampliadas.

Outra maneira de interpretar a expansão do setor de serviços é em termos da cultura de trabalho que se tornou tão profundamente enraizada em nós desde a revolução agrícola. É uma cultura que nos torna intolerantes aos aproveitadores e canoniza o emprego remunerado como sendo a base de nosso contrato social uns com os outros, mesmo que muitos empregos não sirvam para muito mais do que manter as pessoas ocupadas. E isso, por sua vez, fala da relação fundamental entre vida, energia, ordem e entropia. Da mesma forma que os tecelões-mascarados e os pássaros-jardineiros usam seu excedente de energia para construir estruturas elaboradas e muitas vezes desnecessárias, também os seres humanos, quando dotados de excedentes de energia bem sustentados, sempre direcionaram essa energia para algo proposital. Partindo dessa perspectiva, o surgimento de muitas antigas profissões do setor de serviços era simplesmente resultado do fato de que, em qualquer tempo e lugar onde houvesse um grande excedente prolongado de energia, as pessoas (e outros organismos) encontraram maneiras criativas de colocá-lo para trabalhar. No caso dos humanos, isso envolveu o desenvolvimento de uma miríade de habilidades notáveis e muito diferentes, cujo aprendizado e execução muitas vezes nos trazem grande satisfação. É por isso que as cidades sempre foram recantos intrigantes de arte, curiosidade e descoberta.

★ ★ ★

Ao englobar neurocirurgiões, professores universitários, banqueiros, chapeiros de hambúrgueres e astrólogos tântricos de vibração quântica, o setor de serviços é hoje tão grande e diversificado que deixou de ser um conceito particularmente útil para os analistas que tentam entender as idas e vindas de nossos mercados de trabalho. Compreensivelmente, os estudiosos atuais consideram obsoleta a divisão de setores econômicos de Clark. Alguns propuseram a adição de outro setor, o "quaternário", especificamente para acomodar computação, codificação, pesquisa e outras indústrias de ponta de alta tecnologia, como a genômica. Mas isso também se provou problemático, tendo em vista a medida em que as tecnologias digitais têm transformado outros setores econômicos. Por causa disso, a maioria dos analistas prefere dividir o setor de serviços em funções mais granulares, tais como hotelaria e turismo, serviços financeiros, saúde e assim por diante.

Outros propuseram uma reimaginação mais radical do setor de serviços e, com ela, da economia como um todo. Algumas dessas ideias remontam à era pós-guerra nas economias ocidentais, quando os governos estavam mais inclinados a projetar boas políticas sociais e depois descobrir como bancá-las, em vez de criar boas políticas econômicas e então se perguntar que bens sociais elas poderiam ser capazes de providenciar. Para quase todos, é fundamental compreender que a forma como os mercados alocam valor raramente é um reflexo fiel da forma como a maioria das pessoas o faz.

As pessoas de quem dependemos para educar nossos filhos ou para cuidar de nós quando estamos doentes, por exemplo, recebem hoje muito menos do que aqueles que ganham a vida aconselhando os ricos sobre como evitar impostos, ou aqueles que projetam novas formas de nos enviar publicidade indesejada sem parar. Como resultado disso, alguns analistas argumentam em favor da desagregação do setor de serviços com o intuito de explicar melhor aquelas espécies de valores não monetários – como a saúde ou a felicidade – que os diferentes empregos criam. Ninguém duvida do valor não monetário que médicos, enfermeiros, professores, coletores de lixo, encanadores, faxineiros, motoristas de ônibus e bombeiros fornecem. E, enquanto as opiniões sobre o que deveria contar como "entretenimento" variam, poucas pessoas contestam o fato de que artistas, chefs, músicos, guias turísticos, hoteleiros, massagistas e outros cujo trabalho envolve trazer felicidade aos outros ou estimulá-los e inspirá-los também são importantes.

Uma das abordagens mais inovadoras na intenção de recategorizar papéis no setor de serviços é aquela proposta pelo antropólogo David Graeber. Em um breve ensaio escrito em 2013,[15] que logo viralizou e posteriormente se tornou a base para um livro, ele diferenciou entre trabalhos que eram verdadeiramente úteis, como ensino, medicina, agricultura e pesquisa científica, e o aparente florescimento de outros trabalhos que não serviam a nenhum outro propósito óbvio além de dar a alguém algo para fazer. A essa última categoria de empregos – que, segundo ele sustenta, inclui advogados corporativos, executivos de relações públicas, administradores acadêmicos e de saúde e prestadores de serviços financeiros – ele apelidou de "*bullshit jobs*" (empregos sem sentido, furados, ou "empregos de merda") e os definiu como sendo "categorias de emprego tão completamente inúteis, desnecessárias ou perniciosas que nem mesmo o empregado sabe justificar sua existência".[16]

"É como se alguém estivesse por aí inventando trabalhos inúteis só para nos manter a todos trabalhando", argumentou Graeber.[17]

Para cada pessoa hoje exercendo algum papel e que possa pensar nele como um emprego desse tipo, existem, naturalmente, outras pessoas em funções quase idênticas que, no entanto, encontram satisfação, propósito e realização nelas. Mesmo assim, o fato de que pesquisas conduzidas no local de trabalho consistentemente apontam mais pessoas insatisfeitas com o seu trabalho sugere que essa satisfação pode muito bem ser apenas um mecanismo de enfrentamento característico de uma espécie cuja história evolutiva foi profundamente moldada por sua necessidade de propósito e significado.

★ ★ ★

Graeber não foi, de forma alguma, o primeiro a notar a proliferação de empregos sem sentido nos setores de serviços em expansão que caracterizam as sociedades pós-industriais. A tendência que a burocracia organizacional tem de se inflar é atualmente por vezes chamada de Lei de Parkinson, cujo nome vem de Cyril Northcote Parkinson, que a propôs em um artigo brincalhão que publicou na revista *The Economist* em 1955. Tendo por base as experiências de seu autor no notoriamente moroso Serviço Colonial Britânico, a Lei de Parkinson afirma que "o trabalho inevitavelmente se expande de modo a preencher todo o tempo disponível para sua conclusão",[18] e, por uma correspondência natural, pode-se dizer que as burocracias sempre gerarão trabalho interno suficiente para parecerem ocupadas e importantes o bastante, a fim de assegurar sua existência ou crescimento contínuo sem qualquer aumento correspondente na produção. Embora com toda certeza não fosse a intenção de Parkinson ao escrever seu artigo, a linguagem que ele usou é notavelmente reminiscente daquela utilizada por cientistas como Schrödinger ao descrever a relação entre trabalho, energia e vida. De acordo com a Lei de Parkinson, para que as burocracias permaneçam vivas e cresçam, elas devem continuamente colher energia, na forma de dinheiro, e realizar trabalho mesmo que, como se fossem tecelões-mascarados energizados, o trabalho não sirva a nenhum outro propósito a não ser o de gastar energia.

Pode ser que a Lei de Parkinson seja apenas ocasionalmente invocada pelos CEOs nos dias de hoje, quando estão dispostos a reduzir o tamanho da empresa, ou por governos carregados de dívidas e, portanto, exigindo mais austeridade, mas ainda assim ela é algo de que muitos indivíduos em funções gerenciais estão intuitivamente cientes, mesmo que não saibam que nome dar à coisa. Afinal, em muitas organizações, uma das principais habilidades necessárias para se ser reconhecido como "um talento de ponta" é a de ser capaz de chamar para si, de maneira eloquente, grandes parcelas do orçamento e mais pessoal para executar projetos grandiosos, mas em última análise inúteis, assim como o caminho mais rápido para uma indigna demissão seria subutilizar o orçamento.

Há evidências de inchaço burocrático em todos os lugares, mas a escala desse inchaço só se torna clara quando se observa o quanto ele aflige organizações e instituições como as universidades, cujo propósito básico não se alterou substancialmente nos últimos séculos.

Nos Estados Unidos, onde Harvard, a universidade mais antiga, foi fundada em 1736, as mensalidades dos estudantes, ajustadas de acordo com a inflação, são hoje em média entre duas e três vezes mais altas do que eram em 1990.[19] No Reino Unido, onde as universidades mais antigas datam do século XII, o ensino superior era gratuito não apenas para residentes britânicos até 1998, mas a maioria dos estudantes recebia bolsas de suas autoridades locais, conforme análise de renda, que eram suficientemente generosas para que os estudantes pudessem viver com relativo conforto sem ter de procurar trabalho remunerado durante os períodos de aulas para conseguir pagar as contas. Desde que foram introduzidas em 1998, as mensalidades subiram 900%. Tanto nos Estados Unidos quanto no Reino Unido, todos os estudantes, exceto os mais ricos, reconhecem que, assim que se formarem, provavelmente ficarão sobrecarregados com dívidas que eles levarão décadas para pagar. Embora os enormes aumentos das taxas no Reino Unido tenham sido acelerados por alguns fatores econômicos externos, a principal justificativa para sua escalada é a necessidade de financiar funções administrativas cada vez mais inchadas. Na Universidade Estadual da Califórnia, por exemplo, o número total de administradores gerenciais e profissionais empregados aumentou de 3.800 em 1975 para 12.183 em 2008, enquanto o número total de cargos de ensino só aumentou de 11.614 para 12.019. Isso equivale a um aumento no número de docentes de 3,5% contra 221% no pessoal administrativo. Notadamente, quase toda a expansão desse pessoal administrativo aconteceu em trabalhos burocráticos de escritório. Mas, na verdade, durante o mesmo período, o número de tarefas de escritório, serviço e manutenção diminuiu em quase um terço.[20]

Algumas das novas funções administrativas nas universidades, assim como em muitas outras organizações, são importantes e úteis. Todas as burocracias em funcionamento são também incubadoras de gente especialista em cumprimento de políticas, em coisas técnicas e em assuntos muito particulares, pessoas que encontram profunda satisfação nos mínimos meandros de seus papéis e sem as quais todo o processo pararia. Mas também é difícil evitar a suspeita de que muitos deles são importantes apenas porque os titulares desses empregos são bons em convencer a si mesmos e aos outros de que são importantes, ou porque eles existem apenas para observar, medir e avaliar outra pessoa fazendo algo importante.

Essa é certamente a opinião de muitos acadêmicos. Em vez de ficarem mais livres para gastar seu tempo com pesquisa e ensinando, eles hoje, em sua quase totalidade, relatam passar uma proporção consideravelmente maior de sua semana de trabalho lidando com burocracia administrativa do que há duas décadas. Também observam que, embora muitas funções administrativas sejam menos especializadas do que as acadêmicas, e consideravelmente menos competitivas, eles muitas vezes merecem salários muito mais altos. No Reino Unido, por exemplo, observou-se que quatro em cada dez acadêmicos em 2016 estavam pensando em largar os empregos que consideravam adequados à sua vocação e que haviam trabalhado durante anos para garantir.[21]

★ ★ ★

Não há dúvida de que muitas pessoas – entre as quais algumas empregadas em funções "sem sentido" – encontram satisfação em seu trabalho, ou no mínimo desfrutam do companheirismo e do senso de estrutura que ele traz para suas vidas. Mesmo assim, o problema é que a esmagadora maioria dos trabalhadores em todo o mundo não obtém grande satisfação em seus empregos. Na edição de 2017 do relatório anual "*Condições do local de trabalho global*" da Gallup, é revelado que apenas pouquíssimas pessoas acham seu trabalho significativo ou interessante. O relatório observa sobriamente que "o agregado global dos dados da Gallup coletados em 2014, 2015 e 2016 em 155 países indica que apenas 15% dos funcionários em todo o mundo estão bem envolvidos com seu trabalho. Dois terços não estão bem envolvidos e 18% estão completamente fora de sintonia com seu trabalho". No entanto, eles observam algumas diferenças significativas nesse envolvimento em diferentes geografias. Os Estados Unidos e o Canadá, onde 31% e 27%, respectivamente, da força de trabalho estão bem envolvidos com seus empregos, são os líderes mundiais em "engajamento no local de trabalho". Em contraste, apenas 10% dos trabalhadores da Europa Ocidental se dizem engajados, mas pelo menos eles são mais felizes do que os trabalhadores do Japão, China, Coreia do Sul, Hong Kong e Taiwan, onde apenas entre cinco e sete de cada cem trabalhadores se sentem estimulados por seu trabalho.[22]

A ascensão e o crescimento do setor de serviços podem ser uma prova de nossa criatividade coletiva quando se trata de inventar novos empregos para acomodar aqueles que foram expulsos das linhas de produção de um setor de manufaturados cada vez mais automatizado e eficiente. Mas claramente não somos tão espertos quando se trata de criar (ou agraciar com) empregos que as pessoas tenderiam a considerar significativos e gratificantes. E, ainda mais importante, hoje não se tem certeza alguma se o setor de serviços será ou não capaz de acomodar todos aqueles cujo trabalho será determinado como supérfluo com relação às novas exigências da próxima onda de automação, cujas primeiras águas já batem nas margens desse último refúgio dos trabalhadores, homens e mulheres, da era pós-industrial.

15

A nova doença

"ESTAMOS SENDO ATINGIDOS por uma nova doença da qual alguns leitores podem ainda não ter ouvido falar, mas sobre a qual ouvirão muito nos próximos anos, chamada desemprego tecnológico", advertiu John Maynard Keynes ao descrever sua utopia de um mundo pós-trabalho. "Isso significa desemprego devido à nossa descoberta de meios de economizar o uso de mão de obra ultrapassando o ritmo no qual podemos encontrar novos usos para o trabalho", acrescentou. O esclarecimento adicional era sensato, considerando que seu público estava nos anos 1930. As pessoas estavam preocupadas com a possibilidade de seus ofícios ou meios de subsistência serem enxotados para longe por força das novas tecnologias e formas de trabalho desde que a Revolução Industrial engatou uma nova marcha e acelerou. Mas poucos enxergavam tão vividamente quanto Keynes até que ponto o impulso para uma eficiência e automação ainda maiores canibalizaria a demanda de trabalho humano.

Olhando para trás hoje, pode-se dizer que Keynes subestimou o quanto os setores de serviços inflados nas "economias avançadas", quase sem esforço, absorviam pessoas que haviam sido ejetadas das fazendas, minas, peixarias e mesmo das linhas de produção cada vez mais automatizadas. A rápida expansão dos serviços é também a razão pela qual – apesar da automação generalizada de muitas funções outrora comuns em muitos países, de vendedores de tíquetes nas estações de trem até atendentes de caixa nos supermercados – a discussão sobre o potencial da automação de canibalizar o local de trabalho permaneceu até recentemente, em grande parte, largamente confinada a alguns centros tecnológicos, salas de diretorias corporativas e revistas acadêmicas.

Tudo isso mudou em setembro de 2013, quando Carl Frey e Michael Osborne, da Universidade de Oxford, publicaram os resultados de um projeto de pesquisa para avaliar a precisão das previsões de John Maynard Keynes sobre o desemprego tecnológico.[1]

A razão pela qual o estudo de Oxford causou tal comoção foi porque Frey e Osborne concluíram que não só os robôs já estavam na fila de espera nos portões da fábrica, mas também que eles já estavam crescendo seus olhos mecânicos sobre quase metade de todos os empregos existentes nos Estados Unidos. Com base em uma pesquisa envolvendo 702 profissões diferentes, a dupla calculou que 47% de todos os empregos atuais nos Estados Unidos tinham um "alto risco" de serem automatizados e extintos para humanos já por volta de 2030. A outra coisa que eles observaram foi que os trabalhadores que estavam mais em risco tendiam a não ser aqueles lotando as burocracias ou a administração em nível médio, mas sim aqueles com trabalhos de caráter mais prático e real, pessoas geralmente associadas a níveis mais baixos de educação formal.

Seguiu-se uma enxurrada de estudos semelhantes. Governos, organizações multilaterais, laboratórios de ideias, clubes corporativos dourados como o Fórum Econômico Mundial e, inevitavelmente, claro, as grandes empresas de consultoria em gestão, todos se puseram a analisar essas questões. Enquanto cada uma empregou metodologias ligeiramente diferentes, todas as suas descobertas foram acrescentando novos níveis de detalhes à avaliação sombria de Frey e Osborne.

Um estudo conduzido pelo clube formado pela maioria das grandes economias mundiais, a Organização para a Cooperação e Desenvolvimento Econômico (OCDE), por exemplo, concluiu que os impactos da automação provavelmente seriam variados do ponto de vista geográfico tanto dentro de cada estado-membro como entre eles. Previram que algumas regiões, como o oeste da Eslováquia, poderiam experimentar taxas de redução de 40%, enquanto outras, como Oslo, capital da Noruega, mal notariam alguma diferença, com menos de 5% das funções sendo automatizadas. Os "grandes talentos" do Instituto Global McKinsey & Company (braço da McKinsey dedicado a pesquisas econômicas) sugeriram que entre 30% e 70% dos empregos eram vulneráveis a alguma automação parcial durante os próximos 15 a 35 anos, e outra grande empresa de consultoria, a PricewaterhouseCoopers, sugeriu que 30% dos empregos no Reino Unido, 38% dos empregos nos Estados Unidos, 35% na Alemanha e apenas 21% no Japão eram vulneráveis.[2]

Todos esses estudos concordaram que alguns subsetores eram consideravelmente mais vulneráveis à automação do que outros, uma vez que a tecnologia já era acessível o suficiente para que as empresas conseguissem um retorno relativamente rápido de qualquer investimento que fizessem em tecnologia. Eles observaram que os subsetores mais vulneráveis, aqueles nos quais mais da metade das funções existentes acabariam na tábua de corte, eram os de "gestão de água, esgoto e resíduos" e "transporte e armazenamento". Esses dois foram seguidos de perto por "atacado e varejo", bem como por subsetores de fabricação, que provavelmente reduzirão sua força de trabalho entre 40% e 50% num futuro próximo.[3]

Observaram também que algumas profissões pareciam ser, em grande parte, imunes à automação, pelo menos em curto prazo. Entre essas estavam as que dependiam das escorregadias artes da persuasão, como as relações públicas; as que exigiam um alto grau de empatia, como a psiquiatria; as que exigiam criatividade, como o *design* de moda; e as que exigiam um alto grau de destreza manual ou dos dedos, como os cirurgiões.

Mas quaisquer garantias que tenham sido oferecidas nesse sentido foram apenas provisórias. Um investimento considerável está sendo feito na criação de máquinas com níveis de destreza humanos ou até melhores, assim como outras capazes de imitar a inteligência social e a criatividade. Por causa disso, marcos que pareciam ser impossivelmente distantes na automação, há apenas alguns anos, estão hoje se aproximando rapidamente. Em 2017, por exemplo, Xiaoyi, um robô desenvolvido pela Universidade Tsinghua, de Pequim, em colaboração com uma empresa estatal, passou com facilidade pelo exame nacional de admissão de médicos da China, enquanto o AlphaGO, da Google, bateu os melhores jogadores humanos do mundo no jogo chinês go. Esse último foi considerado um marco particularmente importante porque, ao contrário do xadrez, o go não pode ser vencido usando o poder de processamento de informações somente.

Em 2019, uma austera coluna negra chamada Debater ("Debatedor"), da IBM, que vinha afiando sua língua em discussões particulares com os funcionários da IBM durante anos, teve uma atuação perdedora, mas persuasiva e "surpreendentemente encantadora", argumentando em favor de subsídios pré-escolares contra um grande finalista do Campeonato Mundial de Debates.[4] Mais do que isso, com tecnologia para gerar vídeos do tipo *deep fake* já acessível a todos com uma conexão à Internet, e com as máquinas ficando cada vez melhores na interpretação da linguagem humana e em seu uso criativo, há uma sensação palpável de que nenhum trabalho está totalmente seguro. Portanto, não foi exatamente uma grande surpresa quando, em 2018, a Unilever anunciou que estava delegando parte de suas funções de recrutamento para um sistema automatizado de inteligência artificial, o que pouparia à empresa 70 mil homens-horas de trabalho por ano.[5]

Outra razão pela qual organizações como a OCDE têm dúvidas sobre o potencial da IA e da aprendizagem de máquinas é a de que aqueles que trabalham para projetar esses sistemas também têm dúvidas. Eles observam que alguns protocolos de aprendizagem de máquinas e de IA parecem becos sem saída, e que investir tempo adicional neles pode significar ter de aplicar um bom dinheiro sobre um mau investimento. Mesmo assim, novos modelos, muitos deles baseados na neuropsicologia, estão sendo desenvolvidos o tempo todo, e a tendência está se movendo em apenas uma direção.

É curioso que muitas das avaliações sobre as capacidades potenciais da robótica e da IA de canibalizar o mercado de trabalho sejam reticentes em abraçar algumas das profundas implicações econômicas mais fáceis de prever. De fato, a maior parte delas afirma, alegremente, que a automação abrirá um maravilhoso mundo novo de ainda maiores produtividade e eficiência, e de dividendos cada vez maiores para os acionistas.

Talvez isso seja compreensível no caso de instituições como a McKinsey & Company. Afinal de contas, abordar algumas das outras implicações advindas dessa mudança significaria se aventurar por um buraco de minhoca no qual eles serão forçados a contemplar uma total reconstrução, de ponta a ponta, do sistema econômico que atualmente lhes permite se empanturrar de bifes de wagyu e voar na parte da frente do avião. Uma dessas implicações é o último prego na tampa do caixão de qualquer pretensão que ainda exista sobre a correspondência proporcional entre trabalho humano, esforço e recompensa. E outra é uma questão intimamente relacionada a essa: quem se beneficiará da automação e como?

★ ★ ★

Ainda que muitas pessoas continuem subestimando a extensão da desigualdade material em seus países de origem, um corpo crescente de pesquisas sugere que, em alguns lugares, os políticos só o fazem por sua própria conta e risco. E, embora essas pesquisas abordem os diferenciais de renda, às vezes muito altos, característicos tanto de economias avançadas como as dos Estados Unidos como as de crescimento rápido como as da China, elas hoje se concentram cada vez mais nos diferenciais da riqueza líquida. Afinal, desde o Grande Descolamento, possuir ativos tem se mostrado uma forma muito mais lucrativa de gerar riqueza do que o trabalho árduo.

De começo, partindo do final dos anos 1980 até o início dos anos 2000, a adoção generalizada de tecnologias digitais cada vez mais acessíveis ajudou a reduzir substancialmente a desigualdade entre os países. Em particular, isso aconteceu no sentido de ajudar os países mais pobres a competir por, e depois captar, uma proporção crescente da indústria de manufatura global. Agora, parece que o aumento da automatização irá provavelmente deter ou mesmo reverter essa tendência. Ao cada vez mais retirar a mão de obra da equação, a automação elimina qualquer vantagem que os países com demandas salariais mais baixas possam ter, porque os custos da tecnologia, ao contrário da mão de obra, são praticamente os mesmos em todos os lugares.

No entanto, a automação não é apenas susceptível de aprofundar a desigualdade estrutural entre os países. Se não houver uma mudança fundamental na forma como as economias são organizadas, ela irá exacerbar drasticamente a desigualdade também internamente em muitos países. Isso acontecerá primeiramente pela diminuição das oportunidades para pessoas não qualificadas e semiqualificadas de encontrar um emprego decente, ao mesmo tempo em que inflará a renda daqueles poucos que continuarem a administrar empresas na maior parte automatizadas.[6] E, igualmente importante, esse processo aumentará o retorno do capital em vez do retorno do trabalho, expandindo assim a riqueza daqueles que têm dinheiro investido em negócios, em lugar daqueles que dependem de receber dinheiro dessas mesmas empresas em troca de trabalho. Em termos bem diretos, isso significa que a automação gerará mais riqueza para aqueles que já são ricos, ao mesmo tempo em que prejudicará ainda mais aqueles que não têm meios para comprar ações de empresas e, assim, se beneficiar do trabalho feito por autômatos. É claro que o desafio seria menor se não fosse o caso de que, desde o Grande Descolamento, o 1% mais rico do mundo já capturou duas vezes mais da nova riqueza gerada pelo crescimento econômico do que o resto de nós. Os 10% mais ricos da população mundial possuem hoje 85% de todos os ativos globais,[7] e os 1% mais ricos possuem 45% de todos os ativos globais.

Muitos autômatos e IA já realizam alguns trabalhos indispensáveis. Entre eles estão os espertos algoritmos dos quais hoje dependem os pesquisadores de genoma e os epidemiologistas, toda uma série de novas ferramentas de diagnóstico digital disponíveis para os médicos, assim como modelos climáticos e meteorológicos cada vez mais sofisticados. Igualmente importante, sem eles não temos a capacidade de administrar nossas cidades cada vez mais complexas e a infraestrutura digital e física que as sustenta. No entanto, a maioria dos sistemas de máquinas autonomamente inteligentes será posta para trabalhar com um único propósito: gerar riqueza para seus proprietários sem nenhuma das obrigações que advêm de ter outros humanos fazendo aqueles trabalhos (mesmo que eles pudessem executá-lo). De fato, em paralelo com o Grande Descolamento, tem havido uma progressiva transferência de riqueza de mãos de entes públicos para entes privados. Ao passo que a riqueza privada em relação à renda nacional dobrou na maioria dos países ricos nos últimos trinta anos, a renda nacional em relação à riqueza privada na maioria dos países ricos despencou. Na China, por exemplo, o valor da riqueza pública diminuiu de 70% do valor de toda a riqueza nacional para 30% durante esse período, e nos Estados Unidos e no Reino Unido, a riqueza pública líquida passou para o negativo desde a crise financeira.[8]

Linhas de produção totalmente automatizadas não funcionam de graça. Suas necessidades energéticas básicas são muitas vezes até maiores do que as das pessoas. E elas também exigem atualizações periódicas e reparos operacionais. Mas, ao contrário dos funcionários, eles não entram em greve e, quando não estão mais aptas para o trabalho, não demandam acertos de demissão nem exigem pagamento de previdência. E mais: substituí-las ou reciclá-las não acarreta custos morais, ou seja, nenhum CEO vai perder o sono se tiver de desinstalá-las e despachá-las para a reciclagem ou o ferro-velho.

★ ★ ★

Quando John Maynard Keynes imaginou seu futuro utópico, ele não se debruçou mais detidamente sobre o potencial da automação no sentido de ela exacerbar a desigualdade. Sua utopia funcionava de tal forma que, como as necessidades básicas de todos eram facilmente atendidas, a desigualdade haveria de se tornar irrelevante. Somente os tolos executariam mais trabalho do que o necessário. Quase como uma sociedade forrageadora, aquela utopia era um lugar onde qualquer pessoa que só buscasse a riqueza pela riqueza recaía no ridículo, em vez de atrair elogios.

"O amor ao dinheiro como uma posse – distinto do amor ao dinheiro como um meio para se alcançarem os prazeres e realidades da vida – será reconhecido pelo que é, uma morbidez um tanto repulsiva, uma daquelas propensões semicriminosas, semipatológicas, do tipo que se revela com desgosto aos especialistas em doenças mentais", explicou ele. "Vejo-nos livres, portanto, para retornar a alguns dos princípios mais certos e seguros da religião e da virtude tradicionais – aqueles que dizem que a avareza é um vício, que a exação da usura é um delito, e que o amor ao dinheiro é detestável".

Ele acreditava que a transição para uma automação quase total sinalizava não apenas o fim da escassez, mas o de todas as instituições, normas, valores, atitudes e ambições de caráter social, político e cultural que haviam se consolidado em torno do que, em outros tempos, parecia o eterno desafio de resolver o problema econômico. Em outras palavras, ele estava estabelecendo um prazo para a economia da escassez, exigindo sua substituição por uma nova economia de abundância e pedindo a futura demoção dos economistas de sua posição santificada na sociedade para algo mais parecido "com os dentistas", em seus próprios termos, que poderiam ser chamados ocasionalmente para realizar pequenas cirurgias quando necessário.

Quase trinta anos depois, John Kenneth Galbraith fez afirmação semelhante quando disse que a economia da escassez era sustentada por desejos fabricados por publicitários astutos. Galbraith também era da opinião de que a transição para uma economia de abundância seria orgânica e moldada por indivíduos que renunciassem à busca por riqueza em favor de um trabalho mais digno. Ele também acreditava que essa transição já estava acontecendo nos Estados Unidos do pós-guerra e que, em sua vanguarda, estava o que ele chamou de "Nova Classe", aqueles que escolhiam seu emprego não pelo dinheiro, mas pelas outras recompensas que ele rendia, entre as quais o prazer, a satisfação e o prestígio.

Talvez Galbraith e Keynes estivessem certos, e essa transformação já esteja ocorrendo. Por um lado, os *millennials* nos países industrializados atualmente insistem em encontrar trabalhos que eles amem, em vez de aprender a amar o trabalho que encontram. Há também uma clara tendência de oferecer aos funcionários maior flexibilidade em termos de como eles executam seus trabalhos. Em muitos países, é frequente hoje que tanto homens quanto mulheres recebam licença parental e, por conta da comunicação digital, um número cada vez maior de pessoas faça seu trabalho a partir de casa alguns dias por semana ou trabalhem com horários flexíveis.

Mas as horas de trabalho permanecem presas à marca das quarenta por semana, e muitos trabalhadores essenciais que não têm a opção de trabalhar de forma flexível suportam longas e caras viagens de ida e volta para o trabalho, uma vez que não puderam bancar a vida perto do centro das grandes cidades. Mais além, apenas 15% das pessoas globalmente dizem estar bem engajadas em seus empregos, e muitos daqueles que Galbraith considerava fazer parte de sua "Nova Classe", como acadêmicos e professores, estão sendo tentados a entrar no setor privado. Ao mesmo tempo, assim como as ervas daninhas que acompanharam as cepas de trigo rumo a novos continentes e novos ecossistemas, o mal das aspirações infinitas encontrou um novo lar. Ele colonizou e se proliferou em toda uma série de ecossistemas digitais, do Instagram ao Facebook, aos quais está incrivelmente bem adaptado.

Se Keynes ainda estivesse vivo hoje, poderia muito bem concluir que simplesmente se enganou no *timing*, e que as "dores de crescimento" de sua utopia eram indicativas de uma condição muito mais persistente, mas por fim curável. Ou isso ou então ele poderia concluir que seu otimismo era infundado, e que nosso desejo de continuar resolvendo o problema econômico era tão forte que, mesmo que nossas necessidades básicas fossem todas atendidas, continuaríamos a criar cargos de trabalho muitas vezes sem sentido que, no entanto, estruturariam nossas vidas e ofereceriam aos grandes investidores a oportunidade de superar seus vizinhos.

Keynes era um membro ativo da Sociedade Malthusiana de Londres, um grupo de entusiasmados defensores do controle de natalidade, convencidos de que a superpopulação era a maior ameaça potencial para qualquer prosperidade futura. Por isso, é possível que ele tenha se focado em outro problema muito mais premente, o que sugere que o medicamento que Keynes prescreveu para curar o problema econômico – um crescimento econômico liderado tecnologicamente – é o que estava deixando o paciente doente.

Em 1968, um grupo de industriais, diplomatas e acadêmicos se reuniu para formar o que mais tarde chamariam de "Clube de Roma". Preocupados com o fato de que os benefícios do crescimento econômico tendiam a ser distribuídos desigualmente, e alarmados por alguns dos óbvios custos ambientais associados à rápida industrialização, eles queriam entender melhor as implicações em longo prazo do crescimento econômico desenfreado. Para esse fim, encomendaram a Dennis Meadows, um especialista em gestão do Massachusetts Institute of Technology, que lhes fornecesse algumas respostas. Armado com um generoso orçamento por cortesia da Fundação Volkswagen, Meadows ofereceu primeiro um emprego a Donella Meadows, uma brilhante biofísica de Harvard, que por acaso era também sua esposa. Os dois então começaram a recrutar uma equipe diversificada de especialistas em dinâmica de sistemas, agricultura, economia e demografia. Uma vez reunido seu plantel, ele informou ao Clube de Roma que, se tudo corresse bem, em alguns anos, ele lhes comunicaria as descobertas de sua equipe.

Fazendo uso do poder de processamento de números dos belos computadores *mainframe* recentemente instalados no MIT, Meadows e sua equipe desenvolveram uma série de algoritmos com a finalidade de modelar a relação dinâmica entre industrialização, crescimento populacional, produção de alimentos, uso de recursos não-renováveis e degradação ambiental. Em seguida, eles os utilizaram para executar uma série de simulações baseadas em diferentes cenários, a fim de modelar como nossas ações de curto prazo poderiam nos impactar no futuro.

Os resultados desse ambicioso exercício foram primeiramente apresentados ao Clube de Roma em particular e depois publicados, em 1972, em um livro chamado *Limites do crescimento*. As conclusões a que Meadows e sua equipe chegaram foram muito diferentes do sonho utópico de Keynes – e também não eram o que o Clube de Roma, nem ninguém mais, aliás, queria ouvir.

A agregação dos resultados dos vários cenários que eles alimentaram em seus *mainframes* mostrou, para além de qualquer dúvida, que, se não houvesse mudanças significativas nas tendências históricas de crescimento econômico e populacional – ou seja, se tudo continuasse como estava – então o mundo testemunharia um "declínio repentino e incontrolável tanto na população quanto na capacidade industrial" dentro de um século. Em outras palavras, os dados mostraram que nossa preocupação contínua em resolver o problema econômico era o problema mais grave enfrentado pela humanidade, e que o resultado mais provável, se as coisas continuassem como de costume, seria uma catástrofe.

Mas a mensagem deles não era de todo tão sombria. Eles acreditavam também que não só ainda havia tempo para agir contra isso, mas que fazê-lo estava bem dentro de nossas capacidades. Bastava aceitar que precisávamos abandonar nossa preocupação com o crescimento econômico perpétuo. Apesar de terem algumas pequenas reservas com relação à metodologia e ao fato de que o modelo tinha pouca margem para que inovássemos trazendo curas milagrosas que pudessem afastar esse problema, o Clube de Roma foi persuadido pelas descobertas da equipe de Meadows.

"Estamos unanimemente convencidos de que uma reavaliação rápida e radical da atual situação mundial, desequilibrada e perigosamente deteriorada, é a principal tarefa hoje enfrentada pela humanidade",[9] advertiram de forma quase ameaçadora, e insistiram que a janela de oportunidade para agir estava se fechando rápido, em ritmo alarmante, e que aquele não era um problema que pudesse ser jogado para baixo do tapete, de modo que uma próxima geração pudesse lidar com ele.

O mundo não estava pronto para abraçar uma visão tão sombria do futuro, e ninguém queria sequer contemplar as pesadas responsabilidades que, se fossem verdadeiras, lhes eram impostas. Além disso, ninguém também estava pronto para contemplar a ideia de que as próprias virtudes que definiram o progresso humano — nossa produtividade, ambição, energia e trabalho árduo — poderiam nos levar à perdição. "Entraram com lixo, se saíram com lixo", soltou o *New York Times* em uma crítica mordaz que declarou o livro *Limites do crescimento* como sendo "um trabalho vazio e enganoso".[10]

Ao dizer isso, o *New York Times* deu o tom para um quarto de século de críticas ácidas. Os economistas fizeram fila para declarar *Limites do crescimento* "uma tolice ou uma fraude".[11] Disseram que o relatório subestimava a engenhosidade humana e, portanto, deveria ser descartado por ser um golpe tosco aos próprios fundamentos de sua nobre profissão. Os demógrafos o compararam com desdém aos áridos avisos de Robert Malthus sobre uma catástrofe global. Durante um tempo, parecia que todo mundo queria enfiar a faca um pouco mais fundo no livro. Quando a Igreja Católica o declarou como sendo um ataque a Deus, enquanto os incansáveis movimentos de esquerda da Europa e da América declararam que ele era propaganda de uma conspiração elitista, que pretendia privar as classes trabalhadoras e os cidadãos empobrecidos dos países do Terceiro Mundo de um futuro de abundância material, Meadows teve boas razões para se sentir desanimado.

Com tão poucos apoiadores institucionais, governos, empresas e organizações internacionais simplesmente optaram por ignorá-lo, uma vez que os autores não tinham como contabilizar coisas como depósitos de petróleo que ainda não tinham sido descobertos.

Em 2002, os Meadows e dois outros membros da equipe original revisitaram suas projeções originais. Fizeram também uma série de novas simulações nas quais incluíram dados daquele meio-tempo.[12] Eles mostraram que, apesar do *hardware* antiquado que usaram em

1972, seus algoritmos tinham feito um trabalho notável de previsão das mudanças que tinham ocorrido durante os trinta anos anteriores. Mostraram também que as simulações atualizadas baseadas nos novos dados só reafirmavam suas conclusões iniciais de que nossa preocupação excessiva com o crescimento poderia nos levar à extinção. E explicaram que a única diferença real era que, no período entre as duas publicações, um limiar crítico havia passado. Diminuir o ritmo do crescimento econômico não era mais suficiente. Ele agora precisava ser revertido.

Sua atualização foi muito mais pessimista do que a mensagem do primeiro livro. Até então, um corpo de pesquisa científica em rápido crescimento apontava para toda uma série de questões ambientais sinistras que Meadows e sua equipe não haviam levado em conta em suas projeções originais. Ao modelar os impactos potenciais dos poluentes, por exemplo, a equipe não havia pensado em considerar os plásticos que hoje saturam os oceanos e que garantem a esterilidade dos aterros sanitários em todo o mundo. O estudo original havia mencionado brevemente uma ligação potencial entre as emissões de dióxido de carbono e o possível aquecimento atmosférico, mas não que o planeta já estava passando por um período particularmente rápido de mudança climática como resultado do acúmulo de gases de efeito estufa expelidos para a atmosfera durante dois séculos de produção industrial e agrícola em rápida expansão.

Desde 2002, os modelos desenvolvidos pela equipe de *Limites do crescimento* têm sido reavaliados e atualizados muitas vezes, e muitas vezes por terceiros. Mesmo assim, esse estudo, outrora marcante, foi superado por uma onda de novos estudos que documentam o impacto do desenvolvimento da humanidade em nosso meio ambiente e anteveem suas consequências. Há, hoje, muito mais evidências do que em 1972, ou mesmo em 2002, e os computadores são capazes de produzir simulações muitas ordens de magnitude maiores e mais complexas. E essas evidências já são tão esmagadoras que o debate dentro da comunidade científica sobre a escala do impacto humano em nosso planeta mudou, no sentido de questionar se a era geológica atual merece ser redenominada como o Antropoceno – a era humana.

★ ★ ★

Na utopia econômica de John Maynard Keynes, não havia mudança climática antropogênica. Também não havia acidificação oceânica ou perda de biodiversidade em larga escala. Mas, se houvesse, quase certamente as coisas estariam mais sob controle do que o que vemos hoje no mundo real. Sua utopia era, afinal, um lugar onde o método científico era respeitado, os cientistas eram admirados e os leigos prestavam muita atenção às suas advertências. Mas, mais importante ainda, ela era um lugar onde a satisfação das "necessidades relativas" de alto consumo de energia que movem nossa sanha consumista havia diminuído ao ponto de as pessoas não estarem mais inclinadas a atualizar e substituir periodicamente tudo o que possuíam simplesmente para manter girando as rodas do comércio.

Pode ser que estejamos no caminho certo de alcançar a utopia de Keynes; que estejamos apenas logo antes de cruzar um limiar crítico que mudará tudo; ou que estejamos tão envolvidos pela agitação de tudo isso que é difícil ter uma noção clara da trajetória das coisas. O problema, porém, é que não temos mais o luxo de esperar para descobrir.

Na verdade, aquela perspectiva sombria de um clima em rápida mutação tem estimulado, até o momento, muito diálogo e mesmo alguma ação. A vaga retórica da "sustentabilidade" agora perfuma rotineiramente os relatórios anuais, as políticas e os planos de organizações internacionais, governos e empresas. No entanto, apesar da crescente pressão pública, continua a existir uma obstinada resistência para até mesmo contemplar os passos mais substanciais que o Clube de Roma recomendou apropriados lá em 1972. De fato, um grande número de pessoas achou mais fácil questionar a integridade da ciência pura (*"hard sciences"*), em vez de fazer as perguntas desafiadoras sobre economia suave (*"soft economics"*) que a sustentabilidade suscita.

Não surpreende, entretanto, que muitas iniciativas destinadas a enfrentar a mudança climática antropogênica e a perda da biodiversidade tenham tido de tentar justificar sua existência em termos dos próprios princípios da economia responsável por eles em primeiro lugar. Assim, caçadores bem treinados abatem leões, elefantes e uma série de outros animais selvagens, convencidos de que estão apoiando um punhado de empregos que de outra forma não existiriam, ao mesmo tempo em que aumentam as receitas utilizadas para proteger essas espécies; biólogos marinhos argumentam em favor de esforços para restaurar os recifes de corais que sofreram branqueamento não pela coisa em si, mas se referindo aos impactos econômicos que provavelmente estarão associados à sua destruição; ambientalistas debatem com políticos o destino de ecossistemas funcionais invocando os "serviços" que esses ecossistemas empreendem em nosso nome; e climatologistas se veem tentando encontrar uma "justificativa comercial" para reduzir as emissões de carbono ou mitigar os impactos da mudança climática.

★ ★ ★

Talvez aqueles que não se recordem da história estejam condenados a repetir os erros do passado. Mas não há nenhum precedente óbvio para alguns dos desafios potencialmente existenciais com que nos confrontamos atualmente. Afinal, nunca antes na história humana houve 7,5 bilhões de pessoas capturando e gastando, cada uma, cerca de 250 vezes a energia captada e gasta por nossos antepassados forrageadores. Felizmente, a computação, a inteligência artificial e a linguagem de máquinas nos deram ferramentas que nos permitem modelar futuros potenciais com muito mais precisão do que qualquer homem santo e adivinhador jamais puderam fazer. Por mais imperfeitas que sejam essas ferramentas, elas vão melhorando o tempo todo, e assim estão mudando nossos horizontes conceituais sobre causa e efeito e sobre as consequências de nossas ações de hoje em um futuro cada vez mais distante. Ao passo que forrageadores, com suas economias de retorno imediato, investiam seu esforço de trabalho para satisfazer suas necessidades espontâneas, e que os agricultores, com seus sistemas de retorno postergado, investiam o seu no intuito de se sustentarem no ano seguinte, hoje nós somos obrigados a considerar as potenciais consequências de nosso trabalho durante um período de tempo muito mais longo − um período que, inclusive, observe que a maioria de nós pode esperar viver mais do que em qualquer outro momento do passado, e que esteja ciente do legado que deixamos aos nossos descendentes. Isso, por sua vez, impõe que novas compensações complexas devem ser feitas entre ganhos em curto prazo e consequências de longo prazo que podem vir a transformar esses ganhos em perdas.

Mostrar a inadequação da história como guia para o futuro foi um dos principais argumentos levantados por John Maynard Keynes quando ele imaginou que, até 2030, o avanço tecnológico, o crescimento do capital e as melhorias na produtividade nos levariam a uma terra de "felicidade econômica". Pelo que ele podia entender, um futuro conquistado pela automação era território inexplorado, e navegar por ele com sucesso exigiria imaginação, abertura e uma transformação historicamente sem precedentes em nossas atitudes e valores.

"Quando a acumulação de riqueza não for mais de alta importância social", ele concluiu, "haverá grandes mudanças no código das morais", como resultado das quais não teremos outra escolha a não ser "descartar todos os tipos de costumes sociais e práticas econômicas, influenciando a distribuição da riqueza e das recompensas e penalidades econômicas".

O raciocínio de Keynes de que as mudanças trazidas pela automação catalisariam uma revolução fundamental na maneira como as pessoas viviam, pensavam e se organizavam ecoava as previsões de muitos outros pensadores do início do século XX que haviam viajado para o futuro. Nesse sentido, ele não era tão diferente de pessoas como Karl Marx e Émile Durkheim, que acreditavam que, no final, a história se resolveria de alguma forma, mesmo que os três tivessem visões muito diferentes sobre como isso aconteceria. Embora Keynes não pudesse imaginar a escala e os riscos associados à mudança climática antropogênica e à perda da biodiversidade por causa de nossos esforços para resolver o problema econômico, como fã de Robert Malthus que era, ele teria compreendido imediatamente.

Um lugar no qual a história é um melhor guia para o futuro é a natureza da mudança. Ela nos lembra de que somos uma espécie teimosa, notavelmente resistente a fazer mudanças profundas em nosso comportamento e hábitos, mesmo quando está claro que é isso que precisamos fazer. Mas também revela que, quando a mudança nos é imposta, somos surpreendentemente versáteis. Somos capazes de nos adaptar rapidamente a novas formas, muitas vezes muito diferentes, de fazer e pensar sobre as coisas, e em pouco tempo nos tornamos tão habituados a elas quanto éramos àquelas que as precederam. Sendo esse o caso, embora a automação e a IA nos tenham permitido abraçar um futuro profundamente diferente, é improvável que elas sejam o catalisador que causará as dramáticas mudanças nos "costumes sociais e práticas econômicas" como Keynes previu. É muito mais provável que os catalisadores para essas mudanças assumam a forma de um clima em rápida mudança, como o que estimulou a invenção da agricultura; ou uma raiva incensada por desigualdades sistemáticas, como as que agitaram a revolução russa; ou talvez mesmo uma pandemia viral que exponha a obsolescência de nossas instituições econômicas e nossa cultura de trabalho, nos levando a perguntar quais empregos são verdadeiramente valiosos e a questionar por que nos contentamos em deixar nossos mercados recompensar aqueles que desempenham papéis muitas vezes inúteis ou parasíticos mais do que aqueles que reconhecemos como essenciais.

Conclusão

QUANDO, NOS ANOS 1960, os antropólogos começaram a trabalhar com sociedades contemporâneas de forrageadores como os ju/'hoansi, os baMbuti e os hadzabe, eles o fizeram na esperança de que seu trabalho pudesse lançar alguma luz sobre como nossos ancestrais viveram no passado distante. Agora, parece que esse mesmo corpo de trabalho pode oferecer algumas ideias sobre como devemos nos organizar em um futuro automatizado, restringido por severos limites ambientais.

Sabemos hoje, por exemplo, que os ju/'hoansi e outros forrageadores do Kalahari são descendentes de um único grupo populacional que viveu continuamente no sul da África desde o surgimento do *Homo sapiens* moderno, possivelmente até 300 mil anos atrás. Temos também boas razões para acreditar que esses povos antigos se organizaram economicamente de maneira semelhante à forma como os ju/'hoansi viviam nos anos 1960. Se a medida definitiva da sustentabilidade é a resistência ao longo do tempo, então a caça e a coleta são, de longe, a abordagem econômica mais sustentável desenvolvida em toda a história humana, e os khoisan são os expoentes mais bem-sucedidos dessa abordagem. Caçar e coletar não são, naturalmente, opções para nós hoje, mas aquelas sociedades oferecem pistas em alguns aspectos sobre como seria viver em uma sociedade não mais atrelada ao problema econômico. Elas nos lembram de que nossas atitudes contemporâneas com respeito ao trabalho não são apenas produtos da transição para a agricultura e de nossa migração para as cidades, mas também de que a chave para viver bem depende de moderar nossas aspirações materiais pessoais, abordando a desigualdade de tal forma que, nas palavras de John Maynard Keynes, "possamos, mais uma vez, valorizar os fins acima dos meios e preferir o bom ao útil".

Refletindo a crescente incerteza sobre nosso futuro automatizado e a sustentabilidade de nossos ambientes, tem havido um recente florescimento de manifestos e livros propondo formas pelas quais devemos ou podemos organizar as coisas no futuro. Alguns têm procurado traçar um caminho em termos econômicos gerais. Entre os mais influentes estão os muitos que propõem vários modelos de "pós-capitalismo", ou aqueles que insistem em depor o crescimento econômico de seu santificado pedestal e reconhecer que o mercado é, na melhor das hipóteses, um árbitro ruim de valores, e que, quando se trata de coisas como nosso meio ambiente, ele chega mesmo a ser um destruidor. Os mais interessantes são aqueles que procuram diminuir a importância que damos à acumulação da riqueza privada. Esses incluem propostas como a concessão de uma renda básica universal (distribuindo dinheiro gratuito a todos, quer trabalhem ou não) e mudando o foco sobre a tributação da renda para a riqueza. Outras abordagens interessantes propõem a extensão dos direitos fundamentais, que hoje damos às pessoas e empresas, também aos ecossistemas, rios e habitats cruciais.

Outros têm ainda adotado uma abordagem mais otimista, baseada em grande parte na ideia de que a automação e a IA introduzirão organicamente um nível de luxo material tão grande que encontraremos maneiras de superar quaisquer obstáculos que se interponham em nosso caminho rumo a uma utopia econômica. Esses textos ecoam o futuro idílico imaginado por Oscar Wilde no qual somos livres para passar nosso tempo em busca de lazer refinado, talvez "fazendo coisas bonitas, ou lendo coisas bonitas, ou simplesmente contemplando o mundo com admiração e deleite".

Tem havido também um ressurgimento de interesse em modelos de organização de nosso futuro baseados em dogmas ou fantasias idílicas do passado. E, embora esses modelos tenham pouco em comum com as visões dos utópicos mais técnicos, eles não são menos influentes na formação de opiniões e atitudes entre uma proporção significativa da população global. O recente aumento, em muitos países, do nacionalismo tóxico que os arquitetos das Nações Unidas esperavam que tivesse sido banido após os horrores da Segunda Guerra Mundial é um reflexo disso, assim como a tendência a um maior conservadorismo teológico em muitos lugares e a disposição de muitos em transferir escolhas complicadas para os imaginados ensinamentos de deuses antigos.

Além de aqui canalizar os espíritos de milhares de gerações de criadores e fazedores, que, como servos fiéis daquele deus trapaceiro da entropia, encontraram satisfação ao entregarem suas mãos ociosas e mentes inquietas ao trabalho, o propósito deste livro é um pouco menos prescritivo. Um objetivo é revelar como nossa relação com o trabalho, em seu sentido mais amplo, é mais fundamental do que aquela imaginada por pessoas como Keynes. A relação entre energia, vida e trabalho é parte de um vínculo comum que temos com todos os outros organismos vivos, e, ao mesmo tempo, nosso propósito, nossa infinita habilidade e capacidade de encontrar satisfação até mesmo nas coisas mundanas são parte de um legado evolutivo aperfeiçoado desde os primeiros movimentos da vida na Terra.

O principal objetivo, entretanto, é o de afrouxar as garras com que a economia de escassez tem apertado nossas vidas profissionais, e assim diminuir nossa preocupação, coerente, porém insustentável, com o crescimento econômico. Reconhecer que muitas das principais premissas que sustentam nossas instituições econômicas são artefatos remanescentes da revolução agrícola, amplificados por nossa migração para as cidades, nos liberta para imaginar toda uma gama de novos futuros possíveis e mais sustentáveis para nós mesmos, e para estar à altura do desafio de aproveitar nossa energia inquieta, nossa determinação e nossa criatividade para moldar nosso destino.

NOTAS

INTRODUÇÃO: O PROBLEMA ECONÔMICO

[1] Adam Smith. *An Inquiry into the Nature and Causes of the Wealth of Nations*. Metalibri: Lausanne, 2007 (1776). p. 12. Disponível em: https://www.ibiblio.org/ml/libri/s/SmithA_WealthNations_p.pdf

[2] Oscar Wilde. "The Soul of Man Under Socialism". In: *The Collected Works of Oscar Wilde*. Wordsworth Library Collection: Londres, 2007. p. 1051.

PARTE UM – NO COMEÇO

1 Viver é trabalhar

[1] Gaspard-Gustave Coriolis. *Du calcul de l'effet des machines*. Carilian-Goeury: Paris, 1829.

[2] Pierre Perrot. *A to Z of Thermodynamics*. Oxford University Press, 1998.

[3] "The Mathematics of the Rubik's Cube". In: *Introduction to Group Theory and Permutation Puzzles*. 17 março 2009. http://web.mit.edu/sp.268/www/rubik.pdf

[4] Peter Schuster. "Boltzmann and Evolution: Some Basic Questions of Biology seen with Atomistic Glasses". In: G. Gallavotti, W. L. Reiter and J. Yngvason (eds). *Boltzmann's Legacy (ESI Lectures in Mathematics and Physics)*. European Mathematical Society: Zurich, 2007. pp. 217-41.

[5] Erwin Schrödinger. *What is life?*. Cambridge University Press, 1944.

[6] Ibid., pp. 60-1.

[7] T. Kachman, J. A. Owen e J. L. England. "Self-Organized Resonance during Search of a Diverse Chemical Space". Physics Review Letters, 119, 2017.

[8] J. M. Horowitz e J. L. England. "Spontaneous fine-tuning to environment in many-species chemical reaction networks". Proceedings of the National Academy of Sciences USA 114, 2017, 7565. Disponível em: https://doi.org/10.1073/pnas.1700617114. N. Perunov, R. Marsland e J. England. "Statistical Physics of Adaptation". Physical Review X, 6, 021036, 2016.

[9] O. Judson. "The energy expansions of evolution". Nature Ecology & Evolution 1, 2017, 0138. https://doi.org/10.1038/s41559-017-0138

2 Mãos desocupadas e bicos em ação

[1] Francine Patterson e Wendy Gordon. "The Case for the Personhood of Gorillas". In: Paola Cavalieri e Peter Singer (eds). *The Great Ape Project*. Nova York: St. Martin's Grifi n, 1993. pp. 58-77. Disponível em: http://www.animal-rights-library.com/texts-m/patterson01.htm

[2] https://www.darwinproject.ac.uk/letter/DCP-LETT-2743.xml

[3] G. N. Askew. "The elaborate plumage in peacocks is not such a drag". Journal of Experimental Biology 217 (18), 2014, 3237. https://doi.org/10.1242/jeb.107474

[4] Mariko Takahashi, Hiroyuki Arita, Mariko Hiraiwa-Hasegawa e Toshikazu Hasegawa "Peahens do not prefer peacocks with more elaborate trains". Animal Behaviour 75, 2008. 1209-19.

[5] H. R. G. Howman e G. W. Begg. "Nest building and nest destruction by the masked weaver, *Ploceus velatus*". South African Journal of Zoology, 18 : 1, 1983. 37-44. DOI: 10.1080/02541858.1983.11447812.

[6] Nicholas E. Collias e Elsie C. Collias. "A Quantitative Analysis of Breeding Behavior in the African Village Weaverbird". The Auk 84 (3), 1967. 396-411. https://doi.org/10.2307/4083089

[7] Nicholas E. Collias. "What's so special about weaverbirds?". New Scientist 74, 1977. 338-9.

[8] P. T. Walsh, M. Hansell, W. D. Borello e S. D. Healy. "Individuality in nest building: Do Southern Masked weaver (*Ploceus velatus*) males vary in their nest-building behaviour?". Behavioural Processes 88, 2011. 1-6.

[9] P. F. Colosimo et al. "The Genetic Architecture of Parallel Armor Plate Reduction in Threespine Sticklebacks". PLoS Biology 2 (5), 2004, e109. https://doi.org/10.1371/journal.pbio.0020109

[10] Collias e Collias. "A Quantitative Analysis of Breeding Behavior in the African Village Weaverbird".

[11] Lewis G. Halsey. "Keeping Slim When Food Is Abundant: What Energy Mechanisms Could Be at Play?". Trends in Ecology & Evolution, 2018. DOI: 10.1016/j.tree.2018.08.004.

[12] K. Matsuura et al. "Identification of a pheromone regulating caste differentiation in termites". Proceedings of the National Academy of Sciences USA 107, 2010. 12963.

[13] Provérbios 6:6-11.

[14] Herbert Spencer. *Principles of Ethics*. 1879. Livro 1, Parte 2, cap. 8, seção 152. https://mises-media.s3.amazonaws.com/The%20Principles%20of%20Ethics%2C%20Volume%20I_2.pdf

[15] Herbert Spencer. *The Man versus the State: With Six Essays on Government, Society, and Freedom*. Liberty Classics edition: Indianapolis, 1981. p. 109.

[16] Charles Darwin. *On the Origin of Species by Means of Natural Selection, or The Preservation of Favoured Races in the Struggle for Life*. D. Appleton: Nova York, 1860. p. 85.

[17] Ibid., p. 61.

[18] Roberto Cazzolla Gatti. "A conceptual model of new hypothesis on the evolution of biodiversity". Biologia, 2016. DOI: 10.1515/biolog-2016-0032.

3 Ferramentas e habilidades

[1] R. W. Shumaker, K. R. Walkup e B. B. Beck. *Animal Tool Behavior: The Use and Manufacture of Tools by Animals*. Johns Hopkins University Press: Baltimore, 2011.

[2] J. Sackett. "Boucher de Perthes and the Discovery of Human Antiquity". Bulletin of the History of Archaeology 24, 2014. DOI: http://doi.org/10.5334/bha.242

[3] Charles Darwin. Carta a Charles Lyell. 17 março 1863. https://www.darwinproject.ac.uk/letter/DCP-LETT-4047.xml

[4] D. Richter e M. Krbetschek. "The Age of the Lower Paleolithic Occupation at Schöningen". Journal of Human Evolution 89, 2015. 46-56.

[5] H. Thieme. "Altpaläolithische Holzgeräte aus Schöningen, Lkr. Helmstedt". Germania 77, 1999. 451-87.

[6] K. Zutovski, R. Barkai. "The Use of Elephant Bones for Making Acheulian Handaxes: A Fresh Look at Old Bones". Quaternary International, 406 (2016). pp. 227-238.

[7] J. Wilkins, B. J. Schoville, K. S. Brown e M. Chazan. "Evidence for Early Hafted Hunting Technology". Science 338, 2012. 942-6. https://doi.org/10.1126/science.1227608

[8] Raymond Corbey, Adam Jagich, Krist Vaesen e Mark Collard. "The Acheulean Handaxe: More like a Bird's Song than a Beatles' Tune?". Evolutionary Anthropology 25 (1), 2016. 6-19. https://doi.org/10.1002/evan.21467

[9] S. Higuchi, T. Chaminade, H. Imamizu e M. Kawato. "Shared neural correlates for language and tool use in Broca's area". NeuroReport 20, 2009. 1376. https://doi.org/10.1097/WNR.0b013e3283315570

[10] G. A. Miller. "Informavores". In: Fritz Machlup e Una Mansfield (eds). *The Study of Information: Interdisciplinary Messages*. Wiley-Interscience: Nova York, 1983. pp. 111-13.

4 Os outros presentes trazidos pelo fogo

[1] K. Hardy et al. "Dental calculus reveals potential respiratory irritants and ingestion of essential plant-based nutrients at Lower Palaeolithic Qesem Cave Israel". Quaternary International, 2015. http://dx.doi.org/10.1016/j.quaint.2015.04.033

[2] Naama Goren-Inbar et al. "Evidence of Hominin Control of Fire at Gesher Benot Ya`aqov, Israel". Science 30, abril 2004, 725-7.

[3] S. Herculano-Houzel e J. H. Kaas. "Great ape brains conform to the primate scaling rules: Implications for hominin evolution". Brain, Behavior and Evolution 77, 2011. 33 – 44; e Suzana Herculano-Houzel. "The not extraordinary human brain". Proceedings of the National Academy of Sciences 109 (Supplement 1), junho 2012, 10661-8. DOI: 10.1073/pnas.120189510.

[4] Juli G. Pausas e Jon E. Keeley. "A Burning Story: The Role of Fire in the History of Life". BioScience 59, no. 7, julho/agosto 2009. 593-601. DOI:10.1525/bio.2009.59.7.10.

[5] Vide Rachel N. Carmody et al. "Genetic Evidence of Human Adaptation to a Cooked Diet". Genome Biology and Evolution 8, no. 4, 13 abril 2016. 1091-1103. DOI:10.1093/gbe/evw059.

[6] S. Mann e R. Cadman. "Does being bored make us more creative?". Creativity Research Journal 26 (2), 2014. 165-73; J. D. Eastwood, C. Cavaliere, S. A. Fahlman e A. E. Eastwood. "A desire for desires: Boredom and its relation to alexithymia". Personality and Individual Differences 42, 2007. 1035-45; K. Gasper e B. L. Middlewood. "Approaching novel thoughts: Understanding why elation and boredom promote associative thought more than distress and relaxation". Journal of Experimental Social Psychology 52, 2014. 50-7; M. F. Kets de Vries. "Doing nothing and nothing to do: The hidden value of empty time and boredom". INSEAD, Faculty and Research Working Paper, 2014.

[7] Robin Dunbar. *Grooming, Gossip and the Evolution of Language*. Faber & Faber: Londres, 2006. Kindle edition.

[8] Alejandro Bonmatí et al. "Middle Pleistocene lower back and pelvis from an aged human individual from the Sima de los Huesos site, Spain". Proceedings of the National Academy of Sciences 107 (43), outubro 2010. 18386-91. DOI: 10.1073/pnas.1012131107.

[9] Patrick S. Randolph-Quinney. "A new star rising: Biology and mortuary behaviour of Homo naledi". South African Journal of Science 111 (9-10), 2015. 01-04. https://dx.doi.org/10.17159/SAJS.2015/A0122

PARTE DOIS – O AMBIENTE QUE TUDO PROVÊ

5 "A sociedade afluente original"

[1] Carina M. Schlebusch e Mattias Jakobsson. "Tales of Human Migration, Admixture, and Selection in Africa". Annual Review of Genomics and Human Genetics, Vol. 19. 405-28. https://doi.org/10.1146/annurev-genom-083117-021759 ; Marlize Lombard, Mattias Jakobsson e Carina Schlebusch. "Ancient human DNA: How sequencing the genome of a boy from Ballito Bay changed human history". South African Journal of Science 114 (1-2), 2018. 1-3. https://dx.doi.org/10.17159/sajs.2018/a0253

[2] A. S. Brooks et al. "Long-distance stone transport and pigment use in the earliest Middle Stone Age". Science 360, 2018. 90-4. https://doi.org/10.1126/science.aao2646

[3] Peter J. Ramsay e J. Andrew G. Cooper. "Late Quaternary Sea-Level Change in South Africa". Quaternary Research 57, no. 1. Janeiro 2002. 82-90. https://doi.org/10.1006/qres.2001.2290

[4] Lucinda Backwell, Francesco D'Errico e Lyn Wadley. "Middle Stone Age bone tools from the Howiesons Poort layers, Sibudu Cave, South Africa". Journal of Archaeological Science, 35, 2008. pp. 1566-80; M. Lombard. "Quartz-tipped arrows older than 60 ka: further use-trace evidence from Sibudu, KwaZulu-Natal, South Africa". Journal of Archaeological Science, 38, 2011.

[5] J. E. Yellen et al. "A middle stone age worked bone industry from Katanda, Upper Semliki Valley, Zaire". Science 268 (5210), 28 abril 1995, 553-6. DOI:10.1126/science.7725100. PMID 7725100.

[6] Eleanor M. L. Scerri. "The North African Middle Stone Age and its place in recent human evolution". Evolutionary Anthropology 26, 2017. 119-35.

[7] Richard Lee. The !Kung San: Men, Women, and Work in a Foraging Society. Cambridge University Press, 1979. p. 1.

[8] Richard B. Lee e Irven DeVore (eds). Kalahari Hunter-Gatherers. Harvard University Press: Cambridge, Mass., 1976. p. 10.

[9] Richard Lee e Irven DeVore (eds). Man the Hunter. Aldine: Chicago, 1968. p. 3.

[10] "What Hunters do for a Living or How to Make Out on Scarce Resources". Richard B. Lee e Irven DeVore (eds). Man the Hunter. Aldine: Chicago, 1968.

[11] Michael Lambek. "Marshalling Sahlins". History and Anthropology 28, 2017. 254.

[12] Marshall Sahlins. Stone Age Economics. Routledge: Nova York, 1972. p. 2. https://doi.org/10.1080/02757206.2017.1280120

6 Fantasmas na floresta

[1] Colin Turnbull. *The Forest People: A Study of the Pygmies of the Congo*. Londres: Simon & Schuster, 1961. pp. 25-6.

[2] J. Woodburn. "An Introduction to Hadza Ecology". In: Richard Lee e Irven DeVore (eds). *Man the Hunter*. Aldine: Chicago, 1968. p. 55.

[3] James Woodburn. "Egalitarian Societies". Man, the Journal of the Royal Anthropological Institute 17, no. 3, 1982. 432.

[4] Ibid., 431-51.

[5] Nicolas Peterson. "Demand sharing: reciprocity and pressure for generosity among foragers". American Anthropologist 95 (4), 1993. 860-74. DOI: 10.1525/aa.1993.95.4.02a00050.

[6] N. G. Blurton-Jones. "Tolerated theft, suggestions about the ecology and evolution of sharing, hoarding and scrounging". Information (International Social Science Council) 26 (1), 1987. 31-54. https://doi.org/10.1177/053901887026001002

[7] Charles Darwin. *On the Origin of Species by Means of Natural Selection, or The Preservation of Favoured Races in the Struggle for Life*. Londres: Murray, 1859. p. 192.

[8] Richard B. Lee. *The Dobe Ju/'hoansi*. (4th edition). Wadsworth: Belmont CA. p. 57.

[9] M. Cortés-Sánchez et al. "An early Aurignacian arrival in south-western Europe". Nature Ecology & Evolution 3, 2019. 207-12. DOI: 10.1038/s41559-018-0753-6.

[10] M. W. Pedersen et al. "Postglacial viability and colonization in North America's ice-free corridor". Nature 537, 2016. 45.

[11] Erik Trinkaus, Alexandra Buzhilova, Maria Mednikova e Maria Dobrovolskaya. *The People of Sunghir: Burials, bodies and behavior in the earlier Upper Paleolithic*. Oxford University Press: Nova York, 2014. p. 25.

PARTE TRÊS – **LABUTANDO NA LAVOURA**

7 Pulando da beirada

[1] Editorial. Antiquity, Vol. LIV, n. 210. Março 1980. 1-6. https://www.cambridge.org/core/services/aop-cambridge-core/content/view/C57CF-659BEA86384A93550428A7C8DB9/S0003598X00042769a.pdf/editorial.pdf

[2] Greger Larson et al. "Current Perspectives and the Future of Domestication Studies". Proceedings of the National Academy of Sciences 111, no. 17. 29 abril 2014. 6139. https://doi.org/10.1073/pnas.1323964111

[3] M. Germonpre. "Fossil dogs and wolves from Palaeolithic sites in Belgium, the Ukraine and Russia: Osteometry, ancient DNA and stable isotopes". Journal of Archaeological Science, 36 (2), 2009. 473-90. DOI: 10.1016/j.jas.2008.09.033.

[4] D. J. Cohen. "The Beginnings of Agriculture in China: A Multiregional View". Current Anthropology, 52 (S4), 2011. S273-93. DOI: 10.1086/659965.

[5] Larson et al. "Current Perspectives".

[6] Amaia Arranz-Otaegui et al. "Archaeobotanical evidence reveals the origins of bread 14,400 years ago in northeastern Jordan". Proceedings of the National Academy of Sciences 115 (31), julho 2018. 7925-30. DOI: 10.1073/pnas.1801071115.

[7] Li Liu et al. "Fermented beverage and food storage in 13,000-year-old stone mortars at Raqefet Cave, Israel: Investigating Natufian ritual feasting". Journal of Archaeological Science, Reports, Vol. 21, 2018. pp. 783-93. https://doi.org/10.1016/j.jasrep.2018.08.008

[8] A. Snir et al. "The Origin of Cultivation and Proto-Weeds, Long Before Neolithic Farming". PLoS ONE 10 (7), 2015. e0131422. https://doi.org/10.1371/journal.pone.0131422

[9] Ibid.

[10] Robert Bettinger, Peter Richerson e Robert Boyd. "Constraints on the Development of Agriculture". Current Anthropology, Vol. 50, n. 5, outubro 2009; R. F. Sage. "Was low atmospheric CO_2 during the Pleistocene a limiting factor for the origin of agriculture?". Global Change Biology 1, 1995. 93-106. https://doi.org/10.1111/j.1365-2486.1995.tb00009.x

[11] Peter Richerson, Robert Boyd e Robert Bettinger. "Was agriculture impossible during the Pleistocene but mandatory during the Holocene? A climate change hypothesis". American Antiquity, Vol. 66, n. 3, 2001. 387-411.

[12] Jack Harlan. "A Wild Wheat Harvest in Turkey". Archeology, Vol. 20, n. 3, 1967. 197-201.

[13] Liu et al. "Fermented beverage and food storage".

[14] A. Arranz-Otaegui, L. González-Carretero, J. Roe e T. Richter. "'Founder crops' v. wild plants: Assessing the plant-based diet of the last hunter-gatherers in southwest Asia". Quaternary Science Reviews 186, 2018. 263-83.

[15] Wendy S. Wolbach et al. "Extraordinary Biomass-Burning Episode and Impact Winter Triggered by the Younger Dryas Cosmic Impact ~ 12,800 Years Ago. I. Ice Cores and Glaciers". Journal of Geology 126 (2), 2018. 165-84. Bibcode:2018JG....126..165W. DOI: 10.1086/695703.

[16] J. Hepp et al. "How Dry Was the Younger Dryas? Evidence from a Coupled Δ2H–Δ18O Biomarker Paleohygrometer Applied to the Gemündener Maar Sediments, Western Eifel, Germany". Climate of the Past 15, n. 2, 9 abril 2019. 713-33. https://doi.org/10.5194/cp-15-713-2019 ; S. Haldorsen et al. "The climate of the Younger Dryas as a boundary for Einkorn domestication". Vegetation History Archaeobotany 20, 2011. 305-18.

[17] Ian Kuijt e Bill Finlayson. "Evidence for food storage and predomestication granaries 11,000 years ago in the Jordan Valley". Proceedings of the National Academy of Sciences 106 (27), julho 2009. 10966-70. DOI: 10.1073/pnas.0812764106; Ian Kuijt. "What Do We Really Know about Food Storage, Surplus, and Feasting in Preagricultural Communities?". Current Anthropology 50 (5), 2009. 641-4. DOI: 10.1086/605082.

[18] Klaus Schmidt. "Göbekli Tepe – the Stone Age Sanctuaries: New results of ongoing excavations with a special focus on sculptures and high reliefs". Documenta Praehistorica (Ljubliana) 37, 2010. 239-56.

[19] Haldorsen et al. "The Climate of the Younger Dryas as a Boundary for Einkorn Domestication". Vegetation History and Archaeobotany 20 (4), 2011. 305.

[20] J. Gresky, J. Haelm e L. Clare. "Modified Human Crania from Göbekli Tepe Provide Evidence for a New Form of Neolithic Skull Cult". Science Advances 3 (6), 2017. https://doi.org/10.1126/sciadv.1700564

8 Banquetes e fomes

[1] M. A. Zeder. "Domestication and Early Agriculture in the Mediterranean Basin: Origins, Diffusion, and Impact". Proceedings of the National Academy of Sciences USA 105 (33), 2008. 11597. https://doi.org/10.1073/pnas.0801317105

[2] M. Gurven e H. Kaplan. "Longevity among Hunter-Gatherers: A Cross-Cultural Examination". Population and Development Review 33 (2), 2007. 321-65.

[3] Andrea Piccioli, Valentina Gazzaniga e Paola Catalano. *Bones: Orthopaedic Pathologies in Roman Imperial Age*. Springer: Switzerland, 2015.

[4] Michael Gurven e Hillard Kaplan. "Longevity among Hunter-Gatherers: A Cross-Cultural Examination". Population and Development Review, Vol. 33, no. 2, June 2007. pp. 321-65. Published by Population Council. https://www.jstor.org/stable/25434609 ; Väinö Kannisto e Mauri Nieminen. "Finnish Life Tables since 1751". Demographic Research, Vol. 1, Article 1. www.demographic-research.org/Volumes/Vol1/1/ DOI: 10.4054/DemRes.1999.1

[5] C. S. Larsen et al. "Bioarchaeology of Neolithic Çatalhöyük reveals fundamental transitions in health, mobility, and lifestyle in early farmers". Proceedings of the National Academy of Sciences USA, 2019. 04345. https://doi.org/10.1073/pnas.1904345116

[6] J. C. Berbesque, F. M. Marlowe, P. Shaw e P. Thompson. "Hunter-Gatherers Have Less Famine Than Agriculturalists". Biology Letters 10: 20130853. http://doi.org/10.1098/rsbl.2013.0853

[7] D. Grace et al. *Mapping of poverty and likely zoonoses hotspots*. ILRI: Kenya, 2012.

[8] S. Shennan et al. "Regional population collapse followed initial agriculture booms in mid-Holocene Europe". Nature Communications 4, 2013. 2486.

[9] Vide Ian Morris. *Foragers, Farmers, and Fossil Fuels: How Human Values Evolve*. Princeton University Press: Princeton, NJ, 2015; e *The Measure of Civilization: How Social Development Decides the Fate of Nations*. Princeton University Press: Princeton, NJ, 2013; também Vaclav Smil. *Energy and Civilization: A History*. MIT Press: Boston, 2017.

[10] Ruben O. Morawick e Delmy J. Díaz González. "Food Sustainability in the Context of Human Behavior". Yale Journal of Biology and Medicine, Vol. 91, no. 2, 28 junho 2018. 191-6.

[11] E. Fernández et al. "Ancient DNA Analysis of 8000 B.C. Near Eastern Farmers Supports an Early Neolithic Pioneer Maritime Colonization of Mainland Europe Through Cyprus and the Aegean Islands". PLoS Genetics 10, no. 6, 2014, e1004401; H. Malmström et al. "Ancient Mitochondrial DNA from the Northern Fringe of the Neolithic Farming Expansion in Europe Sheds Light on the Dispersion Process". Royal Society of London: Philosophical Transactions B: Biological Sciences 370, no. 1660, 2015; Zuzana Hofmanová et. al. "Early Farmers from across Europe Directly Descended from Neolithic Aegeans". Proceedings of the National Academy of Sciences 113, no. 25, 21 junho 2016. 6886. https://doi.org/10.1073/pnas.1523951113

[12] Q. Fu, P. Rudan, S. Pääbo e J. Krause. "Complete Mitochondrial Genomes Reveal Neolithic Expansion into Europe". PLoS ONE 7 (3), 2012, e32473; DOI: 10.1371/journal.pone.0032473

[13] J. M. Cobo, J. Fort e N. Isern. "The spread of domesticated rice in eastern and southeastern Asia was mainly demic". Journal of Archaeological Science 101, 2019. 123-30.

9 Tempo é dinheiro

[1] Benjamin Franklin. *Carta a Benjamin Vaughn*. 26 julho 1784.

[2] "Poor Richard Improved, 1757". Founders Online, National Archives. Acesso em 11 abril 2019. https://founders.archives.gov/documents/Franklin/01-07-02-0030. [Fonte original: "The Papers of Benjamin Franklin", vol. 7, 1 outubro 1756 a 31 março 1758. ed. Leonard W. Labaree, Yale University Press: New Haven, 1963. pp. 74-93.]

[3] Benjamin Franklin. *The Autobiography of Benjamin Franklin*. Section 36. 1793. https://en.wikisource.org/wiki/The_Autobiography_of_Benjamin_Franklin/Section_Thirty_Six

[4] Adam Smith. *An Inquiry into the Nature and Causes of the Wealth of Nations*. Metalibri: Lausanne, 2007 (1776). p. 15. https://www.ibiblio.org/ml/libri/s/SmithA_Wealth-Nations_p.pdf

[5] Ibid.

[6] G. Kellow. "Benjamin Franklin and Adam Smith: Two Strangers and the Spirit of Capitalism". History of Political Economy 50 (2), 2018. 321-44.

[7] Essa federação, que era composta pelos moicanos, os seneca, os oneida, os onondaga, os cayuga e os tuscarora era de especial interesse para Franklin e foi um dos modelos utilizados pelos chamados Pais Fundadores dos Estados Unidos quando da redação da Constituição Americana.

[8] Benjamin Franklin. *Carta a Peter Collinson*. 9 maio 1753. https://founders.archives.gov/documents/Franklin/01-04-02-0173

[9] David Graeber. *Debt: The First 500 Years*. Melville House: Nova York, 2013. p. 28.

[10] Caroline Humphrey. "Barter and Economic Disintegration". Man 20 (1), 1985. p. 48.

[11] Benjamin Franklin. "A Modest Inquiry into the Nature and Necessity of a Paper Currency". The Works of Benjamin Franklin. Ed. J. Sparks, Vol. II. Boston, 1836. p. 267.

[12] Austin J. Jaffe e Kenneth M. Lusht. "The History of the Value Theory: The Early Years". Essays in honor of William N. Kinnard, Jr.. Kluwer Academic: Boston, 2003. p. 11.

10 As primeiras máquinas

[1] Todas as citações aqui foram retiradas de Mary Shelley. *Frankenstein*. CreateSpace Independent Publishing Platform, 2017 (1831 edn).

[2] L. Janssens et al. "A new look at an old dog: Bonn-Oberkassel reconsidered". Journal of Archaeological Science 92, 2018. 126-38.

[3] Especula-se que um conjunto de ossos datados de 33 mil anos, encontrado nas montanhas Altay, Sibéria, possa também ser de um cão doméstico, mas ainda há muitas dúvidas sobre sua origem para que os arqueólogos o afirmem com segurança.

[4] Laurent A. F. Frantz et al. "Genomic and Archaeological Evidence Suggest a Dual Origin of Domestic Dogs". Science 352 (6290), 2016. 1228.

[5] L. R. Botigué et al. "Ancient European dog genomes reveal continuity since the Early Neolithic". Nature Communications 8, 2017. 16082.

[6] Yinon M. Bar-On, Rob Phillips e Ron Milo. "The Biomass Distribution on Earth". Proceedings of the National Academy of Sciences 115 (25), 2018. 6506.

[7] Vaclav Smil. *Energy and Civilization: A History*. MIT Press: Boston (Kindle Edition), 2017. p. 66.

[8] René Descartes. *Treatise on Man*. ("Great Minds" series). Prometheus: Amherst, 2003.

[9] Aristóteles. *Política*. Livro I, parte VIII. http://www.perseus.tufts.edu/hopper/text?-doc=Perseus%3Atext%3A1999.01.0058%3Abook%3D1

[10] Ibid.

[11] Hesíodo. *Os trabalhos e os dias*. ll. 303, 40-6. http://www.perseus.tufts.edu/hopper/text?doc=Perseus%3Atext%3A1999.01.0132

[12] Orlando Patterson. *Slavery and Social Death: A Comparative Study*. Harvard University Press: Cambridge, Mass., 1982.

[13] Keith Bradley. *Slavery and Society in Ancient Rome*. Cambridge University Press, 1993. p. 63.

[14] Mike Duncan. *The Storm Before the Storm: The Beginning of the End for the Roman Republic*. PublicAffairs: Nova York, 2017.

[15] Chris Wickham. *The Inheritance of Rome: Illuminating the Dark Ages, 400-1000*. Penguin: Nova York, 2009. p. 29.

[16] Stephen L. Dyson. *Community and Society in Roman Italy*. Johns Hopkins University Press: Baltimore, 1992, p. 177, *apud* J. E. Packer. "Middle and Lower Class Housing in Pompeii and Herculaneum: A Preliminary Survey". Neue Forschung in Pompeji, pp. 133-42.

PARTE QUATRO – **CRIATURAS DA CIDADE**

11 As luzes tão brilhantes

[1] David Satterthwaite, Gordon McGranahan e Cecilia Tacoli. *World Migration Report: Urbanization, Rural-Urban Migration and Urban Poverty*. Organização Internacional para as Migrações (IOM), 2014. p. 7.

[2] UNFPA. *Relatório sobre a situação da população mundial*. Fundo de População das Nações Unidas, 2007.

[3] Todos os dados retirados de Hannah Ritchie e Max Roser. "Urbanization". Publicação online da OurWorldInData.org, 2020. Disponível em: https://ourworldindata.org/urbanization

[4] Vere Gordon Childe. *Man Makes Himself*. New American Library: Nova York, 1951. p. 181.

[5] J.-P. Farruggia. "Une crise majeure de la civilisation du Néolithique Danubien des années 5100 avant notre ère". Archeologické Rozhledy 54 (1), 2002. 44-98; J. Wahl e H. G. König. "Anthropologisch-traumatologische Untersuchung der menschlichen Skelettreste aus dem bandkeramischen Massengrab bei Talheim, Kreis Heilbronn". Fundberichte aus Baden-Württemberg 12, 1987. 65-186; R. Schulting, L. Fibiger e M. Teschler-Nicola. "The Early Neolithic site Asparn/Schletz (Lower Austria): Anthropological evidence of interpersonal violence". In: *Sticks, Stones, and Broken Bones*. R. Schulting e L. Fibiger (eds). Oxford University Press, 2012. pp. 101-20.

[6] Conforme cita L. Stavrianos. *Lifelines from Our Past: A New World History*. Routledge: Londres, 1997. p. 79.

12 O mal das infinitas aspirações

[1] B. X. Currás e I. Sastre. "Egalitarianism and Resistance: A theoretical proposal for Iron Age Northwestern Iberian archaeology". Anthropological Theory, 2019. https://doi.org/10.1177/1463499618814685

[2] J. Gustavsson et al. *Global Food Losses and Food Waste*. Organização das Nações Unidas para a Alimentação e a Agricultura (FAO). Roma, 2011. http://www.fao.org/3/mb060e/mb060e02.pdf

[3] Alexander Apostolides et al. "English Agricultural Output and Labour Productivity, 1250-1850: Some Preliminary Estimates (PDF)". 26 novembro 2008. Acesso em 1° maio 2019.

[4] Richard J. Johnson et al. "Potential role of sugar (fructose) in the epidemic of hypertension, obesity and the metabolic syndrome, diabetes, kidney disease, and cardiovascular disease". American Journal of Clinical Nutrition, Vol. 86, n. 4, outubro de 2007. 899-906. https://doi.org/10.1093/ajcn/86.4.899

[5] I. Théry et al. "First Use of Coal". Nature 373 (6514), 1995. 480-1. https://doi.org/10.1038/373480a0; J. Dodson et al. "Use of coal in the Bronze Age in China". The Holocene 24 (5), 2014. 525-30. https://doi.org/10.1177/0959683614523155

[6] Dodson et al. "Use of coal in the Bronze Age in China".

[7] P. H. Lindert e J. G. Williamson. "English Workers' Living Standards During the Industrial Revolution: A New Look". Economic History Review, 36 (1), 1983. 1-25.

[8] G. Clark. "The condition of the working class in England, 1209-2004". Journal of Political Economy, 113 (6), 2005. 1307-40.

[9] C. M. Belfanti e F. Giusberti. "Clothing and social inequality in early modern Europe: Introductory remarks". Continuity and Change, 15 (3), 2000. 359-65. DOI:10.1017/S0268416051003674.

[10] Émile Durkheim. *Ethics and Sociology of Morals*. Prometheus Press: Buffalo, Nova York, 1993 (1887). p. 87.

[11] Émile Durkheim. *Le Suicide: Etude de sociologie*. Paris, 1897. pp. 280-1.

13 Os melhores talentos

[1] Frederick Winslow Taylor. *Scientific Management, Comprising Shop Management: The Principles of Scientific Management [and] Testimony Before the Special House Committee.* Harper & Brothers: Nova York, 1947.

[2] Daniel Bell. *The End of Ideology: On the Exhaustion of Political Ideas in the Fifties.* Harvard University Press: Cambridge, Mass., 2001 (1961). p. 232.

[3] Peter Drucker. *Management: tasks, responsibilities, practices.* Heinemann: Londres, 1973.

[4] Samuel Gompers. "The miracles of efficiency". American Federationist 18 (4), 1911. p. 277.

[5] John Lubbock. *The Pleasures of Life.* Parte II, capítulo 10, 1887. Ebook do Projeto Gutenberg. http://www.gutenberg.org/ebooks/7952

[6] Ibid.. Parte I, cap. 2.

[7] Fabrizio Zilibotti. "Economic Possibilities for Our Grandchildren 75 Years after: A Global Perspective". IEW – Working Papers 344, Institute for Empirical Research in Economics. Universidade de Zurique, 2007.

[8] Federal Reserve Bulletin. Setembro 2017. Vol. 103, n. 3, p. 12.

[9] https://eml.berkeley.edu/~saez/SaezZucman14slides.pdf

[10] Benjamin Kline Hunnicutt. *Kellogg's Six-Hour Day*. Temple University Press: Filadélfia, 1996.

[11] John Kenneth Galbraith. *Money: Whence it Came, Where it Went*. Houghton Mifflin: Boston, 1975.

[12] Advertising Hall of Fame. "Benjamin Franklin: Founder, Publisher & Copyrighter". Magazine General, 2017. http://advertisinghall.org/members/member_bio.php?memid=632&uflag=f&uyear=

[13] John Kenneth Galbraith. *The Affluent Society*. Apple Books.

[14] Todos os dados são provenientes do US Bureau of Economic Analysis (Serviço de Análises Econômicas dos Estados Unidos), US Bureau of Labor Statistics (Serviço de Estatísticas do Trabalho dos Estados Unidos) e FRED Economic Data (Dados Econômicos do Federal Reserve), de St. Louis.

[15] L. Mishel e J. Schieder. "CEO pay remains high relative to that of typical workers and high-wage earners". Economic Policy Institute: Washington, 2017. https://www.epi.org/files/pdf/130354.pdf

[16] McKinsey & Co.. *McKinsey Quarterly: The War for Talent*. n. 4, 1998.

[17] Todos os dados provenientes do World Inequality Database (banco de dados sobre a desigualdade mundial) (https://wid.world) e compilados em https://aneconomicsense.org/2012/07/20/the-shift-from-equitable-to-inequitable-growth-after--1980-helping-the-rich-has-not-helped-the-not-so-rich/

[18] Jeffrey Pfeffer. "Fighting the war for talent is hazardous to your organization's health". Organizational Dynamics 29 (4), 2001. 248-59.

[19] Malcolm Gladwell. "The Myth of Talent". New Yorker, 22 julho 2002. https://www.newyorker.com/magazine/2002/07/22/the-talent-myth

[20] O. P. Hauser e M. I. Norton. "(Mis)perceptions of inequality". Current Opinion in Psychology 18, 2017. 21-5. https://doi.org/10.1016/j.copsyc.2017.07.024

[21] Serviço do Censo dos Estados Unidos. "New Data Show Income Increased in 14 States and 10 of the Largest Metros". 26 setembro 2019. https://www.census.gov/library/stories/2019/09/us-median-household-income-up-in-2018-from-2017.html

[22] S. Kiatpongsan e M. I. Norton. "How Much (More) Should CEOs Make? A Universal Desire for More Equal Pay". Perspectives on Psychological Science, 9 (6), 2014. 587-93. https://doi.org/10.1177/1745691614549773

[23] Emily Etkins. "What Americans Think Cause Wealth and Poverty". Cato Institute, 2019. https://www.cato.org/publications/survey-reports/what-americans-think--about-poverty-wealth-work

14 A morte de um assalariado

[1] "Death by overwork on rise among Japan's vulnerable workers". Japan Times (Reuters), 3 abril 2016.

[2] Behrooz Asgari, Peter Pickar e Victoria Garay. "Karoshi and Karou-jisatsu in Japan: causes, statistics and prevention mechanisms". Asia Pacific Business & Economics Perspectives, Winter 2016, 4 (2).

[3] http://www.chinadaily.com.cn/china/2016-12/11/content_27635578.htm

[4] Todos os dados provenientes da OECD.Stat. https://stats.oecd.org/Index.aspx?DataSet Code=AVE_HRS

[5] "White Paper on Measures to Prevent Karoshi, etc.". Relatório anual de 2016. Ministério da Saúde, Trabalho e Bem-Estar do Japão. https://fpcj.jp/wp/wp-content/uploads/.../8f513ff4e9662ac515de9e646f63d8b5.pdf

[6] Anuário Estatístico do Trabalho na China em 2016. http://www.mohrss.gov.cn/2016/indexeh.htm

[7] http://www.hse.gov.uk/statistics/causdis/stress.pdf

[8] C. S. Andreassen et al. "The prevalence of workaholism: A survey study in a nationally representative sample of Norwegian employees". PLOS One, 9 (8), 2014. DOI: https://doi.org/10.1371/journal.pone.0102446

[9] Robin Dunbar. *Grooming, Gossip and the Evolution of Language*. Harvard University Press: Cambridge, Mass, 1996.

[10] http://www.vault.com/blog/workplace-issues/2015-office-romance-survey-results/

[11] A história de Aronson é contada em W. Oates. *Workaholics, Make Laziness Work for You*. Doubleday: Nova York, 1978.

[12] Leigh Shaw-Taylor et al. "The Occupational Structure of England, c. 1710-1871". Occupations Project Paper 22, Cambridge Group for the History of Population and Social Structure, 2010.

[13] Colin Clark. *The Conditions of Economic Progress*. Macmillan: Londres, 1940. p. 7.

[14] Ibid., p. 17.

[15] https://www.strike.coop/bullshit-jobs/

[16] David Graeber. *Bullshit Jobs: A Theory*. Penguin, Kindle Edition, 2018. p. 3.

[17] https://www.strike.coop/bullshit-jobs/

[18] The Economist, 19 novembro 1955.

[19] Trends in College Pricing, Trends in Higher Education Series. College Board, 2018. p. 27. https://research.collegeboard.org/pdf/trends-college-pricing-2018-full-report.pdf

[20] California State University Statistical Abstract 2008-2009. http://www.calstate.edu/AS/stat_abstract/stat0809/index.shtml. Acesso em 22 abril 2019.

[21] Times Higher Education. University Workplace Survey 2016. https://www.timeshighereducation.com/features/university-workplace-survey-2016-results-and-analysis

[22] Gallup. *State of the Global Workplace*. Gallup Press: Nova York, 2017. p. 20.

15 A nova doença

[1] Carl Frey e Michael Osborne. *The Future of employment: How susceptible are Jobs to Computerisation*. Oxford Martin Programme on Technology and Employment, 2013.

[2] McKinsey Global Institute. *A Future that Works: Automation Employment and Productivity*. McKinsey & Co., 2017; PricewaterhouseCoopers. *UK Economic Outlook*. PWC: Londres, 2017. pp. 30-47.

[3] PricewaterhouseCoopers. *UK Economic Outlook*. p. 35.

[4] "IBM's AI loses to human debater but it's got worlds to conquer". CNet News. 11 fevereiro 2019. https://www.cnet.com/news/ibms-ai-loses-to-human-debater-but-t-remains-persuasive-technology/

[5] "The Amazing Ways How Unilever Uses Artificial Intelligence To Recruit & Train Thousands Of Employees". Forbes, 14 dezembro 2018. https://www.forbes.com/sites/bernardmarr/2018/12/14/the-amazing-ways-how-unilever-uses-artificial-intelligence-to-recruit-train-thousands-of-employees/

[6] Sungki Hong e Hannah G. Shell. "The Impact of Automation on Inequality". Economic Synopses, n. 29, 2018. https://doi.org/10.20955/es.2018.29

[7] World Inequality Lab. World Inequality Report 2018, 2018. https://wir2018.wid.world/files/download/wir2018-full-report-english.pdf

[8] Ibid., p. 15.

[9] D. Meadows, R. Randers, D. Meadows e W. Behrens III. *The Limits to Growth*. Universe Books: Nova York, 1972. p. 193. http://donellameadows.org/wp-content/userfiles/Limits-to-Growth-digital-scan-version.pdf

[10] *The New York Times*. 2 abril 1972, seção BR. p. 1.

[11] J. L. Simon e H. Kahn. *The Resourceful Earth: A Response to Global 2000*. Basil Blackwell: Nova York, 1984. p. 38.

[12] D. Meadows, R. Randers e D. Meadows. *The Limits to Growth: The 30-Year Update*. Earthscan: Londres, 2005.

Agradecimentos

MUITAS DAS PRINCIPAIS ideias que moldaram este livro encontraram sua gênese enquanto eu vivia e trabalhava no Kalahari, um lugar onde forrageadores, pastores à moda antiga, missionários, ativistas, burocratas, policiais, soldados e agricultores comerciais modernos se fundiram e entraram em conflito. Há uma quantidade enorme de indivíduos por lá que moldaram minha abordagem e meu pensamento. Ao mencionar e destacar o meu pai-de-nome ju/'hoan "Oupa" Chefe !A/ae Frederik Langman, que me ajudou a me orientar por fronteiras estranhas com tanta sabedoria e certeza, estendo minha gratidão a todos vocês.

Um livro que abrange horizontes temporais tão distantes tem de ser derivativo por natureza. Ele não teria sido possível se não fossem as inúmeras horas de pesquisa e análise de um verdadeiro exército de cientistas, arqueólogos, antropólogos, filósofos e outros, cuja diligência, inteligência, criatividade e trabalho árduo continuam a refrescar e acrescentar detalhes ao nosso entendimento de passado, presente e futuro. Espero não ter prestado um mau serviço aos seus *insights* ao representá-los aqui e colocá-los ao lado do que poderiam parecer, às vezes, improváveis companhias.

Escrever é, em última análise, uma tarefa solitária. Mas o tipo de isolamento que ela exige coloca um peso sobre aqueles mais próximos a você. Portanto, a meus filhos Lola e Noah, meus agradecimentos e meu amor por serem gentis com seu papai preocupado e por me lembrarem da loucura que é trabalhar demais em um livro que fala sobre trabalhar menos. E para Michelle, meu amor e gratidão por tudo, e mais ainda por usar sua magia para transformar algumas das ideias mais desajeitadas deste livro em maravilhosas imagens.

Isto aqui deu muito mais trabalho do que eu imaginava quando várias vozes, dentre as quais a mais audível veio do meu agente Chris Wellbelove, me encorajaram a escrever. Meu destino foi posteriormente selado quando os editores Alexis Kirschbaum, na Bloomsbury, em Londres, e William Heyward, na Penguin Press, em Nova York, apoiaram a iniciativa com entusiasmo aterrorizante e editores de todos os cantos do mundo também se amontoaram. Eu os culpo a todos pelas intermináveis horas de trabalho duro e por toda a ansiedade que sofri ao escrever este livro, e sou profundamente grato pela confiança que demonstraram ao apoiar alguém cuja premissa era a de que todos nós deveríamos ter uma abordagem muito mais relaxada do trabalho.

Este livro foi composto com tipografia Bembo Std e impresso em papel Off-White 80 g/m² na Formato Artes Gráficas.